毛泽东研究三部曲

毛泽东与近代中国

李君如 著

海峡出版发行集团
THE STRAITS PUBLISHING & DISTRIBUTING GROUP

福建人民出版社

图书在版编目(CIP)数据

毛泽东与近代中国/李君如著 . —2 版 . —福州：福建人民出版社，2014.12
　（毛泽东研究三部曲）
　ISBN 978-7-211-06855-5

I. 毛…　Ⅱ. 李…　Ⅲ. ①毛泽东思想－新民主主义革命－研究　Ⅳ. ①A841.64

中国版本图书馆 CIP 数据核字（2013）第 311574 号

毛泽东与近代中国
MAO ZEDONG YU JINDAI ZHONGGUO

著　　　者：李君如
责 任 编 辑：李天兵
出 版 发 行：海峡出版发行集团
　　　　　　福建人民出版社
地　　　址：福州市东水路 76 号
邮 政 编 码：350001
发行部电话：（0591）87533169
网　　　址：http://www.fjpph.com
电 子 邮 箱：211@fjpph.com
印　　　刷：福州德安彩色印刷有限公司
开　　　本：787 毫米×1092 毫米　1/16
印　　　张：29.5
字　　　数：419 千字
版　　　次：2014 年 12 月第 2 版
印　　　次：2014 年 12 月第 1 次印刷
印　　　数：1—3000
书　　　号：ISBN 978-7-211-06855-5
定　　　价：98.00 元

总　序

李君如

　　为纪念毛泽东同志诞辰 120 周年，福建人民出版社同我商量，希望再版由《毛泽东与近代中国》《毛泽东与当代中国》《毛泽东与毛泽东后的当代中国》组成的"毛泽东研究三部曲"。犹豫再三，我还是答应了。

　　之所以要犹豫，是因为这三本书是我在上一世纪 80 年代末开始写作、90 年代初期和中期陆续出版的（有的已经再版过，而且多次印刷），现在再版就有一个问题：究竟是保持历史原貌，还是根据新的认识做必要的修改；修改这样已经在社会上有一定影响的著作是否合适。听了许多朋友的意见，考虑到做一定的修订是必要的（为尊重历史，观点性的修订可以加注释说明），最后我还是同意出版社再版。

　　之所以说修订是必要的，其中一个原因是，由于原来三部著作是陆续成书的，《毛泽东与当代中国》还写在《毛泽东与近代中国》前，三部书缺少一个总序。因此，这次修订有必要补上一个总序。这就是这篇总序的由来。

　　我为什么那么重视这篇"总序"？是因为从毛泽东与近代中国，到毛泽东与当代中国，再到毛泽东与毛泽东后的当代中国，始终贯穿着"马克思主义中国化"这条主线。然而，由于原来这三部书是分卷写成的，只能在《毛泽东与近代中国》中提到这一思想是怎么提出的，还无法说明这一思想对于中国共产党的实践创新和理论创新有多大的意义。所以，非常有必要补上这一点。与此同时，我们也确实需要在研究中国共产党的历史和理论时，从基础做起，对"马克思主义中国化"这一命题提出和发展的一系列基本问题，进行深入的思考和研究。

一　"马克思主义中国化"的提出

"马克思主义中国化"这一命题，是毛泽东认真总结中国革命实践中积累的丰富经验，并进行深入的哲学和理论思考的基础上提出的；在改革开放新的实践基础上，在21世纪初，我们把这一命题作为中国共产党的理论创新和理论武装的中心任务重新提了出来。

（一）"马克思主义中国化"命题的提出

"马克思主义中国化"这一命题是毛泽东在抗日战争初期提出的。

1938年10月，在中共扩大的六届六中全会上，毛泽东作了题为《论新阶段》的长篇报告。在这一著名报告的第七部分《中国共产党在民族战争中的地位》中，他以中国共产党在北伐战争和土地革命战争经历的两次胜利、两次失败的历史经验和抗日战争初期在统一战线问题上出现的右倾错误为鉴戒，深刻地指出："没有抽象的马克思主义，只有具体的马克思主义。所谓具体的马克思主义，就是通过民族形式的马克思主义，就是把马克思主义应用到中国具体环境的具体斗争中去，而不是抽象地应用它。成为伟大中华民族之一部分而与这个民族血肉相联的共产党员，离开中国特点来谈马克思主义，只是抽象的空洞的马克思主义。因此，马克思主义的中国化，使之在其每一表现中带着中国的特性，即是说，按照中国的特点去应用它，成为全党亟待了解并亟须解决的问题。"① 在这里，毛泽东第一次在中央全委会上提出了"马克思主义中国化"的任

---

① 毛泽东：《论新阶段》（1938年10月）。《建党以来重要文献选编》第15册，第651页，中央文献出版社，2011。

务，并强调这是全党"亟待了解并亟须解决的问题"。

在中国革命和建设的伟大实践中形成的毛泽东思想，就是马克思主义中国化的第一个成果。刘少奇在中共七大报告中论述毛泽东思想是党的指导思想的时候，明确指出：毛泽东"成功地进行了马克思主义中国化的巨大工作"。

（二）"马克思主义中国化"思想的形成

毛泽东之所以能够在抗日战争初期提出"马克思主义中国化"这一命题，是因为中国革命的实践告诉我们：马克思主义是解决中国问题的最好理论武器，但是马克思主义只有与中国革命的具体实践相结合，才能使中国革命的面貌焕然一新。

从中国革命的实际进程来考察，毛泽东关于"马克思主义中国化"思想的形成及其这一命题提出的过程，经历了三个重要的发展阶段。

第一阶段，以"改造中国与世界"为己任学习和接受马克思主义。近代中国落后挨打、任人宰割的悲惨命运，激发了无数志士仁人救亡图存的爱国热情。但是，从林则徐、魏源提出"师夷之长技以制夷"，到洪秀全领导的波澜壮阔的太平天国运动，到康有为、梁启超推动的戊戌变法，都没有获得成功。孙中山先生领导的辛亥革命，尽管结束了统治中国二千多年的君主专制制度，但并没有改变中国自 1840 年鸦片战争以来逐步形成的半殖民地半封建社会的性质，革命的成果最终还落到了北洋军阀手中，国家和人民仍然处在水深火热之中。毛泽东在青年时代就具有"改造中国与世界"的志向。为了救亡图存，他和同时代的许多爱国青年一样，在五四新文化运动"打倒孔家店"的呐喊中突破中国封建文化的藩篱，以宽广的世界眼光寻找救国救民的真理。应该讲，五四新文化运动也有不足，还存在着毛泽东后来在《反对党八股》中所说的，对中国传统文化缺乏历史唯物主义的批判精神，即"所谓坏就是绝对的坏"等形式主义问题。但是在五四新文化运动中，世界上各种思潮汹涌澎湃地进入中国，毛泽东的思想认识也发生了急剧的变化，实现了一次又一次超越。在哲学思想上，他经历了从"无我论"到"唯我论"特别是"精神之个人主义"，到"平民主义"，再到唯物史观的转变；在政治思想上，他经历了从传统的爱国主义到民主主义特别是无政府主义，再到共产主义的转变。毛泽东经历的这一系列思想转变，不是在书斋里发生的，而是在他亲身经历的实践推动下发生的，即在他参与和领导的思想启蒙运动、驱张运动、湖南自治运动等一系列民主主义实践遭受失败以后发生的，所以他的思想转变要比别人更为深刻。① 他最终接受或选择马克思主义，表明他开始把马克思主义作为改造中国和世界的思想武器。而这一点，正是他后来形成并提出"马克思主义中国化"的历史起点。

第二阶段，在"反对本本主义"中提出马克思主义"本本"与中国实际相结合的原则。毛泽东和一批先进的知识分子接受马克思主义，并把马克思主义与中国工人运动结合起来创建中国共产党，是因为他们在实践中认识到，马克思主义反映了社会发展的客观规律并代表被剥削被压迫的广大劳动人民的利益，认识到只有马克思主义才是解决中国社会的主要矛盾即反对帝国主义和封建主义的思想武器。但是，实践告诉毛泽东和中国共产党人，产生于西方社会并以解决无产阶级与资产阶级的矛盾为主要任务的马克思主义，要运用于中国社会环境，还必须根据中国实际提出能够解决中国问题的正确的战略思想和方针政策。为此，毛泽东运用马克思主义的阶级分析方法，全面系统地分析了中国社会的阶级状况，形成了无产阶级领导的团结广大农民阶级、城市小资产阶级和民族资产阶级，反对帝国主义、封建主义以及与此相联系的买办资本主义的战略策略思想；在大革命失败后，又不失时机地提出了"枪杆子里出政权"的思想并带领秋收起义队伍走上了农村包围城市、最后夺取全国政权的独特革命道路；在农村革命根据地建设中，通过深入细致的调查研究提出了解决农村土地问题、红色政权建立问题、人民军队建设和

---

① 毛泽东说："因俄式系诸路皆走不通了新发明的一条路，只此方法较之别的改造方法所含可能的性质为多。"参见毛泽东：《在新民学会长沙会员大会上的发言》（1921年1月1日、2日）。《毛泽东文集》第1卷，第1—3页，人民出版社，1993。

党的建设等一系列新问题。在此基础上，他在 1930 年针对党的工作指导中出现的主观主义倾向，提出了"反对本本主义"，要把马克思主义的"本本"与中国实际相结合，没有调查就没有发言权，中国革命斗争的胜利要靠中国同志了解中国情况，要形成从斗争中创造新局面的思想路线等一系列重要思想。毛泽东这些关于如何对待马克思主义的唯物主义思想的提出，是"马克思主义中国化"思想形成的重要环节。[①]

第三阶段，在历史经验和哲学思想的总结中提出"马克思主义中国化"这一科学命题。经过长征和遵义会议的生死考验，毛泽东在红军到达陕北以后，一方面总结北伐战争和土地革命战争两次胜利两次失败的经验教训，写了《中国革命战争的战略问题》和《实践论》、《矛盾论》等讲义，着手在红军指战员中进行党的历史经验和马克思主义哲学思想的教育；另一方面分析国内外形势的变化，特别是国内民族矛盾取代阶级矛盾上升为社会主要矛盾的新特点，制定了建立抗日民族统一战线的政治策略路线，并以第一次国共合作的经验教训为鉴戒提出了共产党要在统一战线中保持独立自主的原则。正当毛泽东在进行这一些马克思主义的创造性工作的时候，1937 年 11 月，王明以共产国际执委会主席团委员的领导身份回国，并在中央政治局 12 月会议上传达共产国际提出的"一切服从统一战线""一切经过统一战线"的指示，批评了毛泽东关于党要在统一战线中保持独立自主的主张。1938 年，中共中央派任弼时去苏联向共产国际汇报工作。当时主持共产国际工作的季米特洛夫了解了中国的实际情况后，派中共驻共产国际代表王稼祥回国，指示中国共产党"在领导机关中要在毛泽东为首的领导下解决"。根据这一重要指示，中国共产党召开了扩大的六届六中全会。[②] 毛泽东在会上作了《论新阶段》的著名报告，强调党要加强学习，要研究理论、历史和现实，包括要研究从孔夫子到孙中山的历史和中国革命的丰富经验，提出了"马克思主义中国化"的理论任务。

---

① 毛泽东：《反对本本主义》（1930 年 5 月）。《毛泽东选集》第 1 卷，第 109—118 页，人民出版社，1991。

② 《毛泽东传（1893—1949）》下卷，第 504—521 页，中央文献出版社，2004。

马克思主义中国化的提出，是中国共产党的理论创新的重要成果，也为全党反对主观主义特别是教条主义提供了重要的思想武器。1942 年的延安整风，1945 年胜利召开的中共七大，就是在马克思主义中国化的思想指导下取得成功的。毛泽东思想就是马克思主义中国化的第一个成果。研究"毛泽东与近代中国"，毛泽东在推进中国共产党的实践创新和理论创新中之所以能够取得那么辉煌的成就，之所以能够领导中国共产党和中国人民赢得中国革命的历史性胜利，靠的就是马克思主义中国化。

（三）"马克思主义中国化"的重新提出

但是，在新中国建立后，我们很少公开使用"马克思主义中国化"这一提法，一般只是使用"马克思主义与中国实际相结合"这一提法。

研究者注意到，在新中国建立前夕，国际共产主义运动中发生过一件重要的事情，与此有关系。这就是，1948 年 6 月共产党情报局通过决议，批评南斯拉夫共产党的所谓民族主义、反苏和亲资本主义倾向。当时，中国共产党正在准备夺取全国政权，很重视共产党情报局的决议，专门做了学习贯彻的决定，并且发表了社论，还把这些文件和社论列为中央党校学习的文献。考虑到"马克思主义中国化"的提法可能会被误解为民族主义倾向，那以后，党中央在公开场合不再提"马克思主义中国化"。后来在《毛泽东选集》出版时，把《中国共产党在民族战争中的地位》一文中的"马克思主义中国化"，改为"使马克思主义在中国具体化"①。

即使如此，后来在中苏论战的时候，苏共还是对中国共产党在历史上使用过"马克思主义中国化"这一提法进行了指责。1960 年 11 月初，刘少奇率中共代表团到莫斯科出席全世界共产党和工人党代表会议，苏

---

① 《毛泽东选集》第 2 卷，第 534 页，人民出版社，1991。毛泽东同中国音乐协会负责人谈话时，说过在艺术上要学习西方好的东西，但是"应该越搞越中国化，而不是越搞越洋化"。参见毛泽东：《同音乐工作者的谈话》（1956 年 8 月 24 日）。《毛泽东文集》第 7 卷，第 82 页，人民出版社，1999。

共中央在送交中共代表团给中共中央的长篇《答复信》中，对中国共产党进行了一系列指责，其中之一就是："马列主义是一个国际主义的学说，它对一切国家都同样是适用和可以采纳的。然而中共的同志们，中国的报刊，竟广泛地使用'中国化的马克思主义'这个概念。譬如说，刘少奇同志在中共七大的报告中，就说到马克思主义中国化，说毛泽东同志'成功地进行了马克思主义中国化的巨大工作'。"因此，毛泽东在1961年1月中共八届九中全会上对此作了回应。他风趣地说道："'马克思主义中国化'，恐怕不是你（指刘少奇）的专有权，我想我也讲过嘛！文字上有，我记得好像有，六中全会上写了马克思主义中国化，我记得我提过，所以发生这个版权问题。所谓马克思主义中国化，就是马克思主义普遍真理跟中国革命具体实践的统一，一个普遍一个具体，两个东西的统一叫中国化。"

实践证明，毛泽东提出的"马克思主义中国化"的任务是正确的。研究"毛泽东与当代中国"，我们在社会主义革命和建设中能够克服各种困难，建立起社会主义基本制度，建立起独立的工业体系和完整的国民经济体系，靠的依然是马克思主义中国化；我们在"大跃进"和人民公社化运动中犯错误，甚至发生了长达10年之久的"文化大革命"那样严重的错误，也是因为离开了马克思主义中国化。

因此，改革开放以来，即在"毛泽东后的当代中国"，邓小平在认真总结中国和世界社会主义运动的历史经验的基础上，继承和发展了毛泽东提出的"马克思主义中国化"思想，探索并提出了"走自己的道路，建设有中国特色的社会主义"这一科学命题，并以社会主义的崭新实践验证了马克思主义中国化的正确性。由邓小平创立，并由江泽民推进到21世纪、胡锦涛在新世纪从新的历史起点出发继续坚持和发展的中国特色社会主义，是继毛泽东思想后马克思主义中国化的又一成果，或者说是马克思主义中国化的最新成果。

值得一提的是，进入21世纪之初，中国共产党以实践为检验真理的标准，重新使用了"马克思主义中国化"和"中国化马克思主义"的提法。2001年7月1日，江泽民在庆祝中国共产党成立80周年的重要讲话中，首次用"中国化了的马克思主义"来说明毛泽东思想和邓小平理论在马克思主义发展史上的地位。同年9月26日，中共中央在《关于加强和改进党的作风建设的决定》中，明确提出了"不断推进马克思主义中国化"的要求。中共十六大以后，"马克思主义中国化"就成为中国共产党经常使用的提法。2003年6月22日，中共中央在关于学习"三个代表"重要思想的通知中，强调这一重要思想"是马克思主义中国化的最新成果"。胡锦涛在2003年7月中共中央政治局集体学习时的重要讲话、同年12月在纪念毛泽东诞辰110周年上的重要讲话、2005年1月在新时期保持共产党员先进性专题报告会上的重要讲话、2006年8月在学习《江泽民文选》报告会上的重要讲话、同年10月在中共十六届六中全会上的讲话以及在其他一系列重要活动的重要讲话中，多次使用了"马克思主义中国化"这一提法。2006年5月31日，胡锦涛在为全国干部学习培训教材所写的序言中，明确提出"干部教育培训工作，必须坚持以马克思列宁主义、毛泽东思想、邓小平理论和'三个代表'重要思想为指导，全面贯彻落实科学发展观，把学习和传播马克思主义中国化的最新成果作为中心内容，着力引导广大干部准确把握当代中国马克思主义理论发展成果的科学内涵和精神实质，并用以武装头脑、指导实践、推动工作"。

特别是，2007年召开的中共十七大，继1945年中共七大后，再一次把"马克思主义中国化"，写进了党代会报告，提出要"深入学习贯彻中国特色社会主义理论体系，着力用马克思主义中国化最新成果武装全党"。

综上所述，我们可以体会到，在中国共产党人的理论创新过程中，贯串着一条鲜明的主线，这就是：马克思主义中国化。

二 "马克思主义中国化"的科学内涵

历史的回顾告诉我们，"马克思主义中国化"是一个全新的命题。这一命题的提出，不仅在中国是一个理论创新，在马克思主义发展史上也是一个理论创新。因此，我们在研究马克思主义中国化的过程中，应该深入地研究这一命题的科学内涵。

（一）"马克思主义中国化"的基本原则和理论要求

什么是毛泽东和中国共产党所说的"马克思主义中国化"呢？

这个问题当年在延安曾经引起人们广泛的兴趣。事实上，在毛泽东提出"马克思主义中国化"这一命题之前，当年已有盛名的马克思主义哲学家艾思奇就已经在1938年4月提出过"现在需要来一个哲学研究的中国化、现实化的运动"①。1940年2月，他还针对叶青以"马克思主义中国化"为名，鼓吹"中国国情特殊"，用复古主义来否定马克思主义的错误言论，进行了深入的分析和批驳。②

根据毛泽东在《实践论》《矛盾论》中阐述的辩证唯物主义认识论，特别是他从《反对本本主义》开始到延安时期反复强调的，关于学习研究马克思主义的一系列科学论述，我认为，"马克思主义中国化"这一科学命题，回答的是在中国应该"怎么样坚持和发展马克思主义"这一根本的理论问题。因此，它首先是一个马克思主义理论工作的原则，同时又是马克思主义对党的理论工作的要求。

这里，有必要区分一下"马克思主义中国化"与"中国化的马克思主义"这两个概念。前者指的是中国的马克思主义理论工作者在理论工作中必须坚持的原则和要求，后者指的是在马克思主义中国化过程中所获得的理论成果。

中国的马克思主义理论工作者在理论工作中必须坚持的原则和要求，

---

① 艾思奇：《哲学的现状和任务》。《艾思奇全书》第2卷，第491页，人民出版社，2006。

② 艾思奇：《论中国的特殊性》。《艾思奇全书》第2卷，第772—779页，人民出版社，2006。

包括了一个基本原则、三个理论要求：

一个基本原则，就是"马克思主义与中国实际相结合"。用当时的话来说，是"马克思主义普遍真理与中国革命具体实践相结合"。也就是不能抽象地教条式地对待马克思主义。毛泽东在《论新阶段》（1938 年）第七部分《中国共产党在民族战争中的地位》中明确提出这一问题后，在《〈共产党人〉发刊词》（1939 年）中，进一步系统地论述了中国共产党对这个问题的认识过程及其对党的成熟程度的影响。值得注意的是，在《中国共产党在民族战争中的地位》中，强调党要努力学习，研究理论，研究历史，研究现实，在这样三方面的学习中实现"马克思主义中国化"；而在《改造我们的学习》（1941 年）这篇著名的整风文献中，毛泽东在阐述"理论联系实际"的"实事求是"原则时，指出理论与实践相结合必须做到理论与历史、现实相结合，也就是说理论与此结合的"实际"包括"历史经验"和"现实状况"两个方面。在这里，毫无疑问，"现实状况"的研究是最重要的。不研究现实问题，不解决现实问题，就谈不上理论联系实际，就不可能实事求是，就无所谓马克思主义中国化；与此同时，"历史经验"也是很重要的一个方面，毛泽东在运用马克思主义研究现实问题时，特别重视联系更广更深的历史经验来研究现实运动的规律。这里所讲的"历史经验"，包括中国的，也包括外国的；包括中国现代的，也包括中国古代的。实际上，是运用马克思主义研究古今中外历史经验的基础上，来认识现实并解决现实问题的。马克思主义中国化的过程，是一个艰苦的理论研究过程，是理论与包括历史经验和现实状况的客观实际之间相结合的复杂过程。

三个理论要求，就是：一要运用马克思主义研究和解决中国问题，包括要运用马克思主义研究总结中国的历史经验进而研究总结中国现实社会的矛盾运动规律；二要总结中国革命和建设实践中形成的丰富经验，并在同外国经验的深刻比较中使之上升为理论，充实到马克思主义理论体系中去，即毛泽东所说的"要使中国革命丰富的实际马克思主义化"①；三要通过民族形式包括中国人民喜闻乐见的民族语言来表达马克思主义，不仅在内容上要努力使马克思主义中国化，在形式上也要努力实现马克思主义中国化。

把这三个理论要求与基本原则统一起来，我们可以注意到两点：

第一，马克思主义中国化的过程，是马克思主义与中国实践之间双向互动的过程。这个过程，既是理论指导实践的过程，也是实践经验上升到理论的过程。究其实质，是马克思主义面对中国实际，回答和解决中国实践提出的问题的过程，是在实践中坚持和发展马克思主义理论的过程。这里，理论要面对中国现实，指导中国实践；同时要深入实践而不能脱离实践，回答和解决实践中提出的问题；还要在实践中敢于和善于进行理论概括、理论创新。

第二，马克思主义中国化的过程，是马克思主义指导下的历史经验总结与现实矛盾研究之间双向互动的过程。不研究现实矛盾不可能实事求是，不研究历史经验也不可能实事求是。只有把对现实矛盾的研究与对古今中外历史经验的研究结合起来，才有可能认识并揭示事物内部的矛盾运动规律，推进马克思主义的理论创新，实现马克思主义中国化。

（二）"马克思主义中国化"与"异端"问题

在对"马克思主义中国化"科学内涵思考的过程中，有一种观点值得重视。这就是，要正确看待马克思主义中国化过程的所谓"异端"。

提出这一问题，是因为在马克思主义中国化过程中，许多创新的理论观点都曾经被看作是"异端"。这种情况，在思想史上具有某种普遍

---

① 毛泽东：《反对主观主义和宗派主义》（1941 年 9 月 10 日）。《毛泽东文集》第 2 卷，第 374 页，人民出版社，1993。

性。马克思主义中国化的过程，是一个在解放思想、实事求是过程中进行实践探索和实践创新、理论探索和理论创新的过程，对于在实践中形成的新经验和新观点也有一个需要以实践为基础进行再认识、以实践为标准进行客观检验的过程。在这个探索和创新过程中，难免会发生一系列新旧观点的分歧、对立和冲撞，难免会有一些新经验新观点被看作是正统理论的"异端"。比如毛泽东关于农村包围城市最后夺取全国胜利和中国革命的主力军是农民的思想，邓小平关于以经济建设为中心建设社会主义和社会主义也可以搞市场经济的思想，江泽民关于共产党要坚持"三个代表"和新的社会阶层的优秀分子也可以入党的思想，等等，都曾经被所谓正统的理论视作马克思主义的"异端"。邓小平在谈到中共十二届三中全会通过的《关于经济体制改革的决定》时说过："这次经济改革的文件好，就是解释了什么是社会主义，有些是我们老祖宗没有说过的话，有些新话。我看讲清楚了。过去我们不可能写出这样的文件，没有前几年的实践不可能写出这样的文件。写出来，也不容易通过，会被看作'异端'。"① 这在马克思主义发展史上出现过，在人类文明发展史上也发生过，因此它不是一个你愿意不愿意的问题，而是一个在实践和理论探索、创新过程中难以完全避免的问题。所以，在理论创新过程中，在马克思主义中国化过程中，必须解放思想，正确对待所谓的"异端"。

正确对待"异端"，就是要正确对待新观点。问题是，并不是什么新观点都是正确的。中国共产党在"文化大革命"时期曾经提出过"无产阶级专政下继续革命的理论"，并说这一理论把马克思主义发展到了新阶段。实践证明，这一理论是完全错误的。正因为是这样，就有一个正确认识"异端"、正确认识新观点的问题。我们要以实践为检验真理的唯一标准，看一看人们提出的各种新观点，究竟有哪一些是符合客观规律的，在实践中是有成效的，是正确的。当然，这也不是一朝一夕就能够检验

---

① 邓小平：《在中央顾问委员会第三次全体会议上的讲话》（1984年10月22日）。《邓小平文选》第3卷，第91页，人民出版社，1993。

出来的，要经过长期的实践、长期的观察、长期的检验，才能够认识其真伪对错。

三　"马克思主义中国化"与民族主义、多元化

考虑到自从"马克思主义中国化"提出来以后，曾经有过各种错误的解读，因此有必要对其中一些有重大影响的问题，进行研究和讨论。

(一)"马克思主义中国化"与民族主义

提出这个问题，就是前面所介绍的，中国共产党在相当长的时间里没有使用"马克思主义中国化"这一提法，是为了避免被苏共误解中国共产党具有民族主义的倾向。

首先，需要指出的是，民族主义是一个多义词。有时候，人们把民族主义等同于爱国主义；有时候，人们把民族主义看作是以民族利益为中心并且狭隘地维护民族利益，没有国际责任，甚至不惜侵犯其他民族利益的思潮。对于后者，我们又常常称它为"狭隘民族主义"。由于这种情况的复杂性，为避免误解，中国共产党很少在褒义的意义上使用"民族主义"这个词。当年，共产党情报局批评南斯拉夫的民族主义，又是一种情况，即认为他们常常在共产主义运动中同苏共不一致。显然，他们并没有能够正确地区分不同的民族主义。而中国共产党提出的马克思主义中国化，强调的是中国共产党要从中国实际出发，独立自主地处理重大问题，实现中华民族的独立、解放和发展。毛泽东在领导革命的时候，经常强调要把我们的爱国主义与无产阶级的国际主义统一起来，就是这个意思。在我们强调国际主义的时候，苏共并没有意见；在我们突出爱国主义的时候，他们总认为我们是那种狭隘的民族主义。我们不能

因为人家怀疑我们是这种民族主义就放弃爱国主义的旗帜，我们也不能因为强调爱国主义而纵容那种狭隘的民族主义。这是我们在坚持马克思主义中国化的时候，一定要注意和牢记的。

同时，我们要认识到，爱国主义也是历史范畴。毛泽东说过："爱国主义的具体内容，看在什么样的历史条件之下来决定。有日本侵略者和希特勒的'爱国主义'，有我们的爱国主义。"① 同样是我们倡导的爱国主义，在民族危亡的时候，救亡是爱国主义的主题；在今天，爱国主义的主题是在发展中国特色社会主义事业中实现中华民族的伟大振兴。因此，我们讲马克思主义中国化，是同我们民族肩负的历史任务紧密地联系在一起的。

（二）"马克思主义中国化"与多元化

这个问题，与邓小平提出建设有中国特色的社会主义这一科学命题后发生的一场争论有关。

长期以来，我们认为苏联模式的社会主义就是标准的社会主义。在苏联模式社会主义的弊端日益暴露的过程中，人们开始重新思考"什么是社会主义、怎样建设社会主义"，包括社会主义是不是只能有苏联一种模式。邓小平提出要"走自己的道路，建设有中国特色的社会主义"，是在社会主义发展史对这个问题的一个重大突破。1983 年，在南斯拉夫的察夫塔特召开的世界社会主义圆桌会议上，中国代表团作了关于"建设有中国特色社会主义"的报告，引起众多专家学者的关注，但也遭到了苏联的抨击，指责这是搞社会主义多元化。但是，经过深入思考，越来越多的人认识到这一问题的重要性。在 1985 年召开的世界社会主义圆桌会议上，一些专家指出："每个国家都有权以自己的特定方式去发展社会

① 毛泽东：《中国共产党在民族战争中的地位》（1938 年 10 月）。《毛泽东选集》第 2 卷，第 520 页，人民出版社，1991。

主义"；"马克思主义并不是任何人的私有财产，不能按照或低或高的利率进行借贷和租用，但也不能把它封闭起来，排斥其他概念和思想。假若不实现这些前提，那么社会主义就会受到自身的危害"；"由于存在多种民族和多种文化，所以也将存在多元的社会主义。在这个意义上，世界历史的进程仍然在不断地向前发展，但它显然正在脱离这个单一性和一元性的模式"。这些国家的理论工作者在支持"中国特色社会主义"，批评苏共的"社会主义多元化"指责的过程中，把中国代表团提出的"中国特色"问题，概括为"多元的社会主义"，并没有准确地反映我们党的立场和观点。这样把社会主义模式的多样性归结为社会主义的多元化，弄得不好，会否定科学社会主义的基本原则。上一世纪80年代在东欧和苏联曲折推进的新一轮改革最终失败，就是一个严重的教训。

我们都知道，邓小平提出"中国特色社会主义"，是中国共产党在马克思主义中国化过程中取得的一个极其重要的成果。因此，这个关于社会主义能否"多元化"的争论，实际上就是马克思主义能否"多元化"的问题。由于"元"的问题非常复杂，涉及马克思主义的本体问题。弄得不好会为从根本上否定马克思主义基本原理留下很大的缝隙。我们强调马克思主义中国化，决不能走向马克思主义多元化，进而否定马克思主义。这也是应该注意的。

四　马克思主义中国化的两次飞跃和两大成果

我们已经知道，马克思主义中国化的基本要求，是要坚持马克思主义与中国实践相结合。那么，什么是马克思主义与中国实践相结合呢？所谓"相结合"，不是坐在书斋里研究概念与概念之间的联系、范畴与范畴之间的变化，而是马克思主义者从实际出发，回答和解决实践提出的问题。因此，马克思主义中国化的成果，就是中国马克思主义者回答和解决中国重大课题的理论成果。

　　自从中国共产党成立以来，要回答和解决的是近代中国两大历史性课题：一是求得民族独立和人民解放；二是实现国家繁荣富强和人民共同富裕。简单地说，一要救亡，二要发展。这两大历史性课题，解决前一个课题，才能为解决后一个课题创设条件。毛泽东提出"马克思主义中国化"的任务，就是要求我们立足中国国情，依靠自己的实践，回答和解决近代中国这两大历史性课题。因此，在领导革命、建设和改革的过程中，中国共产党进行了两次"结合"，实现了两次历史性的理论飞跃。

　　为解决中华民族面临的第一个历史性课题，中国共产党进行了马克思主义与中国实践的第一次"结合"，实现了第一次理论飞跃，形成了新民主主义理论。新民主主义理论的主要创立者是毛泽东。他从半殖民地半封建社会的基本国情出发，找到了具有中国特色的革命道路，揭示了从新民主主义到社会主义转变的历史必然性。

　　为解决中华民族面临的第二个历史性课题，中国共产党又进行了马克思主义与中国实践的第二次"结合"，开始了第二次理论飞跃，形成了中国特色社会主义理论。中国特色社会主义理论的探索始于毛泽东1956年"以苏为鉴"，从中国实际出发，对社会主义道路的思考，但是后来由于指导思想上的失误没有成功，只是给我们留下了大量宝贵的思想遗产。这一理论的主要创立者是邓小平。他继承毛泽东的未竟之业和思想财富，总结中国和世界社会主义运动的历史经验和中国改革开放的新鲜经验，带领全党全国人民开辟了中国特色社会主义道路，创立了中国特色社会主义理论。伴随着这次理论飞跃在实践中的深化，以江泽民为主要代表的中国共产党人面对世纪之交世界和中国的发展变化对党和国家工作提出的新要求，提出的"三个代表"重要思想，为坚持、丰富和发展中国特色社会主义理论作出了新的贡献。中共十六大以来，以胡锦涛为总书记的党中央从新世纪新阶段新的实际出发提出的科学发展观等重大战略思想，进一步坚持、丰富和发展了中国特色社会主义理论。

　　尽管这次理论飞跃尚未完结，但是从邓小平理论的创立到"三个代表"重要思想的形成，到中共十六大以来科学发展观等一系列重大战略思想的提出，始终贯穿着一个共同的主题：中国特色社会主义。这是当代中国共产党人全部理论和全部实践的主题。而且，围绕这个主题形成的理论观点已经形成一个科学体系。所以，胡锦涛在中共十七大、十八大报告中明确指出："中国特色社会主义理论体系，就是包括邓小平理论、'三个代表'重要思想以及科学发展观等重大战略思想在内的科学理论体系。"并且指出这个理论体系，就是"马克思主义中国化最新成果"。

在上面研究马克思主义中国化最新成果的过程中，有一个问题需要补充说明。这就是，怎么认识毛泽东思想与中国特色社会主义理论体系的关系问题。这是中共十七大后在中共党史界和理论界争论最多的一个问题。在这个问题上没有一个统一的认识，就会影响坚持中国特色社会主义这一根本方向。

中共十七大后，在这个问题上出现了两种不同的看法：

一种看法认为，毛泽东思想与中国特色社会主义理论体系是马克思主义中国化的两大理论成果。理由是两条：一是中国特色社会主义理论体系由邓小平理论、"三个代表"重要思想、科学发展观构成，不包括毛泽东思想；二是十七大报告明确地指出，中国特色社会主义理论体系坚持和发展了马列主义和毛泽东思想。

另一种看法认为，中国特色社会主义理论体系中包括毛泽东关于社会主义建设的重要思想。因为，毛泽东思想不仅包括马列主义与中国革命实践相结合过程中形成的理论成果，而且包括马列主义与中国社会主义建设实践相结合过程中形成的理论成果，毛泽东关于社会主义建设的重要思想也是中国特色社会主义理论体系的重要组成部分。

显然，这两种意见各有道理，应该很好地加以研究。中共十八大报告把这个问题很好地解决了。在十八大报告中，用"四个成功"分两大历史段落对这个问题作了全面论述。"四个成功"，就是毛泽东"成功实现了中国历史上最深刻最伟大的社会变革"，同时毛泽东"为新的历史时期开创中国特色社会主义提供了宝贵经验、理论准备、物质基础"；邓小平"成功开创了中国特色社会主义"，江泽民"成功把中国特色社会主义推向二十一世纪"，胡锦涛"成功在新的历史起点上坚持和发展了中国特色社会主义"。这里，既讲了毛泽东对中国特色社会主义所作的贡献，又讲了中国特色社会主义的开创者是邓小平。也就是说，以中国特色社会主义的开创为界限，划分了两大历史段落。在这个问题上，我们既要肯定毛泽东为我们今天开创中国特色社会主义所作出的贡献，又要明确中国特色社会主义是以中共十一届三中全会为标志在邓小平领导下开创的。我们应该把思想认识统一到十八大报告的这一科学论断上来。

那么，既然毛泽东也对中国特色社会主义的开创提供了宝贵经验、理论准备、物质基础，那又为什么不能说中国特色社会主义是毛泽东开创的呢？这主要是因为毛泽东在探索过程中"经历了严重曲折"，特别是他在晚年提出了一个与他探索初期的指导思想完全背反的"无产阶级专政下继续革命的理论"，并在临终之际仍然坚持这一理论，我们对毛泽东的宝贵思想遗产是通过拨乱反正才继承下来的。因此，我们并不因为毛泽东晚年犯了严重错误就否定他为我们今天开创中国特色社会主义所作出的贡献，同时也必须看到毛泽东在他人生的最后阶段坚持的并不是中国特色社会主义，中国特色社会主义是我们从中共十一届三中全会后在拨乱反正和改革开放的基础上开创出来的崭新事业，我们讨论这一问题，不能离开这一历史进程的实际。这是一定要注意的。

也就是说，在涉及马列主义、毛泽东思想与中国特色社会主义理论体系的关系，这样一个重大和敏感的问题上，我们一定要注意讲两句话：一句话是，马克思列宁主义、毛泽东思想一定不能丢，丢了就丧失了立党之根本；另一句话是，在当代中国，坚持中国特色社会主义理论体系，就是真正坚持马克思列宁主义、毛泽东思想。

因此，贯穿《毛泽东与近代中国》《毛泽东与当代中国》《毛泽东与毛泽东后的当代中国》的思想理论主线是马克思主义中国化；我们研究毛泽东与中国革命、建设和改革的历史，也是为了更好地了解和坚持马克思主义中国化这一中国共产党的思想理论建设主线。

2013 年 10 月 17 日

序　言

周　抗

在纪念毛泽东诞辰 100 周年之际，君如的新著《毛泽东与近代中国》出版了。这对广大读者，特别是对已经读过他的《毛泽东与当代中国》、要求进一步学习和理解毛泽东思想的读者们，可以说是一个大喜讯。

我幸运地应邀作序，并成为先后两部著作的第一个读者，这使我获得了争取最早发现一点什么的机会！

果然，当我把这两本书联系起来读了两遍之后，就发觉，她们都是在极丰富的资料基础上，采用历史考察与辩证分析相结合的科学方法研究出来的颇有深度、颇有独到见解的论著。再经反复思索，我就发现：原来她们是一对既各自独立而又密切联系、相互贯通着的，关于毛泽东思想，即马列主义的基本原理与中国的具体实际相结合，这个关系到我国革命事业的兴衰成败的指导思想的科学论著的姊妹篇。

诚然，对于掌握和贯彻马列主义的基本原理与中国的具体实际相结合这一基本的或主要的经验教训，君如已经在《毛泽东与当代中国》一书的第八章中作出了五点简明扼要的总结。就在这个总结中，君如认为：

第一，对于"实际"，必须力求全面地去把握。绝不可片面性地去把握，也绝不可割断历史地去把握。

第二，对于"理论"，必须竭力去把握其中的"立场、观点和方法"（即马列主义哲学最基本的理论精神），而不可满足于词句的背诵。还必须时时提高警惕，竭力防止那种源出于我国小生产者"汪洋大海"的极端偏执的社会心理倾向的风浪对我们革命和建设事业的干扰！

第三，对于"结合"，必须努力做到使理论和实际在内容实质上的结合，即表现为哲学基本理论精神同具体科学相结合，并同文化遗产中的科学精华相结合。同时，还得竭力防止生硬地把哲学原理套用到种田、做工、打仗等上去的形式主义的"结合"；更须防止用寻章摘句来为自己行为作辩护，或为自己所贩卖的伪劣货色当"招牌"的实用主义的"结合"。

第四，在"结合"或"联系"的过程中，必须十分明确，是双向地起作用，而不是单向地起作用的。这就是说：一方面，理论对实践起指导作用和规范作用；另一方面，切莫忘记，还有实践对理论起检验作用、校正作用和促进作用。

第五，还必须特别注意，实践与实际，也是辩证的统一，而不是绝对的统一。因此，我们不但在讲道理时，必须从实际出发；而且在实践活动时，更应加强调查研究，务必做到：从实际出发！

君如的上述观点，我个人是完全同意的，并且认为他确实是总结得相当深刻的。据我所知，近年来有相当一部分读者纷纷表示赞赏，甚至也有些读者还为此而鼓掌喝彩！但是君如好像没有听到似的，只顾自己埋头于《毛泽东与近代中国》的写作之中。这是因为君如早已心中有数：在他看来，在广大读者之中，对他所指出过的那五点，真正具有深刻理解的读者，毕竟只有一小部分。这是因为上述要点立论的根据并不仅仅在于新中国开国以来40多年历史的经验教训，而是在于旧中国沦为血迹斑斑的半殖民地半封建社会以来140多年历史的经验教训。如果未曾探索过甚至尚未接触过如此漫长的历史事实和如此丰富的历史经验教训的话，那么人们确实是很难理解君如的上述观点的。

就拿君如提出的"第二点"，即一定要努力学习马列主义理论，并力求吃透它的精神实质，来作为我们行动的向导这一点来说吧！当着今天世界上第一个以马列主义为指导思想的伟大国家——苏联遭到了解体的厄运，而同样以马列主义为指导思想的伟大国家——中国却仍然顶着狂风巨浪奋勇前进。在这种惊心动魄的国际大气候下，我们就得像君如在《毛泽东与近代中国》一书中所做的那样，去对我国1840年至1921年这段历史时期，去对林则徐到孙中山等志士仁人，为了挽救祖国的危亡，他们一方面诚心诚意地向西方资产阶级学者们虚心学习，一方面前仆后继地同西方资产阶级侵略者浴血奋战的可歌可泣的经验教训进行重新考察和研究；并且还更着重研究和总结我国从 1921 年到 1949 年这段历史时期内，中国共产党接受并运用由俄国十月革命送来的马列主义这一犀利的理论武器，逐渐认清了中国革命事业的必然前途和必由之路以及在战斗前进中必不可少的战略步骤，特别是毛泽东及其战友在反帝反封建的斗争实践中不断总结经验的基础上获得的"三大法宝"，即统一战线、武装斗争、党的建设这三个重要的显然中国化了的马列主义科学理论，从而使我们终于摆脱了半殖民地半封建的镣铐，对这段复杂而曲折的历史及深刻的经验教训，进行更细致的重新考察和更深入的研究。我想，在当前的情况下，也只有这样做，才能加深对上述"第二点"，即"坚持马克思列宁主义"这一点的更加深刻的理解。

我们再拿"第三点"，即君如关于"理论与实际相结合"的极严格的科学要求这一点来说吧！他认为，必须力求做到马列主义哲学的基本原理同中国革命的具体实际有机地结合起来，才能在实践中产生并经实践证明过的，被君如称为"宏观社会科学"的理论学说，例如《论持久战》、《新民主主义论》等，如果我们能够在马列主义原理指导下，去重新认真考察中国历史，特别是认真考察中国近代史和中国共产党历史中极其丰富的经验教训，那我们就可以加深对马列主义一般原理同中国的具体实际真正科学地有机地结合起来的理解。这也就是说，可以加深对毛泽东思想科学体系的形成、成熟和发展这一过程的理解。

正因为如此，我认为，《毛泽东与近代中国》一书的问世，是君如对纪念毛泽东诞辰 100 周年的一份具有重要意义的献礼。我确信，广大读者若能将《毛泽东与近代中国》同她的姊妹篇联系起来阅读，不仅会有助于增强对毛泽东思想的理解，而且还一定会有助于增强对邓小平建设有中国特色社会主义理论的理解。

1993 年 10 月

目 录

引论 一九四九年"毛泽东的胜利"

虽然五四运动以后,由于几亿中国人民的觉醒和要求,中国向进步的方向演变是必然的趋势;但是中国如果没有产生毛泽东,我们很怀疑中国的革命和建国会如此迅速、全面、成功。

——[美]何炳棣

第一节 太平洋彼岸："丢失中国"的震荡

1949 年 10 月 1 日中华人民共和国的成立，标志着中国共产党领导的新民主主义革命在全国范围内取得了胜利。这个胜利，被国外学者称为"毛泽东的胜利"。

当胜利的旋风横扫残敌、席卷神州大地的时候，也引起了太平洋彼岸的振荡。中国革命的胜利，毋庸讳言，是一件世界性的大事。美国学者伊·卡恩在《毛泽东的胜利与美国外交官的悲剧》一书中，详尽地描述了在中国革命胜利的背景下，美国发生的"麦卡锡事件"。这个荒唐的政治冤案，极好地反衬了中国革命胜利在世界各地的强烈影响。

第二次世界大战期间，作为盟友，美国曾有 20 多名"中国通"出任外交官到中国工作。"但是，在战胜日本后的 15 年里，即毛泽东在中国取代蒋介石以后的 11 年里，外交官中的'中国通'都被调走或撵走，他们不得参与重大的对华事务了。理由是，'丢失'中国，他们要承担一定的责任。"[①] 从此，"中国的丢失，成了美国外交神话中的被人念念不忘的事，以至于后来联系共产党的成就时，常常要老调重弹"[②]。把中国新民主主义革命的胜利，看作是美国对中国的"丢失"，并因此在美国统治阶级中引起恐慌与震荡，是一件十分可笑的事。似乎中国人民没有权力和权利来主宰中国的命运，只能顺从美国的控制。这种"丢失"中国之类的想法本身就暴露出了美国统治阶级的殖民主义、霸权主义的特征。然而，在当时，它却在美国成为一种占主导性的思潮和倾向。在这种背景下，参议员麦卡锡等声嘶力竭且蛮横地提出要追查"丢失"中国的责任者，对驻华外交官，尤其是一些"中国通"的专家，进行了所谓"忠诚"

---

① ② ［美］伊·卡恩著，徐隋林、刘润生编译：《毛泽东的胜利与美国外交官的悲剧》，第 12、13 页，群众出版社，1990。

审查和此起彼伏的指控，在全美上下形成了一股歇斯底里般的反共反华浪潮。这就是史家所称的 50 年代美国的"麦卡锡事件"。

早在中国抗日战争胜利之前，美国政府内就在酝酿制定新的对华关系政策。年轻的"中国通"戴维斯在给史迪威将军的信（1944 年 1 月 15 日）中写道：

> 我们需要趁着还受欢迎的时候，立即派一个军政观察员代表团到共产党中国去搜集敌人的情报，协助并准备从那个地区开展一些有限的行动。假如俄国进攻日本，也好就俄国在华北和满洲的活动作出汇报，并对华北和满洲是否可能另立中国甚至变成俄国的卫星国作出估计。蒋介石对共产党人搞封锁，从而使他们处于孤立无援的境地，这就迫使他们逐渐依附于俄国。要是美国派一个观察员代表团到延安去，那就会打破这种孤立状况，削弱依附俄国的趋势，同时又能遏止蒋介石试图以内战消灭共产党的愿望。因此，蒋委员长自然要反对美国派观察员去共产党中国。通过通常的外交和军事渠道是不可能获得蒋介石的允许的，应当由总统直接向他提出要求。要是蒋介石一开始就加以拒绝，总统可以运用我们足够的讨价还价力量制服他。①

字里行间可以看出，戴维斯的基本立场是从美国在全球的利益出发，遏制苏联在中国的影响，但是其对策之一就是反对蒋介石国民党封锁和消灭中国共产党以防止我们"依附俄国"，这在客观上有利于我们在抗日战争胜利后同蒋介石国民党的独裁专制主义展开斗争。经过一系列的磋商，美国向延安派出了以包瑞德为团长，包括"中国通"谢伟思在内的观察组，开始了美籍学者费正清后来所说的"美国同中共领导之间的正式接触"。谢伟思在发给美国政府的报告中，以观察组看到的实际情况指出：

---

① ［美］伊·卡恩著，徐隋林、刘润生编译：《毛泽东的胜利与美国外交官的悲剧》，第 90 页，群众出版社，1990。

"共产党对国民党的政策是以真正愿意在中国实现民主为基本点的。在这种民主制度下，可以有秩序地发展经济。经过一个私营企业阶段后，最终实现社会主义。……如果这种看法是对的，那么，中国共产党的政策在可以预见的将来就不会同美国的利益相抵触，这个党也就值得我们尽可能以同情和友好的态度相待。"①

抗战期间，蒋介石对史迪威将军及其领导下的工作极为不满，要求美国政府调离史迪威。1944年9月6日，赫尔利作为美国总统罗斯福的特使到了重庆。不久，赫尔利就向罗斯福报告："就我所知，再也没有像蒋介石这样富有领导才干的中国人了。蒋介石和史迪威是势不两立的。您面临着是要蒋介石还是要史迪威的选择。蒋介石同意了您提出的每一个要求、每一项建议，只有对史迪威的任命是个例外。"②显然，赫尔利的观点代表了美国政府内部在对华关系问题上的另一种观点：支持蒋介石国民党在抗日战争胜利后执政并统一中国。1944年11月17日，赫尔利被任命为美国驻华大使，加强了这一派的实力。尽管如此，在美国，驻华的外交官们仍有许多"中国通"持相反的观点。1945年初，谢伟思等直接给美国国务院呈送报告和急信，强调不仅要支持蒋介石国民党，还要同共产党方面合作，并且指出中国共产党方面的政策是希望这样的合作。对此，赫尔利极为恼火。我们从中可以看出，美国政府当时在制定对华关系政策时遇到了一个难题：究竟如何对待中国政治舞台上两个大党——国民党与共产党？在处理这一难题时，出现了对立的两种主张。尽管这两种主张都强调要维护和发展美国在华的利益，遏制苏联在中国及远东的影响，但是两派在对待中国共产党的关系问题上，仍有明显的分歧。

实际上，最终占上风的是以赫尔利为代表的支持蒋介石国民党这一派的观点（尽管赫尔利后来为马歇尔所取代）；而且，正是这一派的观点促使蒋介石国民党在抗日战争胜利后有恃无恐，不顾全国人民的强烈反

---

①② ［美］伊·卡恩著，徐隋林、刘润生编译：《毛泽东的胜利与美国外交官的悲剧》，第101、115页，群众出版社，1990。

对，悍然发动内战，实施法西斯独裁统治。因此，当全国人民解放战争取得节节胜利，并最终推翻国民党的反动统治，建立中华人民共和国时，以美国为首的西方帝国主义国家被强烈地震撼了！首先，他们没有想到用庞大的美元和先进的美式装备武装起来的国民党政府及其军队会败在中国共产党的手下；其次，他们强烈地意识到自鸦片战争以来，尤其是"五口通商"以来，在中国攫取到的地位和利益，将伴随着蒋介石国民党的失败而失去；最后，在意识形态上，他们更加痛苦地感受到中国共产党的胜利意味着共产主义运动在远东及全球突破性的进展，甚至主观地认为它意味着苏联势力在全球的扩张。这种情况，如同费正清描述的：

> 在 10 年期间，美国公众把自由中国理想化了；那时，原子时代、间谍活动和冷战结合在一起，加剧了他们对共产主义的恐惧。让自由中国成为共产主义国家，这似乎是一场全国性的大灾难①。

正是这种"恐惧"感，加上朝鲜战争和美国大选等复杂因素，以追究"丢失中国"的责任为由，"揭开了麦卡锡时代的盖子"（费正清语）。

1950 年新年伊始，美国上下充满了疑共反共的气氛。希斯伪证案、富克斯间谍案等一个个大案使"美国公众经历了一阵反共歇斯底里"。他们不仅疯狂地迫害美国共产党员，而且蛮横地在美国政府中寻找"亲共"分子。2 月 9 日，参议员麦卡锡在西弗吉尼亚州一个地方的共和党妇女俱乐部里发表演说，骇人听闻地说："我手里掌握着一份 205 人的名单，国务卿知道这些人都是共产党的党员，但是，他们现在却还在国务院里工作，而且做着决策工作。"并且直接点名指责"中国通"谢伟思曾经"以明确无误的话说：'共产主义是中国唯一的希望'"。2 月 12 日，麦卡锡在内华达州一个地方举行的共和党庆祝林肯诞辰的集会上，再次发表演说，

---

① ［美］费正清著，张理京译：《美国与中国》（第 4 版），第 333 页，世界知识出版社，1999。

把谢伟思在中国任外交官的活动作为"跟共产党发生关系的具体例子"。麦卡锡的指责，迫使美国国务院在 2 月 22 日通过一次决议，"调查国务院里是否有对美国不忠诚的雇员"。这场关于"忠诚"问题的调查，后来发展到"安全"问题的审讯，即怀疑许多"中国通"是共产党渗透在国务院的间谍，进一步发展到对他们本人与家属的政治迫害和株连，制造了一起又一起的假案。20 年后，随着尼克松的访华，谢伟思重新出现在美国国务院富兰克林大厅举行的一次集会上，并受到与会者长时间的起立欢呼。他在回忆文章中说："将近 1951 年年底，所有研究中国问题的驻外处官员都已陷入忠诚和安全问题的麻烦之中，都受到国会委员会的攻击。这些人包括柯乐布、戴维斯、埃默森、卢登、梅尔比、费希尔、斯普劳斯、弗里曼、文森特和我。有的已受到正式的指控，进行正式的审讯，有的还在'讯问'阶段。越来越清楚，这'讯问'阶段只是走向更严重的指控的第一步而已。"[1] 事实上，除了这些外交官以外，在"麦卡锡事件"中，遭到株连和迫害的还有一批研究中国问题的学者和专家。费正清在他的对华回忆录中，追述了他如何受到"麦卡锡事件"株连和迫害，并与之作斗争的。他说："'丢失中国'从字面上说是可笑的，但它从美国公众的心理上说却具有历史的真实性。""在麦卡锡以后的那些年里，有关中国的问题被弄得像令人恶心的食物一样已无人问津，连狗见了恐怕也要掉头作呕。然而麦卡锡时代给我们留下的都是些说起来一钱不值的东西，不管你听信哪一方面结论都是如此，要么到处都是背叛，要么到处都是不公正。与此同时，由于无知的禁忌，连'中国通'也不能过多地谈论中国问题。"[2]

在一个标榜民主、自由的美国，在 20 世纪 50 年代至 60 年代发生的这种政治迫害，成为中美关系研究的一个重要个案，至今各派学者仍然观点迥异。有的认为新中国建立后，中美关系破裂主要责任在美国；有

---

① ［美］伊·卡恩著，徐隋林、刘润生编译：《毛泽东的胜利与美国外交官的悲剧》，第 276 页，群众出版社，1990。

② ［美］费正清著，陆惠勤等译：《费正清对华回忆录》，第 406、429 页，知识出版社（上海），1991。

的认为主要责任在中国共产党与毛泽东的封闭政策和"一边倒"决策。然而，近几年人们通过对《美国外交文件集》的研究，注意到中国共产党在抗日战争胜利前就由毛泽东亲自表态，希望寻求同美国建立友好的合作关系，正是美国政府的错误决策导致了中美长期隔绝；"麦卡锡事件"使这种隔绝进一步加深。费正清曾经中肯地指出：

> 我自己的印象是：美国人民对于冷战和中国共产党获胜的反应是恐惧居多而缺乏创见。麦卡锡的主要意义在于他在很长时期内为这样一些美国人所容忍，他们赞同他所说的目标而并不赞成他的手段，可是出于恐惧，愿意支持他的手段。恐惧同无知混合在一起。1949 年以后，以前在华的大约 20 名美国记者受到了排斥。中国人民中间翻天覆地的变动，中国社会质的变化，在美国几乎始终是无人知道的。①

由此足见，1949 年中国新民主主义革命在全国范围的胜利，中华人民共和国的诞生，其影响和意义已明显地跨越国界，在太平洋彼岸，在全世界产生了强烈的震荡。麦卡锡事件固然暴露出了美国式民主、自由的虚假性，但更重要的意义即在于它从另一侧面证明了中国革命的影响和中国社会变革的历史意义。我们可以毫不夸张地说：1949 年中国的胜利是 20 世纪人类文明史上一个划时代的历史事件。

第二节　东亚大国："站立起来"的喜悦

同太平洋彼岸的震荡、恐惧形成鲜明对照的是：中华人民共和国的

---

① ［美］费正清著，张理京译：《美国与中国》（第 4 版），第 336 页，世界知识出版社，1999。

成立是中国人民的胜利，标志着被奴役、受压迫的中国人民从此站立起来了。1949 年秋天，中国人民沉浸在迎解放庆胜利的喜悦激情之中。

1945 年抗日战争胜利时，中国人民也曾经沉浸在迎解放庆胜利的喜悦激情之中。八年抗战，中国人民做出了巨大的牺牲。据不完全统计，中国军民伤亡人员达 2100 万以上，财产损失 600 多亿美元。当 1945 年 9 月 2 日日本代表在投降书上签字，中国抗日战争胜利结束的消息传来时，全国人民，不管是大后方的人民、敌后根据地的人民，还是沦陷区的人民，都欢欣鼓舞，庆祝胜利。毛泽东指出："从整个形势看来，抗日战争的阶段过去了，新的情况和任务是国内斗争。蒋介石说要'建国'，今后就是建什么国的斗争。是建立一个无产阶级领导的人民大众的新民主主义的国家呢，还是建立一个大地主大资产阶级专政的半殖民地半封建的国家？这将是一场很复杂的斗争。"①中国人民都期待着抗日战争胜利后，能出现一个独立、自由、民主、统一和富强的新中国。1945 年 8 月 28 日，毛泽东偕同周恩来、王若飞，在国民党代表张治中和美国驻华大使赫尔利的陪同下，从延安去重庆与国民党进行建国等问题的谈判。历时 43 天，双方于 10 月 10 日签署了《政府与中共代表会谈纪要》，即"双十协定"。双方同意召开各党派代表和社会贤达出席的，讨论和平建国方案的政治协商会议；并在 1946 年 1 月召开的政治协商会议上达成了政府组织案、国民大会案、和平建国纲领、军事问题案和宪法草案案等五项协议，即"政协协议"。同月初，国共双方达成了关于停止国内军事冲突的协定，即"停战协定"。"双十协定"等文件的签署，给古老的中华民族带来了新生的希望，向中国人民展现了光明的前途。但是，蒋介石国民党最终还是撕毁了迫于情势不得已而签署的这些协定和协议。1946 年底，国民党军队进攻中原解放区，悍然发动了全面内战，致使人民的期待和希望再次遭受挫折。

正是在这样一个背景下，中国人民对于 1949 年的胜利更为激动。在

---

① 毛泽东：《抗日战争胜利后的时局和我们的方针》（1945 年 8 月 13 日）。《毛泽东选集》第 4 卷，第 1130 页，人民出版社，1991。

北平解放的入城式上，全城都沸腾了，到处都是口号声、锣鼓声、歌声，北大、清华、燕京、师大的学生还爬上坦克、装甲车，随同解放军一起前进。在筹建新中国政权的中国人民政治协商会议以及在此之前召开的新政协筹备会议上，中国共产党与各民主党派代表以及无党派民主人士和睦相处，以礼相待，畅所欲言，民主参政。在隆重的开国大典上，阅兵队伍威武雄壮，28响礼炮欢庆胜利，五星红旗鲜艳夺目，30万群众游行队伍更是波澜壮阔。所以当外国学者称中国革命的胜利是"毛泽东的胜利"时，毛泽东说是"人民的胜利"；当人民群众齐呼"毛主席万岁"时，毛泽东报以"人民万岁"。新中国，就是在伟大的领袖和伟大的人民的携手苦斗下，在东方的地平线上屹立了起来。它既标志着新民主主义革命的结束和社会主义革命的开始，也标志着近代中国的结束和向当代中国转变的开始。这是一个划时代的胜利！

　　关于"近代"，在中国学术界有两种观点。一种观点，把1840年鸦片战争起到1919年五四运动爆发，视作近代中国的历史发展时期；而把1919年五四运动开始到1949年中华人民共和国成立，视作现代中国的历史发展时期。理由是毛泽东在《中国革命和中国共产党》《新民主主义论》等著作中，曾经多次指出：以1919年五四运动为界，这以前的反帝反封建斗争是旧民主主义的革命阶段，这以后的反帝反封建斗争是新民主主义的革命阶段。而且毛泽东把旧民主主义革命称为"近代"革命，把新民主主义革命称作"现代"革命。因此相当一个时期来，学术界把中国近代史研究划在1840年至1919年这一段历史时期之内。在这两种观点中，我更同意第二种观点。我认为，1840年鸦片战争起到1949年中华人民共和国成立，是近代中国的历史发展时期；中华人民共和国成立到1956年社会主义制度的建立是从近代中国到当代中国的革命转变时期；1956年以后的社会主义中国是当代中国的历史发展时期。

　　本书对近代以来中国社会做出这样的阶段划分，依据的是毛泽东关于用社会主要矛盾来划分阶段的方法。毛泽东在《中国革命和中国共产党》(1939 年 12 月)中曾经运用唯物辩证法关于过程与阶段的矛盾分析方法，深刻地指出：

> 帝国主义和中华民族的矛盾，封建主义和人民大众的矛盾，这些就是近代中国社会的主要的矛盾。当然还有别的矛盾，例如资产阶级和无产阶级的矛盾，反动统治阶级内部的矛盾。而帝国主义和中华民族的矛盾，乃是各种矛盾中的最主要的矛盾。这些矛盾的斗争及其尖锐化，就不能不造成日益发展的革命运动。伟大的近代和现代的中国革命，是在这些基本矛盾的基础之上发生和发展起来的。①

这里，毛泽东把贯穿着帝国主义和中华民族的矛盾、封建主义和人民大众的矛盾的社会历史发展时期，称为"近代中国社会"。只要这个矛盾没有解决，这个社会的发展过程就没有完结。因此，"近代中国"就是贯穿着上述主要矛盾的 1840 年至 1949 年的整个历史时期。但是，在这个社会发展时期中，由于解决这个社会矛盾的革命，即反帝反封建的民主主义革命，经历了由资产阶级领导的与由无产阶级领导的两个时期，因此在"近代中国"也可以区分为旧民主主义革命和新民主主义革命两个阶段。

我们说 1949 年中华人民共和国成立，标志着近代中国的结束和向当代中国转变的开始，从根本上说就在于新中国的诞生意味着反帝反封建的民主主义革命在全国范围取得了决定性的胜利，即中华民族与帝国主义的矛盾、人民大众与封建主义的矛盾获得了基本的解决。换言之，中华人民共和国的成立，不仅仅是 3 年解放战争胜利的成果，不仅仅是 30 年来新民主主义革命胜利的成果，而且是自鸦片战争以来 109 年反帝反封建革命斗争的成果。对此，毛泽东在天安门广场的人民英雄纪念碑的

---

① 《毛泽东选集》第 2 卷，第 631 页，人民出版社，1991。

碑文中说得非常明确：

> 三年以来，在人民解放战争和人民革命中牺牲的人民英雄们永垂不朽！
>
> 三十年以来，在人民解放战争和人民革命中牺牲的人民英雄们永垂不朽！
>
> 由此上溯到一千八百四十年，从那时起，为了反对内外敌人，争取民族独立和人民自由幸福，在历次斗争中牺牲的人民英雄们永垂不朽！①

人民欢庆中华人民共和国成立，既欢庆同蒋介石国民党展开的"建国"斗争的巨大胜利，又欢庆中国共产党领导的新民主主义革命的伟大胜利，更欢庆中国的历史翻到了新的一页：中华民族遭列强奴役、中国人民生灵涂炭的近代史结束了。这就是毛泽东以豪迈的口气宣布的：

> 占人类总数四分之一的中国人从此站立起来了。②

当然，严格地说，新民主主义革命的任务（即反帝反封建）要到全国土地改革全部完成之后，才能算完全结束。但作为社会变革的一种标志，我们仍然可以把人民取得全国政权，推翻帝国主义、封建主义和官僚资本主义的反动统治，即中华人民共和国的诞生，作为新民主主义革命结束和社会主义革命开始的标志。因此我们把1949年作为区分近代中国与向当代中国转变的标志。

我把1949年到1956年这一段历史时期与1956年以后这一段历史

---

① 毛泽东：《人民英雄永垂不朽》（1949年9月30日）。《毛泽东文集》第5卷，第350页，人民出版社，1996。

② 毛泽东：《中国人从此站立起来了》（1949年9月21日）。《毛泽东文集》第5卷，第343页，人民出版社，1996。

时期区分开来，也是因为这两个历史时期要解决的社会主要矛盾不一样。

进行这样的讨论，只是要向大家说明，本书探讨的"近代中国"指的是自 1840 年鸦片战争到 1949 年中华人民共和国成立这 109 年的中国。

本书题名为《毛泽东与近代中国》，并不是说毛泽东是这一历史时期的全部活动的参与者和主宰者。事实上，毛泽东诞生于 1893 年 12 月 26 日，他参加过旧民主主义革命的少许活动，主要的政治生涯在新民主主义革命和社会主义革命、社会主义建设这一阶段。但是，本书决不拘泥于这一点，而是要站在近代中国的历史制高点上，来审视毛泽东民主革命时期的活动及其思想。我们的主旨，是研究毛泽东如何领导中国共产党和中国人民解决这一历史时期的主要矛盾的？他在中国的历史由近代向当代转变的过程中发挥了什么作用？他留给后人哪些宝贵的思想财富，给今人有哪些重要的启迪？

第三节　理论指南：新民主主义理论

近代中国是一道复杂的数学题，求解必须有高超的理论和杰出的技巧。毛泽东领导的革命结束了中国的近代史，有人把它归功于毛泽东具有超凡的个人魅力，也有人说中国共产党和毛泽东的主张都只是莫斯科"极权主义革命的学说和战略"的产物。然而，凡是正视中国革命史和中国共产主义运动史的学者，包括同毛泽东有过亲身交往的外国记者、专家，都与中国人民一样，有这样的共识：是马克思主义基本原理和中国具体实际相结合的毛泽东思想，是毛泽东高超的领导艺术，使中国革命赢得了历史性的胜利。

著名的美国记者和社会活动家艾格妮丝·史沫特莱在她的回忆录《中国的战歌》中记叙她第一次会见毛泽东的情景和印象时，写道：

　　每一个其他的共产党领袖都可以和另一个民族或另一个时代的
某个人物相比，但是毛泽东无与伦比。有人说，这因为他是个纯粹
的中国人，从未出国游历或留学。无论是彭德怀、贺龙、林彪，或
是其他红军将领，也都不曾出过国，然而他们都可以在别的国家找
到他们的对应人物。毛泽东以理论家闻名。但是他的理论植根于中
国的历史和战场经验，大多数中国共产党人都用马克思、恩格斯、
列宁和斯大林的语言思考问题，有些人以能够引述他们著作中的章
句或是就这些章句发表三四个小时的长篇大论而自豪。毛泽东也
能，但他难得有这样做的打算。他在抗大讲课，或是在群众大会上
演说，像他的谈话一样，都以中国的现实生活和以往历史为根
据⋯⋯

　　他的许多著作和小册子，使他得以跻身于历代伟大革命政论家
之列。他的《论持久战》、《论新阶段》和《新民主主义论》已经成
为中国革命思想发展的里程碑，在后来的年月里，我甚至在从未听
说过的地方发现了这些著作。有时，有些政治家，包括那些激烈反
共人士在内，剽窃他的军事论文，冒充是他们自己的著作。①

　　理论家，思想家，确实是毛泽东在中国革命中的角色特征。他的非
凡之处，即在于他观察中国社会，研究中国问题，解决近代中国的矛盾，
都有自己一以贯之的一套理论。这套理论，在 20 世纪 40 年代被中国共
产党称为"毛泽东思想"，并被全党作为党的指导思想写入了党的章程。

　　据史家多方考证，最初提出"毛泽东思想"这个概念的是王稼祥为
纪念中国共产党成立 22 周年而撰写的《中国共产党与中国民族解放的道
路》(1943 年 7 月 5 日) 一文。在这篇文章中，王稼祥写道："毛泽东思
想就是中国的马克思列宁主义，中国的布尔什维主义，中国的共产主
义。"在这之前，党的理论工作者张如心在 1941 年 3 月已经使用过"毛

---

　　① ［美］艾格妮丝·史沫特莱著，江枫译：《中国的战歌》，第 179—180 页，作家出
版社，1986。

泽东同志的思想"这一提法；1942年2月18日、19日，他在延安《解放日报》上发表的《学习和掌握毛泽东的理论和策略》一文中，还使用过"毛泽东主义"这一提法。陈毅在1942年7月发表的《伟大的二十一年》中，刘少奇在1943年7月4日撰写的《清算党内的孟什维主义思想》中，还使用过"毛泽东同志的思想体系"这一概念。

王稼祥提出的"毛泽东思想"这一概念，很快为全党所接受。邓小平1943年11月10日在北方局党校整风动员会上的讲话中，不仅使用了这个概念，而且提出它是党的指导思想：

> 遵义会议之后，在以毛泽东为首的党中央领导之下，彻底克服了党内"左"右倾机会主义，一扫主观主义、宗派主义和党八股的气氛，把党的事业完全放在中国化的马列主义，即毛泽东思想的指导之下，直到现在已经九年的时间，不但没有犯过错误，而且一直是胜利地发展着。这种事实我们大家都知道得很清楚。的确，在以毛泽东思想为指导的党中央的领导之下，我们回忆起过去机会主义领导下的惨痛教训，每个同志都会感觉到这九年是很幸福的，同时也会更加感到三风不正对我们的毒害了。①

与此同时，邓小平还多次强调"整风就是把全党从思想上行动上统一在中国布尔什维主义——毛泽东思想下，在思想上、政治上、组织上把全党团结得像一个人一样，增强党的战斗力量"。每个党员要"更加学习马列主义与毛泽东思想"。刘少奇在1945年3月底讨论提交中共七大的党章草案时，集中全党的意见，指出："以毛泽东思想贯穿党章，这是一个前所未有的特点。"正是经过这样长期的酝酿和讨论，1945年6月中国共产党第七次全国代表大会通过的党章正式明确规定：

---

① 邓小平：《在北方局党校整风动员会上的讲话》（1943年11月10日）。《邓小平文选》第1卷，第88页，人民出版社，1994。

中国共产党，以马克思列宁主义的理论与中国革命的实践之统一的思想——毛泽东思想，作为自己一切工作的指针。

刘少奇在中共七大作关于修改党章的报告时，首次对毛泽东思想的形成、内容、特点和贡献，作了系统和深刻的论述，指出毛泽东思想"完全是马克思主义的，又完全是中国的。这是中国民族智慧的最高表现和理论上的最高概括"。他深刻地分析道：

由于中国社会、历史的发展有其极大的特殊性，以及中国的科学还不发达等条件，要使马克思主义系统地中国化，要使马克思主义从欧洲形式变为中国形式，就是说，要用马克思主义的立场与方法来解决现代中国革命中的各种问题，——其中有许多是在世界马克思主义者面前从来没有提出过与解决过的问题，在这里是以农民为主要群众（而不是以工人为主要群众），反对外国帝国主义的压迫和中世纪残余（而不是反对本国资本主义）——这乃是一件特殊的、困难的事业。这决不是以某些人所想的，只将马克思主义的著作加以熟读、背诵和摘引，就可成功的。这必须有高度的科学精神与高度的革命精神相结合。这不但需要丰富的历史知识、社会知识及指导革命斗争的经验，善于应用马克思列宁主义的方法，对社会、历史的客观情势及其发展作精确的科学分析，而且对于无产阶级的事业、人民的事业要具有百折不挠、移山填海的无限忠心，信任群众的力量，信任群众的创造和群众的将来，善于把群众的经验、意志、思想集中起来，又应用到群众中去。因此，才能依据历史进程每个特殊时期和中国具体的经济、政治环境及条件，对于马克思列宁主义作独立的光辉的补充，并用中国人民通俗语言的形式表达出来，使之适合于新的历史环境和中国的特殊条件，成为中国无产阶级群众与全体劳动人民群众战斗的武器。不是别人，正是我们的毛泽东同志,出色地成功地进行了这件特殊困难的马克思主义中国化的事业。①

毛泽东思想作为马克思主义基本原理与中国具体实际相结合的科学思想体系,是中国共产党人长期浴血奋斗的经验的总结,是中国社会和中国革命发展的客观规律在中国共产党人头脑中的反映,它可以说是集体智慧的结晶。但是,毛泽东确实在其中发挥了"第一提琴手"的作用。因此这一思想体系以毛泽东的姓名来命名也是正确的。毛泽东在七大预备会议上清醒地说过:把他"写成代表,那还可以,如果只有我一个人,那就不成其为党了"②。

从现在来看,毛泽东思想作为一个科学的思想体系,应该包括毛泽东创立的新民主主义理论和毛泽东关于从中国实际出发建设社会主义的思想两个基本的构成部分。③ 但是,同样应该指出的是,在"毛泽东思想"提出之初,中共七大概括的主要是新民主主义理论的内容,因为当时还只有新民主主义的实践,而且从这一实践所形成的新民主主义理论在指导中国革命的过程中,如大海中的灯塔,给中国革命的航船指明了绕过暗礁、搏击风浪、顺利前进的方向。

我们确实可以这样说,近代中国的结束和向当代中国转变的这一历史性巨变,完全靠的是毛泽东思想的精彩理论——新民主主义理论的指导。

新民主主义理论作为毛泽东和中国共产党人富有创造性的马克思主

---

① 刘少奇:《论党》(1945 年 5 月 14 日)。《刘少奇选集》上卷,第 335—336 页,人民出版社,1981。

② 毛泽东:《中国共产党第七次全国代表大会的工作方针》(1945 年 4 月 21 日)。《毛泽东文集》第 3 卷,第 297 页,人民出版社,1996。

③ 在 1981 年 6 月中共十一届六中全会通过的《中共中央关于建国以来党的若干历史问题的决议》中,毛泽东思想被定义为"马克思列宁主义普遍原理和中国革命具体实践相结合的产物"。中共十二大通过的党章在重申这一结论时,指出毛泽东思想"是被实践证明了的关于中国革命和建设的正确的理论原则和经验总结",加上了"建设"的思想。

义理论，是在长期的革命实践中逐步形成和定型的。毛泽东在 1925 年冬至 1926 年先后发表的《中国社会各阶级的分析》(1925 年 11 月)、《国民党右派分离的原因及其对于革命前途的影响》(1925 年冬)、《国民革命与农民运动》(1926 年 9 月) 等著作，以及中国共产党第四次全国代表大会通过的文件，标志着新民主主义理论的基本要点或基本思想已经提出。八七会议及其以后毛泽东在开辟农村包围城市道路过程中形成的《中国的红色政权为什么能够存在?》(1928 年 10 月)、《星星之火，可以燎原》(1930 年 1 月) 等著作，标志着新民主主义理论的基本思想更加完善和更加成熟。延安时期毛泽东进行的理论总结，尤其是《论持久战》(1938 年 5 月)、《论新阶段》(1938 年 10 月)、《〈共产党人〉发刊词》(1939 年 10 月)、《中国革命和中国共产党》(1939 年 12 月)、《新民主主义论》(1940 年 1 月) 和《论政策》(1940 年 12 月) 等不朽著作，标志着新民主主义理论的基本思想的系统化和理论化。1942 年整风运动和中共七大胜利召开，则标志着新民主主义理论战胜了党内各种错误的理论，成为全党接受的占统治地位的指导思想。这以后，新民主主义理论获得了更为全面的应用和发展。正由于中国共产党有了这样一种科学的指导思想，所以能战胜以帝国主义、封建主义和官僚资本主义为基础的蒋介石国民党政权的反动统治，结束中国的近代史。

必须指出的是，这里所说的"新民主主义理论"，不仅仅指的是毛泽东的《新民主主义论》，而是包括新民主主义革命的时代与根据、革命的对象、革命的任务、革命的领导与动力、革命的性质、革命的道路、革命的前途与转变及新民主主义社会的政治、经济、文化等丰富内容的完整体系。可以这样说，整部《毛泽东选集》(1—4 卷) 论述的就是这一马克思主义基本原理与中国具体实际相结合的理论。

这一理论，包括众多的方面和内容，但总括起来，其基本的内容包括三个方面：

其一，为"近代中国国情论"。这是新民主主义理论形成和提出的根据。毛泽东关于中国革命所处时代的分析，关于近代中国社会性质的论述，关于近代中国社会阶级结构和主要矛盾的剖析，以及关于近代中国社会各个发展阶段特点的阐述，其主题都是国情问题，即中国革命中最大的"实事"。《外力、军阀与革命》(1923 年 4 月)、《中国社会各阶级的分析》、《中国的红色政权为什么能够存在?》、《中国共产党在抗日时期的任务》(1937 年 5 月)、《中国革命和中国共产党》等，均是"近代中国国情论"的代表作。

其二，为"新民主主义革命论"。毛泽东根据中国的国情所提出的，关于中国革命对象和任务的阐述，关于中国革命领导力量、同盟军与中国革命性质的论述，关于中国革命独特的农村包围城市道路的探索，关于中国革命的前途与如何同社会主义革命衔接的设想，等等，都是属于"革命"范畴的理论。《中国社会各阶级的分析》、《星星之火，可以燎原》、《中国革命战争的战略问题》(1936 年 12 月)、《〈共产党人〉发刊词》、《中国革命和中国共产党》等，均是"新民主主义革命论"的代表作。

其三，为"新民主主义社会论"。在传统的理论研究中，人们往往把"新民主主义理论"等同于"新民主主义革命论"，而忽略"新民主主义社会论"的研究。事实上，毛泽东的《新民主主义论》(1940 年 1 月)以及后来发表的《论联合政府》(1945 年 4 月)、《在中国共产党第七届中央委员会第二次全体会议上的报告》(1949 年 3 月)、《论人民民主专政》(1949 年 6 月)等著作，论述的都是新民主主义革命过程中建立的根据地(或解放区)的社会性质以及革命成功后的社会改造和社会建设问题。因此，"新民主主义社会论"是"新民主主义理论"中一个极其重要的基本构成部分。关于新民主主义社会的历史必然性，关于新民主主义社会的过渡性质，关于新民主主义社会的根本任务，关于新民主主义社会的制度结构(即经济、政治、文化)，关于新民主主义社会的阶级斗争及其向社会主义社会转变等问题，都是"新民主主义社会论"的主要内容。

我们说新民主主义理论具有丰富的内容，并不是说它的全部论点都是完美无缺的，并不是说在根据这一理论指导新民主主义革命和新民主主义建设时我们没有犯过错误。至少，毛泽东本人就说过：他的《湖南农民运动考察报告》（1927 年 3 月）"在经济问题上缺乏马克思主义的观点"[①]；他的《新民主主义论》有一个观点需要修改[②]。同样，我们也不能因为存在这些微瑕而无视白璧夺目之光彩，无视新民主主义理论对中国历史性转变的指导作用。本书的宗旨就在于用科学的态度，阐明近代中国社会发展的客观规律与毛泽东的新民主主义理论之间相互作用的过程和特点，指出 1949 年毛泽东和中国共产党人的胜利正是这种科学的革命理论的胜利。

---

① 毛泽东：《中国共产党第七次全国代表大会的工作方针》（1945 年 4 月 21 日）。《毛泽东文集》第 3 卷，第 298 页，人民出版社，1996。

② 毛泽东：《新民主主义论》（1940 年 1 月）。《毛泽东选集》第 2 卷，第 710 页注〔17〕，人民出版社，1991。

第一章　近代中国的基本问题与出路的选择

毛主席将一盘散沙、各自为谋、忍辱待毙、任人宰割的旧中国变成为艰苦卓绝、急公好义、勤朴武健、自力更生，受到全世界尊敬的新中国。这主要是由于他虽然以马列主义作为革命建国的理论动力，但他一生不断地以理论与实践互相印证，不断地就国内外情势因时因地制宜决策，将一个引进的主义逐步变成为适合国情的革命建国理论实践的光辉体系。

——［美］何炳棣

第一节　基本问题：救亡与发展

人，具有意识和激情，总是力求把自己的意图参与到社会活动之中去，影响和改造社会。对于历史上任何一个伟人而言，这种特点更为明显。哲学家把它称之为人的自觉能动性。但是，任何一个人，包括伟人，都是一定的社会关系中的人，他们的自觉能动性都要受到客观的社会条件及其内在规律性的制约，只能在社会为他们提供的舞台上施展其才干和能力。历史上，凡是有作为的人，都是能抓住社会及其发展历史为人们提供的机遇，面对客观的现实，成功地解决他们所面临的历史难题的人。

毛泽东所处的近代中国，是一个什么样的中国？近代中国向毛泽东这一辈的人提出了什么课题？毛泽东是怎样认识并解决近代中国的基本问题的？在研究毛泽东与近代中国的关系问题时，我们只能这样提出问题，也只有这样来研究毛泽东，才符合历史唯物主义所揭示的历史真实，才能真正在历史的制高点上认识毛泽东和他的思想理论。

一　救亡：近代中国的基本问题之一

西方学者认为，中国人给自己的国家起名为"中国"，典型地表明了他们的自负。其实，当《诗经》把华夏族居住的地区称为"中国"时，囿于当时的认知水平和触及的范围，仅仅是从被误解的地理位置来确定我们是处在"中央之国"的，并无鄙视世界各国的自负观念。然而，幅员广阔的国土、绵延数千年有文字记载的历史，其生存空间和发展时间都决定了中国是一个世界大国、文明古国。自汉唐中外交流加深以来，"中国"这个国名令外邦羡慕，让国人自豪。

世界各国政治经济的发展，不以人们的意志和情感为转移，遵循着毛泽东的辩证法思想所揭示的"矛盾诸方面发展不平衡"的规律，惩罚着不能自觉地"新陈代谢"的统治者及其控制下的国家和民族。当西方在中世纪的神学专制主义向科学和文明开刀的时候，东海之滨的中国科技发达，商业繁荣，物产丰富，人民安居乐业，呈现出一派令西方商人、旅游家和传教士仰慕的昌明景象。然而，当西方经过文艺复兴运动，新兴的资本主义蓬勃崛起，昂首阔步，越过大洋，向全球开辟世界市场的时候，曹雪芹笔端大观园的衰落正是中国衰落的绝妙写照和生动缩影。东西方历史演进的反差，并未为腐败又自大的中国封建专制主义的统治者所认识，衰落的命运悄悄而又迅速地降临到中华民族的头上。而且，这次衰落和中国历史上多数改朝换代前的衰落不一样，那时在一个封闭的国家内部出现的衰落和中兴都是内部的事情，这次衰落是内外交互作用的过程及其结果，是在外国资本主义列强用坚船利炮轰开国门的重大背景下发生并加剧发展的。这是一场关乎民族存亡的灾难！

1840 年，是近代中国的起始年限。这是中国衰落的标志，屈辱的起点，亡国的开始。

第一，每战即败：近代中国的悲剧。

自 18 世纪后半叶，英国东印度公司独占鸦片专卖权以后，就开始对中国进行肮脏的鸦片贸易。据不完全统计，平均每年走私到中国的鸦片，1800 年至 1811 年达 4016 箱，1812 年至 1821 年达 4494 箱，1822 年至 1831 年猛增到 11804 箱，1832 年至 1839 年又激增到 27557 箱。据有关专家测算，实际消费量比这些数字还要大得多。烟毒在中国泛滥成灾。1838 年已有人向道光皇帝上奏道："上自官府缙绅，下至工商（作坊、商店主人）优隶，以及妇女、僧尼、道士，随在吸食，置买烟具，为市日中。"可见在中国腐蚀之大。但是朝廷中对于这种鸦片走私，有主张严禁的，有主张弛禁的，有主张维持现状的，分歧颇大。1839 年 5 月、6 月，主张禁烟的林则徐迈出了可贵的一步，在广州虎门一举销毁收缴的鸦片 237.6254 万斤，并且明令禁止外国商人"永不夹带鸦片，如有带来，一经查出，货尽没官，人即正法，情甘服罪"。但是，以义律为代表的外国鸦片商与朝廷内的弛禁派等相勾结，竟在中国境内用武力抗衡禁烟，而清政府又步步退让，终于 1840 年在英国政府的直接指令下，爆发了侵犯中国的第一次鸦片战争。尽管中国军民表现了大无畏的爱国精神，英勇抗战，并且在一系列战斗中获得了可贵的胜绩，但是在清政府投降妥协的政策下，禁烟抵抗派受到惩罚，最后终于战败。这是中国历史向近代急剧转变的标志，是一场历史悲剧开幕的标志。

自此之后，清政府在外国资本主义列强的侵略面前，要么妥协乞和，要么接仗就败。1857 年至 1861 年的第二次鸦片战争，1884 年至 1885 年的中法战争，1894 年至 1895 年的中日甲午战争，1900 年英美法德日俄意奥八国联军侵占北京城，这一系列重大战争决定着中华民族的历史命运。尽管爱国军民义愤填膺，英勇抗战，屡建奇功，但是在清政府及其重镇要员、地方大官的妥协投降路线下，加之内政腐败、军心不固、实力不强，终于一旦宣战，每战即败。到 1945 年抗日战争胜利之前，中国政府在外敌入侵面前没有取得过一次彻底的像样的胜利。

第二，丧权辱国：近代中国的耻辱。

第一次鸦片战争战败，清政府与英国政府签订了丧权辱国的《南京条约》（1842 年 8 月）。这是外国资本主义列强加在中华民族身上的第一个不平等条约。但是英国政府对此还不满足，次年 7 月、10 月又迫使清政府订立了《五口通商章程》和《五口通商附粘善后条款》（又称《虎门条约》）。紧跟着，美国仿效英国的做法，也以炮舰为后盾，逼迫清政府订立《望厦条约》（1844 年 7 月）。法国也胁迫清政府签订《黄埔条约》（1844 年 10 月）。资本主义列强纷纷涌入，以不平等条约的形式攫取了中国的许多国家主权。美国学者费正清指出，中国在对外关系上，在古代实行的是"朝贡制度"，即外国商人和政府代表，通过一定的礼仪向中国皇帝献礼朝贡，以建立贸易的和政治的友好关系。18 世纪 60 年代至 1840 年鸦片战争前，清朝政府在广东设立"十三行"，即官方的对外贸易机构，通过同外商协议的方式（包括对外商的某些限制），进行对外贸易。这种贸易制度只是"中国朝贡贸易制与欧洲重商主义之间一个暂行的折中办法"，"西方的扩张势力与中国传统秩序迎头相撞。冲突是必然要到来的"。冲突的结果，就是用中外订立不平等条约，来取代广州贸易制度。"从 1842 年到 1943 年整整一个世纪里，中国受不平等条约的束缚，给西方的商业和宗教活动大开方便之门。"① 据有人统计，1842 年至 1919 年，外国资本主义列强胁迫中国政府订立的不平等条约，计 709 个。其中，同英国、日本和俄国订立的不平等条约最多，分别为 163 个、153 个和 104 个。详见下表②：

国　名	条约数	国　名	条约数
英　国	163	葡萄牙	13
日　本	153	意大利	7
俄　国	104	荷　兰	5
法　国	73	奥地利	5
德　国	47	西班牙	4
美　国	41	其　他	68
比利时	26	总　计	709

这些条约，表面上，似乎是两个平等的主权国家互相协商与谈判以后签署的，是平等的法律文件。然而，谁都清楚，这是一种炮舰威胁下的"城下之盟"，是不平等的文件。外国资本主义列强以享受中国政府的"最惠国待遇"的名义，剥夺了中国完整的国家主权。其中最为突出地表现在政治和经济两个方面。

在政治上，外国列强获得了在中国的"领事裁判权"。《五口通商章程》规定，如在通商口岸的英国人犯罪，不能由中国政府处理，只能"由英国议定章程、法律，发给管事官照办"。这就开创了所谓的"领事裁判权"制度。《望厦条约》进一步把领事裁判权扩大到通商口岸其他地区，而且不管刑事案件还是民事案件，"中国官员均不得过问"，只能由美国领事官来处理。在第二次鸦片战争中清政府被迫订立的《天津条

① ［美］费正清著，张理京译：《美国与中国》（第 4 版），第 113—118 页，世界知识出版社，1999。

② 马宇平、黄裕冲编：《中国昨天与今天（1840—987 国情手册)》，第 104 页，解放军出版社，1989。

约》、《北京条约》和《中英通商章程善后条约》等不平等条约中，又进一步规定中国不但无权审理在中国犯了刑事案的外国人，而且凡涉及中国人与外国人之间的民事案件，都要由"中国地方官与（外国）领事官会同审办"。领事裁判权的提出、实行和拓展，标志着中国政府在对外关系中逐步丧失了自己的主权。

在经济上，外国列强获得了在中国的"协定关税权"。《南京条约》提出，通商口岸"应纳进口、出口货税、饷费，均宜秉公议定则例"。也就是说，中国的关税税则，中国政府无权做主。在《望厦条约》中，美国又修改了"秉公议定则例"这样一个含糊的提法，写明"倘中国日后欲将税例更变，须与合众国领事等官议允"。《望厦条约》还提出了"利益均沾"的原则，即今后一国从中国政府获得什么利益，其他各国都要"一体均沾"。在第二次鸦片战争中订立的不平等条约中，不仅由列强确定中国关税的税率，而且在《中英通商善后条约》中提出，中国海关可以"任凭总理大臣邀请英人帮办税务"，即可以由外国人来管理中国的海关。

鸦片战争后资本主义列强胁迫中国订立的各种不平等条约，要害不在中国向外国开放了一批沿海通商口岸。在人类文明发展史上，各国之间正常的贸易往来，是合乎历史潮流的举动。清政府试图闭关锁国，既违背了这一潮流，也阻碍了中国的进步和发展，落得个在列强炮舰下被迫开放口岸的结局。开放口岸，诸如广州、福州、厦门、宁波和上海的经济发展，在对外交往中都率先奠定了近代工商业的基础，这一事实足以证明对外开放是发展经济的重要途径。但是，当时的开放是被动的开放，不平等的开放。被动和不平等的要害，在于中国政府在战败的背景下，屈辱地丧失了对外开放中的国家主权。领事裁判权和协定关税权，以及外国传教士活动中国不得管辖等等，都是丧权辱国的典型表现。

第三，割地赔款：近代中国的灾难。

自鸦片战争战败，中英《南京条约》订立起始，中国政府不仅不能维护自己的主权，而且难以保卫自己的国土疆域。《南京条约》确定割让香港给英国。1858 年 5 月中俄《瑷珲条约》把大兴安岭以南、黑龙江以北 60 多万平方公里的地区划为俄国领土，乌苏里江以东直到海边约 40 万平方公里的地区被定为中俄"共管"区（两年后的中俄《北京条约》又把"共管"区改为俄国的领土）。除了这种穷凶极恶的割地外，资本主义列强还用租借地和租界的形式，在中国掠地为营，建立国中之国。尤其是 1894 年中日甲午战争后，出现了"租借"式割地的狂潮。于是，形成了九龙和威海卫由英国据有、胶州湾先后由德国和日本据有、旅顺大连湾先后由俄国和日本据有、广州湾由法国据有、澳门由葡萄牙据有等瓜分的局面。上海、广州、厦门、福州、天津、镇江、汉口、九江、烟台、芜湖、重庆、杭州、苏州、沙市和长沙等地还先后设立了列强们建立的租界。除了割地，资本主义列强还胁迫清政府为他们发动侵略战争的"损失"赔款和支付恤金，金额高达近 20 亿银元，对中国人民进行了赤裸裸的勒索。其中，1900 年八国联军侵占北京后订立的《辛丑条约》，清政府赔款高达 4.5 亿两白银，规定 40 年内逐年付清，还要加上利息，本利共达 9.8 亿两白银（不含各省的地方赔款）。主要赔款情况见下表：

条约名称	赔款数额
《南京条约》	2100 万银元
《北京条约》	1670 万两白银
《天津条约》	67 万两白银
《伊犁条约》	900 万卢布，折合 3000 万两白银
《马关条约》	2.3 亿两白银
《辛丑条约》	4.5 亿两白银，本息折合 9.8 亿两白银
《拉萨条约》	50 万英镑
《烟台条约》	20 万两白银

　　上述情况说明，中国封建社会正在一步步沦为一个半殖民地半封建的社会。封建专制主义制度的腐朽没落性，在外国资本主义列强的扩张、侵略面前暴露无遗；外国资本主义列强的贪婪残暴性，把衰落的中国逼到了亡国的境地。或者说，外国资本主义、封建主义把中国推上了亡国之途。救亡，成了近代中国的时代性主题。

　　毛泽东在青少年时代，就感受到了亡国的震撼，领悟到了救亡的历史使命。

　　在《西行漫记》（1937 年 10 月英文初版）中，斯诺记下了毛泽东自述"政治觉悟"形成于亡国危机感的一段话：

> 　　在这个时期，我也开始有了一定的政治觉悟，特别是在读了一本关于瓜分中国的小册子以后。我现在还记得这本小册子的开头一句："呜呼，中国其将亡矣！"这本书谈到了日本占领朝鲜、台湾的经过，谈到了越南、缅甸等地的宗主权的丧失。我读了以后，对国家的前途感到沮丧，开始意识到，国家兴亡，匹夫有责。①

　　大量史实和文献证明，毛泽东青少年时期思考的主题之一即是：救亡。

　　起先，毛泽东认为少数窃国之君是亡国之祸根。1910 年下半年，年仅 17 岁的毛泽东在读到梁启超的《新民说》"论国家思想"问题时，批写道："正式而成立者，立宪之国家，宪法为人民所制定，君主为人民所拥戴；不以正式而成立者，专制之国家，法令为君主所制定，君主非人民所心悦诚服者。前者，如现今之英、日诸国；后者，如中国数千年来盗窃得国之列朝也。"② 此时的毛泽东，崇拜的是资产阶级改良派，如康有为、梁启超等，认为专制国家窃国之君是导致民弱国亡的原因。

　　继之，毛泽东认为，"国民之愚"是亡国之由来。1912 年 6 月，他年仅 19 岁，他在一篇为全班"传观"的作文《商鞅徙木立信论》中，对商鞅为推动变法而不得已用"徙木立信"的方法，甚为感叹，说："吾读史至商鞅徙木立信一事，而叹吾国国民之愚也，而叹执政者之煞费苦心也，

---

　　① ［美］埃德加·斯诺著，董乐山译：《红星照耀中国》，第 115 页，新华出版社，1984。

　　② 《毛泽东早期文稿》，第 5 页，湖南出版社，1990。

而叹数千年来民智之不开、国几蹈于沦亡之惨也。"① 这一时期，他强烈地感受到了亡国的威胁。比如1915年夏他认真阅读了湖南省立第一师范学校学生集资刊印的《明耻篇》。该书有一个"感言"（即序言）、七篇文章和一个附件。七篇文章为：（1）救国刍言；（2）中日交涉之前后状况；（3）已签字之中日新约及交换照会；（4）请看日本前此计灭朝鲜之榜样；（5）日本祸我中国数十年来之回顾；（6）高丽亡国后归并日本之惨酷情形；（7）越南亡国惨状略述。由此观之，当时中国青年学生对日本侵略中国的野心和中国的命运，极为忧心。毛泽东更是在《明耻篇》封面上书下16个激扬文字："五月七日，民国奇耻，何以报仇，在我学子。""学子"既是作为学生的毛泽东及其伙伴的自称，也是毛泽东寄厚望于有"学"之子的流露。"国民之愚"望有"学"之子来弥补，方能免亡国之苦，这是毛泽东当年的思路。他与萧子升、黎锦熙等友人通信时，多次论及这一思想。比如他在给黎锦熙的信（1917年8月23日）中说道："今之天下纷纷，就一面言，本为变革应有事情；就他面言，今之纷纷，毋亦诸人本身本领之不足，无术以救天下之难，徒以肤末之见治其偏而不足者，猥曰吾有以治天下之全邪！"② 为此，他主张："欲动天下者，当动天下之心，而不徒在显见之迹。"③

后来，毛泽东在接受马克思主义的过程中意识到腐败的社会制度是亡国之原因。他在五四运动的高潮中，为启蒙思想、开启民智做了大量的工作，但收效甚微，几多失败。他在给向警予的信（1920年11月25日）中说："几个月来，已看透了。政治界暮气已深，腐败已甚，政治改良一涂，可谓绝无希望。吾人惟有不理一切，另辟道路，另造环境一法。"④ 此时的毛泽东已在实践中领悟到马克思主义的深刻，国民之"愚"或"智"，即观念的落后与进步，皆取决于"环境"。制度腐败，导致亡国；若要救亡，必须革命。

在这里，必须着重指出，"救亡"本义是民族革命的任务。毛泽东及

---

①　毛泽东：《商鞅徙木立信论》（1912年6月）。《毛泽东早期文稿》，第1页，湖南出版社，1990。

②③④　《毛泽东早期文稿》，第84、85、548页，湖南出版社，1990。

当时许多进步的爱国青年在实践中认识到的制度腐败导致亡国的问题中，反对封建专制主义腐败政治的问题则属于民主革命的任务。从概念上讲，这是两种不同范畴的革命。然而在中国，它们密切地结合在一起，因为中国幅员广大、人口众多，帝国主义难以采用占领式的征服、完全殖民化的统治来控制。他们就采用胁迫并扶植中国封建统治者的办法、培育和支持中国买办资产阶级的途径来控制中国。毛泽东在《外力、军阀与革命》（1923年4月）一文中，就已经指出："中国的分裂于国际资本帝国主义的侵略本是不利的；但由民主派统一中国，较之民主、军阀两派混乱中国，于国际资本帝国主义更不利；只有由反动政治完全霸占中国于他们就最利。"因此，"我们从内外政治经济的情势上，可以断定中国目前及最近之将来，必然是反动军阀支配的天下。这个期内是外力和军阀勾结为恶，是必然成功一种极反动极混乱的政治的。"① 显而易见，中国的救亡是集反帝的民族革命与反封建的民主革命于一身的革命。救亡必须民主，民主方能救亡；民主是革命的直接要求，救亡是革命的必然结果。也就是说，在近代中国，民主是革命的旗帜，但民主因救亡而来为救亡之所需。所以，救亡是近代中国的一大基本问题。

在这里，还须指出，救亡是爱国主义的运动。爱国主义虽然不等于共产主义，但是历史事实告诉我们，在中国，爱国主义是引导人们接受共产主义学说，参加共产主义运动，成为共产主义者的政治基础。早期共产主义知识分子，不论是李大钊、陈独秀，还是毛泽东、邓中夏、周恩来，无一不是如此。中国的共产主义者能"主沉浮"，其奥秘即在于"救亡"这一历史性的基本课题，把他们的根子牢牢地扎在中华民族古老的土地上。

二 发展：近代中国的基本问题之二

研究中国近代史的学者，抓住反帝反封建这条线索是正确的。但是，

---

① 《毛泽东文集》第1卷，第11、12页，人民出版社，1993。

不能狭隘地理解反帝反封建的任务，以为它的使命就是救亡，就是进行社会制度的根本变革。我们要进一步认识到，封建主义顽固地不退出中国的历史舞台，帝国主义能在中国耀武扬威，其根源皆在于中国的落后。中国不仅要进行社会制度（生产关系与上层建筑）的根本变革，还要进行生产力的革命。而且，变革社会制度的目的就是为了解放生产力，发展生产力。换言之，"发展"是同"救亡"相联系的近代中国的又一基本问题。

我们不能不承认，自1840年鸦片战争以来，外国资本主义列强同清政府的一次又一次较量，都是综合国力特别是经济实力的较量。清朝历经康熙、乾隆盛世，到嘉庆、道光年间，国势开始衰微，以后每况愈下，积重难返。而此时此刻，欧洲一些主要国家却蒸蒸日上，经济迅猛发展，国力强盛。英国自1640年资产阶级革命后，18世纪末至19世纪30年代，工业革命产生了强大的推动力。1771年至1775年，英国加工的棉花仅500万镑，到1841年便达到52800万镑；1800年生铁产量为19.30万吨，到1840年便增加到140万吨。19世纪30年代起，铁路、轮船等用蒸汽动力推动的新型交通工具已成为英国的骄傲。正如马克思所描述的那样，资产阶级所有制关系"仿佛用法术创造了如此庞大的生产资料和交换手段"[①]。即使当时次一等的资本主义国家，如法国，在1789年革命中推翻了封建主义的统治后，在1825年英国取消机器输出的禁令等有利条件下，工业生产力也获得了迅速的发展。1788年法国的毛织品出口总值为2400万法郎，到1838年增加到8000万法郎；尽管它当时仍是一个农业占优势的国家，但从1815年到1840年，棉织品的产量也增加了3倍；尤其是煤的开采，1789年法国大革命时的产量为25万吨，到1830年已增加到180万吨。与此形成鲜明对照的是，中国当时仍是一个小农业与家庭小手工业的生产方式占绝对统治地位的国家。农民与手工业者尽管辛勤劳动，节衣缩食，但在地主富豪的盘剥下，过着艰苦的生活，

---

① 马克思和恩格斯：《共产党宣言》。《马克思恩格斯选集》第1卷，第277—278页，人民出版社，1995。

劳动生产缺乏积极性，更谈不上创造性；生产工具落后，主要依靠人力、畜力和少量人工机械。自给自足的自然经济，严重地限制了人们的视野和思想，在自我封闭的圈子里维持着可怜的简单再生产。仅以咸丰年间户部银库及盈亏的统计来说，整个中国落后的情况就可一目了然。咸丰二年（1852年），户部银库进数为白银 8361836 两、钱文 835109 串，但支出数为白银 10268560 两、钱文 835108 串，两者相抵，银亏钱平，用现在的语言讲，那一年为"财政赤字"年。这种情况一直延续多年，虽然有个别年份银库略有盈余，但综观当时经济和财政状况，可以说是经济落后，国库空虚，亏多盈少，国力衰弱。见下表：

清咸丰户部银库收支表[①]

单位：银/两；钱/串

年　度	大　进		大　出		盈　亏	
	银　数	钱　数	银　数	钱　数	银　数	钱　数
咸丰二年	8361836	835109	10268560	835108	−1906724	
三年	4443174	1195206	8471745	1368406	−4028571	−173200
四年	4996127	10891895	5031018	10875092	−34891	16803
五年	3067774	13778185	3233178	13692022	−165404	86163
六年	2669662	13100788	2704989	12873841	−35327	226947
八年	?	?	3061904	13500902	?	?
九年	4463477	22234354	3808417	19083760	655060	3150594
十年	5429090	7936702	7279488	11032083	−1850398	−3095381
十一年	6678613	859938	6331925	499440	346688	360498

因此，中国在资本主义列强的侵略面前，每战即败，丧权辱国，割地赔款，濒临灭亡，除了外国资本主义的侵略本性外，从内因而言，是中国综合国力特别是经济实力不如外国资本主义列强，国力敌不过外国资本

---

① 马宇平、黄裕冲编：《中国昨天与今天（1840—1987 国情手册）》，第 26 页，解放军出版社，1989。

主义的侵略气焰。

我们也不能不承认，这种经济实力的差异不仅有量的差异，而且有质的区别；也就是说，外国资本主义列强自1840年鸦片战争以来，同清政府的一次又一次较量，是先进的工业大生产对落后的农业小生产的挑战和竞争。在欧洲发生工业革命的辉煌时期，中国尚停留在农耕社会，尽管商品贸易在沿海许多省份也比较活跃，但交换的主要是一些手工业制品。资本主义萌芽已经产生，资本主义因素也在慢慢地增长着，但是资本主义发展赖以依靠的机器大工业生产力却没有出现。中国同外国资本主义之间的较量，实际上是两种性质、两个等级的生产力之间的较量。中国人民反抗外国资本主义列强入侵的爱国主义精神极其可贵，但只能以落后的农业和手工业的小生产者同先进的工业大生产相抗衡，其结果只能是悲壮的失败。以纺织业而言，江苏、浙江等地的棉布生产曾经发展到“衣被天下”的程度，但这些棉布都是手工生产的土布，当外国用纺织机器制造的棉布（即所谓“洋布”）进入中国以后，由于其质量好、价格低，对土布产生了秋风扫落叶般的摧毁性效应。各地的地方志都记载了这种景象。比如，1845年福建厦门有人记载：“民间之买洋棉洋布者，十室而九。由是江浙之棉布，不复畅销，因被夷货所占。而闽产之土布土棉，遂亦因之壅滞，不能出国。”1845年至1846年间，有人记载江苏松江府、太仓州的市场情况：“近日洋布大行，价才当梭布三之一。……松太布市，消减大半。”1853年，广东顺德有人写道：“按女布遍与县市，自西洋以风火水牛运机成布，舶至贱售，而土机衰矣，女工几停其半。”1868年，山东烟台也有记载：“洋布贸易的巨大进展，无疑的主要是进口商出卖货物的价格较前些为低的缘故。外国棉布在这样的低价下就能与土布竞争，并能负担运输费用而深入到内地去。”[①] 照理讲，这种国际贸易中的竞争，纯属经济问题。但在外国列强入侵中国的历史背景之下，这种洋布与土布的竞争，当年已成为一场经济战争，是外国资

---

① 转引自马宇平、黄裕冲编：《中国昨天与今天（1840—1987 国情手册）》，第50、51 页，解放军出版社，1989。

本主义列强渗透并征服中国的一个重要手段。而中国土布的失利，正是落后生产力难以抗衡先进生产力的一个缩影。事实上，在鸦片战争中，在中日甲午战争和中法战争中，在八国联军侵占北京的暴力征服中，侵略军手中的洋枪洋炮都是工业生产力创造的成果。在中国落后的生产力同外国资本主义先进的工业生产力相抗衡的过程中，落后总要挨打，这是难以脱逃的历史厄运。

许多爱国志士、有识之士在忧国忧民的思考和救国救民的活动中，或先或后地认识到救亡必须发展经济、增强国力的问题。因此，早期有"师夷之长技以制夷"之说，后来有"实业救国"、"教育救国"、"科技救国"之议。但是，所有这些良苦的用心，都在现实活生中遭到了失败。落后的生产关系以及竖立其上的帝国主义、封建主义的反动上层建筑，顽固地阻碍着、破坏着先进生产力的发展。因此，"实业救国"之类意见的不足或失误，不在于要不要搞实业、搞教育、搞科技，而在于不进行反帝反封建的革命，不从根本上变革束缚生产力发展的生产关系和上层建筑，搞实业、教育和科技只能是一种不切实际的空想。近代中国复杂的国情，决定了这种复杂的关系；也就是说，近代中国的两大基本问题——救亡与发展，不仅是互相紧密联系的两大问题，而且只有救亡中求发展，先解决救亡才能彻底解决发展问题。

同样，我们在救亡的过程中不能忘记中国的经济发展，尤其是工业化生产力的发展问题。在"革命"的声音压倒一切的时候，包括救亡的反帝反封建革命取得重大胜利的时候，更要自觉地意识到近代中国向我们提出的历史课题，不仅是救亡，即进行反帝反封建的革命，还要发展经济，以增强国家的实力。毛泽东就是这样认识问题和提出问题的。他在《论联合政府》(1945 年 4 月) 中论述近代中国的两大基本问题和工人阶级的两大历史任务时，用极其清晰的语言指出：

没有独立、自由、民主和统一，不可能建设真正大规模的工业。没有工业，便没有巩固的国防，便没有人民的福利，便没有国家的富强。一八四〇年鸦片战争以来的一百零五年的历史，特别是国民党当政以来的十八年的历史，清楚地把这个要点告诉了中国人民。一个不是贫弱的而是富强的中国，是和一个不是殖民地半殖民地的而是独立的，不是半封建的而是自由的、民主的，不是分裂的而是统一的中国，相联结的。在一个半殖民地的、半封建的、分裂的中国里，要想发展工业，建设国防，福利人民，求得国家的富强，多少年来多少人做过这种梦，但是一概幻灭了。许多好心的教育家、科学家和学生们，他们埋头于自己的工作或学习，不问政治，自以为可以所学为国家服务，结果也化成了梦，一概幻灭了。……解放中国人民的生产力，使之获得充分发展的可能性，有待于新民主主义的政治条件在全中国境内的实现。这一点，懂得的人已一天一天地多起来了。①

中国工人阶级，自第一次世界大战以来就开始以自觉的姿态，为中国的独立、解放而斗争。一九二一年，产生了它的先锋队——中国共产党，从此以后，使中国的解放斗争进入了新阶段。……中国工人阶级的任务，不但是为着建立新民主主义的国家而斗争，而且是为着中国的工业化和农业近代化而斗争。②

第二节　从魏源到孙中山：中国向何处去？

为了救亡与发展，解决近代中国这两个基本的问题，中国人民开始了寻找真理的艰苦历程。因为在中国一步步地沦为半殖民地半封建社会的过程中，先进的爱国志士已经意识到：问题的症结在政治和经济上，但障碍在理论和思想观念上。没有先进的理论，没有正确的救国、建国方略，中国就不能摆脱沦亡与落后的桎梏。

---

①②　《毛泽东选集》第3卷，第1080—1081、1081页，人民出版社，1991。

　　然而，寻找真理是一个艰巨的历史过程。真理，作为客观世界内在规律的反映，既需要认识的主体发挥自觉的能动性，又有赖于社会矛盾的逐渐暴露。事实上，在历史的长河中，由于每一个人所处的历史条件都有其无法避免的局限性，他们的自觉能动性往往也只能在有限的历史条件下展开，因而历史上的人的认识都只能带有其历史的规定性。在毛泽东之前，一批又一批的爱国志士和社会革新家早已背着历史的重负，迈开了求学之步伐，寻找着救亡与发展之正确方向。历史的辩证法展现了这一求索的行进轨迹。

一　求索的起点：改良儒学，面向世界

　　鸦片战争前后，以龚自珍、林则徐和魏源为代表的爱国知识分子，已经看到清政府的衰落，中华民族面临着沦亡的危险。早在鸦片战争前，龚自珍就以史为鉴，在许多人仍陶醉于"康乾盛世"的余温之时，觉察到清朝已从治世向乱世过渡，衰世已经降临，危机早就四伏。林则徐是近代中国"睁眼看世界"之第一人。他既看到了中国的衰败，又看到了世界的进步。为了抵御外侮，改革现状，他主张了解西方之长处，以改良儒学。他们的见解，集中地反映在他们的朋友魏源的思想中。

　　魏源，湖南邵阳人。鸦片战争爆发时，他坚决主张抵抗英军入侵，并亲临江浙一带前线筹划抗英斗争。鸦片战争的失败，促使他深入总结战败的教训，并在林则徐编纂的《四洲志》一书的基础上，广揽当时能收集到的外国资料，编成《海国图志》。其目的不仅在于介绍当时世界上一些主要国家的历史、地理和社会情况，而且以外国列强之经验发表御侮图强等识见。同时，他在龚自珍对时政积弊批判的基础上，进一步阐发了改良儒学、经世致用的见解。他对救亡与发展的主张，集中表现在两个方面：

　　其一，"师夷之长技以制夷"。

　　在他的"自叙"中，他说《海国图志》一书是"为以夷攻夷而作，为以夷款夷而作，为师夷之长技以制夷而作"。在魏源看来，中国要"制

夷"图强，必须放下架子，"师夷之长技"。从中可以看到，魏源具有强烈的爱国热情，力图在列强外侮与国力日衰的背景下，挽救民族危亡，复兴中华。与此同时，像林则徐一样，他主张中国人要研究西方列强强盛的原因，并向他们学习以图自己的强盛。在当时，这是一种相当先进的观念。因为中国人在这时的迂腐，表现之一，即看不到世界的进步，仍然做着"自大"的好梦。因此，魏源的"师夷"观念，代表的是一种进步的历史潮流，其价值即在于为后人指出了中国救亡与发展的方向。正如毛泽东在《论人民民主专政》（1949年6月）中说的：

> 自从一八四〇年鸦片战争失败那时起，先进的中国人，经过千辛万苦，向西方国家寻找真理。……要救国，只有维新，要维新，只有学外国。那时的外国只有西方资本主义国家是进步的，它们成功地建设了资产阶级的现代国家。①

但是，魏源的观点具有明显的历史局限性。首先，作为地主阶级一员，他虽然有强烈的爱国热情，但是他不可能离开封建主义的立场。他的"师夷之长技以制夷"，主旨是要帮助清王朝振弱起衰，恢复盛世。由此而决定了他的第二方面的局限性，即他主张"师夷"，学的是外国列强的装备和技术，而不是进步的制度和思想。虽然，从他对外国列强的介绍来看，他知道英国"专行贾"，即有发展商业的经验；瑞士"不设君位，惟立官长、贵族办理国务"，即实行议会民主制，等等。但是他仍然强调"夷之长技"主要是战船、火器和善兵、练兵之法，认为清政府在鸦片战争中失败的教训在于"力不均、技不等者而相攻，则力强技巧者胜"。不过，尽管有这种历史的局限性，魏源的"师夷之长技以制夷"的主张，仍是中国先进的知识分子、爱国志士寻找救亡与发展之路的起点，而且是具有历史开创性的新起点。

其二，"通经致用"。

---

① 《毛泽东选集》第4卷，第1469—1470页，人民出版社，1991。

　　为了能"师夷之长技以制夷"，救亡图存，魏源像龚自珍、林则徐一样，重视今文经学"经世致用"的传统，对儒学加以改良，为国家的强盛提供新的思想武器。因为，他深切地注意到，清代自"康乾盛世"之后，由于大兴文字狱，实行文化专制，文人学士纷纷钻到故纸堆里，远离现实问题的研究。龚自珍的诗称之为"万马齐喑"。魏源在《论语孟子类编序》中说学者们都"以诂经为生安之学，而以践履为困勉之学"。思想界的沉闷气氛，既表征着政治腐败、国运衰落，又说明作为国学的儒学已穷途末路。为了救亡与发展，魏源疾呼革新儒学，使其恢复生机。他反对泥古不化、抱残守缺的治学之道，认为学者们把智慧荒废在"争治诂训音声"上是最大的浪费。在《默觚·学篇九》中，他提出："曾有以通经致用为诟厉者乎？以诂训声音蔽小学，以名物器服蔽之礼……毕生治经，无一言益己，无一事可验诸治乎！"他认为，学者们已经把儒学的真正精神丢掉了，不会"以经术为治术"去回答现实所碰到的问题。因此，革新儒学要恢复今文经学"经世致用"的传统，即魏源说的要"通经致用"。显而易见，这给当时沉闷的思想界注入了一股清新的空气，体现了魏源这样的爱国知识分子的良苦用心。但是，在清王朝以至于整个封建主义已经陷入内外交困的历史背景下，在西方资本主义已经崛起并向中国发起挑战的时代背景下，试图通过革新或改良儒学来挽救社会危机，是难以获得成功的。

　　魏源的救亡与发展的对策，在先进的中国知识分子寻找真理的过程中，具有极大的代表性。

　　直接渊源于魏源思想的洋务派思想家张之洞，就是极力主张"通经致用"的。他所处的时代比魏源更进了一步，因而不仅对"夷之长技"，而且对西方的学问即"西学"也更重视，但他又惧怕西方的科学瓦解中国的国体，于是提出了"中学为体，西学为用"的主张，只能在这样的思路上考虑救亡与发展。就是在洋务运动中涌现的一批早期资产阶级改良主义思想家，如冯桂芬、王韬、薛福成、马建忠、郑观应等，他们比林则徐、魏源更了解西方世界，其中薛福成当过驻外使节，郑观应做过洋人的买办，王韬也为外国传教士当过教师和翻译，因而已经初步具有了资产阶级的新思想、新观念。在这一点上，他们同龚自珍、林则徐、魏源等地主阶级改革派和曾国藩、李鸿章、张之洞等洋务派代表人物有某种质的差异性。但是囿于当时的历史条件，他们虽然是从封建主义营垒中走出的第一批资产阶级思想家，身上仍打着封建主义的沉重烙印。考察他们的救亡与发展的主张，同魏源的主张之间也有一种内在的联系。首先他们也认为救亡图存、富国强兵的关键在于学习西方的科学和技术。比如冯桂芬认为"师夷"是中国富强的出路，中国"有待于夷者，独船坚炮利一事耳"，提出了"始则师而法之，继则比而齐之，终则驾而上之，自强之道，实在乎是"。① 他们比魏源等更为有利的条件是：清朝当政者此时已允许他们办洋务，办商业，办学校，做一些"师夷"的实事。他们中有一些人，如王韬、郑观应等也看到西方的议会制比中国的政治制度优越，发过许多议论，但终究不敢真正触及封建专制制度，甚至回过头来又说中国的纲常名教优于西方国家，把"师夷"的重点放在办洋务上。其次，在思想武器上，他们也仍然像魏源一样，力图从改良儒学中寻找出路。他们重点强调中国儒学的变易观，突出一个"变"字，以供他们改良之所用。而且在论述这种"变易"思想时，强调"器可变"而"道"不可变，即封建主义道统不可变，这是国家之"本"，只有具体的实施制度和技艺可以变革，因为它们只是国家的"末"。这种道器论、本末论同他们办洋务的主旨完全相一致，因而他们在中国近代史上既具有重大的进步作用，又带有明显的历史局限性。

　　略有差异的是太平天国农民革命的领袖洪秀全。他相当尖锐地批判了儒学，并从西方引进一个"上帝"，试图按基督教的教义来救亡图强。然而，已有不少学者在研究中发现，由于洪秀全的阶级属性同魏源等有很大的差异，因而革命性更强一些；但在中国，农民与封建地主阶级长期以来同受以儒学为主体的封建文化熏陶，洪秀全仅仅从西方借了一个"上帝"观念，他对"上帝"及其教义的解释仍是儒学化的。比如在《原道救世歌》一开头就引用董仲舒的"道之大原出于天"的名言，还有

---

① 冯桂芬：《校邠庐抗议·制洋器议》。

"孔颜疏为箪瓢乐，知命安贫意气扬"等语句。当然，在太平天国中、后期批孔排儒很有气势，但最后仍宣布"孔孟之书不必废"。

从以上可以看到，自鸦片战争以来，中国爱国的知识分子作为全社会最先进的分子，为了救亡与发展，迈开了寻找真理的步伐。在当时，他们能够做的事情，只能是对传统的思想理论，即儒学，提出改良与革新的意见；但非常可贵的是，他们改良与革新儒学，无论是强调"通经致用"、"中体西用"，还是强调"穷则变，变则通"的变易思想，都是在了解和认识世界的基础上，在强调"师夷"的同时提出的，这种改良和革新同历史上多次发生的儒学改良有根本的不同。这说明，中国的先进分子已经把求索的视野投向世界，投向先进的工业生产力的发源地，尽管他们的脑海里仍保留着程度不同的封建意识，但求索的方向是正确而可贵的。

二　求索的进步：学习西方，维新变法

1894 年 7 月爆发的中日甲午战争以中国战败、北洋舰队全军覆没告终。1895 年 4 月，清政府与日本签订了丧权辱国的《马关条约》，中国终于走完了由封建社会向半殖民地半封建社会转变的历程，形成了这一扭曲的社会所走的基本秩序。然而，外国资本主义的"胜利的战果"，不一定会令外国资本主义满意，这是历史辩证法的又一表现。恩格斯在甲午战争尚在进行的时候，就说过：

> 中日战争意味着古老中国的终结，意味着它的整个经济基础全盘的但却是逐渐的革命化，意味着大工业和铁路等等的发展使农业和农村工业之间的旧有联系瓦解。①

毛泽东也分析过，由于外国资本主义的刺激和中国封建经济结构的某些

---

①　《马克思恩格斯全集》第 39 卷，第 288 页，人民出版社，1974。

破坏，客观上给民族资本主义的发展提供了有利的条件。因此，甲午战争后，1896 年至 1898 年、1906 年至 1908 年出现了两次民族资本主义工商业高涨的态势。这种复杂的经济、社会发展情况对思想界产生了不可忽视的影响。中国的爱国志士和先进知识分子在寻找真理的道路上，取得了重大的进步。

其突出表现，就是突破了改良儒学、"中体西用"的旧思路，拓展了向西方学习的新思路，终于提出了"维新"、"变法"的政治主张。

维新派的主要代表康有为，广东南海人。青年时深受"通经致用"思想的影响，后学习西方自然科学，考究西方资本主义国家的政经制度。1895 年，当《马关条约》签订的消息传来，康有为义愤填膺，当即在北京发动 1300 多名应试的举人向光绪皇帝上书，反对订约，提出拒和、迁都、变法的主张。这场近代史上有名的"公车上书"，是资产阶级维新运动的起点。康有为以"救亡图存"为号召，大力宣传维新变法，组织强学会、保国会等各种学会，在士大夫和封建官僚中进行声势浩大的宣传组织工作。他把希望寄托在光绪皇帝身上，连续上书说明非变法不足以图存，并提出了许多具体的变法主张，希望自上而下进行和平的改良以建立中国的君主立宪制度。

维新派的另一重要代表严复，福建侯官县（今闽侯县）人，曾留学英国，参加洋务运动。甲午战争后，他在自己主办的《直报》和《国闻报》中，发表论文，主张变法。1898 年向光绪皇帝上书，提出变法的具体纲领。他对中国的主要贡献，是以他渊博的知识和娴熟的翻译能力，向中国人介绍了西方的政治学、经济学、社会学、逻辑学和自然科学的名著，包括《天演论》《原富》《群学肄言》《法意》《穆勒名学》等。他在维新运动中，竭力鼓吹要"痛除八股而大讲西学"。

在以康有为为首，包括梁启超、谭嗣同和严复等人在内的维新派的宣传推动下，1898 年 6 月 11 日，光绪皇帝终于下诏书宣布实行变法，陆续颁布了一些变法的法令。可是，以慈禧太后为代表的顽固派发动政变，囚禁光绪皇帝，捕杀维新派，这场维新变法运动到 9 月 21 日即被扼杀，史称"百日维新"。但是，顽固派的屠刀和淫威绝不能阻挡历史发展的潮流，相反，它催化了资产阶级的革命意识。维新运动正是中国资产阶级领导的旧民主主义革命的前奏曲。

这场维新变法运动，是中国民族资产阶级走上政治舞台的第一次尝试，也是中国人民寻找真理进入新阶段的重要标志。它在中国近代史上的重要意义在于：

其一，公开举起了向西方学习的旗帜。

在魏源时代，提出"师夷之长技以制夷"是极不容易的事，但仅把向西方学习限于"技"。洋务派已提出学习"西学"的问题，仍把它限于"器"与"用"的借鉴。在维新运动中，由于维新派代表的是资产阶级这一新兴的阶级，因此对中国封建主义的批判尤为尖锐，公开提倡"欲开民智，非讲西学不可"。这在同洋务派的论战中，表现得最为充分。洋务派力主"中学为体，西学为用"；维新派对"中学"即中国的纲常名教进行了犀利的批判，强调要实行自由、平等、民权、立宪、议院这一套"西学"要义；严复甚至针锋相对地提出要"以自由为体，以民主为用"。这在近代中国思想史上，是一个了不起的进步。尽管康有为在鼓吹维新之初，曾以"托古改制"的形式出现过，这种思想也确实渊源于魏源的"通致经用"传统，但康有为对孔子、儒学仅仅是利用一下而已，目的在于鼓动一大批士大夫和封建官僚都能参与"改制"，而"改制"即是向西方学习。从魏源的改良儒学，到康有为、梁启超、谭嗣同、严复的以"西学"批判中国的道统，不能不说是一个历史性的进步。

其二，公开提出了变法改制的任务。

在魏源提出"通经致用"、"师夷之长技以制夷"的时候，以及后来的洋务派和早期资产阶级改良派，都把救亡与发展的目标定在帮助封建主义复兴上，即他们都没有能触及中国几千年的封建制度。以康有为为代表的维新派在追求和寻找真理的过程中，提出了"改制""变法""维新"的任务。洋务派也说过"变法"，但他们不允许改变封建主义的政治制度，只主张创办水师堂、同文馆、制造局等。所以康有为在《上皇帝第四书》中说："今天下之言变者，曰铁路，曰矿务，曰学堂，曰商务，非不然也，然若是者，变事而已，非变法也。"维新派认为变法的根本是要学习西方的"法度政令"，改变中国的"官制"，即国家政治制度。他们的目的是要用资产阶级的君主立宪制度来取代封建专制制度。这确实是中国近代先进知识分子寻找真理过程中取得的带有实质性的进步。这场制度的"变易"，不可避免要遭到封建统治集团的顽强抵抗。由于维新派的幼稚，把这么一个重大的变革之希望全寄托在一个皇帝的身上，而光绪皇帝也不是真心实意地支持这场变法运动，最后终于使维新变法惨遭失败；但维新派还是在历史上留下了可歌可泣的一页。

三　求索的转折：创立主义，首议革命

维新变法的失败使有识之士看到了改良主义的幼稚，震醒了一批曾经试图通过改良维新来救亡与发展的爱国志士。孙中山就是其中的一个。

孙中山，广东香山县人。青少年时期就随兄长在夏威夷读书，并信奉基督教。在维新运动初期，他追随康有为，主张改良。1894 年在《上李鸿章书》中，主张学习西方不仅要学其技艺，而且要学其制度，说："窃尝深维欧洲富强之本，不尽在于船坚炮利、垒固兵强，而在于人能尽其才，地能尽其利，物能尽其用，货能尽其流——此四事者，富强之大经，治国之大本也。我国家欲恢扩宏图，勤求远略，仿行西法以筹自强，而不急于此四者，徒惟坚船利炮之是务，是舍本而图末也。"[①] 1896 年，他在《伦敦被难记》中也说过自己曾赞同"有见于中国之政体不合于时势之所需，故欲以和平之手段、渐进之方法请愿于朝廷，俾倡行新政"[②]的政治运动，只是见到这种运动未有实效，"吾党于是怃然长叹，知和平方法无可复施。然望治之心愈坚，要求之念愈切，积渐而知和平之手段不得不稍易以强迫"[③]。这样，孙中山就迅速地由资产阶级改良主义向革命的立场转变。1894 年 11 月、1895 年 2 月，他先后在檀香山和香港成立由华侨工商界人士参加的兴中会，该会的誓词是："驱除鞑虏，恢复中国，创立合众政府，倘有二心，神明鉴察。"当时尚无革命的章程，但他

---

①②③　《孙中山全集》第 1 卷，第 8、50、52 页，中华书局，1981。

组织过两次没有成功的起义。维新变法失败后，尤其是 1900 年八国联军侵占北京，签订《辛丑条约》，激起全国人民的爱国热潮以后，知识界革命思潮涌现。陈天华的《猛回头》和《警世钟》，邹容的《革命军》，章太炎的《驳康有为书》，都大声疾呼：救亡必须革命，图强必须革命。在这个历史大潮中，孙中山站在最前面，他在《中国问题的真解决》（1904 年）一文中，深刻地指出："中国现今正处在一次伟大的民族运动的前夕，只要星星之火就能在政治上造成燎原之势，将满洲鞑子从我们的国土上驱逐出去。我们的任务确实是巨大的，但并不是无法实现。"他说：中国问题之真解决，只能"以一个新的、开明的、进步的政府来代替旧政府"，"把过时的满清君主政体改变为'中华民国'"。① 1905 年 7 月底，他在日本东京召开筹备组党会议，并于 8 月 20 日正式成立了中国同盟会，其宗旨为"驱除鞑虏，恢复中华，创立民国，平均地权"。孙中山被选为总理，担负起了领导民主革命的重任。后来他又组建国民党，领导辛亥革命，为民主革命贡献了全部才智。

我们说，在寻找救亡与发展的真理的艰难历程中，从改良儒学到提倡"西学"是一个历史性的进步，从提倡"西学"到主张革命则是一个历史性的转折、革命性的转变。毛泽东高度地评价孙中山的这一革命转变：

纪念伟大的革命先行者孙中山先生！

纪念他在中国民主革命准备时期，以鲜明的中国革命民主派立场，同中国改良派作了尖锐的斗争。他在这一场斗争中是中国革命民主派的旗帜。

纪念他在辛亥革命时期，领导人民推翻帝制、建立共和国的丰功伟绩。

纪念他在第一次国共合作时期，把旧三民主义发展为新三民主义的丰功伟绩。

① 《孙中山全集》第 1 卷，第 254—255 页，中华书局，1981。

他在政治思想方面留给我们许多有益的东西。

现代中国人，除了一小撮反动分子以外，都是孙先生革命事业的继承者。①

孙中山对近代中国寻找救亡与发展的真理的历史性、革命性的贡献，表现是多方面的，其最主要的有两点：

一是在向西方学习的过程中，努力从中国的实际出发，提出了"三民主义"的救亡与发展纲领。

我们注意到，同盟会成立时的宗旨具有某种历史的局限性。比如"驱除鞑虏"就有排满兴汉的旧会党的影响，把推翻封建专制主义的统治，归结为同满洲人的斗争显然有问题。孙中山很快就注意到了这个问题。1905 年 10 月在同盟会的机关刊《民报》发刊词中第一次用"三民主义"这一概念来解释同盟会的宗旨，说：民族主义就是"驱除鞑虏，恢复中华"，民权主义就是"建立民国"，民生主义就是"平均地权"。1906年在《民报》创刊周年庆祝大会上又指出："兄弟曾经听见人说，民族革命是要尽灭满洲民族，这话大错。"② 到 1924 年，孙中山接受共产国际和中国共产党的帮助，改组国民党时，又重新解释了"三民主义"，指出：民族主义，是要免除帝国主义之侵略，求得中国民族之真正自由与独立，对内实现各民族一律平等；民权主义，要建立为一般平民所共有，非少数人所得而私的民主政治；民生主义，其最要之原则为平均地权和节制资本。因此，历史上称原来的"三民主义"为"旧三民主义"，重新解释的"三民主义"为"新三民主义"。"新三民主义"克服了"旧三民主义"的许多历史局限性。孙中山提出"三民主义"的意义，在于中国爱国的先进的知识分子在向西方学习、寻找真理的过程中，到达了一个新的阶段，这就是不只是简单地学西方，而且把西方的各种政治学说，择其优者，运用于解决中国的问题上来。尽管孙中山当时这样做的时候，对于

---

① 毛泽东：《纪念孙中山先生》（1956 年 11 月 12 日）。《毛泽东文集》第 7 卷，第156 页，人民出版社，1999。

② 《孙中山全集》第 1 卷，第 324—325 页，中华书局，1981。

西方流行的各种"主义"，有的也未必十分精通，比如认为社会主义就是民生主义，但能够从学习、借鉴中形成解决中国问题的"主义"，这在近代中国是第一回。"主义"是一面旗帜，是一个纲领。"三民主义"的提出，尤其是进一步把"旧三民主义"改造为"新三民主义"，表明近代中国在寻找救亡与发展的真理问题上，进入了历史的转折点。

二是在总结历史的经验中，努力用"共和"取代"立宪"，百折不挠地进行了建立民主共和国的革命尝试。

孙中山在从资产阶级改良主义向革命派的立场转变的过程中，深深感到救亡图强不能靠君主立宪制，而要建立独立富强的民主共和国。早在章太炎《驳康有为书》中，就已经展开过这一争论。康有为说："中国只可立宪，不可革命。"章太炎抨击道："人心之智慧，自竞争而后发生，今日之民智，不必恃它事以开之，而但恃革命以开之。"[1] 革命派认为，革命必须"建设共和政体"。同盟会成立后，革命派与立宪派之间在《民报》与《新民丛报》上进行过一场激烈的辩论。辩论的中心问题，即是要不要用革命的手段推翻清政府，建立一个民主共和制的国家。孙中山的"三民主义"，民权主义的目的就是要建立民主共和国，即他所说的"中华民国"。他领导了一次又一次武装起义，百折不挠地为之而奋斗，直到1911年10月10日辛亥革命推翻清朝政府的腐朽统治，1912年1月1日成立以孙中山为临时大总统的中华民国。

由于中国民族资产阶级的软弱性，辛亥革命的果实不久就被袁世凯攫取，政权重新落到帝国主义和封建主义豢养的北洋军阀手中，"中华民国"徒有虚名。但是，孙中山仍在为他的理想而奋斗，并在屡屡失败后同共产国际和中国共产党合作，改组国民党，为民主革命注入新的活力。孙中山是伟大的，他在近代中国爱国志士追求真理的历程中，不仅推翻了清王朝，而且能不断追随历史的潮流，改造自己的思想体系和组织，为后人留下了光辉的榜样。

特别是由于孙中山在许多重要的问题上，已经认识了或逼近了中国

---

[1] 《辛亥革命前十年间时论选集》第 1 卷下册，第 760 页，三联书店，1960。

社会变迁的规律，因而他提出的许多思想为毛泽东思想的形成提供了重要的思想来源。其一，他关于非"革命"不能救中国的思想，教育了包括吴玉章、徐特立和毛泽东、周恩来在内的两辈共产主义知识分子。其二，他关于非"民主主义"不能救中国的思想，在某种程度上也反映了中国社会发展的客观要求，只是他没有进一步认识到实现这种民主主义，在中国必须依靠无产阶级，因而陷于旧民主主义的幻想而未能全面认识中国社会发展的规律，但其正确的一面以后为所毛泽东继承，发展为新民主主义理论，这是人们应该看到的。所以在实行民主主义思想方面，毛泽东把孙中山尊称为"先行者"，而自己是"继承者"。其三，他关于"节制资本"的思想，已有超越资本主义的倾向；尤其是他关于"近世各国所谓民权制度，往往为资产阶级所专有，适成为压迫平民之工具。若国民党之民权主义，则为一般平民所共有，非少数人所得而私"的思想，是其"新三民主义"的精华，已到达无产阶级专政学说的门槛，所以毛泽东说这一思想"如果加上工人阶级的领导，就是人民民主专政的国家制度了"①。孙中山关于中国要避免资本主义前途的设想，显然也为毛泽东思想所继承和发展。其四，他关于"必须唤起民众，及联合世界上平等待我之民族，共同奋斗"的临终遗嘱，毛泽东认为也"和我们达到了这样一个基本上一致的结论"②。这一切说明，历史发展到孙中山阶段，像德国古典哲学的终结一样，它意味着一个新的阶段即将到来，新的思想喷薄欲出。灾难深重而又风雷激荡的近代中国，从魏源到孙中山，先人的求索一步一步走到革命之路，走近真理的门槛，绝非偶然，这正是历史的辩证法不可逆转的规律。

孙中山临终前告诫国民革命的斗士们："革命尚未成功，同志仍须努力。"努力的方向是什么？斗争的实践已经告诉我们：必须继续探索，继续前进，寻找一种既高于封建主义，又优于资本主义的新思想、新文化。唯有如此，才能战胜同外国资本主义相勾结的中国封建主义；唯有如此，

---

①② 毛泽东：《论人民民主专政》（1949 年 6 月 30 日）。《毛泽东选集》第 4 卷，第 1478、1472 页，人民出版社，1991。

才能结束中国半殖民地半封建的悲惨命运。历史就是这样，把孙中山及其前辈未竟的事业交给了后人，交给了毛泽东和他的战友们！

第三节　青年毛泽东的选择

　　毛泽东，1893 年 12 月 26 日出生于湖南省湘潭县韶山冲。8 岁时开始在家乡的私塾读书。1910 年秋到湘乡东山高等小学堂读书，开始学"新学"。其时，中国正进入一个狂飙怒卷的革命时代。1894 年，孙中山在檀香山成立了以"振兴中华"为口号的兴中会；1905 年，孙中山发起成立的同盟会提出了建立资产阶级民主共和国的政治纲领；1911 年辛亥革命在毛泽东家乡的近邻武昌首义成功。时势造英雄，轰轰烈烈的革命时代必将铸造轰轰烈烈的英雄人物。资质聪颖的毛泽东，正是在这一历史时刻，迈步走出偏僻的韶山冲，来到革命风暴席卷的大城市。1911 年至 1918 年，他在长沙求学，并在湖南省立第一师范接受了辛亥革命后爆发的新文化运动的洗礼。1919 年，他参加了五四运动，并在长沙主编了在全国影响很大的《湘江评论》。从此，他投身于政治活动，直到 1921 年 7 月参加中国共产党的创建，成为中国共产党最早的一批政治活动家。这一年，他 28 岁。28 年后，他在天安门城楼上宣告了中华人民共和国的诞生。最后近 28 年时间（准确地说是 27 年），是他领导新中国社会主义革命和建设的历史时期。毛泽东的一生，就是由这三个"28 岁"组成的光辉篇章。在这里，我们所说的"青年毛泽东"，特指第一个 28 年时期的毛泽东，而不是我们平时讲的"青年"。

　　青年毛泽东的思想，伴随着时代潮流的发展走向，急剧地经历着由资产阶级民主主义到无产阶级社会主义的转变。这种思想转变，也是近代中国先进青年思想转变的一个缩影和典型。从政治思想的视角来看，大凡这一时期的先进青年，都经历了由信奉民主主义、无政府主义到宣传社会主义或共产主义的急剧转变。除了李大钊、陈独秀、毛泽东、周恩来、刘少奇、朱德等众所周知的早期共产主义者外，还有如朱执信、胡汉民等后来的资产阶级政治家，当年也是宣传社会主义和共产主义的活跃分子。至于把社会主义看作是改良主义的"社会政策"、"社会民主主义"、"基尔特社会主义"、"罗素主义"（温和方式的共产主义）的一批人，其言论多以"社会主义"为名。毛泽东是其中第一类的一员。他在具有政治信念的初期，曾经搞不清改良派与革命派的区别。在《西行漫记》中，斯诺记述了毛泽东谈到自己读到于右任主编的《民立报》上发表的黄花岗七十二烈士殉难的消息时，十分激动地发表政见的情况：

> 这是我第一次发表政见，可是这个政见却有些糊涂。我还没有放弃我对康有为、梁启超的钦佩。我并不清楚孙中山和他们之间的区别。所以我在文章里鼓吹必须把孙中山从日本召回，担任新政府的总统，由康有为任国务总理，梁启超任外交部长！①

这以后不久，他就确立了民主主义的政治信念。1919 年五四运动爆发，毛泽东在长沙领导了反帝爱国运动和驱逐军阀张敬尧运动，1920 年发起湖南自治运动，积极投身民主主义实践。但在一场又一场波澜壮阔而又没有成效的斗争中，他终于认识到旧民主主义的那一套不能改造中国，于是另辟道路，重新选择，找到了共产主义学说。他在 1936 年对斯诺说道：

> 一九二〇年冬天，我第一次从政治上把工人们组织了起来，在这项工作中马克思主义理论和俄国革命史的影响开始对我起指导作用。我第二次到北京期间，读了许多关于俄国所发生的事情的文章。我热切地搜寻当时所能找到的极少数共产主义文献的中文本。有三本书特别深刻地铭记在我的心中，使我树立起对马克思主义的信仰。我接受马克思主义、认为它是对历史的正确解释，以后，就一直没

---

① 《毛泽东自述》，第 18 页，人民出版社，1993。

有动摇过。这三本书是：陈望道译的《共产党宣言》，这是用中文出版的第一本马克思主义的书；考茨基著的《阶级斗争》，以及柯卡普著的《社会主义史》。到了一九二〇年夏天，我已经在理论上和在某种程度的行动上，成为一个马克思主义者，而且从此我也自认为是一个马克思主义者了。[①]

对于这种政治思想的转变，许多著作已经谈到，本书不准备重复。我们在这里，只是要指出：毛泽东认定马克思主义是对历史的正确解释，并且接受后再也没有动摇过，是因为他不仅是从政治策略上接受马克思主义的，而且是从更深层次上，即世界观和方法论上接受马克思主义的。

毛泽东在思考问题时，一直主张要从"大本大源"上来认识和解决问题。在致黎锦熙的信（1917年8月23日）中，他就指出：

> 欲动天下者，当动天下之心，而不徒在显见之迹。动其心者，当具有大本大源。今日变法，俱从枝节入手，如议会、宪法、总统、内阁、军事、实业、教育，一切皆枝节也。枝节亦不可少，惟此等枝节，必有本源。本源未得，则此等枝节为赘疣，为不贯气，为支离灭裂，幸则与本源略近，不幸则背道而驰。夫以与本源背道而驰者而以之为临民制治之具，几何不谬种流传，陷一世一国于败亡哉？而岂有毫末之富强幸福可言哉？夫本源者，宇宙之真理。天下之生民，名为宇宙之一体，即宇宙之真理，各具于人人之心中，虽有偏全之不同，而总有几分之存在。今吾以大本大源为号召，天下之心其有不动者乎？天下之心皆动，天下之事有不能为者乎？天下之事可为，国家有不富强幸福者乎？然今之天下则纷纷矣！推其原因，一在如前之所云，无内省之明，一则不知天下应以何道而后能动，乃无外观之识也。故愚以为，当今之世，宜有大气量入，从哲学、伦理学入手，改造哲学，改造伦理学，根本上变换全国之思想。此

---

① 《毛泽东自述》，第39页，人民出版社，1993。

　　如大纛一张，万夫走集；雷电一震，阴曀皆开，则沛乎不可御矣！①

　　这一思想，固然过于强调"宇宙之真理"与"心"的作用，具有唯心论的倾向，但是主张人的世界观和方法论的改造，却是很深刻的见解。毛泽东自己就是在世界观和方法论的转换中，寻找到马克思主义的。这个寻找的过程，经历了三次历史性的选择才实现的。

一　从"无我论"到"唯我论"

　　1917 年下半年至 1918 年上半年，毛泽东在读《伦理学原理》（此书为德国哲学家泡尔生所著，当时在湖南省立第一师范任教的杨昌济把它作为修身课的教材）时，写下了大量的批注。其中有对原著的理解，也有自己见解的发挥，是青年毛泽东世界观转变的重要佐证。在谈到他当时对世界的看法时，他写道：

　　　　吾从前固主无我论，以为只有宇宙而无我。今知其不然。盖我即宇宙也。各除去我，即无宇宙。各我集合，即成宇宙，而各我又以我而存，苟无我何有各我哉。是故，宇宙间可尊者惟我也，可畏者惟我也，可服从者惟我也。我以外无可尊，有之亦由我推之；我以外无可畏，有之亦由我推之；我以外无可服从，有之亦由我推之也。②

　　这段批语，是毛泽东当年世界观转变的真实写照。"吾从前固主无我论"，反映了接触西方哲学思想之前毛泽东的世界观，即 1910 年以前的思想。"无我"原为佛教名词，认为世界上没有物质性的实在自体（即"我"）的存在。其说又分二种：一为人无我，是说人身不外是色、受、想、行、识"五蕴"结合而成，没有常恒自在的主体；一为法无我，认

　　──────────

　　①②　《毛泽东早期文稿》，第 85—86、230—231 页，湖南出版社，1990。

为宇宙间一切事物，都由种种因缘和合而生，不断变迁，无常恒坚实的自体。我国近现代一些学者在分析中国古代思想史时，往往把古代某些思想家强调重视"大我"、牺牲"小我"的思想也称之为"无我论"。例如毛泽东的老师杨昌济发表于1903年《游学译编》第八册上的《达化斋日记》中说："曰为己，又曰无我，何也？宇宙内事，皆吾性分内事，为己者为此也；无以小害大，无以贱害贵，无我者无此也。"那么，毛泽东讲的"无我论"，属于哪一种无我论呢？考察毛泽东的经历及其知识结构，其"无我论"当为两种思想的混合物：其一，是佛教的"无我论"。在少年时代，毛泽东跟着母亲信过佛教，而且十分虔诚。在《西行漫记》中，他曾对斯诺说："我父亲早年和中年都不信神，可是我母亲却是一个虔诚的佛教徒。她向自己的孩子们灌输宗教信仰，我们都曾因父亲不信佛而感到伤心。我九岁的时候，曾经同母亲认真地讨论过我父亲不信佛的问题。当时和以后，我们试过很多办法想让他信佛，可是没有成功。"①在其他场合，他也多次谈过自己信佛的经历及其相信的程度。当然，他接触的只是民间流传的粗浅的佛教知识。这种民间广为传播的佛教，主要是禅宗，尤其是它的第六世唐朝高僧慧能的思想，其中心思想是"见性成佛"，主张"顿悟"。毛泽东当时对佛教的理解究竟如何，现在无从考证。但他自己称自己主张"无我论"时，其观点是"以为只有宇宙而无我"，这种观点更接近"人无我"说。其二，是程朱理学的"无我论"。毛泽东自小在家乡私塾就学，读的是四书五经。他在《西行漫记》中对斯诺说："我八岁那年开始在本地一个小学里读书，一直在那里读到十三岁。清早和晚上我在地里劳动。白天我读儒家的《论语》等四书。"②从毛泽东著作中所反映的对中国古代典籍的熟悉程度，可以看出他受过中国古代文化的严格教育。当时盛行的儒家学说，主要是宋朝程颢、程颐和朱熹这一派的学说，史称"程朱理学"。其主要观点即朱熹说的，人要"以醇儒自律"通过"存天理，灭人欲"以达到无我、无欲的圣贤境界。而且，从中国古代哲学史来看，程朱理学正是从唐朝佛教中禅宗这一派

---

①②　《毛泽东自述》，第10、5—6页，人民出版社，1993。

发展过来的，接受了禅宗佛教的人十分容易接受程朱理学。任继愈在《禅宗哲学思想略论》中说："一些唯心主义者，谨守禅宗的唯心主义观点，扬弃了禅宗的僧侣宗教生活，而吸取了它的僧侣主义，形成了直接为世俗地主阶级服务的唯心主义理学，如程颢、程颐、陆九渊、朱熹、王守仁都是这一派人物的代表"①。1964 年 8 月 18 日，毛泽东在北戴河同哲学工作者座谈时，肯定过任继愈的见解，说："宋明理学是从唐代的禅宗里来的，从主观唯心论到客观唯心论"。从现有资料看，毛泽东在青年时期就注意到理学与佛学的关系。在《讲堂录》（1913 年）里，毛泽东写道："中国学术发达有三期。一能动的发达期，周末是也。二受动的发达期，佛教大兴，经典甚盛，上下趋之，风靡一时，隋唐是也。三能动而兼受动的发达期，朱、程、张、周诸人出，性理之学大明。然其始也，咸崇佛学，由佛而返于六经，故为能动而兼受动的发达期，宋元是也。"②这话原为王国维所言，又由杨昌济在讲课中为毛泽东记录下来，但从中可以了解毛泽东的知识结构，了解毛泽东的"无我论"是同禅宗一致的程朱理学。这是毛泽东在接受西方哲学思想之前的世界观特点——"无我论"的唯心论。

自从接受"新学"后，青年毛泽东的世界观虽然没有摆脱唯心论的束缚，但日益发生变化。尤其是进入湖南省立第四师范与第一师范（1914 年第四师范并入第一师范）就学，在杨昌济的教育下，接受了西方哲学思想后，毛泽东逐渐形成了"唯我论"的世界观。

杨昌济，又名杨怀中，即毛泽东的夫人杨开慧之父。1871 年出生，湖南长沙人。戊戌变法时，参加湖南维新活动。1903 年留学日本，研习教育学。1909 年考入英国厄北淀大学，主攻哲学和伦理学；1912 年毕业，获文学士学位。在德国短期考察后，1913 年春回国。1913 年至 1918 年曾在湖南省立第一师范学校、第四师范学校、高等师范学校、商业专门学校等校任教。1918 年夏，应蔡元培之邀，赴北京大学任伦理学教授，

---

① 任继愈：《汉唐佛教思想论集》，三联书店，1963。
② 《毛泽东早期文稿》，第 592 页，湖南出版社，1990。

直至 1920 年病逝。他是毛泽东 1913 年至 1918 年在湖南省立第四师范与第一师范求学时的修身课的教师。他学识渊博，中西相通，对毛泽东成才影响极大。毛泽东自己也说过："给我印象最深的老师是杨昌济，他是一位从英国回来的留学生，我后来同他的生活有密切的联系。他讲授伦理学，是一个唯心主义者——但是一个道德高尚的人。"[①] "我没有正式进过大学，也没有到外国留过学，我的知识，我的学问，是在一师打下了基础。"[②] 而且，毛泽东是杨昌济十分喜欢的学生。在 1915 年 4 月 5 日，杨昌济写下了这样一段评价："生毛泽东，言其所居之地为湘潭与湘乡连界之地。仅隔一山，而两地之语言各异。其地在高山之中，聚族而居，人多务农……渠之父亦先务农，现业转贩，其弟亦务农，其外家为湘乡人，亦农家也；而资质俊秀若此，殊为难得。"[③] 毛泽东的世界观由"无我论"转变为"唯我论"，得益于杨昌济的教诲。

毛泽东的"唯我论"，主要体现在他的《讲堂录》（1913 年）、《体育之研究》（1917 年）、《〈伦理学原理〉批注》（1917—1918 年）等著述，以及给黎锦熙等师友的信函中。其主要观点包括：

第一，我即实在，实在即我。

由于中国的哲学传统崇尚人生研究，青年毛泽东遇到的问题也是人生问题，因此毛泽东的世界观转变问题不可避免地以人生问题为中心展开。这样，他就难免要触及一个根本的问题：人与世界是什么关系？因此，他在《〈伦理学原理〉批注》等早期著述中，系统地思考了我与实在的关系，什么是人、人的行为、人的个性，"我"在人类生活中的地位，"我"的目的等一系列基本问题。

我与实在的关系问题，是人与世界关系中最基本的问题。毛泽东对这一问题的回答很干脆：

　　余曰：我即实在，实在即我。我有意识者也，即实在有意识者

---

① 《毛泽东自述》，第 26 页，人民出版社，1993。
② 周世钊：《第一师范时代的毛泽东》，载《新观察》第 2 卷，第 2 期，1951。
③ 杨昌济：《达化斋日记》，第 169 页，湖南出版社，1977。

也，我有生活者也，即实在有生活者也。①

此话怎么理解？显然，毛泽东是想说明"我"在世界中具有实在般的地位，谁也不能否认"我"的存在。这是这种"唯我论"的进步意义。但他说"我有意识即实在有意识"，确实令人难以理解。仔细读他的批注，可以发现，他是从对立面互相转化的意义上论述这一问题的：

> 余曰：观念即实在，有限即无限，时间感官者即超绝时间感官者，想象即思维，形成即实质，我即宇宙，生即死，死即生，现在即过去及未来，过去及未来即现在，小即大，阳即阴，上即下，秽即清，男即女，厚即薄。质而言之，万即一，变即常。②

这种解释具有一定的辩证性，即万事万物都在运动和变化着，在变化中对立的双方既互相区别又互相转化，因而实在能产生意识，观念能转化为实在。对于有辩证思维传统的中国人来讲，对这种阴阳轮回转化的道理，是能理解的，但是它毕竟不是科学意义上的辩证法。这种不讲任何条件的差别和转化，具有相对主义的特点，因而最后必定走向二元论。这是毛泽东的"唯我论"的不足之处。

第二，人是有理性的动物。

"唯我论"即视人自身为宇宙之根本的世界观与人生观。那么，这就要涉及"什么是人？"这一问题。在毛泽东发表于《新青年》第 3 卷第 2 号的论文《体育之研究》（1917 年 4 月 1 日）中，他对"人"的问题有较为系统的论述。他的看法是：

> 人者，动物也，则动尚矣。人者，有理性的动物也，则动必有道。然何贵乎此动邪？何贵乎此有道之动邪？动以营生也，此浅言之也；动以卫国也，此大言之也，皆非本义。动也者，盖养乎吾生、

---

①② 《毛泽东早期文稿》，第 267—268、269 页，湖南出版社，1990。

　　乐乎吾心而已。

这里讲的主题是人必须运动，运动必须按规则进行，这样做不是为了"营生"与"卫国"，而是为了"养乎吾生、乐乎吾心"。所谓"养乎吾生"，是因为按规则进行运动的体育能"强筋骨"；"乐乎吾心"，是因为按规则进行运动的体育更能"增知识"、"调感情"、"强意志"。因此他强调人要"文明其精神，野蛮其体魄"，"身心皆适，是谓俱泰"。① 这种体育观认为，人是"身"与"心"的统一体，即"动物"与"理性"的统一体。这两者的关系是："身"是"心"的载体。他说："体者，为知识之载而为道德之寓者也，其载知识也如车，其寓道德也如舍。体者，载知识之车而寓道德之舍也。"② 这种观点，显然带有唯物主义的因素。这是他能够超越精致的"无我论"，从而发现"自我"的一个重要前提。当然，当时他不可能达到彻底的唯物论，而是走向了二元论。在强调人是动物，须养其身的同时，他指出人又不仅仅是动物，还是有理性之动物，知识、感情、意志更须调适。因此他在致黎锦熙的信（1917 年 8 月 23日）中说："思想主人之心，道德范人之行，二者不洁，遍地皆污。"③ 在《〈伦理学原理〉批注》中，毛泽东从本体论的角度对此做了概括，说："精神不灭，物质不灭，即精神不生，物质不生，既不灭何有生乎，但有变化而已。"④ 这是一种精神与物质共存的心物二元论观点。毛泽东后来自己也在评《〈伦理学原理〉批注》时，谈到当时的世界观是二元论的：

　　　　这本书的道理也不那么正确，它不是纯粹的唯物论，而是心物二元论。只因那时我们学的都是唯心论一派的学说，一旦接触一点唯物论的东西，就觉得很新颖，很有道理，越读越觉得有趣味。它使我对于批判读过的书，分析所接触的问题，得到了新的启发和帮助。⑤

_____

①②③④　《毛泽东早期文稿》，第 69—71、67、86、217 页，湖南出版社，1990。
⑤　转引自周世钊：《毛泽东青年时期的几个故事》，中国少年儿童出版社，1977。

第三，人的行为是"自然冲动"与"义务感情"的统一。

中国的哲学传统历来重视人的行为研究，偏重于伦理学，因此近代中国的哲学变革也必定从这一领域展开。宋明理学认为，"天理"与"人欲"是对立的，人的行为的道德评价应以"天理"为标准。毛泽东在读《伦理学原理》时，注意到康德哲学把"义务感情"和"自然意志"割裂了。他批注道："吾国宋儒之说与康德同。"并指出其原因即："此等皆强分自然意志与义务感情截然对立之故，不知其为一也，但有等差次第及时候场所之分别耳。"毛泽东认为，首先要看到人的"自然冲动"、"人欲"是先天的，"义务感情"、"良心"是后天的。他说："我疑惑自然冲动未必非真，义务感情，未必非伪。盖义务感情得之于训练及习惯，乃后天的、人为的，自然冲动发生于自然，乃先天的、非人为的。发生于自然者，自然界本有此物确实在的也。得之于人为者，由经验之所获取，由概念之所构造，所以体合环象，赖以善其生存及发展，自然界未必有此物。自然界无此物，故非实在的也。"① 这里阐述的，完全是一种唯物主义的思想，是对于"人之身是心之载体"思想的发展。其次，毛泽东认为人的"自然冲动"、"人欲"不能过度，必须有"义务感情"、"良心"等加以"节制"。他说："吾人之良心固未有不以食欲性欲之事为然者也。惟在一种时候及场所，乃有谏止冲动之举，如过度之食欲，过度之性欲是也。然则良心不过加以节制而已，并非反对也。"这里讲的是后天的"义务感情"、"良心"等对先天的"自然冲动"、"人欲"的反作用，是具有辩证法意义的思想。最后，毛泽东反复强调人的"自然冲动"与"义务感情"、"人欲"与"良心"之间应该而且必须统一。他指出在现实生活中，人的"自然冲动"与"义务感情"、"人欲"与"良心"会发生不一致，这是因为人不能善处这两者的关系。从两者冲突发生的原因来看，是因为"此世界中变化万殊，生存其中至为不易，在一种时候及场所，如实依冲动所命，则不免有危及生存发达之事。以渐制为训练及习惯，加本原于冲动之良心，以特殊之形状，遂有与冲动相冲突之事"。但从中

---

① 《毛泽东早期文稿》，第208页，湖南出版社，1990。

也可以看出两点：一是"良心"等道德规范是根据"自然冲动"中遇到的矛盾而产生的，即所谓"良心亦本原于冲动"；二是"良心"等道德规范对冲动的限制"亦正所以完成冲动之本职"。所以，"良心与冲动理应一致，乃调和的而非冲突的"。至于程朱理学等硬把两者对立起来，毛泽东说："此则矫枉过正之咎也。"① 我们可以注意到，在关于人的本质的论述中，毛泽东的思想中已具有一定的唯物论思想，尽管其总体是二元论的唯心论，到了论述人的行为，其基本倾向则更具有明显的唯物论思想。其原因在于"行为"问题即道德善恶问题更接近现实生活，更贴近青年毛泽东反抗封建道德束缚的个性与追求。这是他发现"自我"的一个重要环节。

第四，人的个性必须解放。

青年毛泽东处在社会变革的潮流之中，在他所见所闻之中，一面是先进人士的惊世之作，一面是到处可见的麻木之态。人的行为受到理学、道德、礼教的重重束缚。因此他认为社会要进步，人的个性必须解放。他在 1912 年就发出了"叹吾国国民之愚"的声音。在致黎锦熙的信（1915 年 11 月 9 日）中，对旧教育制度束缚个性的积弊十分感叹，说："弟在学校，依兄所教言，孳孳不敢叛，然性不好束缚。终见此非读书之地，意志不自由，程度太低，侪侣太恶，有用之身，宝贵之时日，逐渐摧落，以衰以逝，心中实大悲伤。"② 他追求的理想是"人人依自己的真正主张以行，不盲从他人是非"③。所以当他读到泡尔生在《伦理学原理》中写的"故所谓人类具足生活者，乃合各人各种之具足生活以成之，而非取其雷同者也"的时候，当即批下两行字：

发达个性。至不同即至同，至不统一即至统一。④

其含义十分清楚，就是要解放人的个性，只有人人有自己的个性，人类的生活才能真正充足。这一个性解放的思想，是针对专制统治而言

①②③④　《毛泽东早期文稿》，第 208—211、30、87、127 页，湖南出版社，1990。

的一种进步的思想。毛泽东明确宣布："故凡有压抑个人、违背个性者，罪莫大焉。故吾国之三纲在所必去，而教会、资本家、君主、国家四者，同为天下之恶魔也。"① 正是在对专制制度的批判过程中，毛泽东认识到"无我论"的积弊，发现了"自我"。

第五，人类生活的理想准则是"精神之个人主义"。

那么，"我"在社会生活中居于什么地位呢？毛泽东认为，"盖人有我性，我固万事万念之中心也，故人恒以利我为主，其有利他者，固因与我为同类有关系而利之耳，故谓不可不利他可也。利他由我而起点也，利他与我有关系也。"③ 其观点十分明确：在社会生活中，"我"是中心；人的生活准则是"利我为主"；"利他"也仅仅是因为"他"与"我"有关系而利他。他认为，这种生活准则就是个人主义与现实主义的准则。所谓个人主义，就是"一切之生活动作所以成全个人，一切之道德所以成全个人，表同情于他人，为他人谋幸福，非以为人，乃以为己"。所谓现实主义，"乃指吾之一生所团结之精神、物质在宇宙中之经历，吾人务须致力于现实者。如一种行为，此客观妥当之实事，所当尽力遂行；一种思想，此主观妥当之实事，所当尽力实现。吾只对于吾主观客观之现实者负责，非吾主观客观现实者，吾概不负责焉"。"必依此二主义，乃可谓之真自由，乃可谓之真自完。"④ 毛泽东在这里一点也不讳言"利己"、"个人主义"这样的字眼，而且公开申明这是正确的选择，是因为从孔子提出"克己复礼"到程朱理学盛倡"存天理、灭人欲"，都毫不留情地扼杀人的个性和个人利益，在"礼"与"理"的罗网下灭杀了人的主体地位和创造精神。但毛泽东在论述"利己"的目的和准则时，十分注意处理好"利己"与"利他"的关系。他没有排斥"利他"，而是强调"利他"就是为了"利己"。为了说明这一点，他特地指出："自利之主要在利自己之精神，肉体无利之价值。"他举例说，当我亲爱之人遭到危难之际，我必定奋力去抢救，宁可自己死也不可使亲爱之人死，这种"利他"

---

① ② ③ ④ 《毛泽东早期文稿》，第 151—152、141、203—205 页，湖南出版社，1990。

就是"利自己之精神"。他说："古今之孝子烈妇忠臣侠友，殉情者，爱国者，爱世界者，爱主义者，皆所以利自己之精神也。"① 因此他认为利己主义有两类，一类是排斥"利他"的利己主义，即是他所反对的"最狭隘之利己主义"；另一类是他赞赏的，"利他"与"利己"统一于"利己之精神"的利己主义，他说：

此个人主义乃为精神的，可谓之精神之个人主义。②

所以，毛泽东在批判封建专制制度中发现的"人"是以"身"为载体的身心统一的"人"（"有理性的动物"），发现的"我"是以"利己"为本位的，把"利他"与"利己"统一于"己之精神"的"我"。追求"精神之个人主义"，就是毛泽东的"唯我论"世界观的真谛。

第六，实现自我。

重实行，是青年毛泽东的特点。它是湘学、实学倡导的好学风。在《讲堂录》中，可以看出当时毛泽东确实接受过这种教育。比如他记载的教学内容中就有："言士要转移世风，当重两义：曰厚曰实。厚者忽忌人；实则不说大话，不好虚名，不行架空之事，不谈过高之理。"③ 在给黎锦熙的信（1916年12月9日）中，毛泽东充满激情地说："夫人之一生，所乐所事，夫曰实现。"④ 所谓实现的问题，就是要实践、实行。所以毛泽东多次指出："伦理学之正鹄在实践，非在讲求。""伦理学示人生正鹄之所在，有裨于躬行。"⑤ 实践、躬行是人的一种有目的的活动。因此在《〈伦理学原理〉批注》（1917—1918年）中，毛泽东不断提出要搞清目的问题。他认为：

人类之目的在实现自我而已。实现自我者，即充分发达吾人身体及精神之能力至于最高之谓。⑥

---

①②③④⑤⑥ 《毛泽东早期文稿》，第147、151、581、60、132—133、247页，湖南出版社，1990。

所以，整个"唯我论"的世界观，最后即归宗为"实现自我"四字。至此，可以发现毛泽东对"无我论"的批判是相当系统和彻底的，其所达到的境界也是相当高的。虽然这种"唯我论"仍属于唯心主义的思想体系，但已具有不少唯物主义的思想，而且处处透露出反封建、反专制的进步意识。这是毛泽东世界观转变中一个重要的阶段。

为什么说它是毛泽东在其思想发展过程中的一个进步或历史性进步呢？这主要是因为，从"无我"到"唯我"，在中国近代史上，是合乎进步潮流的。

首先，从哲学史来看，主宰宋明的程朱理学主要是一种客观唯心主义的思想体系。人是由人之外的精神实体即"天理"决定的。所谓"存天理、灭人欲"，是其思想体系的要义。尽管这种思想体系的产生有其自身的历史背景和历史原因，并对中国伦理体系的完善起过一定的作用，但是它是对人性的一种反动，抑制了人的能动性的发挥。因此当人从这种禁锢中冲决出来，说"我"才是宇宙，是一种思想的革命和历史的进步。这种进步在中国近代，发端于龚自珍对"自我"的推崇。在《壬癸之际胎观之一》中，龚自珍写道：

> 天地，天所造，众人自造，非圣人所造。圣人也者，与众人对立，与众人为无尽。众人之宰，非道非极，自名曰我。

这种观点经魏源等思想家进一步发挥，到毛泽东十分推崇的梁启超那里，则进一步发展为"惟我为大"，即以我役物，而非我为物所役的"唯我论"。梁启超在《新民说·论自由》中指出：

> 物者，我之对待也，上物指众生，下物指七尺即耳目之官，要之，皆物而非我也。我者何？心之官是也。先立乎其大者，则其小者不能夺也。惟我为大，而两界之物皆小也。小不夺大，则自由之救轨焉矣。

这些思想尽管没有脱出唯心主义的窠臼，认为精神、心灵为"我"，但是这个"我"已不是被动的"我"，被奴役的精神，而是主动的"我"，处于主体的"我"。青年毛泽东从"无我论"到"唯我论"的转变，正是近代中国哲学革命及其影响的体现。

其次，从中国社会发展史来看，封建专制主义的特点之一就是扼杀人性。东西方所不同的只是，西方以神学泯灭人性，中国以德教以理学抑制人性。西方由中世纪向近代转变时，出现了著名的人文主义即人道主义新思想，它们是反对教会统治和封建专制斗争的思想武器，表现出了显著的"我"的自觉。中国由古代向近代的转变，由于缺乏先进的生产力基础，这种"我"的自觉不如西方；加上中国的理学在教诲人的方面比西方的神学更为精致，挣脱其束缚十分不易。但在中国社会进步的潮流中，尤其在东西方文化交流过程中，近代中国的先进人士在对封建专制制度的反省和批判中，也开始出现了"我"的觉醒。青年毛泽东世界观的转变，正是中国社会内部发生的反封建进步潮流的一种显现。

二　从"唯我论"到"平民主义"

毛泽东的"唯我论"，是以"精神之个人主义"为核心的世界观和人生观。在论述这一问题时，毛泽东力图处理好"利己"与"利他"的关系，因此把两者统一于高尚的精神之上。但是这样就碰到了两个矛盾：一是并非人人都有高尚的精神，因而并非人人都能把"利己"与"利他"统一起来；二是在现实社会中，各个"我"并非都属于同类，而有贵族与平民、统治者与被统治者之别，他们各自的"精神之个人主义"不仅不能互相协调，而且是互相对立、互相冲突的。在《〈伦理学原理〉批注》中，毛泽东把解决此类矛盾的希望寄托在理想人格的培育和君子、圣贤、豪杰的出现上，事实上这是不可能的。因此，"唯我论"虽是毛泽东世界观转变中的一个进步，但其历史局限性也是明显的，并非是一个改造中国、解决近代中国基本问题的好选择。

1918 年 6 月，毛泽东在湖南省立第一师范毕业，开始走上社会。在这之前，他和同学蔡和森等已在 4 月中旬发起成立了新民学会，研究解决中国基本问题的方案。走上社会后，促使他对社会和人生问题的思考从书本接受新思想，转到从实践接受新思潮。尤其是 1918 年 8 月第一次去北京所见所闻和 1919 年波澜壮阔的五四运动，对他的世界观转变和新思潮的选择，起了直接的推动作用。

第一次去北京的直接原因，是根据杨昌济的来信，到北京去组织湖南青年留法勤工俭学运动的。毛泽东抵京后不久，杨昌济即介绍他到李大钊任主任的北京大学图书馆当助理员。北京大学是新文化运动精英荟萃的地方。在这里，他读到了李大钊的《庶民的胜利》《布尔什维主义的胜利》等文章，了解到了俄国十月革命的情况以及世界各种新思潮。他还参加了北京大学的哲学研究会和新闻学研究会，并组织在京新民学会会员去听蔡元培、陶孟和、胡适等名流的讲演，自己还旁听了一些北京大学的课程，学到了许多新知识。

1919 年五四运动爆发时，他刚从北京经上海回到长沙不久。头脑里装满新思潮的他，旋即行动起来，发动全省学生开展反帝爱国斗争。6 月 3 日，他参与组织了长沙 20 多所学校的总罢课。7 月 14 日，由他主编的湖南学生联合会会刊《湘江评论》问世。该刊虽然仅出版了 6 期（5 期刊物和 1 期临时增刊），即被湖南督军兼省长张敬尧查封，但在全国影响极大。尤其是毛泽东的署名连载文稿《民众的大联合》，成都的《星期日》周刊和北京的《又新日报》全文转载了，上海的《时事新报》转载了一部分，《新青年》《每周评论》《新潮》和《晨报副刊》等著名报刊都做了推荐介绍。其中《每周评论》在介绍中说："《湘江评论》第二、三、四期的《民众的大联合》一篇大文章，眼光很远大，议论也很痛快，确是现今的重要文字。"可以说，"毛泽东"的名字被全国先进知识分子所注意，就是在五四运动中主编《湘江评论》期间。

《民众的大联合》是一篇反映毛泽东这一时期思想倾向的极为重要的代表作。同他 1917 年 4 月第一次公开发表的文章《体育之研究》相比较，他对人的关注已从抽象的"人"进入到具体的"民"；同他畅所欲言地发表自己的世界观和人生观的《〈伦理学原理〉批注》相比较，他对人自身的关注已从单个的"我"扩大到以"我"为基础的"我们"即"民众"。"无我"——"唯我"——"民众"，这种演变的每一步都带有质的变化。发现"自我"，确立"我"的主体地位，是一种历史的进步；以"我"为基础，发现"民众"，确立"民众"的主体地位，更是一种历史的进步。

在《〈湘江评论〉创刊宣言》中，毛泽东提出的"人类应如何生活？"的问题，正是他在《〈伦理学原理〉批注》中探究的问题。在那里，他认为"人类之目的在实现自我"。在这里，他认识到了仅仅这样讲是不够的，因为全世界自文艺复兴运动以来，已在宗教、文学、政治、社会、教育、经济、思想等方面，出现了改革的浪潮。他指出：

> 各种改革，一言蔽之，"由强权得自由"而已。各种对抗强权的根本主义，为"平民主义"（兑莫克拉西。一作民本主义，民主主义，庶民主义）。宗教的强权，文学的强权，政治的强权，社会的强权，教育的强权，经济的强权，思想的强权，国际的强权，丝毫没有存在的余地。都要借平民主义的高呼，将他打倒。①

这里讲的"平民主义"或"民主主义"，已经不仅仅是一种政治学说，而是一种高于宗教、文学、政治、社会、教育、经济和思想的哲学世界观，可以看作是一种从"唯我论"脱胎而来又高于"唯我论"的"唯民论"世界观。

毛泽东的"唯民论"或平民主义的世界观，包括以下主要观点：

第一，天下者我们的天下，国家者我们的国家，社会者我们的社会。

在《〈湘江评论〉创刊宣言》中，毛泽东大义凛然地昭告天下："什么力量最强？民众联合的力量最强。什么不要怕？天不要怕，鬼不要

---

① 《毛泽东早期文稿》，第293页，湖南出版社，1990。

怕，死人不要怕，官僚不要怕，军阀不要怕，资本家不要怕。"① 这里，首先把人分为两类：一为"民众"，二为与鬼、死人列为同伍的"官僚"、"军阀"、"资本家"。也就是说，"人"已不是一种抽象的存在，而是可以分析的；而且，这种分析已有一定的阶级观点。其次，他强调了民众的力量不能低估，一旦联合起来可达"最强"。不仅如此，毛泽东还从俄国十月革命和中国五四运动中，获得了一个极为重要的认识，即：国家和社会的主体，不是那些官僚、军阀和资本家，而是民众。他在 1919 年 8 月 4 日发表的《民众的大联合》（三）中，充满激情地写道：

> 异军特起，更有中华长城渤海之间，发生了"五四"运动。旌旗南向，过黄河而到长江，黄浦汉皋，屡演活剧，洞庭闽水，更起高潮。天地为之昭苏，奸邪为之辟易。咳！我们知道了！我们醒觉了！天下者我们的天下。国家者我们的国家。社会者我们的社会。我们不说，谁说？我们不干，谁干？②

这种"醒觉"，就是民众主体意识的觉醒。这种民众主体意识，是平民主义的基点。

第二，民众的解放。

民众是主体，从逻辑上讲是如此。但从现实生活看，民众不是主体，而是奴隶。因此，当毛泽东呐喊"天下者我们的天下"时，包括着民众要从奴隶的地位和意识中解放出来的思想。首先是思想要解放。毛泽东在《湘江评论》创刊号上发表的《陈独秀之被捕及营救》一文中，深刻地指出：

> 现在的中国，可谓危险极了。不是兵力不强财用不足的危险，也不是内乱相寻四分五裂的危险。危险在全国人民思想界空虚腐败

---

①②　《毛泽东早期文稿》，第 292、390 页，湖南出版社，1990。

到十二分。中国四万万人，差不多有三万九千万是迷信家。迷信神鬼，迷信物象，迷信运命，迷信强权。全然不认有个人，不认有自己，不认有真理。这是科学思想不发达的结果。①

因此，毛泽东不断强调"凡思想是没有畛域的"，思想要解放。尤其是学术思想要从孔夫子的儒学束缚中解放出来。他说："现代学术的发展，大半为个人的独到所刨获。最重〔要〕的是'我'是'个性'和中国的习惯，非死人不加议论，著述不引入今人的言论，恰成一反比例。我们当以一己的心思，居中活动，如日光之普天照耀，如探海灯之向外扫射。不管他到底是不是（以今所是的为是），合人意不合人意，只顾求心所安合乎真理才罢。老先生最不喜欢的是狂妄。岂知道古今真确的学理，伟大的事业，都系一些被人加着狂妄名号的狂妄人所发明创造来的。我们住在这繁复的社会，诡诈的世界，没有批评的精神，就容易会做他人的奴隶。"他说，学术思想的发展应提倡"自由讨论"，因为"人类最可宝贵，最堪自乐的一点，即在于此"。"中国什么'师严而后道尊'，'师说'，'道统'，'宗派'，都是害了'独断态度'的大病。都是思想界的强权，不可不竭力打破。像我们反对孔子，有很多别的理由。单就这独霸中国，使我们思想界不能自由，郁郁做二千年偶像的奴隶，也是不能不反对的。"②他强调只有学术界、思想界的思想解放，才能对广大民众启蒙以开民智，使全民族都解放思想。他认为这是中华民族救亡与发展的必不可少的前提和时机，他在《湘江评论》创刊号结束语中，激昂地指出：

时机到了！世界的大潮卷得更急了！洞庭湖的闸门动了，且开了！浩浩荡荡的新思潮业已奔腾澎湃于湘江两岸了！顺他的生。逆他的死。如何承受他？如何传播他？如何研究他？如何施行他？这是我们全体湘人最切最要的大问题，即是"湘江"出世最切最要的

①②　《毛泽东早期文稿》，第305、368页，湖南出版社，1990。

大任务。①

　　和毛泽东同时代的进步知识分子一样，在强调思想解放的时候，在强调民众解放的时候，特别强调妇女的解放。在《湘江评论》创刊号上写的短文《难道走路是男子专有的》中，就提出女校学生要从封闭的校院中走出来。1919 年 11 月 14 日，长沙城一名赵姓女士因反抗包办婚姻，在迎娶的花轿内自杀。毛泽东对此义愤填膺，在湖南《大公报》、《女界钟》上连续发表 10 篇评论文章，深刻地指出"这事件背后，是婚姻制度的腐败，社会制度的黑暗，意想的不能独立，恋爱不能自由。"②把五四运动中的"女子解放"的口号，进一步深化、具体化了。

　　第三，民众的联合。

　　毛泽东认为，在黑暗的中国社会环境中，民众的解放只有通过民众的联合行动才能实现。在《湘江评论》中，他提出的最激动人心的口号，就是："民众的大联合"。他说：

　　　　国家坏到了极处，人类苦到了极处，社会黑暗到了极处。补救的方法，改造的方法，教育，兴业，努力，猛进，破坏，建设，固然是不错，有为这几样根本的一个方法，就是民众的大联合。③

为什么要取民众联合的方法呢？其一，历史上的运动不论是哪一种，无不是出于一些人的联合。较大的运动有较大的联合，最大的运动有最大的联合。其二，在近代世界，强权者、贵族、资本家的联合到了极点，因此国家也坏到了极点，人类也苦到了极点，民众要反抗也必须有自己的联合。其三，法国革命、俄国革命都是因民众的大联合取得"社会改革"胜利的。毛泽东强调，辛亥革命的功劳是使人的觉悟到皇帝是可以打倒的，民主是可以建设的，但是它还不是民众联合的结果，因此革命成果最后为袁世凯所窃取。唯有像俄国十月革命那样的革命，才是联合

---

①②③　《毛泽东早期文稿》，第 294—295、414、338 页，湖南出版社，1990。

起来的民众实现的，因此革命比较成功。这就是说，他认为革命不是自上而下的政治改良，而是自下而上的社会变革。为此，他提出了以小联合做基础来实现民众大联合的方案。"以小联合做基础"，就是农夫要有农夫的联合，工人要有工人的联合，女子要有女子的联合，小学教师要有小学教师的联合，警察要有警察的联合，车夫要有车夫的联合，组成切合他的利益的各种联合，成立各界联合会、协会或同盟，然后形成整个民众的大联合。也就是说，联合的基础是共同利益：

因为共同利益，只限于一小部分人，故所成立的为小联合，许多的小联合彼此间利益有共同之点，故可以立为大联合。①

民众的联合在这个意义上是人的自觉与自愿的联合，是人的一种主体性的行动。

毛泽东的平民主义或"唯民论"，显然比"唯我论"前进了一大步。这种前进同从"无我论"到"唯我论"的进步不一样，"唯我论"取代"无我论"是从根本上否定了"无我论"，而从"唯我论"到"唯民论"则是在"我"的基础上，即在承认"我"的地位和个性的基础上，提出平民主义的。这里讲的"民众"不是奴隶般地服从专制统治的民众，而是各具个性、作为主体出现的民众。因此，毛泽东强调"天下者我们的天下"，强调的是民众的主体地位；毛泽东强调民众的解放，强调的是民众的主体意识和独立人格；毛泽东强调民众的联合，强调的是民众的主体性行动。正是在这个意义上，我们把平民主义看作是以民众为本位的一种世界观和方法论，称它是"唯民论"。

许多论者称这种世界观和方法论，已是马克思主义的历史唯物论。理由是民众在这里已是推动历史前进的动力。其实不然。马克思主义是强调民众的地位和作用的，但马克思主义不是一般地讲民众的地位和作用，而是把他们放到生产力和生产关系的矛盾运动之中，并且联系先进

---

① 《毛泽东早期文稿》，第 377 页，湖南出版社，1990。

生产力的革命作用，来讲民众的地位和作用的。因为不仅马克思主义，无政府主义、民粹主义也强调民众的作用，但他们的强调脱离生产力和生产关系的矛盾，对新旧生产力及其代表阶级不加区分，甚至排斥工人阶级的先进性及其领导地位，所以不能望文生义。毛泽东的平民主义，比"唯我论"进步，但仍不是马克思主义的观点。在《湘江评论》创刊宣言和《民众的大联合》中，毛泽东自己明确宣布，他的主张不是马克思主义的，而是从无政府主义者克鲁泡特金那里来的：

> 如何打倒的方法，则有二说，一急烈的，一温和的。两种方法，我们应有一番选择。（一）我们承认强权者都是人，都是我们的同类。滥用强权，是他们不自觉的误谬与不幸，是旧社会旧思想传染他们遗害他们。（二）用强权打倒强权，结果仍然得到强权。不但自相矛盾，并且毫无效力。①

> 联合以后的行动，有一派很激烈的，就用"即以其人之道还治其人之身"的办法，同他们拼命的倒担。这一派的音（首）领，是一个生在德国的，叫做马克斯。一派是较为温和的，不想急于见效，先从平民的了解入手。人人要有互助的道德和自愿工作。贵族资本家，只要他回心向善能够工作，能够助人而不害人，也不必杀他。这派人的意思，更广，更深远。他们要联合地球做一国，联合人类做一家，和乐亲善——不是日本的亲善——共臻盛世。这派的首领，为一个生于俄国的，叫做克鲁泡特金。②

显然，从"唯我论"走出来后，毛泽东选择的救亡与发展的方案是无政府主义的"唯民论"。不过，熟悉这一段历史的人都知道，不少爱国的、进步的知识分子，当时大多信奉过无政府主义，包括李大钊、蔡和森、周恩来等在内，他们都是经过无政府主义，才找到马克思主义的。

---

①②　《毛泽东早期文稿》，第293、341页，湖南出版社，1990。

三　从平民主义到唯物史观

毛泽东选择了平民主义后，不仅积极宣传，而且力求实施。在《湘江评论》被查封后，他做了三件大事：

一是借赵女士花轿自杀为由，深入展开思想启蒙运动；

二是领导各界群众进行驱张（敬尧）运动；

三是参加发起湖南自治运动。

但是这三件事都没有取得实效或真正解决问题，因此在严酷的事实面前，毛泽东进行了认真的反思。仅 1920 年 11 月 25 日、26 日两天，他就给学友写了 7 封富有思想和情感的长信，畅谈自己的苦闷和新的思考。

在致向警予的信中，毛泽东对他在湖南做的这三件大事做了结论：

> 湘事去冬在沪，姊曾慷慨论之。一年以来，弟和荫柏等也曾间接为力，但无大效者，教育未行，民智未启，多数之湘人，犹在睡梦。号称有知识之人，又绝无理想计划。弟和荫柏等主张湖南自立为国，务与不进化之北方各省及情势不同之南方各省离异，打破空洞无组织的大中国，直接与世界有觉悟之民族携手，而知者绝少。自治问题发生，空气至为黯淡。自"由湖南革命政府召集湖南人民宪法会议制定湖南宪法的建设新湖南"之说出，声势稍振。而多数人莫名其妙，甚或大惊小怪，诧为奇离。湖南人脑筋不清晰，无理想，无远计，几个月来，已看透了。政治界暮气已深，腐败已甚，政治改良一涂，可谓绝无希望。吾人惟有不理一切，另辟道路，另造环境一法。[1]

在致李思安的信中，也提出要"另想办法，另造环境，长期的预备，精密的计划"。可见，他对自己原来的设计——实行民众的大联合，用温和

---

[1] 《毛泽东早期文稿》，第 548 页，湖南出版社，1990。

的方法改造社会，感到失望。这种"政治改良一途，可谓绝无希望"之说，既是对社会的批判，也是对自己原来选择的反省。

在给罗璈阶（即罗章龙）的信中，他进而提出了要寻找新的"主义"的问题。他说：

> 中国坏空气太深太厚，吾们诚哉要造成一种有势力的新空气，才可以将他斡换过来。我想这种空气，固然要有一班刻苦励志的"人"，尤其要有一种为大家共同信守的"主义"，没有主义，是造不成空气的。我想我们学会，不可徒然做人的聚集，感情的结合，要变为主义的结合才好。主义譬如一面旗子，旗子立起了，大家才有所指望，才知所趋赴。①

这时，在法国勤工俭学的蔡和森等也在研究和思考"主义"的选择问题。1920 年 8 月 13 日，蔡和森致信毛泽东，认为在各种主义中，社会主义是改造现世界对症之方，中国也不能例外；并且强调社会主义的方法就是"阶级战争——无产阶级专政"。9 月 16 日，他又致信毛泽东，进一步指出："马克斯的唯物史观，显然为无产阶级的思想。以唯物史观为人生哲学、社会哲学的出发点。"并且把列宁主义的理论概括为：

> 俄社会革命出发点＝唯物史观。
>
> 方法＝阶级战争＋阶级专政。
>
> 目的＝创造共产主义的社会；无阶级、无反动社会组织完成世界组织完成（列宁及共产党屡次如此宣言时），取消国家。②

在新民学会会员中，蔡和森较早主张用马克思主义改造中国。我们已经知道，在《湘江评论》发表的文章中，毛泽东曾经公开申明无政府主义

---

① 《毛泽东早期文稿》，第 554 页，湖南出版社，1990。
② 《蔡和森文集》，第 64 页，人民出版社，1980。

要比马克思主义考虑得"更广，更深远"。那么，现在他是怎么看这一问题的呢？经过亲身的政治实践，毛泽东对这一问题的看法发生了根本的变化。1920 年 12 月 1 日，他给蔡和森等在法新民学会会员写了一封长信，首先指出，同意大家提出的以"改造中国与世界"为学会方针；接着指出，要达到这一目的，方法必须像俄国一样，组织共产党，进行无产阶级社会主义革命，建立无产阶级专政。也就是说，同意蔡和森的主张。与此同时，他对在中国为什么不能实行无政府主义的问题，做了长篇说明：第一，资产阶级掌握政权，共产党非取得政权不能改造中国。他说："我看俄国式的革命，是无可如何的山穷水尽诸路皆走不通了的一个变计，并不是有更好的方法弃而不采，单要采这个恐怖的方法。"① 第二，从心理上和历史上看，"历史上凡是专制主义者，或帝国主义者，或军国主义者，非等到人家来推倒，决没有自己肯收场的"②。依靠温和的说服教育是不能改变资产阶级的统治欲望的。第三，理想固要紧，现实尤其要紧，无产阶级不能再长期受资产阶级的奴役了。第四，无政府主义一旦实现，也难以终其局，"因为这种社会状态是定要造成人类死率减少而生率加多的，其结局必至于人满为患"③。

　　1921 年 1 月 1 日至 3 日、1 月 16 日、2 月 20 日，毛泽东在长沙组织新民学会会员对此进行了热烈的讨论。在讨论之初，他先介绍了在巴黎的会员的各种观点，包括蔡和森的观点，然后再同大家一起讨论了新民学会的共同目的、采用方法等问题。在讨论"目的"问题时，有人说新民学会历来主张改造中国与世界，已不必多讨论了。毛泽东坚持要讨论。他说，现在国中对于社会问题的解决，显然有两派主张：一派主张改造，一派则主张改良。前者如陈独秀诸人，后者如梁启超、张东荪诸人。经讨论，大家都主张"改造"。在改造的对象问题上，有的主张"改造东亚"，毛泽东主张：用"改造东亚"不如用"改造中国与世界"，提出"世界"所以明吾侪的主张是国际的；提出"中国"所以明吾侪的下手

　　①②③　中共中央文献研究室编：《毛泽东书信选集》，第 4、5、6 页，中央文献出版社，2003。

处；"东亚"无所取义。最后经循环发言和表决，10人主张以"改造中国与世界"为目的，5人主张以"改造世界"为目的，2人主张以"促进社会进化"为目的，2人声明不参加表决。在讨论"达到目的须采用什么方法"时，何叔衡第一个发言，表示"主张过激主义"。毛泽东紧接着说："我的意见与何君大体相同。社会政策，是补苴罅漏的政策，不成办法。社会民主主义，借议会为改造工具，但事实上议会的立法总是保护有产阶级的。无政府主义否认权力，这种主义，恐怕永世都做不到。温和方法的共产主义，如罗素所主张极端的自由，放任资本家，亦是永世做不到的。激烈方法的共产主义，即所谓劳农主义，用阶级专政的方法，是可以预计效果的，故最宜采用。"经过循环讨论和表决，赞成激烈方法的共产主义——布尔什维克主义的，有12人；赞成民主主义的，有2人；赞成温和方法共产主义的，为1人；3人弃权。① 而且，这次新民学会会员大会在讨论第三个问题"方法进行即刻如何着手"时，同样经过依次发言和表决，提出了"组织社会主义青年团"的任务。② 这场非常有意义的讨论，可以看出两点：第一，毛泽东已经决定，选择马列主义为改造中国与世界的方法；第二，这不是毛泽东个人的主观选择，而是中国社会发展客观规律驱使下的多数有识之士的选择。这么多人都选择马列主义，摒弃无政府主义等曾经十分时髦的"主义"，绝不是用个人的动机所能解释的。

　　毛泽东世界观的转变，不是从学理上的研究引发的，而是从亲身的斗争实践中，经过深入的思考，才决定转变的；加上这一世界观的转变，是经过毛泽东对自己过去信仰的清算来实现的，不是在外加的压力下被动地转变的。因此，这次世界观的转变既有坚实的基础，又有理性的自觉，所以在毛泽东决定用马克思主义来解决近代中国救亡与发展问题以后，就再也没有动摇过。这是毛泽东世界观转变的一个重要特点。

　　另一个特点是，毛泽东的新世界观，选择的是唯物史观，重点是阶级斗争和无产阶级专政学说。这主要是由近代中国要解决的两大基本问题——救亡与发展所决定的，它是一种历史的选择。同时，也是毛泽东

①② 《"一大"前后》，第396—404、407页，人民出版社，1980。

思想转变中合乎逻辑的结果。如前所述，毛泽东原来选择的平民主义即
"唯民论"的世界观，强调"民众"的力量是一种历史的进步，但他同时
强调民众要用温和的方法即说服的方法来改变专制统治，这显然是一种
空想。空想一旦在现实中破灭，民众的力量就会要求现实可行的阶级斗
争和无产阶级专政的方法，来实现自己的目的。换言之，就会要求从社
会内部生产力和生产关系、经济基础和上层建筑的矛盾运动规律，来重
新确立民众的地位、作用和改造社会的方法。加上毛泽东原来的平民主
义，源于克鲁泡特金的无政府主义，这种空想的破灭，更会使毛泽东意
识到政权的重要性，认识到唯有通过阶级斗争来建立无产阶级专政，才
能改造中国与世界。与此同时，毛泽东频频使用"无产阶级"这个词，
突出无产阶级在"民众"中的作用，也体现了他在超越"唯民论"，转向
唯物史观。正是这种同历史相统一的逻辑的作用，才使毛泽东决定选择
唯物史观，来完成救亡和发展的历史任务。

　　1921 年 1 月 21 日毛泽东致蔡和森的信，是毛泽东这一时期世界观从
平民主义转到唯物史观的有力佐证：

　　　　唯物史观是吾党哲学的根据，这是事实，不像唯理观之不能证
　　实而容易被人摇动。我固无研究，但我现在不承认无政府的原理是
　　可以证实的原理，有很强固的理由。一个工厂的政治组织（工厂生
　　产分配管理等），与一个国的政治组织，与世界的政治组织，只有大
　　小不同，没有性质不同。工团主义以国的政治组织与工厂的政治组
　　织异性，谓为另一回事而举以属之另一种人，不是故为曲说以冀苟
　　且偷安，就是愚陋不明事理之正。况乎尚有非得政权则不能发动革
　　命，不能保护革命，不能完成革命，在手段上又有十分必要的理由
　　呢。你这一封信见地极当，我没有一个字不赞成。党一层，陈仲甫
　　先生等已在进行组织。出版物一层，上海出的《共产党》，你处谅可
　　得到，颇不愧"旗帜鲜明"四字（宣言即仲甫所为）。[①]

---

① 中共中央文献研究室编：《毛泽东书信选集》，第 11 页，中央文献出版社，2003。

　　综上所述，青年毛泽东从"无我论"到"唯我论"，从"唯我论"到"平民主义"，从"平民主义"到"唯物史观"，这几个世界观转变的阶段，即毛泽东选择唯物史观来改造中国的历史进程。1920年底至1921年初，是他最后决定选择唯物史观的重要时期。尽管当时毛泽东对马克思主义，包括对唯物史观，都还缺乏全面的了解（主要是了解了阶级斗争和无产阶级专政），但毕竟从此找到了反映人类社会发展客观规律的真理。这样，解决救亡与发展问题，使中国屹立于世界民族之林，就有了科学的思想武器和强大的精神支柱。由于把马克思主义应用到中国的具体环境中来，是马克思主义与中国革命实际相结合的开始，因此这时可以说，毛泽东思想开始萌芽。在马克思主义光辉的照耀下，1921年成了中国近代史上的一座里程碑——伟大、光荣、正确的中国共产党，在共产主义知识分子把马克思主义基本原理与中国工人运动相结合的过程中，在古老的神州大地诞生了。

　　一个新的时代的序幕拉开了！

第二章　国情分析论

　　唯物主义的基本特征正在于：它的出发点是科学的客观性，是承认科学所反映的客观实在；而唯心主义则需要"弯路"以便这样或那样地从精神、意识中，从"心理的东西"中"引出"客观性。

——列　宁

第一节　逻辑的起点：国情分析

找到了马克思主义，就找到了解决近代中国的基本问题的科学的理论指南，但这并不意味着一切问题即刻迎刃而解。不善于把马克思主义基本原理与中国具体实际相结合，仍将一事无成。毛泽东曾把理论与实际的关系，比喻为"矢"与"的"的关系。"无的放矢"易把革命弄坏；仅是赞美"好箭！好箭！"却老是不愿意放出去，充其量只是"古董鉴赏家"。为此，他提出要"研究中国革命的逻辑"①。

"逻辑"，在这里既是指客观的规律，又是指反映客观规律的思路，包括革命的战略和党的路线，是两者有机的结合和统一。因此，毛泽东提出了研究中国革命逻辑的公式：从客观存在着的实际事物出发，从其中引出规律，作为我们行动的向导。

1938 年 10 月，在中共扩大的六届六中全会上，毛泽东提出："一般地说，一切有相当研究能力的共产党员，都要研究马克思、恩格斯、列宁、斯大林的理论，都要研究我们民族的历史，都要研究当前运动的情况和趋势；并经过他们去教育那些文化水准较低的党员。"② 他提出这三项研究任务，目的是"使马克思主义中国化"。而且，他非常重视这三项研究任务，在《改造我们的学习》这篇整风文献中，再一次提出要将马克思列宁主义基本原理和中国革命的具体实际相结合的伟大事业更进一步，一要研究现状，二要研究历史，三要学习马克思列宁主义的基本原理。他反复讲这一问题，就是为了引导党的干部用马克思列宁主义的立场、观点、方法，来研究中国的现状和历史。

---

① 毛泽东：《改造我们的学习》（1941 年 5 月 19 日）。《毛泽东选集》第 3 卷，第 798 页，人民出版社，1991。

② 毛泽东：《中国共产党在民族战争中的地位》（1938 年 10 月 14 日）。《毛泽东选集》第 2 卷，第 532—533 页，人民出版社，1991。

为了帮助大家提高理论水平和对中国历史和现状的认识，明确党的基本战略，1939 年冬季，毛泽东组织在延安的一些同志合作编写了一个课本，即《中国革命和中国共产党》。研究这一课本的结构，是一个令人颇感兴趣的问题。全书原定三章。第一章《中国社会》由其他几位同志起草，经过毛泽东修改的。第二章《中国革命》是毛泽东自己写的。第三章《党的建设》因担任写作的同志没有完稿而停止。第一、二章的结构是：

第一章　中国社会
　　第一节　中华民族
　　第二节　古代的封建社会
　　第三节　现代的殖民地、半殖民地和半封建社会
第二章　中国革命
　　第一节　百年来的革命运动
　　第二节　中国革命的对象
　　第三节　中国革命的任务
　　第四节　中国革命的动力
　　第五节　中国革命的性质
　　第六节　中国革命的前途
　　第七节　中国革命的两重任务和中国共产党

这个结构，体现了毛泽东提出的三项研究任务之间的关系，即：运用马克思主义的观点研究中国的历史和现状，在全面把握中国的历史和现状的基础上形成中国化的马克思主义理论。

其中，"历史"和"现状"，更明确地被概括为"国情"。毛泽东说：

认清中国社会的性质，就是说，认清中国的国情，乃是认清一

切革命问题的基本的根据。①

由此可见，用马克思主义的观点分析中国的国情，是毛泽东全部逻辑的起点，其目的是为制定中国革命的战略和党的路线获得可靠的根据。

其实，国情问题历来为中国先进的知识分子所重视。为了救亡与发展，康有为提倡维新立宪，孙中山强调革命共和，并且都认为自己的方案切中时弊，然而由于缺乏科学的思想路线，加上历史的和阶级的局限性，他们都没有能真正认清国情，从而也不可能从国情出发制定救亡与发展的正确战略。

有意思的是，在近代中国，"国情"常挂嘴边，嚷得最多的，不是中国先进的知识分子，而是反动统治者及其御用文人。例如在袁世凯酝酿复辟帝制时，其宪法顾问、美国人古德诺发表了《共和与君主论》，他在鼓吹"中国之立宪，以君主制行之为易"时，大谈君主制符合中国的历史习惯与社会经济之情状。自 20 年代到 40 年代不断出现的"共产主义不适合中国的国情"一语，更是他们阻止马克思主义传播、阻挠中国革命进程的典型口号。

这就提出了一个问题：毛泽东对国情的重视和研究，同资产阶级改良派和革命派有什么区别？同反动统治者及其御用文人有哪些不同？

一　毛泽东的国情论：历史唯物主义的国情论

毛泽东认为国情是中国社会发展的客观的历史和现状，必须以历史唯物主义为武器，以调查为途径，进行深入剖析。

毛泽东常说："没有调查，没有发言权。"此处之"权"解为"权利"固然能成立，然而没有调查的人也常常下车伊始，信口雌黄，人们也难以取消他的这种发言"权利"，因此此处之"权"更宜解为"根据"，即：没有调查就没有发言的根据。无根据之发言，必定是教条式的套话、大

---

① 《毛泽东选集》第 2 卷，第 633 页，人民出版社，1991。

话，乃至于谎话，人们也就能就其言论之根据提出质疑。再进一步思考，这里的"根据"，不是别的，就是调查后掌握到的实情，即国情。毛泽东在领导革命的过程中，如此强调调查研究问题，即是为了认清国情。他投身于共产主义事业后，1921 年春夏的农村调查、1925 年 2 月起到湖南考察农民运动，尤其是 1930 年的寻乌调查、兴国调查、木口村调查、东唐等处调查，1933 年的长冈乡调查、才溪乡调查，都是为了搞清中国的特殊国情。在《农村调查》（1941 年 3 月）的序言中，他对此有明确的论述："要了解情况，唯一的方法是向社会作调查，调查社会各阶级的生动情况。对于担负指导工作的人来说，有计划地抓住几个城市、几个乡村，用马克思主义的基本观点，即阶级分析的方法，作几次周密的调查，乃是了解情况的最基本的方法。只有这样，才能使我们具有对中国社会问题的最基础的知识。"①

毛泽东自投身中国共产主义运动以来，对于读书与调查，他更重视调查；对于熟记马列主义经典原理与掌握中国国情，他更重视掌握中国国情。这不是说他不重视读书和学习马列主义原理，而是他更重视把马列主义原理应用于调查中国国情。对此，他讲得十分清楚：

> 记得我在一九二〇年，第一次看了考茨基著的《阶级斗争》，陈望道翻译的《共产党宣言》，和一个英国人作的《社会主义史》，我才知道人类自有史以来就有阶级斗争，阶级斗争是社会发展的原动力，初步地得到认识问题的方法论。可是这些书上，并没有中国的湖南、湖北，也没有中国的蒋介石和陈独秀。我只取了它四个字："阶级斗争"，老老实实地来开始研究实际的阶级斗争。我做了四个月的农民运动，得知了各阶级的一些情况，可是这种了解是异常肤浅的，一点不深刻。后来，中央要我管理农民运动。我下了一个决心，走了一个月零两天，调查了长沙、湘潭、湘乡、衡山、醴陵五县。这五县正是当时农民运动很高涨的地方，许多农民都加入了农

---

① 《毛泽东选集》第 3 卷，第 789 页，人民出版社，1991。

民协会。国民党骂我们"过火"……其实，以我调查后看来，也并不都是像他们所说的"过火"，而是必然的，必需的……

不过，在当时我对于农村阶级的结合，仍不是十分了解的。到井冈山之后，我作了寻乌调查，才弄清了富农与地主的问题，提出解决富农问题的办法。

贫农与雇农的问题，是在兴国调查之后才弄清楚的，那时才使我知道贫农团在分配土地过程中的重要性。①

可见，三四十年代间毛泽东关于通过调查了解国情，以国情为根据解决中国革命一切问题的论述和思想，是他研究中国革命问题的基本经验、基本思路和基本方法的概括和总结。其特点：一是坚持深入实践从实际出发；二是坚持用历史唯物主义为调查和研究的武器。所以，毛泽东的国情论是历史唯物主义的国情论。

二　毛泽东的国情论：唯物辩证法的国情论

历史唯物主义，亦即历史辩证法。历史唯物主义要求人们对国情进行全面的、动态的分析和辩证的研究。毛泽东的国情论，具有这种显著的特点。

中国共产党在成立之初，对国情缺乏深刻的认识。党的第一个纲领，是社会主义的纲领。毛泽东曾经说过："不提反帝反封建的民主革命，只提社会主义的革命，是空想的。作为社会主义革命的纲领则是基本正确的。"② 作为刚诞生的党，出现这些问题不足为怪。事实上，在第二年，

---

① 毛泽东：《关于农村调查》（1941年9月13日）。《毛泽东文集》第2卷，第378—380页，人民出版社，1993。
② 中共中央文献研究室编：《建国以来毛泽东文稿》第7卷，第296页，中央文献出版社，1992。

即 1922 年，党已经提出两个纲领：民主革命的最低纲领和社会主义革命的最高纲领。而且在提出民主革命的最低纲领时，对中国的国情作了比较正确的分析，指出："中国名为共和，实际上仍在封建式的军阀势力统治之下，对外则为国际资本帝国主义势力所支配的半独立国家。"

中共二大得出这一结论，主要得益于列宁的民族和殖民地理论，共产国际召开的远东各国共产党及民族革命团体第一次代表大会的精神。列宁早在《中国的民主主义和民粹主义》（1912 年 7 月）一文中就已经指出：中国是一个"落后的、半封建的农业国家"。又在《帝国主义是资本主义的最高阶段》（1916 年）中把中国列入"半殖民地国家"、"半独立国"。这些论断有一个鲜明的特点，即强调"半"。所谓"半"，按列宁的解释，是一种"典型的'中间'形式"、"过渡的国家"。这是一个流动的概念，却是客观的现实，因而充满了唯物辩证法的深刻含义。

然而，列宁不可能深入来考察中国的国情。究竟中国的国情是怎么样的一种性质和状况，只能由中国共产党人自己来解决。在这个问题上，一向求实的毛泽东表现得最为自觉。从 1923 年到 1939 年，他对中国的国情问题进行了深入的调查和研究，循序深化，获得了三个重要的结论。

第一，中国政治经济文化的极端落后性。

自从鸦片战争以来，对于中国的落后，中国人已有了切肤之痛，但缺少全面的考察。辛亥革命后，从表面上看，共和制取代了君主制，似乎有了进步的转折，但很快地，这种幻想就破灭了。在第一次世界大战中，中国的民族工业获得了一次难得的发展机会，有些人对国家状况的认识又模糊了。1922 年 6 月，中国共产党发表的第一次对于时局的主张中，通过对中国历史和社会情况的初步分析，提出当时的中国是一个"半独立的封建国家"，认为中国受到国际帝国主义和国内封建军阀的双重压迫，因而极端落后。这个分析以及后来中共二大通过的决议，是中国共产党对于中国国情第一次比较正确的分析，也是自鸦片战争以来对中国国情所作的一个比较科学的概括。

因此，为了指导革命取得胜利，尤其是为了给党提出的民主革命的低级纲领提供科学的根据，必须加强对国情的考察和分析。

中共二大以后，毛泽东发表了一系列研究国情的文章。尤其是在湖南《新时代》创刊号上发表的《外力、军阀与革命》（1923 年 4 月），是当时他对国情进行科学剖析的一篇重要文章。他说："中国政治的结局是民主派战胜军阀派，但目前及最近之将来一个时期内，中国必仍然是军阀的天下：政治更发黑暗，财政更发紊乱，军队更发增多，实业教育更发停滞，压迫人民的办法更加厉害。质言之：民主的脸面更发抓破，完全实施封建的反动政治，这样的期会要有十年八年都说不定。"① 得出这个判断，是他注意到当时世界环境下，帝国主义（即"外力"）同中国封建主义最残暴的一翼（即"军阀"）相勾结，整个中国的经济、政治、文化都极端的落后。他指出：

> 人民百分之九十几未受教育；除开沿江沿海沿铁路稍有点可怜的工商业外，全部都属于农业经济生活；人民的组织，除开沿江沿海沿铁路应乎他们经济的情形有一点微弱的组织，像工商、教职员、学生等团体外，几乎全是家族的农村的手工业的自足组织；蒙古、新疆、青海、西藏、陕西、甘肃、四川、贵州、广西各地至今无一寸铁路；全国无一个有三十万确实党员的政党；全国无一家销到二三十万份的报纸；全国无一种销到两三万份的杂志；而中国全体有人口四万万，有土地三千余万方里。②

尽管这时毛泽东对国情的认识刚起步，但这种注重认识国情，并从国情的认识得出国民革命的任务要打倒帝国主义侵略势力和封建军阀势力的思路与方法，是难能可贵的。

第二，近代中国政治经济发展的极端不平衡性。

在 1923 年的国情分析中，毛泽东已经注意到在中国总体落后中存在着沿江沿海沿铁路地区与内地的差别。在 1927 年带领秋收起义上井冈山，探索革命的新路的时候，他注意到"工农武装割据"能够存在与发

---

①② 《毛泽东文集》第 1 卷，第 11、11—12 页，人民出版社，1993。

展，有诸多客观条件，其中之一即"在帝国主义间接统治的经济落后的半殖民地的中国"，由于帝国主义各国的矛盾和斗争，决定了他们控制的各派军阀之间必定存在矛盾与斗争。[①] 后来，在 1936 年底系统总结中国革命战争的规律时，进一步研究了这一特点，指出中国是一个政治经济发展不平衡的半殖民地的大国。他说：

> 中国政治经济发展不平衡——微弱的资本主义经济和严重的半封建经济同时存在，近代式的若干工商业都市和停滞着的广大农村同时存在，几百万产业工人和几万万旧制度统治下的农民和手工业工人同时存在，管理中央政府的大军阀和管理各省的小军阀同时存在，反动军队中有隶属蒋介石的所谓中央军和隶属各省军阀的所谓杂牌军这样两部分军队同时存在，若干的铁路航路汽车路和普遍的独轮车路、只能用脚走的路和用脚还不好走的路同时存在。
>
> 中国是一个半殖民地国家——帝国主义的不统一，影响到中国统治集团间的不统一。数国支配的半殖民地国家和一国支配的殖民地是有区别的。
>
> 中国是一个大国——"东方不亮西方亮，黑了南方有北方"，不愁没有回旋的余地。[②]

这一对国情的精彩分析，充满着辩证法的精神，揭示了中国政治经济发展极端不平衡的特点，以及在多个帝国主义间接统治下这种不平衡所带有的不统一的特点。正是这种不平衡、不统一，加上中国是一个大国，所以中国能走出一条农村包围城市的独特的革命道路，形成具有自己特点的中国革命战争的战略战术。

第三，近代中国社会的半殖民地半封建的性质。

---

① 毛泽东：《中国的红色政权为什么能够存在？》（1928 年 10 月 5 日）。《毛泽东选集》第 1 卷，第 49 页，人民出版社，1991。

② 毛泽东：《中国革命战争的战略问题》（1936 年 12 月）。《毛泽东选集》第 1 卷，第 188—189 页，人民出版社，1991。

国情研究，集中地体现在对社会性质的认识上。

长期以来，关于中国社会是一种什么性质的社会，没有明确的定性的规范化表述，时而用"半独立的封建国家"，时而用"半殖民地"。1926 年上半年蔡和森在莫斯科中共旅俄支部会上作的《中国共产党史的发展（提纲）》报告中，曾经提到中国是"半封建半殖民地的国家"、"半殖民地和半封建的中国"，但没有引起人们重视。表述的不规范化，反映了对国情的认识不够深入。

国民革命，即以北伐战争为标志的第一次国内革命战争失败后，中国社会性质的问题，引人注目地提上了议事日程。

1928 年 7 月在莫斯科召开的中国共产党第六次全国代表大会，分析当时中国的社会政治状况时指出："（一）国家真正的统一并未完成，中国并没有从帝国主义铁蹄之下解放出来；（二）地主阶级私有土地制度并没有推翻，一切半封建余孽并没有肃清；（三）现在的政权，是地主、军阀、买办、民族资产阶级底国家政权，这一反动联盟依靠着国际帝国主义之政治的经济的威力。"[1] 这次会议不仅把蒋介石国民党政权的基础看作是代表地主、军阀、买办势力的政权，而且把它看作是代表民族资产阶级的政权，是一个严重的缺点，但它的总判断是："中国现在的地位是半殖民地"，"现在中国的经济政治制度，的确应当规定为半封建制度"。[2]这是基本正确的判断。

然而，问题并非如此简单。中共六大前后，在国际上，苏联党内以托洛茨基为代表的一派认为，中国民族解放的任务是民族资产阶级要求关税自主，而不是反对封建主义。中国自秦汉以来，商业资本就相当发达，尤其在鸦片战争后更加商业资本主义化了。因此蒋介石的四一二反革命政变代表的是中国民族资产阶级的利益。自此以后，"中国进入了资本主义稳定发展时期"，目前"中国并无革命局势"。根据这种观点，当时中国正在进行的反对封建主义的土地革命战争，是毫无意义的举动，

<hr>

① 《瞿秋白选集》，第 417—418 页，人民出版社，1985。

② 《中国共产党第六次代表大会底决议案·土地问题决议案》（1928 年 7 月 4 日）。

因而理所当然地可以为共产国际和中国共产党拒绝。

在国内，也爆发了一场旷日持久的中国社会性质、中国社会史和中国农村社会性质的大论战。论战自 1928 年秋开始，迭经起伏，一直延续到抗日战争爆发。在众多的对立观点中，主要是两种：一种以陶希圣等为代表，强调中国早已不是封建社会，反封建不是中国的任务。陶希圣认为中国自春秋战国以来由于商业资本的发展，封建制度已经崩坏。其结论是："中国是封建制度崩坏以后，资本主义发达以前，以士大夫身份及农民的势力关系为社会主要构造的社会。"① 鸦片战争后的中国社会"是帝国主义压迫之下的商业资本主义社会"。胡适更是别出心裁，认为中国的现状是所谓"五鬼闹中华"。"五鬼"即贫穷、疾病、愚昧、贪污和扰乱。他认为危害中国的，"封建势力不在内，因为封建制度早已在二千年前崩坏了；帝国主义也不在内，因为帝国主义不能侵害五鬼不入之国"②。还有中国共产党内在大革命失败后出现的以陈独秀为代表的"托陈取消派"，也认为："中国的封建残余，经过商业资本长期的侵蚀，自国际资本主义侵入中国以后，资本主义的矛盾形态伸入了农村，整个的农民社会之经济构造，都为商品经济所支配，已显然不能够以农村经济支配城市，封建阶级和资产阶级经济利益之根本矛盾，如领主农奴制，实质上已久不存在。"蒋介石建立的南京国民政府"即资产阶级为中心为领导的政权"③。

与此对立的另一种观点，即中国共产党领导的广大左翼、理论工作者的观点。李立三撰写的《中国革命的根本问题》（1929 年 12 月）一文全面地分析了中国的经济和政治状况，指出："中国是半殖民地的国家，帝国主义成为最高的统治者，握住了中国经济政治的特权，支配着中国经济政治的生活"；"帝国主义无论政治上经济上都倚靠着中国的封建势力，同时封建势力的存在也倚靠着帝国主义的扶持，已经成为不可分离的关系"。左翼理论工作者王学文、李一氓、吴黎平、潘东周等发表了一

---

① 陶希圣：《中国社会之史的分析》。
② 胡适：《我们走哪条路？》（1930 年 4 月）。
③ 陈独秀：《关于中国革命问题致中共中央信》（1929 年 8 月 5 日）。

系列文章，指出中国仍然存在着封建剥削关系，资本主义虽有一定的发展，但未居于主导地位，并受到帝国主义的压迫。著名作家茅盾也以文艺的形式投入了论战，他创作《子夜》就是为了证明中国并没有走向资本主义发展的道路，而是在帝国主义压迫下更加殖民化了。尤其值得一提的是在论战中，李达的《中国产业革命概观》（1929 年 1 月）一书，以哲学家的辩证思维，概括了中国是一个"半殖民地的半封建的社会"。

国内外关于中国社会性质，包括中国社会史、中国农村社会性质的争论，引起了在根据地领导革命战争的毛泽东的关注。他没有参与这些学理上的论争，但他从实际出发，作出了一系列重要的概括和论证。

在《中国的红色政权为什么能够存在？》（1928 年 10 月 5 日）一文中，毛泽东针对托派的观点，指出：

> 现在国民党新军阀的统治，依然是城市买办阶级和乡村豪绅阶级的统治，对外投降帝国主义，对内以新军阀代替旧军阀，对工农阶级的经济的剥削和政治的压迫比从前更加厉害。……全国工农平民以至资产阶级，依然在反革命统治底下，没有得到丝毫政治上经济上的解放。[①]

这个论断既坚持了中共六大对国情的分析，又纠正了中共六大把资产阶级看作是蒋介石政权的基础的错误观点。

在《星星之火，可以燎原》（1930 年 1 月 5 日）这篇提出农村包围城市道路的文章中，毛泽东又指出"左"倾盲动主义者的那种"全国范围的、包括一切地方的、先争取群众后建立政权的理论，是于中国革命的实情不适合的。他们的这种理论的来源，主要是没有把中国是一个许多帝国主义国家互相争夺的半殖民地这件事认清楚"[②]。同时，他论述了中国社会内部的各种矛盾都在发展着，全国处在一种惶惶不可终日的局面之下。针对那种以为商业资本的发展已使封建势力崩坏的观点，他说：

---

①② 《毛泽东选集》第 1 卷，第 47、97—98 页，人民出版社，1991。

"伴随着帝国主义的商品侵略、中国商业资本的剥蚀和政府的赋税加重等项情况，便使地主阶级和农民的矛盾更加深刻化，即地租和高利贷的剥削更加重了，农民则更加仇恨地主。"① 整个论述揭示了复杂事物内部矛盾与矛盾之间的复杂联系，充满辩证法。

毛泽东在论述中也吸收了学术界研究的科学成果。30 年代学术界的讨论在不断深化。自李达提出中国是一个"半殖民地的半封建的社会"（1929 年）后，瞿秋白在《唯物辩证法的合法主义化》（1932 年 5 月）一文中，明确提出了中国的根本出路是"改变中国的经济性质，把半殖民地的半封建的中国社会，变成脱离帝国主义而走上非资本主义发展道路的中国社会"。艾思奇在《二十二年来之中国哲学思潮》（1933 年 12 月）中，从哲学上提出当时许多学者讨论的问题——"中国是资本主义的经济，还是封建制度的经济？"的论题本身就是违反辩证法的。著名学者沈志远在《新中华》杂志第 3 卷第 13 期上，发表了《现阶段中国经济之基本性质》（1935 年 7 月）一文，认为经过最近几年的论战，对于现阶段中国经济的性质，事实上已在思想界获得了结论，这就是："中国经济是半殖民地性的半封建经济。"毛泽东到延安后，研究和吸收了这些论战的成果。在《论持久战》（1938 年 5 月）中分析中日战争的性质时说："中日战争不是任何别的战争，乃是半殖民地半封建的中国和帝国主义的日本之间在二十世纪三十年代进行的一个决死的战争。"② 毛泽东在《五四运动》（1939 年 5 月 1 日）一文中，用简明的语言，概括了中国社会发展的序列以及中国革命发展的特点。他指出，中国社会发展的"必由之路"是：

这种民主革命是为了建立一个在中国历史上所没有过的社会制度，即民主主义的社会制度，这个社会的前身是封建主义的社会（近百年来成为半殖民地半封建的社会），它的后身是社会主义的社会。③

① 《毛泽东选集》第 1 卷，第 101 页，人民出版社，1991。
②③ 《毛泽东选集》第 2 卷，第 447、559 页，人民出版社，1911。

毛泽东组织张闻天等同志合作撰写的《中国革命和中国共产党》
(1939年12月)，毛泽东的名著《新民主主义论》(1940年1月)，对近代
中国的半殖民地半封建的性质，以及新民主主义革命要建立的新民主主
义社会，并由此向社会主义转变等一系列中国社会发展规律的问题，作
了系统而深刻的阐述。至此，不仅关于近代中国社会性质问题有了规范
化的科学概念，而且形成了一套完整的理论——近代中国国情论。

第二节　阶级结构

革命的胜利，取决于革命的理论和策略的正确。在毛泽东看来，理
论的根据在于认清国情，策略的依据在于分清敌我友。因此，对国情的
分析，在革命中不仅要科学地分析社会的经济政治状况，而且要更深入
地分析社会中各个阶级的状况及其相互关系。注重阶级状况和阶级结构
的分析，是毛泽东国情论的鲜明特点。

一　阶级结构分析的方法

说毛泽东重视阶级结构的分析，不是说毛泽东提出了"阶级结构"
或"阶级结构分析"这样的概念，而是说毛泽东在其阶级分析的过程中，
不仅分析了中国社会有哪些阶级及其各自特点，而且分析了这些阶级之
间的相互关系，以及每一个阶级在这种关系中所处的地位，这种关于要
素相互关系及其定位分析正是结构分析的特点。凡是认真研读过毛泽东
阶级分析论著的学者，都不能不承认这一特点。

在毛泽东的阶级结构分析中，有三个互相联系的分析方法。

第一，阶级分析方法。

这是结构分析中的要素分析方法。按照马克思的历史唯物论，阶级
是一个经济范畴，由各个社会集团在生产关系中的地位，即由是否占有

生产资料、占有多少生产资料所决定。在中国历史上，引入这种方法分析社会集团是一场深刻的革命。过去那种"富人"与"大贫""小贫"的划分方法，既不能定量，也难以定性，更不能指导革命。所以当马克思主义传入中国之后，阶级分析的方法令人耳目一新，引起强烈的震动。李大钊在《我的马克思主义观》中，把历史唯物主义哲学、政治经济学和科学社会主义看作是关于过去、今天和未来的科学的历史观，而贯穿于其中的主线是阶级斗争学说。毛泽东一接触到马克思主义，留下印象最深的就是"阶级斗争"四个字，而且他将其作为一种"认识问题的方法论"，拿过来应用于分析中国的阶级。因此，阶级分析的方法对于剖析中国社会各构成要素——阶级，提供了科学的工具。

由于中国社会演进特点的复杂性，存在着一系列的"半"："半"殖民地，"半"独立，"半"封建，等等，因而它既不是一个独立的封建社会，也不是一个纯粹的资本主义社会。当马克思主义传入中国以后，中国共产党人碰到的难题之一，即马克思关于封建社会和资本主义社会的论述，与中国的具体实际对不上号。《共产党宣言》指出，在资本主义社会剩下了两个对立的阶级——无产阶级与资产阶级，阶级关系已经为这种历史的发展简单化了。然而中国的一系列"半"，说明中国处在一个动态的过渡性的或"中间形式"的社会发展阶段之中，虽然资本主义已有一定的发展，但阶级关系不仅没有简单化，而且更为复杂。所以对这样的社会，先进行要素分析，搞清它有多少阶级，是一个十分紧要的问题。毛泽东把阶级斗争学说作为"认识问题的方法论"，实际地调查中国的阶级状况，其意义即在于此。

《中国社会各阶级的分析》（1925年12月1日在《革命》半月刊上发表的，1926年2月在《中国农民》、3月在《中国青年》上转载）是毛泽东分析中国社会阶级特点的一篇力作。毛泽东在这篇著作中，划分阶级的依据是看其所代表的生产关系，以及在生产关系中的地位：

地主阶级和买办阶级——"代表中国最落后的和最反动的生产关系，阻碍中国生产力的发展"；

中产阶级，主要是指民族资产阶级——"代表中国城乡资本主义的

生产关系";

小资产阶级——"所经营的，都是小生产的经济";

半无产阶级——"所经营的，都是更细小的小生产的经济";

无产阶级——"其中很大一个数量是在外资产业的奴役下"，"是中国新的生产力的代表者"。

这里，毛泽东指出了近代中国有五个等级的六大阶级，其次序是按各个社会集团在生产关系中占有生产资料的多少来排列的；所采用的分析方法及其术语，基本上都是马克思主义的。唯有在"无产阶级"中论及"农村无产阶级"时，用的是类比的方法，不很准确。但毛泽东特地指明这里所说的农村无产阶级不是"新式的资本主义的农业"中的雇佣劳动者，而是传统的封建生产关系中的雇工，而且在农民运动中和贫农处于同一紧要的地位，即严格地说，"农村无产阶级"不等于资本主义生产关系中产生的代表先进生产力的无产阶级。

第二，阶层分析方法。

由于中国社会的特殊性和复杂性，更由于中国革命的需要，毛泽东在《中国社会各阶级的分析》中，把马克思主义的阶级区分方法同社会学的阶层划分方法结合起来，即在阶级里面再划分阶层，从而使人们能够立体地、动态地看到阶级内部的阶层构成以及阶层流变状况。这是建立在阶级要素分析基础之上的内部结构分析。

阶层是一个复杂的问题。世界上各种社会分层的理论，没有统一的标准。有的主张以人们在社会分工中的地位来划分阶层，有的主张多元化的分层方法，如按财富、声望、权力等作为划分阶层的标准，等等。在西方和苏联、东欧国家有些学者甚至主张，用社会分层理论来取代马克思主义的阶级分析方法。比如南斯拉夫学者米·波波维奇在《社会结构问题》（1974年）一书中提出："人们在社会上不是按照他们的所有权关系来划分，而是主要按照他们在社会分工中的地位来划分。社会结构中的'上层'与'下层'，不再是有产阶级与无产阶级，而是那些有政治和经济权力去作出决定的人，以及那些从整体上说必须在生产过程中或在一些其他工作岗位上履行决定的人。"南斯拉夫学者据此提出，全社会有四个阶层，即领导阶层、知识分子阶层、直接生产者阶层和私有者阶层。

毛泽东的阶层分析方法，从总体上说，属于马克思主义的阶级分析方法范围之内。他不是用阶层去取代阶级，而是在阶级内划分阶层，即首先是考虑各个社会集团在生产关系中占有生产资料的状况，然后再在其中分层。同时，在分层的问题上，主要考虑经济状况，包括财富多寡和生活条件，同时考虑政治态度。这在小资产阶级的分析中，表现得最为充分。他说："小资产阶级内的各阶层虽然同处在小资产阶级经济地位，但有三个不同的部分。""第一部分是有余钱剩米的，即用其体力或脑力劳动所得，除自给外，每年有余剩。""这种人胆子小，他们怕官，也有点怕革命。""这一部分人在小资产阶级中占少数，是小资产阶级的右翼。"第二部分是在经济上大体上可以自给的。这部分人对于革命"取了中立的态度，但是绝不反对革命。""这一部分人数甚多，大概占小资产阶级的一半。""第三部分是生活下降的。""这种人在革命运动中颇要紧，是一个数量不小的群众，是小资产阶级的左翼。"① 后来在土地改革中，在中农中区分富裕中农、中农和下中农，即由此而来。除此以外，毛泽东在革命发展的不同阶段，对大地主大资产阶级和民族资产阶级也做过阶层分析，从而为党制定正确的策略路线提供了科学的依据。

但我们也注意到，毛泽东的阶层分析方法应用时有很大的灵活性，缺少必要的规范，在不同的阶级中常常用不同的分层标准，而且没有像区分阶级那样上升到理论上来加以阐述。这不能不说是一个不足。

第三，敌我分析方法。

毛泽东不是书斋式的理论家，而是实践中的理论家。他的一切研究都是为了实践。为了指导革命的实践，他在分析国情时注重分析阶级状况，在分析阶级状况时又注重分析敌我友。正如他所言：

谁是我们的敌人？谁是我们的朋友？分不清敌人与朋友，必不

---

① 《毛泽东选集》第1卷，第5—6页，人民出版社，1991。

是个革命分子。要分清敌人与朋友，却并不容易。中国革命亘三十年而成效甚少，并不是目的错，完全是策略错。所谓策略错，就是不能团结真正的朋友，以攻击真正的敌人。所以不能如此，乃是未分清谁是敌人谁是朋友。①

这里把革命过程中的各个阶级一分为三："敌人"、"我们"和"朋友"。这种分析方法为敌我友分析法，也可以简称为敌我分析方法，因为"我们"与"朋友"，归根到底都是同"敌人"对立的一方。而区分敌我友，目的就是为了给制定正确的策略——团结真正的朋友，以攻击真正的敌人，提供科学的依据。

毛泽东提出策略问题，是因为"中国革命亘三十年而成效甚少"。这是孙中山的一个沉痛的教训。1924 年 1 月孙中山在广州宴请国民党一大代表时曾经心情沉重地说过：20 年来，党员总是阻挠我革命，总是丢掉民生主义。跟随我的很多，但总是想打他自己的主意。毛泽东认为，伟大的民主革命先行者孙中山领导革命成效甚少，原因即在于他没有能分清真假朋友。在辛亥革命中，孙中山甚至把袁世凯当做朋友，1912 年秋同袁世凯交谈后认为袁"绝无可疑之余地"，把总统的职位让给了袁，然后自己去搞实业以振兴中华，受了袁世凯的欺骗。孙中山逝世后国民党内部的分裂，同国民党内混入了一批伪装革命的假三民主义者，有直接的关系。

毛泽东提出策略问题，不仅仅是鉴于历史的教训，更是因为当时以国共党内合作形式建立的革命统一战线，出现了极为复杂的情况。1925 年 11 月 23 日，国民党内的右派势力在北京西山碧云寺召开所谓国民党一届四中全会，通过了反苏、反共、反对国共合作的反动决议案，并在上海另立国民党中央，革命形势岌岌可危。而许多人，包括中国共产党内的一些领导人和共产国际代表，对形势的严峻性仍未有足够的认识。正是在这种背景下，毛泽东提出了要区分敌人与朋友，制定正确的策略

① 毛泽东：《中国社会各阶级的分析》。载 1925 年 12 月 1 日《革命》。

这一重大问题。

毛泽东在这里提出的敌我分析方法，从总体上来说，属于马克思主义的阶级分析范畴之内，但敌我分析与阶级分析又有重大的差别。

第一，敌我分析是建立在阶级分析基础上的一种价值分析。阶级是一个经济范畴，阶级分析是对各个社会集团的经济特点及其在生产关系中所处的地位作一个客观的事实判断。而"敌我友"主要是一个政治范畴，敌我分析固然也是以事实为基础的，但区分敌我友的标准不仅有经济标准，还有政治标准，如同毛泽东说的"要分辨那真正的敌友，不可不将中国社会各阶级的经济地位，阶级性，人数，及其对于革命的态度，作一个大概的分析"①。"对于革命的态度"问题，是反映主体的政治利益和政治要求的价值问题。其分析顺序是：先以事实为根据，以经济地位为标准，进行阶级分析，然后看各个阶级对革命的态度，搞清他们各自的政治价值观，以决定谁是我们的敌人，谁是我们的朋友。

第二，敌我分析是以阶级分析为前提的整体结构分析。阶级分析主要是分析各个阶级的特点，同时也分析阶级之间的关系，但主要是分析对应的阶级之间的关系，比如，无产阶级与资产阶级、农民与地主阶级之间的关系。而敌我分析则要对各个阶级归类，揭示类与类之间的关系。因为，无论是"敌人"，还是"朋友"，都是一种阶级的集合，而不是一个个阶级。敌我分析的顺序，是在经济和政治双重标准下，分析有相近政治态度的阶级之间的联系，比如把大地主大资产阶级归入"敌人"范畴，把无产阶级、农民阶级、城市小资产阶级和民族资产阶级归入"朋友"范畴之中，然后分析"我们"与"朋友"的关系，以及"我们"、"朋友"与"敌人"的关系，形成对革命中全部社会集团的整体的结构分析。在《中国社会各阶级的分析》中，毛泽东敌我分析的结论，就是一个关于中国社会阶级的完整的结构：

---

① 毛泽东：《中国社会各阶级的分析》，载 1925 年 12 月 1 日《革命》。在《毛泽东选集》（第 1 卷第 3 页，人民出版社，1991）中，此段论述更为简明："我们要分辨真正的敌友，不可不将中国社会各阶级的经济地位及其对于革命的态度，作一个大概的分析。"

　　一切勾结帝国主义的军阀、官僚、买办阶级、大地主、反动知识界即所谓中国大资产阶级乃是我们的敌人，乃是我们真正的敌人。一切小资产阶级、半无产阶级、无产阶级乃是我们的朋友，乃是我们真正的朋友。那动摇不定的中产阶级，其右翼应该把它当做我们的敌人——即现时非敌人也去敌人不远；其左翼可以把它当做我们的朋友——但不是真正的朋友，我们要时时提防它，不要让它扰乱了我们的阵线。①

　　第三，敌我分析是以阶级分析为基础的历史的动态分析。敌我关系作为一种政治关系，属于历史范畴的相互关系，必定因历史的发展而不断地变化着。比如土地革命时期国共两党是你死我活的敌人，在抗日战争中成了盟友。阶级仍是那些阶级，敌人与朋友的区分则要随历史的发展、政治形势的变化而变化。这也是敌我分析不同于阶级分析的一个特点，也即价值分析的特点。这是一种历史的动态的分析方法。

　　综上所述，毛泽东的阶级分析，归根到底，就是为了区分敌我友，即在各个历史时期里，根据不同的政治要求（主体的价值取向），搞清中国社会的阶级结构特点，为党制定赢得革命胜利的策略路线。

二　领导阶级

　　在阶级结构分析中，党和毛泽东碰到的一大难题是：民主革命的领导阶级是谁？

　　中共二大通过的最低纲领，把"消除内乱，打倒军阀，建设国内和平"，"推翻国际帝国主义的压迫，达到中华民族完全独立"，"统一中国本部（东三省在内）为真正民主共和国"，作为自己的奋斗目标，标志着党的第一阶段的任务是要进行民主革命。为此，在共产国际的影响和推动下，1923 年 6 月在广州召开的中共三大以及三大以前召开的西湖会议，

---

　　①　毛泽东：《中国社会各阶级的分析》。载 1925 年 12 月 1 日《革命》。

决定与国民党合作，组成反帝反封建的统一战线；并且决定国共合作采取共产党员以个人身份加入国民党的"党内合作"的形式来实现。这就提出了一个全新的问题：在国共合作进行反帝反封建的民主革命中，谁是革命的领导阶级？

中共三大召开前，共产国际在《给中国共产党第三次代表大会的指示》（1923 年 5 月 24 日）中，明确提出在国民革命中，"毫无疑问，领导权应当归于工人阶级的政党"。但是此件直至三大结束一个月之际（7 月 18 日）才收到。而三大在共产国际代表马林"一切工作归国民党"的思想影响下，通过的宣言强调"中国国民党应该是国民革命之中心势力，更应该立在国民革命之领袖地位"。

中共三大后，党在建立国共合作的统一战线工作中，取得了巨大的进展。同时，无产阶级及其政党在国民革命中的领导权问题，也更直接地提了出来。陈独秀在《中国国民革命与社会各阶级》（1923 年 12 月 1 日）一文中，认为"殖民地半殖民地的各社会阶级固然一体幼稚，然而资产阶级力量究竟比农民集中，比工人雄厚"，"国民革命的胜利，自然是资产阶级的胜利"，"自然是资产阶级握得政权"。邓中夏针锋相对地在《中国青年》上发表《论工人运动》（1923 年 12 月 15 日）一文，指出"中国欲图革命之成功，在目前固应联合各阶级一致的起来作国民革命，然最重要的主力军，不论现在或将来，总当推工人的群众居首位"。1925 年 1 月在上海召开的中共四大认真地研究了这一问题，第一次明确地提出："中国民族革命运动，必须最革命的无产阶级有力的参加，并且取得领导地位，才能够得到胜利。"

中国共产党对国民革命中领导权问题的认识过程，反映了幼年时期党的成长和成熟过程的特点。毛泽东在这一问题上的认识，也经历了这样一个从不成熟到比较成熟的过程。

国内学者常讲毛泽东在这个问题的认识，一开始就是正确的。而国外学者，如美国著名学者斯图尔特·施拉姆，则认为毛泽东在 1923 年是支持陈独秀的右倾观点的。我们认为，在中共三大召开后的一段时间里，毛泽东对于国民革命中领导权问题的认识，是不成熟的，但不是支持陈

独秀的右倾观点，而是执行了党的决议。这主要是因为，1923 年 6 月 12
日至 20 日中共三大召开期间，发生了北京政变。上海各马路商界总联合
会于 6 月 14 日发表宣言，主张召集国民会议解决国是。接着，上海总商
会又于 6 月 23 日经会员大会议决，发表对全国国民的宣言。宣言说：
"用敢掬诚宣告中外，自本月十四日起，所有曹锟高凌蔚等因僭窃政权对
内对外种种行为，凡我国民概不承认其有代表国家资格。除通电各省军
民长官请各自维持其境内之治安的维持现状外，其善后建设事宜，谨当
与全国国民共谋解决。"同时，上海总商会议决否认"不能代表民意"的
国会，并组织一个民治委员会为解决国是的机关。毛泽东闻讯后，十分
激动，于 7 月 11 日在《向导周报》第 32 期上发表了《北京政变与商人》
一文，劈头就说："这次政变发生，惊醒了老不注意政治的商人忽然抬
起头来注意政治，这是何等可喜的一个消息"，"上海各马路商联会和
上海总商会这次举动，总算是商人出来干预政治的第一声，总算是商
人们三年不鸣一鸣惊人的表示！"在这篇文章中，毛泽东提出了三个
思想：

第一，建立国民革命联合战线的思想。他说："中国现在的政治问
题，不是别的问题，是简单一个国民革命问题；用国民的力打倒军阀并
打倒和军阀狼狈为奸的外国帝国主义，这是中国国民历史的使命。""革
命的大业不是容易的事，在向来外力、军阀两重压迫革命的中国环境里
更不是容易的事，惟有号召全国商人、工人、农人、学生、教职员乃至
各种各色凡属同受压迫的国民，建立严密的联合战线，这个革命才可以
成功。"

第二，希望商人领导全国国民的思想。他说："这个革命是国民全体
的任务，全国国民中商人、工人、农人、学生、教职员，都同样应该挺
身出来担负一部分革命的工作；但因历史的必然和目前事实的指示，商
人在国民革命中应该担负的工作较之其他国民所应该担负的工作，尤为
迫切而重要。""商人的团结越广，声势越壮，领袖全国国民的力量就越
大，革命的成功也就越快！"

第三，希望商人克服妥协的思想。他"警告"商人们：要建立严密

的联合战线，实践总商会"全国国民解决"的宣言，"不要再蹈从前商教联合会拒绝工人加入的覆辙"；要努力向前，不达目的不止，"切不可稍遇阻力就停止不进，或更走向和外力、军阀妥协的错路上去"。①

当时，毛泽东是党中央执行委员会秘书，他提出的这三个思想都是中共三大通过的《关于国民运动及国民党问题的决议案》中的思想。其中第三个思想，比《决议案》更鲜明地指出了资产阶级有一种"妥协"的倾向，是正确的。但第二个思想，希望资产阶级来"领袖"全国国民，显然是一种不成熟的思想，对资产阶级估价过高。即使如此，它同陈独秀当时提出的"一切工作归国民党"的主张及其后不久提出的轻视工人力量、无视资产阶级妥协倾向的右倾观点，也有不同。

中共四大明确提出无产阶级在国民革命中的领导权问题以后，不久，1925 年 3 月 12 日孙中山逝世，国共两党关系急剧走向复杂化，领导权问题也更严峻地提了出来。1925 年夏，在意识形态战线，戴季陶连续发表了《孙文主义之哲学的基础》、《国民革命与中国国民党》等小册子和一系列谈话，强调国民革命只能由国民党独自领导，而国民党应组成为一个单纯的团体，中国政治要完全掌握在信奉三民主义的中国青年手里。1925 年 11 月，国民党右派另立中央，通过取消共产党员在国民党中的党籍等反动决议。而在共产党方面，陈独秀鉴于共产国际的态度则取右倾妥协的政策。

在这个关键的时刻，毛泽东在国情分析过程中，突出地抓住了阶级结构问题，研究了中国社会各阶级的特点及其在革命中的相互关系，强调了无产阶级是革命的领导阶级。在毛泽东提出这一问题之前，邓中夏已在《中国工人》上发表了《我们的力量》（1924 年 11 月）一文，指出"工人群众不论在国民革命或社会革命中都占在主力军的地位"，"中国将来的社会革命的领袖固是无产阶级，就是目前的国民革命的领袖亦是无产阶级"。这个观点同他在《论工人运动》（1923 年）一文中的观点是一致的。毛泽东的观点，则是 1923 年 7 月希望商人"领袖"全国国民的观

---

① 毛泽东：《北京政变与商人》（1923 年 2 月 11 日）。载《向导周报》，1923 年第 32 期。

点的一个转变。在《中国社会各阶级的分析》中，毛泽东在分析无产阶级的特点时，说：

> 工业无产阶级人数虽不多，却做了民族革命运动的主力。①

这个"主力"在正式出版《毛泽东选集》时被修改为"领导力量"，更精确了。有人据此认为，毛泽东到1925年底尚未形成无产阶级是民主革命领导阶级的思想。这种质疑，是不正确的。在党的幼年时期，许多用语都没有规范化。当时讲的"主力"，不是后来所说的农民是"主力军"的"主力"，而是领导力量的意思。前引邓中夏的话中，"主力军"与"领袖"两个概念是并用的；毛泽东著作在对各个阶级进行分析时，"主力"是最高的评价语，亦即在所有被分析的各个阶级中无产阶级在革命中居于最高的地位。所以我们不能望文生义，不顾当时的实际情况，用后来人们对一些概念的理解去给当时的说法下妄断。

值得注意的是，毛泽东凡是在实践中，经不成熟而逐步成熟的思想观点，一旦确立之后就十分坚定，就再也没有改变过。在《国民革命与农民运动——〈农民问题丛刊〉序》(1926年9月1日)一文中，他十分明确地说过：

> 故我总觉得都市的工人、学生、中小商人应该起来猛击买办阶级，并直接对付帝国主义，进步的工人阶级尤其是一切革命阶级的领导，然若无农民从乡村奋起打倒宗法封建的地主阶级之特权，则军阀与帝国主义势力总不会根本倒塌。②

因此，我们说，认识到无产阶级是民主革命的领导力量，是毛泽东在国情分析中，进行阶级结构分析获得的重要成果。

---

① 毛泽东：《中国社会各阶级的分析》。载1925年12月1日《革命》。
② 毛泽东：《国民革命与农民运动——〈农民问题丛刊〉序》，1926年9月1日。

三　同盟军

毛泽东调查国情、分析阶级结构的主要目的是什么？根据毛泽东自己对《中国社会各阶级的分析》所做的题注，是为了寻找革命的同盟军。其结论如下。

（一）农民是中国无产阶级可靠的同盟军。

在中共三大讨论国共合作问题时，陈独秀倾心于依靠国民党来完成国民革命的任务。1923年的工人罢工大潮遭到军阀吴佩孚镇压，二七惨案后工人运动由高潮走向低潮，这种形势使党意识到单靠工人阶级的力量是难以打倒帝国主义和军阀的，需要寻找工人阶级的同盟力量。陈独秀断言，中国民主革命的主体，不是无产阶级，而是资产阶级，无产阶级首先应该支持资产阶级革命成功。① 因此党要改变以前不切实际的政策，同国民党进行合作，一切工作归国民党。② 与此对立的意见以张国焘为代表，强调劳工运动独立性，反对工人阶级在国民党的旗帜下参加民族革命。这两种对立的意见，有一个共同的特点，即都忽视了农民的力量及其在革命中的作用。

这不是说党完全无视农民的作用，在中共一大、二大和三大都有关于农民问题的一些论述。但从实践看，除了彭湃在广东海丰及其附近地区大力发展农民运动外，全党的工作重点，先是侧重于工人运动，后又侧重于同资产阶级合作，并没有认识到农民的作用。

直到国共合作以后，才开始注意农民问题。一方面，共产国际在迟到的《给中国共产党第三次代表大会的指示》中已明确要求"在中国进行民族革命和建立反帝战线之际，必须同时进行反对封建主义残余的农民土地革命"，指出"只有把中国人民的基本群众，即占有小块土地的农民吸引到运动中来，中国革命才能取得胜利"，因此"全部政策的中心问

---

① 陈独秀：《资产阶级的革命与革命的资产阶级》（1923年4月25日）。载《向导周报》第22期。

② 《陈独秀在中国共产党第三次全国代表大会的报告》。载《党史研究》，1980年第2期。

题乃是农民问题"。这个十分重要的指示虽然没有对中共三大产生影响，但对国共合作后工农运动的发展起了积极的作用。另一方面，在 1924 年 1 月国共合作的中国国民党第一次全国代表大会通过的宣言中，已经在重新解释三民主义时赋予了解决农民土地问题的政策和纲领。在这种背景下，1924 年 5 月中共中央执行委员会第一次扩大执委会提出，中央要注意全国范围的农民问题，地方党组织要注意地方范围的农民问题；要重视农民协会和武装农民以及规定最高限度的土地租额等政策性问题。7 月，经中国共产党提议，国民党农民部创办了农民运动讲习所，并由著名的"农运大王"彭湃主持第一届农民运动讲习所的工作。这些举措标志着中国共产党已将农民问题作为全局性问题提上了议事日程，而且很快就在广东、湖南等地形成了轰轰烈烈的农民运动高潮。

毛泽东起初并没有意识到农民在革命中的中心地位和作用。党建立之初主要精力用于工人运动。中共三大后，主要工作是参与国共合作。中共四大确立无产阶级要在国民革命中掌握领导权的思想后，毛泽东在 1925 年 2 月至 8 月回湖南家乡养病期间，总结实践中的经验教训，开始深入思考谁是无产阶级最合适、最可靠的同盟军这一带有战略性的重大问题。他曾这样说过自己思想转变的过程：

> 以前我没有充分认识农村里阶级斗争的程度，但是，在一九二五年"五卅"惨案以后，以及在继之而起的政治运动的巨浪中，湖南农民变得非常有战斗性。我离开了我在休养的家，发动了一个把农村组织起来的运动。在几个月之内，我们就组织了二十多个农民协会，这激起了地主的愤怒。他们要求把我抓起来。赵恒惕派军队来逮捕我，于是我逃到广州。①

显然，促使毛泽东思想转变的动因，一是五卅运动的失败。继二七大罢工失败以后的五卅惨案，证明中国革命中，无产阶级虽然是最先进的阶

---

① 《毛泽东自述》，第 44 页，人民出版社，1993。

级，是革命的领导力量，但由于力量单薄，需要强大的同盟军。二是自国共合作以来逐渐发展起来的农民运动，及其所产生的强大的战斗力，证明了农民是一个绝不可忽视的重要力量。因此，到广州以后，毛泽东在1925年11月21日回答少年中国学会改组委员会提出的问题时，明确地表示自己"现在注重研究中国农民问题"。

以后，毛泽东在实践中，主办了第六届广州农民运动讲习所和武昌农民运动讲习所，考察了湖南农民运动；在理论上，发表了《中国社会各阶级的分析》《国民革命与农民运动——〈农民问题丛刊〉序》《湖南农民运动考察报告》等著作，并在农民运动讲习所中系统地讲授了中国农民问题，深入、细致地研究和解决了中国革命的同盟军的理论问题。

第一，农民问题是国民革命的中心问题。

对于农民问题在中国革命中的地位，尽管共产国际在给中共三大的指示中，已经指出中国革命"全部政策的中心问题乃是农民问题"，但中国共产党对这一指示的认识是不深刻的。实际上，长期来都没有把它摆到"中心"的地位上来研究和决策。毛泽东通过对国情的初步分析，尤其经过自己的亲身实践，感受到了农民问题的重要性。在《国民革命与农民运动——〈农民问题丛刊〉序》（1926年9月1日）中，开篇就提出：

农民问题乃国民革命的中心问题；农民不起来参加并拥护国民革命，国民革命不会成功；农民运动不赶速地做起来，农民问题不会解决；农民问题不在现在的革命运动中得到相当的解决，农民不会拥护这个革命。——这些道理，一直到现在，即使在革命党里面，还有许多人不明白。他们不明白经济落后之半殖民地革命最大的对象是乡村宗法封建阶级（地主阶级）。经济落后之半殖民地，外而帝国主义内而统治阶级，对于其地压迫榨取的对象主要是农民，求所以实现其压迫与榨取，则全靠那封建地主阶级给他们以死力的拥护，否则无法行其压榨。所以经济落后之半殖民地的农村封建阶级，乃其国内统治阶级国外帝国主义之唯一坚实的基础，不动摇这个基础，便万万不能动摇这个基础的上层建筑物。中国的军阀只是这些乡村封建阶级的首领，说要打倒军阀而不要打倒乡村的封建阶级，岂非不知道轻重本末？……因此，乃知中国革命的形势只是这样：不是帝国主义军阀的基础——土豪劣绅、贪官污吏镇压住人民，便是革命势力的基础——农民起来镇压住土豪劣绅、贪官污吏。中国革命只有这一种形式，没有第二种形式。……因此，乃知所谓国民革命运动，其大部分即是农民运动。[①]

这一论述的可贵之处在于，毛泽东依据历史唯物主义的基本原理，透过帝国主义、军阀统治这一现象，指出中国政治的本质在于帝国主义、军阀统治的上层建筑，坚实的基础是乡村封建阶级；因此在半殖民地半封建的中国，民主革命的最大对象是乡村封建阶级；而要动摇这一深厚的、坚实的基础，必须动员最广大的农民参加到国民革命中来。所以，他后来在《湖南农民运动考察报告》（1927 年 3 月）中说："宗法封建性的土豪劣绅，不法地主阶级，是几千年专制政治的基础，帝国主义、军阀、贪官污吏的墙脚。打翻这个封建势力，乃是国民革命的真正目标。"而"农民的主要攻击目标是土豪劣绅，不法地主，旁及各种宗法的思想和制度，城里的贪官污吏，乡村的恶劣习惯"。所以，"国民革命需要一个大的农村变动"。[②]

在广州农民运动讲习所，毛泽东在系统地讲授中国农民问题时，第一个问题讲的就是农民问题在国民革命中的地位。其最后结论是：国民革命的目标，是要解决工农商学兵的各阶级问题；设不能解决农民问题，则各阶级问题也无由解决。故国民革命的大部是解决农民问题，其余问题皆不如农民问题重要。可以说，中国国民革命是农民革命。

在土地革命战争时期形成的这一观点，是毛泽东思想的一个基本观点。比如在《新民主主义论》（1940 年 1 月）中，他仍然坚持"中国的革

① 毛泽东：《国民革命与农民运动——〈农民问题丛刊〉序》，1926 年 9 月 1 日。
② 《毛泽东选集》第 1 卷，第 15、14 页，人民出版社，1991。

命实质上是农民革命"，"农民问题，就成了中国革命的基本问题"。① 而且，在以后的论述中，对这一问题的论述和分析，显得更成熟、更深刻。因为，光是说乡村封建阶级是帝国主义、军阀统治的经济基础，而乡村封建阶级的对立面是农民，所以只有农民起来了才能完成国民革命的任务，是不够的。农民固然在封建阶级的剥削、压迫下，会产生一种对于封建阶级的反抗力，但这不等于农民能够铲除封建主义的经济基础。历史上的农民起义和农民战争，尽管上演了一场又一场轰轰烈烈的活剧，都没有达到这一目的。这是由农民自身的经济基础——小生产的狭隘性、落后性所决定了的。在《中国革命和中国共产党》中，毛泽东对此有科学的分析，强调只有在有了"新的生产力和新的生产关系"、"新的阶级力量"、"先进的政党"以后，农民获得了无产阶级和共产党的正确领导之后，才能真正铲除封建的经济关系和封建的政治制度。② 因此，仅是注意到农民是小生产的代表，而不去发动农民参加国民革命，是脱离中国实际的错误观点，陈独秀和张国焘当时的错误即在于此。注意到农民是革命的力量，还要注意到其落后性，坚持无产阶级对农民的教育、引导和组织，才能真正使农民问题成为中国革命的中心问题或基本问题，毛泽东就是这样认识和实践的。

第二，乡村中一向苦战奋斗的主要力量是贫农。

农民问题，是一个具体而又复杂的问题。在《中国社会各阶级的分析》中，毛泽东没有笼统地把农民看作是一个阶级，而是依据他们中生产资料的占有状况，把"自耕农"列入小资产阶级，把"绝大部分半自耕农"和"贫农"列入半无产阶级，把雇农视作农村无产阶级。这里的"自耕农""半自耕农"和"贫农""雇农"的提法，是当时的常用概念，只能视作一定的社会集团的一种符号，并非是准确的科学概念。在《湖南农民运动考察报告》中，对农民的阶级分析和分类就比较正确了，认为"农民中有富农、中农、贫农三种。三种状况不同，对于革命的观感

---

①② 《毛泽东选集》第2卷，第692、625页，人民出版社，1991。

也各别"①。这里，最主要的变化，是增加了"富农"。以后，就基本上采
用了这样的分类。

　　在考察湖南农民运动的过程中，毛泽东提出了一个极其重要的观点：
"乡村中一向苦战奋斗的主要力量是贫农。从秘密时期到公开时期，贫农
都在那里积极奋斗。他们最听共产党的领导。"②经过对贫农的生产资料
占有状况和生活条件、人口比重的分析，以及对于他们在革命中表现的
考察，毛泽东说：

　　　　这个贫农大群众，合共占乡村人口百分之七十，乃是农民协会
　　的中坚，打倒封建势力的先锋，成就那多年未曾成就的革命大业的
　　元勋。没有贫农阶级（照绅士的话说，没有"痞子"），决不能造成
　　现时乡村的革命状态，决不能打倒土豪劣绅，完成民主革命。③

这是毛泽东依据客观实际，对中国农村阶级结构进行科学分析而获得的
一个极其重要的结论。它为从哪里寻找无产阶级的同盟军，指明了正确
的方向。

　　与此同时，对于中农的分析，也是极其重要的。在《中国社会各阶
级的分析》中所说的"自耕农"，即是中农。毛泽东依据他们的经济地位
及其对于革命的态度，一分为三，指出其中的绝大多数可以在革命潮流
高涨时参加革命。后来在井冈山斗争中，进一步研究了"中间阶级"的
问题，对中农的利益要求和阶级特点有了更深的认识。这对于解决中国
革命中的同盟军问题，也起了重要的作用。

　　所以，后来在《中国革命和中国共产党》中，指出："农民这个名称
所包括的内容，主要地是指贫农和中农。"④

　　第三，贫农问题的中心问题是土地问题。

　　在对中国国情的分析中，当我们认识到国民革命的中心问题是农民

---

　　①②③　《毛泽东选集》第 1 卷，第 19、20、21 页，人民出版社，1991。

　　④　《毛泽东选集》第 2 卷，第 644 页，人民出版社，1991。

问题，农民问题的重点是贫农问题的时候，人们势必会提出什么叫"农民问题"、什么叫"贫农问题"这样一些基本的问题。

在《国民革命与农民运动》中，他认为"农民问题本来包括两个方面的问题：即帝国主义、军阀、地主阶级等人为压迫问题，水旱天灾、病害虫害、技术拙劣、生产缩减等天然的压迫问题"，并且指出前一个问题是目前革命阶段的紧急问题。后来经过进一步的调查研究，毛泽东对"农民问题"，主要是这里所讲的"人为压迫问题"，做了具体分析，认为农民问题包括十二个问题：（1）土地问题；（2）地租问题；（3）田赋问题；（4）高利贷问题；（5）苛税问题；（6）苛捐问题；（7）昂贵的工业品与低廉的农产品；（8）天灾问题；（9）资本匮乏；（10）政治问题；（11）文化问题；（12）失业问题。其中，土地问题是全部问题之首要问题。因为这是生产资料所有制的问题，其他问题大多属于分配和流通方面的问题，所有制问题是决定生产、分配、流通和消费问题的基础性问题、实质性问题。因此可以说，农民问题的实质是土地问题。

由于农民主要是指贫农，土地问题实际上就是贫农的问题。毛泽东在大革命时期已经十分深刻地指出：贫农问题的中心问题，就是一个土地问题。后来在井冈山斗争时期，毛泽东调查了湘赣边界的土地状况，大体说来60％以上的土地在地主手里，40％以下的土地在农民手里。无地或少地的贫农，只得租种地主的土地。他们把全年收获量的一半以上作为地租缴给地主，还要无偿地为地主服各种劳役。

搞清这一问题的意义有三：其一，在理论认识上，搞清了所谓封建阶级是反动政治上层建筑的坚实基础，根子即在土地制度上；其二，在革命战略上，使人们认识到了民主革命的工作重点，应该是到农村去领导土地革命；其三，在革命策略上，使人们认识到了只有把土地从封建地主阶级那里剥夺过来，分配给广大贫农，才能把广大贫农进而把中农吸收到革命中来，使之成为无产阶级的同盟军。党中央在大革命失败后，决定开展土地革命；毛泽东在秋收起义失败后，能够决定上井冈山去；在井冈山斗争中，红军能够站住脚跟，党能够建立红色政权，并走出一条农村包围城市的道路来，重要的理论依据即在于此。

第四，农民的力量是中国革命的主要力量。

经过上述系统的分析，毛泽东找到了农民（主要是贫雇农）这一同盟军，并且认为他们是中国革命的主力军、主要力量。其思路和依据是：

其一，农民人数众多。毛泽东寻找同盟军的出发点之一，即是因为工人阶级人数太少，尽管他们很先进，很有战斗力，但像二七大罢工与五卅运动这样轰轰烈烈的斗争，都因力量不足而告失败，因此数量众多的农民成为他关注的重点。1926 年 6 月在农民运动讲习所讲授《中国农民问题》时，毛泽东专门论述了这一问题。根据当时学生的听课笔记，他说：倘若国民革命以工人阶级为主力军，则仅占人口二百万，现在组织起来的只有成十万，工人的大炮不过如此，而农民的大炮则甚多，能够将帝国主义、军阀打倒。

其二，农民是革命的动力。农民人数众多，能不能参加革命呢？经过阶级分析，毛泽东首先认识到贫农是农村中的半无产阶级，是无产阶级的天然的和最可靠的同盟者，因而是中国革命的最广大的动力，是中国革命队伍的主力军。对于中农，起初认为其绝大部分能参加革命，后来逐渐认识到"全部中农都可以成为无产阶级的可靠的同盟者，是重要的革命动力的一部分"，并且从实践中认识到"中农态度的向背是决定革命胜负的一个因素"。[①] 至于富农，尽管属于剥削阶级行列，但毛泽东经过长期研究，最后认为他们好比是"农村的资产阶级"，因此同地主阶级有区别，在反帝斗争中可能参加一分力量，在反封建斗争中也可能保持中立。因此，以贫农为主体的农民是革命的动力。如同毛泽东在《新民主主义论》中所说的："农民的力量，是中国革命的主要力量。"[②]

其三，中国共产党能够领导农民。在农民运动中，毛泽东已经注意到农民，尤其是贫农，能够接受共产党的领导。这也是农民能否成为同盟军、主力军的一个重要条件。在《论联合政府》中，毛泽东十分精辟地指出："中国没有单独代表农民的政党，民族资产阶级的政党没有坚决的土地纲领，因此，只有制订和执行了坚决的土地纲领、为农民利益而

①②　《毛泽东选集》第 2 卷，第 643、692 页，人民出版社，1991。

认真奋斗、因而获得最广大农民群众作为自己伟大同盟军的中国共产党，成了农民和一切革命民主派的领导者。"①

找到农民同盟军，是毛泽东对中国革命的一大贡献，是马克思主义在中国条件下的应用和发展。国内曾有人据此责难毛泽东是"农民主义者"；国际上也有学者据此认为毛泽东是马克思主义的"异端"。其原因，一是不懂中国国情。在中国，不依靠广大贫农，不团结广大中农，不争取富农，无产阶级难以获得革命的成功，仍将在黑暗中苦斗。二是不懂马克思主义，尤其是不懂列宁主义。马克思在巴黎公社失败后，已经注意到工农联盟的重要性；列宁更是自觉地把工农联盟问题作为无产阶级革命和无产阶级专政的基础提出来，并且告诫像中国这样的殖民地半殖民地国家，要特别重视农民问题。三是不懂得毛泽东的战略和策略。毛泽东在找到农民这个同盟军的时候，固然要代表农民的利益，为农民服务，但这一切归根到底都得服从无产阶级的战略利益，"同盟军"与"领导力量"的差别和联系即在于此。因此，决不能因为毛泽东在革命中强调农民问题，制定并实施了一系列符合农民利益的政策，就认为毛泽东是"农民主义者"或马克思主义的"异端"。

（二）民族资产阶级是中国无产阶级可能的同盟力量。

在寻找革命同盟军的过程中，毛泽东另一个贡献即科学地分析了中国的资产阶级的状况和特点。

首先，在资产阶级中区分了买办资产阶级与民族资产阶级两个部分。

资产阶级是同以工业大生产为基础的雇佣劳动生产关系相联系的阶级。相对于封建生产关系的代表地主阶级，它是一个先进的阶级。毛泽东在国情分析中，尤其是阶级结构分析中，注意到中国的资产阶级有一种非常特殊的情况。这就是，在中国沦为半殖民地半封建社会的过程中，帝国主义为了侵略的需要，造成了中国的买办制度，造成了中国的官僚资本，其阶级代表即官僚买办资产阶级；同时，帝国主义的侵略刺激了中国的社会经济，造成了中国的民族工业，造成了中国的民族资本，其

---

① 《毛泽东选集》第3卷，第1075页，人民出版社，1991。

阶级代表为民族资产阶级。中国资产阶级有两个部分的特点，既不同于马克思、恩格斯所研究过的欧洲资本主义国家的资产阶级，也不同于列宁研究过的沙皇制度下的俄国资产阶级。

如同对其他国情问题的认识一样，对中国资本主义和资产阶级的认识，中国共产党也经历了一个探索和发展的过程。

中共一大曾经把中国的资产阶级看作是同欧美资本主义国家完全一样的资产阶级，主张无产阶级要"废除资本私有制，没收一切生产资料，如机器、土地、厂房、半成品等，归社会所有"，即把他们看作是中国革命的对象。

根据共产国际的指示精神，中共二大、三大提出了民主革命的最低纲领和社会主义革命的最高纲领，以及同资产阶级建立统一战线等重大的战略决策。在这一转变过程中，中国共产党看到了中国资产阶级同欧美资本主义国家的资产阶级是有区别的，认为他们遭受帝国主义的压迫而不能自由发展经济。毛泽东在 1923 年 7 月写《北京政变与商人》的时候，也认为：

> 我们知道半殖民地的中国政治，是军阀、外力互相勾结钳制全国国民的二重压迫政治，全国国民在这种二重压迫的政治下自然同受很深的痛苦，但是很敏锐很迫切地感觉这种痛苦的还要以商人为最。[1]

这里，一是认定封建军阀和外国帝国主义势力是中国革命的对象，其中尚无买办阶级；二是把整个资产阶级看作是帝国主义、封建主义的压迫对象，没有对上海总商会和上海各马路商界总联合会所代表的资产阶级进行分析。也就是说，当时中国共产党还没有认识到中国还有一种为帝国主义服务的资产阶级。

直到中共四大，我们才提出中国资产阶级有两个部分：一部分是勾结资本帝国主义的"大商买办阶级"，他们是帝国主义的工具，"中国资

---

① 毛泽东：《北京政变与商人》(1923 年 7 月 11 日)。载《向导周报》，1923 年第 2、3 期。

产阶级之反革命派"；一部分是"民族的工业资产阶级"。但中共四大又认为民族资产阶级"还在由买办官僚的资产阶级到民族的工业资产阶级之过渡中"。党的文献表明，党在其幼年时期对资产阶级的认识缺乏历史的连贯性，三大时把资产阶级全看作是帝国主义、封建主义压迫之下的阶级，四大时却说为帝国主义所阻碍的民族资产阶级尚未形成，这是对国情认识不深刻的一个突出表现。

毛泽东的《中国社会各阶级的分析》的理论贡献之一，即明确地划分了资产阶级的两个部分——买办资产阶级和民族资产阶级。尤其是在1927年四一二反革命政变、南京政府建立后，民族资产阶级中一部分人在一段时间内附和了蒋介石国民党，许多人认为买办资产阶级与民族资产阶级已没有区别的时候，毛泽东仍然认为两者有区别，认为"全国工农平民以至资产阶级，依然在反革命统治底下，没有得到丝毫政治上经济上的解放"[①]。这是因为，他始终坚持从经济上，即生产关系上，来划分阶级，不为其一时的政治态度所左右。1935年12月27日，在瓦窑堡党的活动分子会议上，他针对许多人的模糊思想，说过：

> 民族资产阶级同地主阶级、买办阶级不是同一的东西，他们之间是有分别的。民族资产阶级没有地主阶级那样多的封建性，没有买办阶级那样多的买办性。[②]

这种基本的阶级分析，是进行科学的敌我分析的基础。有了中国资产阶级有两部分的分析和判断，就可以根据政治形势的发展变化，把民族资产阶级争取到无产阶级的同盟军的行列中来。

其次，在民族资产阶级中进行了两重性特点的分析。

在《中国社会各阶级的分析》中，毛泽东就已经指出：

> 中产阶级主要是指民族资产阶级，他们对于中国革命具有矛盾

---

①② 《毛泽东选集》第1卷，第47、145页，人民出版社，1991。

的态度：他们在受外资打击、军阀压迫感觉痛苦时，需要革命，赞成反帝国主义反军阀的革命运动；但是当着革命在国内有本国无产阶级的勇猛参加，在国外有国际无产阶级的积极援助，对于其欲达到大资产阶级地位的阶级的发展感觉到威胁时，他们又怀疑革命。……那些中间阶级，必定很快地分化，或者向左跑入革命派，或者向右跑入反革命派，没有他们"独立"的余地。[①]

这个预测，在后来的实践中获得了验证，因而是正确的分析和判断。但是我们也注意到，毛泽东对民族资产阶级两重性的分析，当时主要是从政治上所作的分析，没有提供强有力的根据。在《论反对日本帝国主义的策略》（1935 年 12 月）中，毛泽东对民族资产阶级的两重性，有了更为深刻的分析。他指出：首先，在阶级性上，民族资产阶级既没有突出的封建性和买办性，又对封建主义和帝国主义惧怕，总的特点是"他们一方面不喜欢帝国主义，一方面又怕革命的彻底性，他们在这二者之间动摇着"[②]。"半殖民地的政治和经济的主要特点之一，就是民族资产阶级的软弱性"[③]。其次，在经济根源上，"工人阶级的利益同民族资产阶级的利益也是有冲突的"，但同时民族资产阶级的工商业又受到帝国主义和封建主义的排斥和压迫，"民族资产阶级如果参加反对帝国主义的统一战线，那末，工人阶级和民族资产阶级就有了共同的利害关系"。而且，无产阶级在民主革命时期"并不没收民族资产阶级的工商业，而且还鼓励这些工商业的发展"。"劳资间的斗争是有限度的。"[④]这种利益特点，即民族资产阶级的经济地位特点，决定了他们的阶级特点。最后，在革命态度上，民族资产阶级在一定的条件下，可以成为革命的动力。[⑤]

综合起来，就是毛泽东在《中国革命和中国共产党》中概括的："民族资产阶级是带两重性的阶级。"[⑥] 这种两重性决定了他们在一定时期中

---

① ② ③ ④ ⑤　《毛泽东选集》第 1 卷，第 4、145、147、159、160 页，人民出版社，1991。
⑥　《毛泽东选集》第 2 卷，第 639 页，人民出版社，1991。

和一定程度上能够参加反帝国主义和反官僚军阀政府的革命，他们可以成为革命的一种力量；在另一时期，他们也有跟在买办大资产阶级后面，作为反革命的助手的危险。

毛泽东在寻找革命的同盟军时，提出要对中国的资产阶级进行两个"一分为二"（先从资产阶级中分出买办的与民族的两部分，再对民族资产阶级分析出其两重性），为无产阶级又找到了一个可以争取和团结的革命动力。其目的何在？寻找农民同盟军的目的是为了壮大革命的力量，但民族资产阶级人数很少，为什么也要找来作为同盟军呢？首先，民主革命的性质决定了要联合资产阶级中一切愿意参加革命的力量；其次，多一分力量，不管其人数多少，总有利于革命的发展。但这还不够，还应看到两点：其一，民族资产阶级所经营的资本主义工商业，是近代中国最先进的一部分生产力，争取和团结民族资产阶级就争取和利用了这部分先进的生产力。正如毛泽东在中共七届二中全会上所讲的："中国的私人资本主义工业，占了现代性工业中的第二位，它是一个不可忽视的力量。"[1] 因此不仅在革命中，而且在革命胜利后一个相当长的时期内，都需要"尽可能地利用城乡私人资本主义的积极性，以利于国民经济的向前发展"[2]。换言之，争取和团结民族资产阶级的问题，不仅是由他们的生产关系特点决定的，而且是由中国的生产力发展要求决定的。其二，民族资产阶级人数虽少，但政治影响较大，尤其是其代表人物在社会上都有广泛的联系和较大的知名度。他们的向背，对于一批中间力量，有直接的影响。这是毛泽东和党中央重视统一战线工作，重视做知名人士的工作的根据之所在。

同盟军问题，是国情分析，尤其是阶级结构分析中一个极其复杂而重要的问题，由于毛泽东娴熟地运用历史唯物主义，客观地认识中国的经济政治特点，在农民问题和民族资产阶级问题上有了突破性的进展，从而为制定正确的战略和路线，提供了科学的依据。

---

①②　《毛泽东选集》第 4 卷，第 1431 页，人民出版社，1991。

第三节 主要矛盾

毛泽东的国情分析，不仅注重社会的性质和阶级结构的分析，而且强调要剖析对象的内部矛盾，进行社会主要矛盾的分析。

一 研究方法

以国情为立论的根据，是实事求是哲学思想在制定革命的战略和路线、方针、政策中的运用。从实际出发，在革命实践中，就是要从国情出发。但是，"国情"既是一个国家历史与现实相统一的范畴，又是现实社会矛盾运动特点的集中体现。而且，矛盾是客观事物内部的、深层的存在。因此，在毛泽东那里，从实际出发必须分析事物内在的矛盾，从国情出发必须揭示现实社会内部的具体矛盾。

毛泽东的《矛盾论》，提供了研究国情的基本的方法论。毛泽东在这篇哲学名著中，系统地阐述了矛盾的普遍性与特殊性的关系问题。他强调矛盾无处不在、无时不在，具有范围与过程的普遍性，不仅是为了阐明矛盾是事物发展的内部动力，而且是为了提供一种方法——要善于从事物的表层现象入手，认识其内部的矛盾。如果说毛泽东另一篇哲学名著《实践论》，强调要深入实践，认识对象的全部情况，并使之上升为理性认识，作为人们行动的指南，那么，人们在实践中（包括调查中）获得的一大堆感性材料，如何上升为理性认识呢？《矛盾论》则告诉人们，不能停留在这些感性材料的外部联系上，要深入揭示其内部联系，即它们之间内在的矛盾。毛泽东进一步强调，矛盾的普遍性不是游离于特殊性之外的独立的抽象的东西，它总是寓于矛盾的特殊性之中，因此认识事物内部的矛盾，必须认识其特殊的矛盾或矛盾的特殊性。因为，只有认识了事物内部的矛盾特殊性，才能认清这一事物的特点，即其个性。这一关于矛盾的普遍性与特殊性相统一的方法，是毛泽东研究国情、研究实际情况的基本方法。他能从一大堆感性材料中敏锐地揭示其内部的矛盾以及矛盾的特点，并从矛盾的特殊性中展现其带有普遍意义的矛盾运动发展规律，始终比别人高出一筹，其"秘诀"即在于此。

尤其令人注目的是，在论述"矛盾的特殊性"时，他特地突出了"主要的矛盾和主要的矛盾方面"这一问题的研究。提出这一问题，是因为现实生活中的具体事物往往是由多种矛盾构成的，比较复杂，只有区分其中的主要矛盾与非主要矛盾，才能正确地认识这些复杂事物的性质。因此，毛泽东从理论上提出和解决的这一重大问题，具有鲜明的方法论意义。

> 任何过程如果有多数矛盾存在的话，其中必定有一种是主要的，起着领导的、决定的作用，其他则处于次要和服从的地位。因此，研究任何过程，如果是存在着两个以上矛盾的复杂过程的话，就要用全力找出它的主要矛盾。捉住了这个主要矛盾，一切问题就迎刃而解了。这是马克思研究资本主义社会告诉我们的方法。①

这个方法，曾经被人们广为宣传，广为运用，但也出现了不少简单化、庸俗化的谬误；于是，又有人从另一极端全面否定这一方法，陷入了另一种谬误。其实，在毛泽东那里，抓主要矛盾的方法有许多规定或限定：第一，它主要是一种研究社会的方法。毛泽东从来没有把它简单地套用到一切领域去。第二，认清社会发展过程各个阶段的主要矛盾，主要是为了明确党在各个阶段的中心任务或根本任务，制定正确的政治路线或策略路线，而不是简单地只抓主要矛盾、不抓非主要矛盾。明确重点是为了更好地认识全局，抓好全局，而不是不顾全局、放弃全局。在实际生活中出现的用"重点论"取代"两点论"的做法，同毛泽东抓主要矛盾的方法大相径庭。第三，所谓"任何过程如果有多数矛盾存在的话，其中必定有一种是主要的，起着领导的、决定的作用"，不能理解为主要矛盾只有一对。主要矛盾与非主要矛盾的差别，不在矛盾的数量上，而在矛盾的地位和作用上。第四，主要矛盾是矛盾特殊性中的一种，因而是暂时的、有条件的、相对的，而不是永恒的、无条件的、绝对的。

---

① 《毛泽东选集》第 1 卷，第 322 页，人民出版社，1991。

主要矛盾改变了，社会发展阶段的主要任务也要相应改变，静止的观点、凝固的观点、僵化的观点是形而上学的观点。

在毛泽东思想的科学体系中，认清社会发展各个阶段的主要矛盾，属于国情分析范畴的内容；同时，认清主要矛盾又是认清革命的对象、任务、动力、性质和前途的直接根据。因此，这是毛泽东实事求是的国情分析方法中的重要方法。

二　近代中国社会的主要矛盾

近代中国是一个存在着复杂矛盾的社会。

马克思曾经说过：

> 我们的时代，资产阶级时代，却有一个特点：它使阶级对立简单化了。整个社会日益分裂为两大敌对的阵营，分裂为两大相互直接对立的阶级：资产阶级和无产阶级。①

中国情况却不是这样，在对阶级结构分析中，毛泽东就已经注意到：在中国，不仅有无产阶级与资产阶级的矛盾，而且有民族资产阶级与官僚买办资产阶级的矛盾，甚至还广泛地存在着农民阶级与地主阶级的矛盾、中华民族与外国列强的矛盾，以及工人和农民的矛盾、农民内部各阶层的矛盾、工人农民和知识分子的矛盾，等等。这些矛盾错综复杂地交织在一起，令人扑朔迷离。

毛泽东运用社会主要矛盾分析的方法论，在历史与现实相统一的考察过程中，努力寻找影响近代中国历史发展的、居于主导地位的矛盾。

从历史发展过程看，近代中国起始于 1840 年鸦片战争。帝国主义的侵略对于历史的演变起了直接的作用。毛泽东说：

> 帝国主义列强侵略中国，在一方面促使中国封建社会解体，促

---

① 《马克思恩格斯选集》第 1 卷，第 273 页，人民出版社，1995。

使中国发生了资本主义因素，把一个封建社会变成了一个半封建的社会；但是在另一方面，它们又残酷地统治了中国，把一个独立的中国变成了一个半殖民地和殖民地的中国。[①]

　　但是，近代中国社会的整个演变过程，又不能简单地归结为是外力推动的结果。帝国主义的侵略之所以能对中国产生直接的影响，在于中国社会自身封建制度的腐败与没落。历经几千年的中国封建社会，到晚清已走向垂死的末途。但是，在帝国主义入侵中国以后，出现了一种奇特的现象：在欧洲曾经同封建主义进行过殊死斗争的资本主义，在中国同封建主义勾结在一起，使封建主义在经济基础与上层建筑各个领域保持了相当广泛的影响力。因此，在近代中国众多的、复杂的矛盾中，有两对矛盾对全局及其发展的全过程，起着主导的、决定性的作用。这就是毛泽东深刻地揭示的：

　　　　帝国主义和中华民族的矛盾，封建主义和人民大众的矛盾，这些就是近代中国社会的主要的矛盾。[②]

　　当然，这个主要矛盾在其发展过程中，有其重点与特点的变化。比如在抗日战争时期，民族矛盾——中日矛盾上升为主要矛盾，同土地革命时期阶级矛盾是主要矛盾，有明显的不同。对于革命的领导者来讲，发现这些变化，掌握这些变化，是极为要紧的事。毛泽东就是这样，从实际出发，分析矛盾，解决矛盾，为中国共产党制定了各个时期正确的策略路线。但我们注意到，这些小阶段中的主要矛盾不是脱离大阶段的主要矛盾而完全独立存在的东西。毛泽东常常把大阶段的主要矛盾称作贯穿于其全过程的基本矛盾，即是说，它们相对于这一过程各个发展阶段的主要矛盾来说，是制约其存在和发展的更为基本的矛盾。

　　毛泽东通过揭示近代中国社会的主要矛盾，更深刻地揭示了近代中国的国情，从而为中国共产党制定正确的革命战略，形成科学的革命理论，提供了更为可靠的根据。

---

　　①② 《毛泽东选集》第2卷，第630、631页，人民出版社，1991。

第三章　革命战略论

中国新民主主义的胜利，中国社会主义改造的胜利，是我国历史上具有深远意义和影响的两件大事。……在这些历史贡献中，毛主席作为党的伟大领袖尤其建立了不可磨灭的历史功绩。

——薄一波

中国是一道难解的题。一方面，只有马克思主义才能解决近代中国面临的救亡与发展两大基本问题；另一方面，中国又处在半殖民地半封建的社会历史发展阶段，缺乏实施马克思主义社会革命论的物质基础和经济、政治条件。这一难题"引无数英雄竞折腰"！善于创造性地应用马克思主义的毛泽东，在理论创新中提出了经过一个无产阶级领导的资产阶级民主主义阶段，即新民主主义阶段，走向社会主义的革命战略。这就是著名的中国革命"分两步走"的理论。

第一节　从一个纲领到两个纲领

关于中国国情与马克思主义社会革命论之间的矛盾，在中国共产党创建初期，已为共产国际和党的许多领导人觉察和重视。

当中国早期共产主义知识分子，在坎坷的历史和沉痛的教训中，选择马克思主义作为救亡图存和富国强国的理论方案以后，即决定创建中国共产党，承担起历史所赋予的神圣使命。并且，在 1921 年 7 月召开的第一次全国代表大会，提出了一个社会主义性质的革命纲领："以无产阶级革命军队推翻资产阶级"，"采用无产阶级专政，以达到阶级斗争的目的——消灭阶级"，"废除资本私有制"，以及联合第三国际。

这表明，中国共产党决定把自己建成一个列宁主义式的党，而不是第二国际的社会民主党；决定走十月革命所开创的无产阶级革命和无产阶级专政的道路，而不走议会道路；决定在党的旗帜上写上社会主义和共产主义，而不是社会民主主义。显然，这是一个马克思列宁主义的社会主义党纲。

对于这个纲领，毛泽东在 50 年代重读中共一大文件时，有一个精辟的评论：

不提反帝反封建的民主革命，只提社会主义的革命，是空想的。

作为社会主义革命的纲领是基本正确的。①

为什么要做这样一个两分法的评论？因为中国当时并不是一个资产阶级掌权、资本主义私有制占统治地位的资本主义国家，而是一个外受帝国主义列强侵略、内有封建主义剥削的半殖民地半封建的国家，在这种情况下提出"推翻资产阶级""废除资本私有制"，显然是无的放矢的主观空想。但是，提出最终消灭阶级的社会主义目标，为中国社会的变革和发展提出了一个正确的方向，因而是基本正确的。

那么，究竟如何确定中国革命的纲领呢？

列宁及其领导下的第三国际在研究殖民地半殖民地国家无产阶级革命的理论时，已经注意到这一带有根本性的问题。在1920年7月19日至8月7日召开的共产国际第二次代表大会上，列宁提出了《民族和殖民地问题提纲初稿》，并作了报告。列宁和共产国际认为，在帝国主义和无产阶级革命时代，整个世界已经分成两半：帝国主义国家和殖民地半殖民地国家。由于帝国主义与殖民地半殖民地之间在经济政治上存在着密切的联系，因此帝国主义国家的无产阶级与殖民地半殖民地国家的无产阶级要互相支持；由于殖民地半殖民地国家不同于帝国主义国家，因此被压迫的殖民地半殖民地国家革命的第一步任务，是推翻外国资本主义的压迫，所以无产阶级和共产党必须积极参加民族革命和民族解放运动，并同资产阶级民主派结成政治联盟，同时保持无产阶级运动的独立性，争取社会主义的前途。列宁提出的这一民族和殖民地理论，为殖民地半殖民地国家的革命斗争指明了正确的方向。可惜的是，当时这些思想没有传入中国。

1922年1月，中国共产党代表参加共产国际远东各国共产党及民族革命团体第一次代表大会，并受到了列宁的接见。在会上，中国共产党代表听到并接受了列宁关于民族和殖民地革命的理论。这次大会还专门讨论了中国问题，指出："现在中国劳动群众和群众中进步分子——中国共产党——当前的第一件事便是把中国从外国的羁轭下解放出来，把督

---

① 《建国以来毛泽东文稿》第7卷，第296页，中央文献出版社，1992。

军推倒，土地收归国有，创立一个简单联邦式的民主主义共和国。"①
3 月，共产国际又电示中国共产党，"主张中国应干国民革命"。这以后中国共产党发表的文件表明，在共产国际的指导下，党中央以列宁的民族和殖民地革命理论为指针，认识到中国不能直接搞社会主义革命，第一步必须先搞民主革命。

1922 年 7 月在上海召开的中国共产党第二次全国代表大会，根据列宁的理论和共产国际的指示，研究了中国的国情，提出了中国革命的两个纲领：

第一，党的最高纲领是"组织无产阶级，用阶级斗争的手段，建立劳农专政的政治，铲除私有财产制度，渐次达到一个共产主义的社会"。

第二，党的最低纲领是"消除内乱，打倒军阀，建设国内和平"；"推翻国际帝国主义的压迫，达到中华民族完全独立"；统一中国为"真正民主共和国"。②

两个纲领的实质，是强调中国只有经过民族民主革命，才能进行社会主义革命。也就是说，中国革命不仅要有一个社会主义性质的纲领，还要有一个民主主义性质的纲领。中共二大比一大进步的地方，即为党制定了一个民主主义性质的革命纲领，从而解决了在中国这样一个半殖民地半封建的国度里实现社会主义革命纲领的前提和条件。

第二节　两个纲领的认识误区之一："两次革命论"

中共二大在提出民主主义革命和社会主义革命两个纲领的同时，在两个纲领之间的关系问题上陷入了困惑。

困惑之一，民主革命的胜利将是哪一阶级的胜利？在西方资本主义

---

① 《向导》第 10 期。
② 《中共中央文件选集》第 1 册，第 115 页，中共中央党校出版社，1989。

国家的社会发展史上，反对封建主义的民主革命是资产阶级性质的革命，革命的成果即是资产阶级握得国家统治权，建立资产阶级专政的国家。幼年时期的中国共产党虽然认识到中国尚未具备社会主义革命的条件，必须先进行民主革命，但误以为中国民主革命的胜利也将是资产阶级的胜利。中共二大文件说道："民主主义革命成功了，无产阶级不过得着一些自由与权利"，而"幼稚的资产阶级便会迅速发展，与无产阶级处于对抗地位"。[1] 这种困惑，后来经党的总书记陈独秀发展，他在《资产阶级的革命与革命的资产阶级》（1923 年）一文中明确地指出："无产阶级也明明知道此种民主革命的成功诚然是资产阶级的胜利，然而幼稚的无产阶级目前只有在此胜利之奋斗中才有获得若干自由及扩大自己能力之机会，所以和革命的资产阶级合作，也是中国无产阶级目前必由之路。"[2]

困惑之二，民主革命应由谁来领导？西方资产阶级民主革命都是资产阶级领导的革命，无产阶级只是参加者。对此，马克思、恩格斯也曾有所论述。但是，在中国，资产阶级还十分幼稚和软弱，能不能领导民主革命呢？中共二大没有明确回答。那么，无产阶级能不能领导民主革命呢？中共二大认为，无产阶级在民主革命中承担的任务是"援助民主主义革命运动"。这种"援助"是"养成无产阶级真实力量的必要步骤"。[3] 实际上，就是说，民主革命的领导阶级不是无产阶级。

困惑之三，无产阶级社会主义革命的最高纲领到什么时候实施？中共二大区分了社会主义革命与民主革命，制定了最高纲领与最低纲领两个革命纲领，这是正确的。但在什么时候实施最高纲领的问题上，没有进行深入研究，由于它强调民主革命后是资产阶级的胜利，而此时资产阶级才与无产阶级处于对抗的地位。因此可以说，它实际上是认为，社会主义革命的纲领要等到中国建立了资产阶级专政的国家后，才能开始付诸实施。

这些困惑，反映了当时党在理论上和对国情认识上，尤其是对各阶级特点认识上的幼稚性。但是，这些困惑在陈独秀那里，逐渐发展成为

---

① 《中共中央文件选集》第 1 册，第 114—115 页，中共中央党校出版社，1989。

② 《向导》第 22 期。

③ 《中共中央文件选集》第 1 册，第 114 页，中共中央党校出版社，1989。

中共党史上称之为"两次革命论"的错误理论。陈独秀在《中国国民革命与社会各阶级》（1923年）、《我们现在为什么争斗?》（1926年）等文章中，反复强调两点：（1）"国民革命的胜利，自然是资产阶级的胜利"，"自然是资产阶级掌握政权"①；（2）"共产党取得政权，乃是无产阶级革命时代的事，在国民革命时代，不会发生这类问题"。② 这就是说，在中国民主革命与社会主义革命之间，横插着一个资产阶级专政的历史时期。陈独秀在《我们现在为什么争斗?》一文中，对此说得十分明白："我们不是乌托邦的社会主义者，决不幻想不经过资本主义，而可以由半封建的社会一跳便到社会主义的社会。"③ 这样，中共二大提出的两个纲领，就被解释为民主革命与社会主义革命互不衔接的"两次革命论"。

这种"两次革命论"，是陈独秀在第一次国共合作中放弃领导权，在北伐战争成败的关键时刻对反革命势力的猖狂进攻采取右倾机会主义，致使第一次国内革命战争惨遭失败的理论基础。

第三节　两个纲领的认识误区之二：
"毕其功于一役"

由于陈独秀的"两次革命论"使党在国民党反动派的进攻下，步步退让，陷入困境，而党中央提出的最高纲领与最低纲领这两个革命纲领又是正确的。这就促使共产国际和中国共产党考虑：民主革命和社会主义革命这两个革命发展阶段之间，是什么关系？

共产国际执委会第七次扩大会议于1926年12月通过的《关于中国形势问题的决议》指出："虽然历史地看，现阶段的中国革命是资产阶级民主主义性质的，但它应该具有更广泛的社会运动的性质。中国革命的

---

① 《前锋》第2号。
②③ 《向导》第172期。

结果并非一定要造成导致国家向资本主义发展的社会政治条件。……这个国家将不是纯粹资产阶级民主国家。这个国家将是无产阶级、农民和其他被剥削阶级的民主主义专政。这将是向非资本主义（社会主义）发展的过渡时期的反帝革命政府"。"中国共产党应该竭尽全力争取最终实现过渡到非资本主义发展轨道的这种革命前途。"[①] 共产国际这一指示，把中国共产党关于革命前途的认识，向前推进一步。

1926 年底到 1927 年初，中共中央政治局就中国革命两个阶段的衔接问题进行了讨论，形成一个党内文件《中央政治局对于〈共产国际执行委员会第七次扩大全体会议关于中国问题决议案〉的解释》[②]。中共中央政治局接受共产国际执委会的指示，对"两次革命论"的错误作了检讨，并对共产国际指示做出解释。中央政治局认为：党中央过去对中国革命的认识"有一个根本错误"，就是"把国民革命和无产阶级革命之间划了很大的'天然的不可以人力逾越的'一道鸿沟"；如果把国民革命和无产阶级革命截然划分为毫不衔接的两个时期，死守着老框框来做国民革命，就会"断送国民革命"。按照共产国际的指示和中国的内外条件，"中国国民革命前途之发展，得超过资产阶级的民主革命。由无产阶级实际领导的国民革命成功，自然不必再造成发展资本主义的政治环境。而是要造成从资本主义过渡到非资本主义（社会主义）之政治环境……以行向社会主义"。应该"把国民革命和无产阶级革命，看作整个的中国革命"，"抓住这两种革命的连锁，使之一气呵成"，"而不可在主观上注定了我们必须有第二次革命的命运，准备还有第二次革命"。

中央政治局的这个解释，正式否定了以往"两次革命论"割断民主革命和社会主义革命联系的错误方面，把无产阶级领导权问题同两个革命阶段的问题有机地联系起来，把民主革命和社会主义革命看成一个整体，并设想了如何造成非资本主义发展的问题。这是它的正确之处。

这个解释认为民主革命和社会主义革命可以"一气呵成"，不可"准

---

① 《共产国际有关中国革命的文献资料》第 1 辑，第 278 页，中国社会科学出版社，1981。

② 《中共中央文件选集》第 3 册，第 19—23 页，中共中央党校出版社，1989。

备还有第二次革命"，则是错误的。这说明，中共中央当时尚未正确认清中国革命两个阶段的区别和联系，还没有找到实现非资本主义前途的正确道路。

这种观点，后来发展为一种"举政治革命与社会革命毕其功于一役"的纯主观的想头，也可以叫做"一次革命论"。

当然，在中国革命过程中出现过两种"一次革命论"。一种是反对人民革命的"一次革命论"，其代表人物是张君劢等，他们在抗日战争初期公开鼓吹共产主义不适合中国国情，叫嚷中国的什么革命都已经包含在三民主义里面了。所以毛泽东说："'一次革命论'者，不要革命论也，这就是问题的本质。"① 另一种是共产党内出现的"一次革命论"，他们主张在中国进行社会主义革命，但不讲革命发展的阶段性，想在民主革命这一政治革命中就完成社会主义革命即社会革命的任务。所以毛泽东说："如果说，民主革命没有自己的一定任务，没有自己的一定时间，而可以把只能在另一个时间去完成的另一任务，例如社会主义的任务，合并在民主主义任务上面去完成，这个叫做'毕其功于一役'，那就是空想，而为真正的革命者所不取的。"②

由于陈独秀的"两次革命论"给党造成了严重的损失，加上当时全党的马列主义理论水平，尤其是辩证分析能力还相当低，因此在大革命失败后，在愤怒的情绪支配下，"毕其功于一役"的思想在党内逐渐占据主导地位。

这种"毕其功于一役"的思想，其错误之一，是对于大革命失败后的革命形势做了错误的判断。1927 年 11 月召开的中共中央临时政治局扩大会议的决议案断言，"现时全中国的状况是直接革命的形势"，并且认为"现在的革命斗争，已经必然要超越民权主义的范围而急遽的进展"。对中国国情不甚了了的共产国际代表罗米那兹，甚至提出了混淆民主革命与社会主义革命界限的"无间断的革命"的错误主张。这时，不仅大

---

① ②　毛泽东：《新民主主义论》（1940 年 1 月）。《毛泽东选集》第 2 卷，第 685 页，人民出版社，1991。

革命由于蒋介石的背叛和陈独秀的右倾机会主义而失败，中国共产党独立领导的武装斗争——南昌起义和秋收起义，也因敌强我弱等不利因素而遭致失利，革命已经从高潮转入低潮。但是，党中央却毫无根据地做出了当时处于"直接革命的形势"的判断，并要进行"超越民权主义的范围"的革命，是何等的主观和荒唐！

其错误之二，是对于蒋介石国民党政权的性质做了错误的判断。仔细考察"毕其功于一役"的思想与"两次革命论"这两种主张，可以发现这两种极端的思想理论有一个共同点：都认为大革命失败后在南京建立的蒋介石国民党政权是资产阶级的政权。所不同的只是，"两次革命论"认为现在中国进入了资产阶级专政的时代，无产阶级的任务是积聚力量，等待将来进行无产阶级社会主义革命；"毕其功于一役"的思想认为，现在仅仅进行民主革命已不够了，必须无间断地立即开始社会主义革命。

其错误之三，是没有能够正确地认识到中国的资产阶级由官僚买办资产阶级和民族资产阶级两部分组成，没有正确地区分这两部分的资产阶级。他们之所以对蒋介石国民党政权的性质做了错误的判断，即在于他们认为蒋介石背叛革命即资产阶级背叛革命，蒋介石的国民党政权即资产阶级的政权。事实上，当时，以宋庆龄为代表的国民党左派，对蒋介石的背叛行径进行了犀利的批判。国民党不是铁板一块的，中国的资产阶级也不是铁板一块的。这是因为，在半殖民地半封建的中国，依附于帝国主义、封建主义的买办资产阶级与受到帝国主义、封建主义双重压迫的民族资产阶级，虽然同属于资产阶级营垒，却是两个不同的经济、政治力量。蒋介石国民党的南京政府"依然是城市买办阶级和乡村豪绅阶级的统治，对外投降帝国主义，对内以新军阀代替旧军阀，对工农阶级的经济的剥削和政治的压迫比从前更加厉害。……全国工农平民以至资产阶级，依然在反革命统治底下，没有得到丝毫政治上经济上的解放"①。

---

① 毛泽东：《中国的红色政权为什么能够存在？》（1928年10月5日）。《毛泽东选集》第1卷，第47页，人民出版社，1991。

其错误之四，是没有认清中国民族资产阶级的两面性。在中共六大前，共产国际执行委员会第九次扩大会议已经通过关于中国问题的决议，批评了罗米那兹的"无间断革命"理论，以及在这一理论指导下形成的"左"倾盲动主义错误。中共六大也确认了中国革命的性质仍然是资产阶级民主主义革命。但是这以后，党内仍然不断出现"毕其功于一役"的思想。究其原因，在于中共六大虽然在路线上是基本正确的，但大会通过的决议也有一些不容忽视的缺点，其中之一，仍把民族资产阶级看作革命的敌人。这在王明的纲领性小册子《两条路线》（后经增订改名为《为中共更加布尔什维克化而斗争》）中，表现得尤为突出，强调"现阶段的中国资产阶级民主革命，只有在坚决反对资产阶级的斗争中，才能得到彻底胜利"。这个对中国革命产生过恶劣影响的小册子及其散布的一系列错误观点，其要害是脱离中国革命实际的主观主义，因此根本无视中国的民族资产阶级既有剥削工人阶级，在革命中态度动摇的一面，又有受帝国主义和封建主义压迫，有可能成为革命的动力的一面。这是各种形式的"毕其功于一役"的思想共有的弱点。

在民主革命阶段，中国共产党内发生过三次"左"倾机会主义（盲动主义或冒险主义）的错误。一次是 1927 年 11 月到 1928 年 4 月以瞿秋白为代表的"左"倾盲动主义；第二次是 1930 年 6 月至 9 月以李立三为代表的"左"倾冒险主义；第三次是 1931 年 1 月至 1935 年 1 月以王明为代表的危害最大的"左"倾冒险主义。这三次"左"倾错误，其战略思想都是"毕其功于一役"的思想。它导致革命一次又一次地在悲壮的搏斗中，走向失败，留下了一系列惨痛的教训。

第四节　"两步走"的革命发展论

在处理民主革命与社会主义革命关系问题上，"两次革命论"是错误的，"毕其功于一役"的"一次革命论"也是错误的，那么，这两个革命阶段之间，即党的最低纲领与最高纲领之间，究竟应取何种态度呢？毛泽东的主张是：

> 两个革命阶段中，第一个为第二个准备条件，而两个阶段必须衔接，不容横插一个资产阶级专政的阶段，这是正确的，这是马克思主义的革命发展论。[①]

这就是我们常说的毛泽东的中国革命"分两步走"的理论。这个理论相对于其他理论而言，是关于整个中国革命战略方面的构思或理论，具有相当重要的地位和价值。

一　"两步走"战略思想的确立

毛泽东在遵义会议之前，已经初步形成中国革命"分两步走"的思想。在《中国社会各阶级的分析》（1925 年 12 月）中，由于他已经认识到民族资产阶级的两面性特点，因而他能够明确指出："实现民族资产阶级统治的国家，是完全行不通的。"[②] 在填写《答少年中国学会改组委员会问》（1925 年 11 月 21 日）和在《国民党右派分离的原因及其对于革命前途的影响》（1926 年 1 月）一文中，毛泽东反复强调，国民革命的目的不是建设资产阶级统治的国家，而是要实现无产阶级、小资产阶级及中产阶级左翼的联合统治，即革命民众的统治。这里，他认为不能横插一个资产阶级统治的阶段，同"两次革命论"划清了界限。他认为要建立的国家是无产阶级、小资产阶级和民族资产阶级的联合统治，又同"毕其功于一役"的思想有原则的区别。在土地革命战争时期，他针对党内存在的"无间断革命"论，进一步明确地表述了中国革命"分两步走"的思想。在《井冈山的斗争》（1928 年 11 月）中，毛泽东指出："中国现

---

① 毛泽东：《新民主主义论》（1940 年 1 月）。《毛泽东选集》第 2 卷，第 685 页，人民出版社，1991。

② 《毛泽东选集》第 1 卷，第 4 页，人民出版社，1991。

时确实还是处在资产阶级民权革命的阶段。中国彻底的民权主义革命的纲领，包括对外推翻帝国主义，求得彻底的民族解放；对内肃清买办阶级的在城市的势力，完成土地革命，消灭乡村的封建关系，推翻军阀政府。必定要经过这样的民权主义革命，方能造成过渡到社会主义的真正基础。"① 这表明，毛泽东在关于如何实现党的最低纲领与最高纲领的目标，以及如何处理这两个革命相互关系的问题上，有自己独特的思想。尽管当时对此尚未做系统的论述，但可以证明他的"两步走"战略思想已初步形成。

遵义会议后，尤其在延安时期，经过深入的国情分析和系统的理论研究，中国革命"分两步走"的战略思想就系统化、理论化了。在陕北瓦窑堡党的活动分子会议上所作的报告《论反对日本帝国主义的策略》（1935 年 12 月）中，毛泽东通过对国情，尤其是对各个阶级现状的分析，论述了建立抗日民族统一战线的必要性和可能性，论述了现时的革命"任务是反帝反封建，并不是反资本主义"，"革命的转变，那是将来的事"。"在将来，民主主义的革命必然要转变为社会主义的革命。""如像过去某些同志所谓民主革命在重要省份开始胜利之日，就是革命开始转变之时，是不对的。"② 这以后，在《中国共产党在抗日时期的任务》（1937 年 5 月）、《为争取千百万群众进入抗日民族统一战线而斗争》（1937 年 5 月）等重要著述中，不断深化这一理论的研究，并把民主革命与社会主义革命比喻为"两篇文章"的上、下篇。他说：

> 两篇文章，上篇与下篇，只有上篇做好，下篇才能做好。坚决地领导民主革命，是争取社会主义胜利的条件。我们是为着社会主义而斗争，这是和任何革命的三民主义者不相同的。现在的努力是朝着将来的大目标的，失掉这个大目标，就不是共产党员了。然而放松今日的努力，也就不是共产党员。

---

① ② 《毛泽东选集》第 1 卷，第 77、160 页，人民出版社，1991。

我们是革命转变论者，主张民主革命转变到社会主义方向去。①

尤其在抗日战争相持阶段，面对着国民党顽固派"收起共产主义"的叫嚣、民族资产阶级想走资本主义道路的幻想、党内"毕其功于一役"的"左"倾空谈，毛泽东先后发表了《〈共产党人〉发刊词》（1939 年 10 月）、《中国革命和中国共产党》（1939 年 12 月）、《新民主主义论》（1940 年 1 月）等著作，系统地回答了各方面提出的问题，完成了中国革命"分两步走"战略思想的理论构思。

二　"两步走"战略思想的基本内容

毛泽东在阐述中国革命"分两步走"的战略思想时，从中国的国情及其内在矛盾出发，提出了四个基本的观点。

第一，民主革命是社会主义革命的必要准备。

毛泽东指出，共产党人的任务虽然是要建立社会主义社会，进而实现共产主义，但中国无产阶级及其代表中国共产党是在一个半殖民地半封建的社会里登上历史舞台的。特殊的国情是：占统治地位的是宗法式的小农经济，社会化大生产所占的比重还很小；无产阶级与资产阶级的矛盾虽然已经发生，但远不是社会的主要矛盾，因此不能直接进行社会主义革命。

由于近代中国社会的主要矛盾是帝国主义与中华民族的矛盾、封建主义与人民大众的矛盾，因此中国共产党面临的直接任务是如何采取正确的路线和策略，领导全国各阶层人民，进行反帝反封建的民主革命。这种革命的锋芒、革命的任务，决定了中国共产党领导的民主革命，仍然是资产阶级性质的革命。

这种资产阶级民主革命，对于将来推进社会主义革命，具有决定性

---

① 毛泽东：《为争取千百万群众进入抗日民族统一战线而斗争》（1937 年 5 月 8 日）。《毛泽东选集》第 1 卷，第 276 页，人民出版社，1991。

的意义。这不仅是因为反帝反封建革命的胜利，将使无产阶级与资产阶级的矛盾逐渐上升到主要地位，即把社会主义革命的任务提上议事日程，而且，更重要的是因为：“这种殖民地半殖民地革命的第一阶段，第一步，虽然按其社会性质，基本上依然还是资产阶级民主主义的，它的客观要求，是为资本主义的发展扫清道路；然而这种革命，已经不是旧的、被资产阶级领导的、以建立资本主义的社会和资产阶级专政的国家为目的的革命，而是新的、被无产阶级领导的、以在第一阶段上建立新民主主义的社会和建立各个革命阶级联合专政的国家为目的的革命。因此，这种革命又恰是为社会主义的发展扫清更广大的道路。”①

因此，毛泽东要求共产党人必须坚决地领导民主革命。他说：“对于任何一个共产党人及其同情者，如果不为这个目标奋斗，如果看不起这个资产阶级民主革命而对它稍许放松，稍许怠工，稍许表现不忠诚、不热情，不准备付出自己的鲜血和生命，而空谈什么社会主义和共产主义，那就是有意无意地、或多或少地背叛了社会主义和共产主义，就不是一个自觉的和忠诚的共产主义者。”②

第二，民主革命的直接目标是建立新民主主义的社会。

毛泽东在著名的《青年运动的方向》（1939 年 5 月 4 日）讲演中，提出了民主革命的目标是建立“人民民主主义的共和国”的问题。他说：

这个革命，资产阶级已经无力完成，必须靠无产阶级和广大人民的努力才能完成。这个革命要达到的目的是什么呢？目的就是打倒帝国主义和封建主义，建立一个人民民主的共和国。……中国将来一定要发展到社会主义去，这样一个定律谁都不能推翻。但是我们在目前的阶段上不是实行社会主义，而是破坏帝国主义和封建主义，改变中国现在的这个半殖民地半封建的地位，建立人民民主主

---

① 毛泽东：《新民主主义论》（1940 年 1 月）。《毛泽东选集》第 2 卷，第 668 页，人民出版社，1991。

② 毛泽东：《论联合政府》（1945 年 4 月 24 日）。《毛泽东选集》第 3 卷，第 1059—1060 页，人民出版社，1991。

义的制度。①

　　随后，在《新民主主义论》中，毛泽东通过对国情和时代特征的全面分析，在论述中国革命"分两步走"的战略思想时，对两个阶段革命的目标分别进行了说明：

　　　　很清楚的，中国现时社会的性质，既然是殖民地、半殖民地、半封建的性质，它就决定了中国革命必须分为两个步骤。第一步，改变这个殖民地、半殖民地、半封建的社会形态，使之变成一个独立的民主主义的社会。第二步，使革命向前发展，建立一个社会主义的社会。②

　　这个"独立的民主主义的社会"，是民主革命的目标。它就是由新民主主义的政治、经济和文化构成的"新民主主义社会"。

　　这里，涉及一个问题：毛泽东有没有把"新民主主义"看作是一个"社会制度"、"社会形态"，即有没有正式提出过"新民主主义社会"这一概念？答案是肯定的。在《五四运动》（1939 年 5 月 1 日）一文中，就提出过"社会制度"问题。他说："这种民主革命是为了建立一个在中国历史上所没有过的社会制度，即民主主义的社会制度，这个社会的前身是封建主义的社会（近百年来成为半殖民地半封建的社会），它的后身是社会主义的社会。"③在著名的《新民主主义论》（1940 年 1 月）中，进一步指出这种"民主主义的社会制度"是"新民主主义的社会"。他说："这个革命的第一步、第一个阶段，决不是也不能建立中国资产阶级专政的资本主义的社会，而是要建立以中国无产阶级为首领的中国各个革命阶级联合专政的新民主主义的社会，以完结其第一阶段。"④ 而且毛泽东还说过："陕甘宁边区和华北华中各抗日根据地的社会性质已经是新民主

---

①②③　《毛泽东选集》第 2 卷，第 563、666、559 页，人民出版社，1991。
④　毛泽东：《新民主主义论》（1940 年 1 月）。《毛泽东选集》第 2 卷，第 672 页，人民出版社，1991。

主义的。""共产党领导的统一战线政权，便是新民主主义社会的主要标志。"①

从中，我们可以看到，毛泽东揭示了一个中国社会发展的规律，这就是："封建社会——半殖民地半封建社会——新民主主义社会——社会主义社会"。这个发展的图式与马克思揭示的人类社会发展的一般图式，即"封建社会——资本主义社会——社会主义社会"，既有一致的地方，又有特殊的方面。一致的地方，是封建社会不能直接跨进社会主义社会；特殊的方面，是中国没有经过一个资本主义充分发展的阶段，但这决不是说，中国不必发展资本主义就可以进入社会主义，而是说中国资本主义的发展有其自身的特点，它在半殖民地半封建社会里已有一定的发展，但障碍甚多，因此还要通过一个新民主主义社会来发展有利于国计民生的资本主义成分，然后才能进入社会主义。所以，毛泽东反复强调新民主主义革命的直接目标是建立新民主主义社会，"走历史必由之路"②。

第三，社会主义革命是民主革命的必然趋势。

资产阶级民主主义性质的革命，无疑地，将促使"资本主义会有一个相当程度的发展"，这也是经济落后的中国在民主革命胜利之后不可避免的结果。然而，中国民主主义革命的必然趋势却是社会主义革命。对于这个问题，毛泽东在1939年曾作过深入的剖析。他指出：的确，中国民主主义革命将促使"资本主义会有一个相当程度的发展"，"但这只是中国革命的一方面的结果，不是它的全部结果。中国革命的全部结果是：一方面有资本主义因素的发展，又一方面有社会主义因素的发展。这种社会主义因素是什么呢？就是无产阶级和共产党在全国政治势力中的比重的增长，就是农民、知识分子和城市小资产阶级或者已经或者可能承认无产阶级和共产党的领导权，就是民主共和国的国营经济和劳动人民的合作经济。所有这一切，都是社会主义的因素。加以国际环境的有利，

---

① 毛泽东：《关于打退第二次反共高潮的总结》（1941年5月8日）。《毛泽东选集》第2卷，第785页，人民出版社，1991。

② 毛泽东：《五四运动》（1939年5月1日）。《毛泽东选集》第2卷，第559页，人民出版社，1991。

便使中国资产阶级民主革命的最后结果，避免资本主义的前途，实现社会主义的前途，不能不具有极大的可能性了"。①

事实上，随着新民主主义革命的胜利，社会主义因素在政治、经济、文化各方面都在迅速地增长着。到 1949 年中华人民共和国成立时，对于"实现社会主义的前途"这种"极大的可能性"，不但共产党领导的整个革命队伍，而且广大人民群众都深信不疑了。

第四，关于"转变"问题。

中国革命分两步走，这就产生了"转变"问题上的复杂性。因为，从革命的性质来看，这里有一个由新民主主义革命向社会主义革命转变的问题；从社会的发展来看，则还有一个由新民主主义社会到社会主义社会转变的问题。毛泽东不仅提出了这两个"转变"的任务，而且深刻地分析了这两个既相互联系又相互区别的"转变"的条件。

首先，关于由民主主义革命向社会主义革命转变的条件。

在革命转变问题上，"左"倾路线否认中国革命的长期性和阶段性。立三路线认为，在革命高潮到来之后，很快就能夺取一省与几省的政权，取得革命在一省与几省的首先胜利，而"一省与几省的首先胜利是全国胜利的开始，只是全国革命进到更剧烈的斗争，决不会有什么'割据'、'偏安'的局面"②。革命在一省数省的胜利，也就是民主革命向社会主义革命转变的开始，"中间决不会有丝毫间隔"，"如果以为革命一定要在全国胜利以后，才能开始革命的转变，这是严重的错误"。"革命转变的阶段论，无疑的是极端危险的右倾观念。"③王明在立即夺取武汉等大城市和以之作为中国革命转变到社会主义的正式开始等问题上，和李立三的观点是相同的。

遵义会议之后，毛泽东在批评李立三、王明等的错误观点时，明确提出了只有当民主革命在中国胜利后才能向社会主义革命转变的观点。1935 年 12 月，毛泽东在瓦窑堡会议上指出："何时转变，应以是否具备

---

①　毛泽东：《中国革命和中国共产党》（1939 年 12 月）。《毛泽东选集》第 2 卷，第 650 页，人民出版社，1991。

②③　《中共中央文件选集》第 6 册，第 122、126 页，中共中央党校出版社，1989。

了转变的条件为标准，时间会要相当地长。不到具备了政治上经济上的一切应有的条件之时，不到转变对于全国最大多数人民有利而不是不利之时，不应当轻易谈转变。怀疑这一点而希望在很短的时间内去转变，如像过去某些同志所谓民主革命在重要省份开始胜利之日，就是革命开始转变之时，是不对的。这是因为他们看不见中国是一个何等样的政治经济情况的国家，他们不知道中国在政治上经济上完成民主革命，较之俄国要困难得多，需要更多的时间和努力。"① 毛泽东在《中国革命和中国共产党》（1939 年 12 月）一文中又指出："完成中国资产阶级民主主义的革命（新民主主义的革命），并准备在一切必要条件具备的时候把它转变到社会主义革命的阶段上去，这就是中国共产党光荣的伟大的全部革命任务。每个共产党员都应为此而奋斗，绝对不能半途而废。"② 显然，毛泽东强调要以完成民主革命作为革命转变的条件。

1949 年 3 月，在民主革命取得全国胜利的前夕，毛泽东主持召开了中共七届二中全会，及时地提出了革命转变的问题。后来，毛泽东在一次关于党在过渡时期的总路线的讲话中又明确指出，1949 年中华人民共和国的成立"标志着革命性质的转变、标志着新民主主义革命阶段的基本结束和社会主义革命阶段的开始"。在这里，毛泽东既坚持了只有当民主革命在中国胜利后才能向社会主义革命转变的观点，又进一步提出了以全国政权的转变为标志的新观点。

以中华人民共和国的成立作为革命转变的标志，精辟地体现了中国革命问题上革命发展阶段论和不断革命论的统一。因为这样，就把中国民主革命的归宿和社会主义革命的开始，在夺取全国政权上有机地统一了起来，就使两个革命阶段衔接起来，避免中间横插一个资产阶级专政，就能保证社会主义的发展方向。

列宁指出："国家政权从一个阶级手里转到另一个阶级手里，都是革命的首要的基本的标志。"③ 中华人民共和国的成立，标志着半殖民地半

① 《毛泽东选集》第 1 卷，第 160—161 页，人民出版社，1991。
② 《毛泽东选集》第 2 卷，第 651 页，人民出版社，1991。
③ 《列宁选集》第 3 卷，第 25 页，人民出版社，1995。

封建的旧中国的终结和新民主主义革命的基本结束，标志着新民主主义的新中国的诞生和社会主义革命的开始。说是"首要的""基本的"标志，是因为在具体的现实生活中，"转变"是一个过程。建国后的两三年中，情况是错综复杂的。毛泽东对此曾作了这样的解释："我们说标志着革命性质的转变、标志着新民主主义革命阶段的基本结束和社会主义革命阶段的开始的东西是政权的转变，是国民党反革命政权的灭亡和中华人民共和国的成立，并不是说社会主义改造这样一个伟大的任务，在人民共和国成立以后就可以立即在全国一切方面着手施行了。不是的，那时，我们还须在广大的农村中解决封建主义与民主主义即地主与农民之间的矛盾。那时在农村中的主要矛盾是封建主义与民主主义之间的矛盾，而不是资本主义与社会主义之间的矛盾，因此需要有两年至三年时间在农村实行土地改革。那时我们一方面在农村实行民主主义的土地改革，一方面在城市立即着手接收官僚资本主义企业使之变为社会主义的企业，建立社会主义的国家银行，同时在全国范围内着手建立社会主义的国营商业和合作社商业，并已在过去几年中对私人资本主义企业开始实行了国家资本主义的措施。所有这些显示着我国过渡时期头几年中的错综复杂的形象。"[①]

其次，从新民主主义社会到社会主义社会转变的条件。

从新民主主义社会到社会主义社会的转变，和由新民主主义革命向社会主义革命的转变，两者的含义是不同的。中华人民共和国的成立，并不是意味着我们的社会就可以采取社会主义的制度。否则，就成了从殖民地半殖民地的废墟上直接进入社会主义的"一次革命论"了。那么，中华人民共和国的成立意味着什么呢？它只是意味着根据地的局部的新民主主义社会向全国范围的新民主主义社会的转变已经完结，从新民主主义社会到社会主义社会的转变已经开始。毛泽东明确地指出了这一点。毛泽东说："从中华人民共和国成立，到社会主义改造基本完成，这是一

---

① 毛泽东：《革命的转变和党在过渡时期的总路线》（1953年12月）。《毛泽东文集》第6卷，第315—316页，人民出版社，1999。

个过渡时期。"它的任务，是"使中国稳步地由农业国转变为工业国，由新民主主义国家转变为社会主义国家"。由新民主主义革命向社会主义革命转变，和从新民主主义社会到社会主义社会的转变，这两个"转变"具有不同的内涵：前者是革命的转变，后者是社会制度的转变。

从新民主主义社会到社会主义社会转变，这是我国过渡时期的特点。在发达的资本主义国家是从资本主义过渡到社会主义。这两者共通的地方，是两者都要经过革命和社会改造过渡到社会主义社会，这是人类历史发展的客观规律。而两者不同的地方是，我们国家在 1949 年新中国成立以前是半殖民地半封建社会，资本主义的政治制度和经济制度在我国没有得到过独立的发展，因而还缺乏"民主主义"的基础。我国的新民主主义社会的任务就要创造这些条件，并在具备这些条件的基础上逐步地向社会主义转变，"使革命向前发展，建立社会主义社会"。毛泽东在《论联合政府》一文中说，新民主主义革命的结果，"将使工人阶级有可能聚集力量因而引导中国向社会主义方向发展"①。后来，毛泽东在全国政协一届二次会议上又说："经过新民主主义的改革，而在将来，在国家经济事业和文化事业大为兴盛了以后，在各种条件具备了以后，在全国人民考虑成熟并在大家同意了以后，就可以从容地和妥善地走进社会主义的新时期。"② 新民主主义社会是个"工人阶级聚集力量"而"引导中国向社会主义方向发展"的历史阶段。

那么，在新民主主义社会要"聚集"什么"力量"，"具备"什么"条件"，才能"引导中国向社会主义方向发展"，才"可以从容地和妥善地走进社会主义的新时期"呢？

一是政治条件。"无产阶级上升为统治阶级，争得民主。"从政治上说，就是确立、发展、巩固以工人阶级为领导、工农联盟为基础的人民民主专政的国家政权，这是向社会主义转变的根本前提。毛泽东说："我们完全可以依靠人民民主专政这个武器，团结全国除了反动派以外的一

---

① 《毛泽东选集》第 3 卷，第 1074 页，人民出版社，1991。
② 《毛泽东文集》第 6 卷，第 80 页，人民出版社，1999。

切人，稳步地走到目的地。"① "以此作为条件，使中国有可能在工人阶级和共产党的领导之下稳步地由农业国进到工业国，由新民主主义社会进到社会主义社会和共产主义社会，消灭阶级和实现大同。"② 人民民主专政对国家民主制度的发展起着巨大的作用。政治生活的民主化，使得更多的社会成员参与国家的管理，提高社会成员的政治参与程度和政治能力，起着巨大的作用。这正是向社会主义发展的根本政治要求。同时，人民民主专政作为政治的上层建筑对社会主义经济基础的形成和发展起着巨大的作用。掌握在一定阶级或集团手里的国家政权，可以在生产力的一定发展阶段所限定了的可供选择的范围内，积极地促进符合统治者利益的经济关系的形成和巩固，用各种行政的、强制的手段削弱、阻挠另一些经济关系的发展。在建立社会主义生产关系，实现向社会主义转变的历史进程中，人民民主专政的国家政权所起的作用就更为突出，也更加巨大。这不只是因为旧社会不可能完备地形成社会主义的生产关系，因而人民民主专政的国家政权肩负着建立社会主义公有制的历史重任，而且还因为没收大资本是由人民民主专政的国家政权以社会的名义进行的，即"首先把生产资料变为国家财产"，因此社会主义公有制采取的最初的可能形式是国家所有制。这样，人民民主专政的国家政权，就不仅仅是建立一种社会秩序从外部来维护社会主义生产方式，而且作为全民的生产资料所有者和全国生产、流通、分配过程的组织者承担着管理经济的职能。

二是经济条件。无产阶级的领导权，是以新民主主义革命胜利成果的形式出现的。从经济上说，就是建立了掌握国民经济命脉的国营经济。这是我国社会从新民主主义向社会主义转变的强有力的杠杆。

三是工业化的条件。早在 1934 年，毛泽东就曾说过：中华苏维埃共和国"在将来向前发展过程中，它将实行国家工业化政策"③。毛泽东在 1944 年 8 月 31 日致秦邦宪的信中又明确地指出："新民主主义社会的基

---

①② 毛泽东：《论人民民主专政》（1949 年 6 月 30 日）。《毛泽东选集》第 4 卷，第 1481、1476 页，人民出版社，1991。

③ 解放军政治学院党史教研室编：《中共党史参考资料》第 6 册，第 534 页。

础是工厂（社会生产，公营的与私营的）与合作社（变工队在内），不是分散的个体经济。分散的个体经济——家庭农业与家庭手工业是封建社会的基础，不是民主社会（旧民主、新民主、社会主义，一概在内）的基础，这是马克思主义区别于民粹主义的地方。简单言之，新民主主义社会的基础是机器，不是手工。""由农业基础到工业基础，正是我们革命的任务。"① 毛泽东在中共七大的报告中指出："在新民主主义的政治条件获得之后，中国人民及其政府必须采取切实的步骤，在若干年内逐步地建立重工业和轻工业，使中国由农业国变为工业国。""中国工人阶级的任务，不但是为着建立新民主主义的国家而斗争，而且是为着中国的工业化和农业近代化而斗争。"② 1949 年 3 月，在中共七届二中全会上毛泽东又明确地提出了"由农业国转变为工业国，由新民主主义国家转变为社会主义国家"齐头并进的历史任务。

三 "两步走"战略思想的指导意义

基于中国国情科学分析的"两步走"战略思想，在整个毛泽东思想的科学体系中，具有十分重要的价值和意义。

第一，它规定了在半殖民地半封建的中国，无产阶级领导的革命只能是反帝反封建的民主革命，即新民主主义革命。

第二，它同时规定了新民主主义革命的归宿是创建一个新民主主义的社会。

第三，它还规定了新民主主义社会即是社会主义革命开始的历史阶段，即新民主主义建设与社会主义改造同时进行的独特阶段。只有这样，才能既完成新民主主义革命的任务，又能在社会主义革命中把新民主主义社会转变为社会主义社会。中国革命的全部战略及其特点和复杂性就在这里。

---

① 《毛泽东书信选集》，第 215 页，中央文献出版社，2003。

② 毛泽东：《论联合政府》（1945 年 4 月 24 日）。《毛泽东选集》第 3 卷，第 1081 页，人民出版社，1991。

第四章　革命道路论

回想在一九二七年革命失败以后，如果没有毛泽东同志的卓越领导，中国革命有极大的可能到现在还没有胜利，那样，中国各族人民就还处在帝国主义、封建主义、官僚资本主义的反动统治之下，我们就还在黑暗中苦斗。

——邓小平

第一节 寻找道路：从民众运动到武装斗争

在中国革命"两步走"的战略中，"新民主主义革命论"是毛泽东从中国实际出发运用马克思列宁主义所获得的重要成果。在近代中国，"革命"观念是以孙中山为代表的资产阶级革命派提出的；而中国的资产阶级民主革命必须由无产阶级来领导，则是中国共产党人从历史经验中得到的教训。于是，进一步要探讨的问题，就是新民主主义革命的道路问题，即无产阶级怎样赢得革命胜利的问题。

道路，从根本上说，是中国社会发展规律在认识中的反映及其在实践中的应用。但这样说还不够，应该进一步揭示它的主要内容及其基本要素。毛泽东在谈到中国共产党认识革命规律、寻找革命道路的历史经验时，说了一段很有意思的话：

> 如果有人说，有哪一位同志，比如说中央的任何同志，比如说我自己，对于中国革命的规律，在一开始的时候就完全认识了，那是吹牛，你们切记不要信，没有那回事。过去，特别是开始时期，我们只是一股劲儿要革命，至于怎样革法，革些什么，哪些先革，哪些后革，哪些要到下一阶段才革，在一个相当长的时间内，都没有弄清楚，或者说没有完全弄清楚。①

这段话里，指出了革命的规律和道路，包括"怎样革法，革些什么，哪些先革，哪些后革，哪些要到下一阶段才革"等内容。这就是毛泽东在《论反对日本帝国主义的策略》《中国革命和中国共产党》等著作中，

---

① 毛泽东：《在扩大的中央工作会议上的讲话》（1962 年 1 月 30 日）。《毛泽东文集》第 8 卷，第 300 页，人民出版社，1999。

不断地探讨的革命的对象、革命的任务、革命的动力、革命的策略、革命的前途等问题。这些问题是革命的基本问题，道路问题的主要内容。其中，革命的目的（对象、任务）和革命的方法（动力、途径、策略、步骤等）是革命道路中的两大基本要素。简单地说，革命道路问题，就是中国共产党通过正确的方法达到革命目的的行动规律。

如果说，中国革命"分两步走"的战略思想中，已经解决了革命的目的和步骤问题，那么，这里研究的道路问题，将着重于探讨革命的方法问题。

正如毛泽东坦诚地指出的，党在革命的开始阶段，对于革命的规律和道路问题，在一个相当长的时间内没有弄清楚。所谓"没有弄清楚"，一是指没有自己的经验，二是指受到教条主义的影响，还不能正确对待俄国革命的经验。在革命的方法问题上，"没有弄清楚"集中表现在两个重大的问题上：

第一，党在初期重视民众运动而不重视武装斗争；

第二，党在相当长时期里，包括转入武装斗争阶段后一段时期里，重视城市斗争而不重视农村斗争。

因此，尽管中国共产党自二大确立最低纲领起，已经提出了反帝反封建的革命任务，但长期来没有找到正确的革命道路。

问题在哪里发生，寻找道路就从哪里开始。中国共产党在寻找中国革命正确的道路时，在毛泽东等卓越领导人的积极探索下，在革命的方法问题上，经历了两大工作重点的转移。

第一次工作重点的转移，就是从民众运动到武装斗争的转移。

中国共产党成立后，就积极地投身到实际的革命活动中去。党吸取了以前同盟会只依靠少数革命分子，不搞群众运动，收效甚少的经验教训，努力深入下层群众，发动群众运动。中共二大指出，"我们共产党，不是'知识者所组织的马克思学会'，也不是'少数共产主义者离开群众之空想的革命团体'"。"我们既然是为无产群众奋斗的政党，我们便要'到群众中去'，要组成一个大的'群众党'"。① 因此，党先后发动了香港

---

① 《中共中央文件选集》第 1 册，第 90 页，中共中央党校出版社，1989。

海员罢工（1922 年）、安源路矿工人罢工（1922 年）、开滦煤矿工人罢工（1922 年）、京汉铁路工人罢工（1923 年）以及海丰农民减租斗争（1922 年）等。中共三大决定共产党员以个人身份加入国民党，实行国共合作时，仍然明确"对于工人农民之宣传与组织，是我们特殊的责任；引导工人农民参加国民革命，更是我们的中心工作"[①]。因此国共合作后，大量的基层工作，仍是共产党人在进行。在广东革命政府统辖的地区内，工农运动的骨干和组织者大多是共产党人；在上海发动工人反英反日大罢工和席卷全国的五卅运动的，领导者和积极分子也大多是共产党人；当时在全国影响很大的湖南、湖北、江西等地的农民运动，主要也是共产党人在那里发动的。可以这样说，1927 年大革命失败前，中国共产党的工作重点是开展民众运动。尽管当时党也参与了一些军事工作，比如在国民党开办的黄埔军校中，共产党人周恩来、叶剑英等也参与了，共产党还从各地选派了一批党团员和革命青年投考黄埔军校，他们在北伐战争中也发挥了出色的作用。但是党的工作重点很明确，就是宣传和组织工农群众，开展民众运动。

中国共产党在成立之初，积极开展以工人、农民为主体的民众运动，显然是正确的。这样做，首先，使党的全部工作有了牢靠的阶级基础，并使党在民众运动中扩大了影响，壮大了队伍，获得了迅速的发展；其次，不仅向工人农民传播了马列主义和国民革命的思想，提高了广大工农群众的阶级觉悟，而且把处于分散状态下的人民群众组织了起来，形成了一支强大的革命洪流。北伐战争之所以能顺利推进，即在于当时已形成日益高涨的工农运动。

但是，在中国这样一个半殖民地半封建的社会里，仅仅依靠民众运动是远远不够的。尤其是在北伐战争已经开始，武装斗争已经开始的情况下，仍然以民众运动为党的中心工作，势必失去革命的领导权。正如毛泽东总结的："在北伐过程中，忽视了军队的争取，片面地着重于民众

---

① 《中共中央文件选集》第 1 册，第 166 页，中共中央党校出版社，1989。

运动，其结果，国民党一旦反动，一切民众运动都塌台了。"①

在 1927 年大革命失败前，中国共产党的五届总书记都是陈独秀。陈独秀有丰富的世界史知识，但不善于研究中国的实际问题。他的"两次革命论"，其知识背景就是西欧的资产阶级革命史。在那里，无产阶级积极参加了资产阶级领导的反对封建主义的民主革命，但只充当配角，到资产阶级取得政权以后，无产阶级再积聚力量，寻找适当时机，领导反对资产阶级的社会主义革命。有鉴于此，必定认为，在资产阶级民主革命阶段，无产阶级参加斗争的方式也只是搞一些民众运动。所以，他"片面地着重于民众运动"不是偶然的，是"两次革命论"的必然结果。如果，从"革命道路"上来研究陈独秀的思路，其目的是帮助资产阶级取得政权，其方法是开展民众运动。综合起来就是：通过民众运动帮助资产阶级取得政权的民主革命道路。显然，这是一条右倾机会主义的"革命道路"。

四一二政变，蒋介石背叛革命后，严峻的形势促使中国共产党对自己的领袖及其采取的路线、选择的道路，进行反省。在这个关键的时刻，毛泽东提出了一个争取革命胜利的新思路——"枪杆子里出政权"。

1927 年 7 月 4 日，在中共中央政治局常委扩大会议上，毛泽东首次提出：农民武装可以上山或投到同党有联系的军队中去。他说："不保存武力则将来一到事变我们即无办法。"这是从如何挽救革命失败的角度提出来的。

7 月中旬，中共中央决定在江西南昌举行武装起义，以武力来反抗国民党反动派的迫害，继续把革命推向前进。八一南昌起义后，在汉口召开的中共中央紧急会议即八七会议上，毛泽东在发言中总结了大革命失败的四个教训。其中，第三个教训是：

对军事方面，从前我们骂中山专做军事运动，我们则恰恰相反，

---

① 毛泽东：《战争和战略问题》（1938 年 11 月 6 日）。《毛泽东选集》第 2 卷，第 544 页，人民出版社，1991。

不做军事运动专做民众运动。蒋唐都是拿枪杆子起的，我们独不管。现在虽已注意，但仍无坚决的概念。比如秋收暴动非军事不可，此次会议应重视此问题，新政治局的常委要更加坚强起来注意此问题。湖南这次失败，可说完全由于书生主观的错误，以后要非常注意军事。须知政权是由枪杆子中取得的。①

八七会议一结束，毛泽东就作为中央特派员到湖南去改组湖南省委，并领导秋收起义。在长沙举行的一次省委会议上，毛泽东又一次强调："要发动暴动，单靠农民的力量是不行的，必须有一个军事的帮助。""我们党从前的错误，就是忽略了军事，现在应以百分之六十的精力注意军事运动。实行在枪杆上夺取政权，建设政权。"②

毛泽东这两次关于"枪杆子里出政权"的谈话，不仅仅是从如何挽救革命失败的角度提出来的，而且更主要的是从"夺取政权"即如何争取革命胜利的角度提出来的。因此，这不是一种临时性的对策或权宜之计，而是在探索一条符合中国国情的正确道路。

说这是"正确"的，首先是因为它符合马克思列宁主义关于无产阶级革命和无产阶级专政的学说。马克思主义历来认为，摧毁旧的国家机器，必须走暴力革命的道路。武装斗争是暴力革命的主要形式，因此，"枪杆子里出政权"的思想，走武装斗争夺取政权的道路，是正确的。

说这是"符合中国国情"的正确道路，还因为"中国的特点是：不是一个独立的民主的国家，而是一个半殖民地的半封建的国家；在内部没有民主制度，而受封建制度压迫；在外部没有民族独立，而受帝国主义压迫。因此，无议会可以利用，无组织工人举行罢工的合法权利"③。所以，中国革命的特点与优点，正如斯大林所概括并为实践所证明的，

① 《毛泽东文集》第1卷，第47页，人民出版社，1993。

② 《彭公达同志关于湖南秋暴经过的报告》（1927年10月8日）。见《井冈山革命根据地》上册，第29页，中共党史资料出版社，1987。

③ 毛泽东：《战争和战略问题》（1938年11月6日）。《毛泽东选集》第2卷，第542页，人民出版社，1991。

是武装的革命反对武装的反革命。

所以，毛泽东关于"枪杆子里出政权"的论述，在寻找中国革命正确道路的过程中具有十分重要的价值。它实际上提出了，党要找到正确的革命道路，必须把自己的工作重点从民众运动转到武装斗争上来。八七会议前后，党中央在严酷的形势面前，接受了开展武装斗争的主张，并以八一南昌起义为标志打响了党领导武装斗争的第一枪。但在这以后一个长时期里，党中央几次"左"倾错误的代表仍把希望寄托在城市的民众运动上，"梦想这时城市的工人斗争和其他群众斗争能突然冲破敌人的高压而勃兴"①。最终还是实践最权威，它证明了只有以武装斗争为党的中心任务或工作重点，才能赢得革命的胜利。

第二节　寻找道路：从"城市中心论" 到"农村包围城市"

中国共产党在寻找中国革命正确的道路时，第二次工作重点的转移，就是在毛泽东的领导下实现的，从"城市中心论"到"农村包围城市"的转移，即从城市斗争到农村斗争的转移。

党的工作重点，由民众运动转到武装斗争，是在寻找道路问题上，迈出的正确的一步。但武装斗争的重点放在哪里？是城市，还是农村？这个问题不解决，仍然不能说已经认识中国革命的规律，已经找到中国革命的正确道路了。

党在刚开始领导武装斗争时，对此还缺乏深刻的认识。南昌起义后，起义部队根据中共中央预定的计划，直奔广东潮汕地区，想同那里的农民起义军汇合，进军广州。目的是想占领广州后，恢复广东革命根据地，

---

① 《关于若干历史问题的决议》（1945 年 4 月 24 日）。转引自《毛泽东选集》第 3 卷，第 976 页，人民出版社，1991。

重新举行北伐；同时夺取出海口，以便获得共产国际和苏联的援助。结果，在敌军的围攻下，这一目的没有达到。而当时党中央选择这一方案，是因为对国情的认识还不够深刻，缺乏经验，并且受到俄国依靠中心城市武装起义取得革命胜利的经验的影响。周恩来在总结当时的历史经验时曾指出：当时南下广东，想依赖外援，攻打大城市，而没有直接到农村中去发动和武装农民，实行土地革命，建立农村根据地，这是基本政策的错误。应该讲，在当时，党的这种错误是难以完全避免的，包括毛泽东。虽然他对农村问题和农民运动比较重视，在《中国社会各阶级的分析》《湖南农民运动考察报告》等著作中已经提出要重视农民、依靠农民的问题，在八七会议上他又谈过这方面的经验教训，但是他领导的秋收起义，目标仍是要夺取湖南的中心城市长沙。直到长沙久攻不下，经过激烈的争论，毛泽东才带领起义部队向敌人控制比较薄弱的罗霄山脉地区进军，寻求发展的立足点。

实践出真知。在中国共产党领导武装斗争的实践中，凡是以夺取中心城市为目标的军事行动都遭到了失败。南昌起义、秋收起义、广州起义失败了。后来，李立三制订的以武汉为中心的全国中心城市武装起义和集中全国红军攻打中心城市的冒险计划，也失败了。与此相反，自从毛泽东带领秋收起义部队转向农村以后，凡是在农村开展以土地革命为中心的武装斗争的，不仅站住了脚跟，而且壮大了队伍，建立起了红色政权，形成了革命根据地。这就提出了一个十分现实的问题：中国的武装斗争，应该以城市为中心，还是以农村为中心？

党内几次"左"的错误，在理论上和实践上都主张以城市为中心。1927年11月中共中央临时政治局扩大会议通过的《中国现状与共产党的任务决议案》就错误地决定："城市工人暴动的发动是非常之重要"，"党的责任是努力领导工人日常斗争，发展广大群众的革命高涨，组织暴动，领导他们到武装暴动，使暴动的城市能成为自发的农民暴动的中心及指导者。城市工人的暴动是革命的胜利在巨大暴动内得以巩固而发展的先决条件"。1928年中共六大既肯定地指出"要发展苏维埃根据地，夺取新的区域，这种区域是要成为更大发展的基础的"，但同时又强调："城市领导底重要，和无产阶级群众底高潮，都将要表显它的决定胜负的力量”，“党底主要任务是争取工人阶级底大多数”，“特别注意大生产大工厂中党底支部底建设和发展”。由此足见，在党的领导层里，占统治地位的观点仍是“城市中心论”。李立三的“左”倾冒险主义、王明的“左”倾冒险主义奉行的都是这种“城市中心论”。但是在当时，党的领导人在一些具体策略上的错误，较容易为人们发现和纠正，而“城市中心论”这种对全局有更大影响的观点，却又容易为人们所接受。究其原因，即在于当时共产国际和中国共产党内盛行一股教条主义的思潮，把俄国十月革命在中心城市举行武装起义夺取全国政权的做法奉为马列主义“真经”。结果是，一次又一次“左”倾错误，纠正来纠正去，走的是同一条道路，其目标是在进行反帝反封建的同时反对资本主义，即“毕其功于一役”，其方法是通过长期的民众运动和工人斗争，举行中心城市武装起义。综合起来就是：通过中心城市武装起义完成民主革命并同时进行社会主义革命。这条道路几乎把党陷于绝境之中。

毛泽东在实践中，逐渐认识到，全党的工作重点必须由城市转到农村，走“农村包围城市，最后夺取全国政权”的道路。

国内对这条革命道路的研究成果很多，但不少同志力图找到一个确定的时间，以证明毛泽东是在什么时候形成这一新思想的。作为学术研究，这一问题可以充分展开讨论，然而我们必须记取毛泽东在《实践论》中的教导：“人们的认识，不论对于自然界方面，对于社会方面，也都是一步又一步地由低级向高级发展，即由浅入深，由片面到更多的方面。”①所谓“一步又一步”，即是一个认识的过程。其第一步认识可能是不完善的，但比较完善的第二步却是由这第一步而来的。因此，研究毛泽东找到农村包围城市道路的时间问题，不能从时间的某一点上去研究，而要从历史中的一个过程去研究。

显然，秋收起义部队由进攻大城市到进军农村，是具有重要意义的。尽管毛泽东当时在认识上还没有完全形成“农村包围城市，最后夺取全

① 《毛泽东选集》第1卷，第283页，人民出版社，1991。

国政权"的思想，但是在秋收起义前，他已经有万一失败了就"上山"的思想准备。这是一个极为重要的思路，它将孕育出一个伟大的新思想。而且，更重要的是实践。进军农村的实践开创了一个新的起点，为以后新思想的形成提供了具有决定意义的前提。

毛泽东在井冈山时期所写的《中国的红色政权为什么能够存在?》(1928年10月)、《井冈山的斗争》(1928年11月)等文章，及其所论证的"工农武装割据"思想，是"农村包围城市，最后夺取全国政权"思想形成的前奏。1927年冬到1928年春，毛泽东在井冈山地区一面开展土地革命，一面建立红色政权，创立了第一个典型的农村革命根据地。与此同时，海陆丰、湘东、湘南、湘赣边界、湖北的黄安等地工农群众建立起红色政权，却先后被敌人扼杀了。1928年3月到8月，井冈山的主力部队被"左"倾冒险主义者强行调往湘南，导致井冈山革命根据地两次被敌军占领。朱毛会师后，红军采取正确的政策，使井冈山红色政权逐步恢复和发展。但是这一小块红色政权的前途仍有人怀疑，所以提出了"红旗到底打得多久?"这一问题。为之，毛泽东写了《中国的红色政权为什么能够存在?》，又给中央写了《井冈山的斗争》的报告。他在这两篇重要的文献中，论证了"工农武装割据"即农村红色政权的必要性、可能性及其条件，科学地回答了农村红色政权不仅能存在，而且能继续发展。值得注意的是，毛泽东一方面认为"小地方民众政权之能否长期地存在，则决定于全国革命形势是否向前发展这一个条件"。也就是说，当时还没有完全确定农村红色政权的存在和发展是决定全国形势发展的关键环节。但另一方面，他认为由于引起中国革命的矛盾没有解决，全国革命的形势将继续地向前发展，因此：

> 不但小块红色区域的长期存在没有疑义，而且这些红色区域将继续发展，日渐接近于全国政权的取得。[1]

---

[1] 毛泽东：《中国的红色政权为什么能够存在?》(1928年10月5日)。《毛泽东选集》第1卷，第50页，人民出版社，1991。

这就是说，他认为在中国的条件下，农村红色政权不仅会"长期存在"，而且"将继续发展"。发展的目标是"日渐接近于全国政权的取得"。不难发现，其中已经包含了真理的重要颗粒。只要进一步确定农村是党的工作的重点，这一思想就可以导出"农村包围城市，最后夺取全国政权"的结论。

1929 年 4 月，毛泽东提出了农村红色政权的发展是全国革命形势发展的主要条件的观点，初步形成了"农村包围城市，最后夺取全国政权"的思想。那年 2 月 7 日，党中央给红四军前敌委员会来信，对当时的形势做了悲观的估计，并要红军把队伍分得很小，散向农村，朱、毛离开队伍，隐匿大的目标，等等。毛泽东和前委认为，中央这封信所提出的意见是不适当的，于 4 月 5 日给中央复信，提出了不同意见。这封重要的信件来自奋战于第一线的红四军前委，来自实践经验的总结，在城市斗争与农村斗争的关系问题上，提出了两个极为重要的观点：

——"'抛弃城市斗争，是错误的；但是畏惧农民势力的发展，以为将超过工人的势力而不利于革命，如果党员中有这种意见，我们以为也是错误的。因为半殖民地中国的革命，只有农民斗争得不到工人的领导而失败，没有农民斗争的发展超过工人的势力而不利于革命本身的。'"① 这就是说，根据中国的国情，农民斗争的发展必定超过工人的势力，党的工作重点要从领导城市斗争转到领导农村斗争。

——"'党的无产阶级基础的建立，中心区域产业支部的创造，是目前党在组织方面的重要任务；但是在同时，农村斗争的发展，小区域红色政权的建立，红军的创造和扩大，尤其是帮助城市斗争、促进革命潮流高涨的主要条件。'"② 这里，尽管说农村斗争对城市斗争起"帮助"作用，但从全文来看，它不是"城市中心论"意义上的"帮助"。只要把这段论述与毛泽东在《中国的红色政权为什么能够存在?》对照一下，即可发现：那里强调"小地方民众政权之能否长期地存在，则决定于全国革

---

① ② 毛泽东：《星星之火，可以燎原》（1930 年 1 月 5 日）。《毛泽东选集》第 1 卷，第 102—103、102 页，人民出版社，1991。

命形势是否向前发展这一个条件"。这里则正好相反，强调小区域红色政权的建立是"促进革命潮流高涨的主要条件"。而且不是一般的"条件"，而是"主要"的条件。这就是说，农村斗争的发展、农村红色政权的建立是夺取全国政权的主要条件。

如果再进一步联系到这封信的基调，是一种同中央意见相左的声音，因此尽管信中有些提法（如前述之"帮助"）会给人误解仍未跳出"城市中心论"的框框，但这只是枝节问题，其整个观点是一种新的思路——在半殖民地半封建的中国，工人阶级及其政党要敢于领导农民斗争，在农村武装斗争中建立和发展红色政权，不断扩大农村革命根据地，促进革命潮流高涨。可以说，"农村包围城市，最后夺取全国政权"的思想已初步形成。

1930 年 1 月，毛泽东写的长信《星星之火，可以燎原》，进一步发展了"工农武装割据"[①] 的思想，终于完全摆脱了"城市中心论"的束缚，形成了"农村包围城市，最后夺取全国政权"的思想。1929 年，毛泽东、朱德率领红四军的主力从井冈山出发，进军赣南、闽西，开辟新的根据地。到 1930 年，农村革命根据地获得了重大的发展，证明了毛泽东对"红旗到底打得多久"的回答是正确的。但是党内不少同志仍囿于"城市中心论"，认为在中心城市武装起义条件尚未成熟的时候，这样艰苦地建立农村红色政权是徒劳的。林彪还散发了一封对红军前途究竟应该如何估计的征求意见的信。在答复林彪和党内一些同志的疑问时，毛泽东对红军创建和扩大农村革命根据地的实践，作了新的概括和总结：

> 在对于时局的估量和伴随而来的我们的行动问题上，我们党内有一部分同志还缺少正确的认识。他们……没有在游击区域建立红色政权的深刻的观念，因此也就没有用这种红色政权的巩固和扩大去促进全国革命高潮的深刻的观念。他们似乎认为在距离革命高潮

---

① 毛泽东：《中国的红色政权为什么能够存在？》（1928 年 10 月 5 日）。《毛泽东选集》第 1 卷，第 50 页，人民出版社，1991。

尚远的时期做这种建立政权的艰苦工作为徒劳，而希望用比较轻便的流动游击方式去扩大政治影响，等到全国各地争取群众的工作做好了……那时把红军的力量加上去，就成为全国范围的大革命。他们这种全国范围的、包括一切地方的、先争取群众后建立政权的理论，是于中国革命的实情不适合的。①

难能可贵的是，这段论述是直接批评"城市中心论"的。毛泽东强调的"正确的认识"，就是"朱德毛泽东式、方志敏式之有根据地的，有计划地建设政权的，深入土地革命的，扩大人民武装的路线"，"政权发展是波浪式地向前扩大的"等等的政策。②毛泽东强调的"深刻的观念"，就是"红军、游击队和红色区域的建立和发展，是半殖民地中国在无产阶级领导之下的农民斗争的最高形式，和半殖民地农民斗争发展的必然结果；并且无疑义地是促进全国革命高潮的最重要因素"③。（有同志因"最重要因素"之"最"是此文收入《毛泽东选集》时加上去的，就认为毛泽东当时仍未摆脱"城市中心论"的影响，似不妥。前面已说，1929年4月时毛泽东已认为是"主要条件"，已有"最重要因素"的含义）这种认识和观念，就是"农村包围城市，最后夺取全国政权"的认识和观念。

当然，从全党而言，确立这种新认识、新观念尚需时日，因此以后又发生过中央要红军攻打中心城市等问题。但实践不断证明了毛泽东的认识是正确的，党内不少同志也在实践中逐渐意识到以"全副力量去发展乡村"，才能"包围城市，封锁城市，用广大的农村革命势力以向城市进攻"。④

正是毛泽东这种创造性的实践和创造性的理论，使中国共产党找到了一条既不同于陈独秀右倾机会主义，又不同于历次"左"倾机会主义的正确的革命道路。这条道路要达到的目的，就是推翻帝国主义、封建

①②③ 毛泽东：《星星之火，可以燎原》（1930年1月5日）。《毛泽东选集》第1卷，第97—98、98、98页，人民出版社，1991。
④ 《红旗》第104期，1930年5月。

主义和官僚资本主义的反动统治，夺取全国政权；方法是在农村开展武装斗争，创建农村革命根据地，建立农村红色政权，使之波浪式地向前扩大，逐步包围城市。综合起来，简明地说，就是："农村包围城市，最后夺取全国政权"。

找到一条"农村包围城市，最后夺取全国政权"的独特的革命道路，毫无疑问，是毛泽东对中国革命的最大贡献。这条在当年被称为"农村武装割据"的道路，具有三个要素：一是党领导的人民武装，二是党领导的土地革命，三是党领导的人民政权。

过去，在我们研究毛泽东这一贡献的时候，比较多的研究集中在近代中国的基本国情与这条道路的关系、"农村武装割据"的条件和要求以及根据地建设等问题上。其实，还有一个重要的课题也应该研究，这就是毛泽东"夺取全国政权"的思想。因为这条正确的革命道路，不仅包括创造性地把革命的重点放在农村，而且能够适时地提出夺取全国政权的条件和形式。

我们都知道，毛泽东在《新民主主义论》中，已经提出并系统地论述了中国革命胜利后的政权性质和形式。在中共七大，毛泽东和中共中央根据当时的形势，曾经设想建立包括国民党在内的"联合政府"作为新民主主义的政权形式。可是，在抗日战争胜利后不久，蒋介石国民党就发动了不得人心的内战。但由于这场内战逆历史潮流而动，到1947年秋，人民解放军已经在解放战争的战场上掌握了主动权，加上中国共产党在根据地实行土地改革，在国统区领导人民开展反饥饿、反内战、反迫害斗争，全国范围内的人心所向已经发生了有利于我们党的根本变化。这意味着，一个极其重要的历史转折点到来了。1947年10月，毛泽东在《中国人民解放军宣言》中不失时机地提出了"打倒蒋介石，解放全中国"的口号。这标志着，中国共产党认为夺取全国政权的条件成熟了。

对于毛泽东"夺取全国政权"的思想，西方有些人歪曲他提出的"枪杆子里出政权"的思想，污蔑我们是依靠枪杆子支撑的极权制度。他们完全不懂得，中国共产党拿起枪杆子，是因为我们的敌人手中不仅拿着枪杆子，还用这个枪杆子屠杀人民。

在一次同外宾的交流中，我曾经说过这样一段话：

"枪杆子里出政权"这个话确实是我们说过的，时间是 1927 年 8 月 7 日。为什么要说这个时间呢？因为在这之前，1927 年 4 月 12 日中国发生了一件大事，国民党的蒋介石在上海发动政变，屠杀共产党人和工农群众。这件事情迫使共产党人在那年 8 月 1 日拿起了枪杆子，在南昌举行武装起义。也就是说，"枪杆子里出政权"是严酷的形势迫使我们做出的决定，并非共产党人迷恋暴力。事实上，中国共产党作为中国民主力量的代表，作为一个长期为民主而奋斗的党，在战场上取得决定性优势的时候并没有凭借枪杆子的力量独霸政权，而是同各民主党派和无党派民主人士一起，采取民主的方式，共同来建立新中国。

可以这样说，毛泽东的"夺取全国政权"的思想，就是武装推翻旧政权、民主建立新政权的思想。

因此，总结毛泽东领导中国共产党在开辟农村包围城市、最后夺取全国政权的道路中的全部经验，一是在敌强我弱的态势下，把工作的重点放在农村；二是在敌强我弱态势发生根本变化的条件下，适时地把工作重点转向进城，夺取全国政权。而夺取全国政权，不仅指的是用革命武装打败反革命武装，推翻反动统治，而且指的是依靠民主的途径和形式，建立人民当家作主的新政权，即"民主建政"。

但是，我们的研究仅仅停留在"民主建政"还不够。如果再进一步考察毛泽东领导中国共产党建立新中国的历史，研究毛泽东的民主建政思想，我们还可以注意到，在决定夺取全国政权的历史时刻，毛泽东在《中国人民解放军宣言》中明确地提出：

联合工农兵学商各被压迫阶级、各人民团体、各民主党派、各少数民族、各地华侨和其他爱国分子，组成民族统一战线，打倒蒋介石独裁政府，成立民主联合政府。①

这里，明确提出了要"组成民主统一战线"，来成立民主联合政府。而实现这一目标的具体措施，就是邀请各民主党派、无党派民主人士到解放区召开政治协商会议，把在长期斗争中形成的人民民主统一战线，转化为有组织、有章程、有制度的统一战线；然后，决定在召开人民代表大会条件还不具备的条件下，由人民政协全国委员会代行国家政权机关的职权。

显而易见，毛泽东关于"夺取全国政权"的思想，在"武装推翻旧政权、民主建立新政权"的思想中，还包括了通过协商民主建立新中国的特点。也正是在这个意义上，我们可以把民主建立新中国的经验概括为"民主建政，协商建国"。

这一历史过程所体现的毛泽东民主建政思想，概括起来，就是依靠和发挥我们在革命实践中建立起来的统一战线，把非制度化的统一战线转化为制度化的统一战线，即在召开中国人民政治协商会议的过程中形成中国共产党领导的多党合作和政治协商制度；再把制度化的统一战线转化为人民民主的政权组织，即由中国共产党领导的多党合作和政治协商制度的组织机构中国人民政治协商会议全国委员会代行国家权力机关职权。

也就是说，毛泽东开辟的"农村包围城市，最后夺取全国政权"这一独特的革命道路，由"农村包围城市"（即"农村武装割据"）和"最后夺取全国政权"两个方面的思想组成。只有把这两个方面的思想讲全了，才能真正说明这条道路对中国革命胜利无比巨大的历史性贡献。

第三节　山沟里的马列主义

毛泽东的探索，今天称颂者多，而在当时，却有不少人表示怀疑，

---

① 毛泽东：《中国人民解放军宣言》（1947 年 10 月 10 日）。《毛泽东选集》第 4 卷，第 1237 页，人民出版社，1991。

甚至对此进行了武断的批评。

1929 年到 1930 年初，是毛泽东寻找农村包围城市道路的关键时刻。也正是在这一段时期，共产国际从 1929 年 2 月至 10 月，接连给中共中央发出四封指示信。尤其是第四封来信，即《共产国际执委给中共中央关于国民党改组派和中央任务问题的信》（1929 年 10 月 26 日）对中共中央领导层影响更大。中共中央曾于 1930 年 1 月 11 日召开政治局会议，专门讨论了这封十月来信，并且做了一个《接受国际十月二十六日指示信的决议》。共产国际十月来信的观点，同毛泽东在实践中获得的结论，几乎全部相反：

第一，对形势的估计上，认为中国进入了深刻的全国危机的时期，工人运动的新浪潮高涨起来了。中国共产党要"准备群众去用革命方法推翻地主资产阶级联盟的政权，去建立苏维埃形式的工农专政"。

第二，对党的工作重点，认为毛泽东等领导的游击战争只是革命潮流中的一个"支流"，日益增长的革命高潮最准确最重大的特征，是工人运动的复兴，因此共产国际指令中国共产党要以城市为中心组织工人武装暴动。

第三，对党内主要危险的判断，认为是"右倾机会主义的心理和倾向"，而不是"左"。

以李立三为代表的党中央领导不仅全盘接受了这些观点，而且针对毛泽东等人的探索作了进一步的发挥，在党的刊物上不断批评"以乡村包围城市"是一种"幻想"，是一种不可能使中国革命取得胜利的"极错误的观念"。这些观点在 1930 年 6 月 11 日召开的中共中央政治局会议上，还写进了李立三起草的《新的革命高潮与一省或几省首先胜利》的决议案中。他们根据这个决议案制定了"左"倾冒险主义的全国武装暴动计划，命令各路红军攻打中心城市，给革命造成了严重的损失。

但由于"左"倾冒险主义是以马列主义的面目、共产国际的背景出现的，于是就发生了一场争论：究竟谁掌握了马列主义？是在大城市的党中央领导人，还是在山沟沟里的毛泽东？

当时，有人认为"山沟沟里没有马列主义"。但在实践面前，经过理性思考，不少同志逐渐认识到了：真正的马列主义掌握在毛泽东那里。郭化若在一篇回忆录中谈到过周以栗思想认识转变的情况：

> 当王明路线的热烈拥护者抛出"狭隘经验主义"帽子的时候，周以栗同志（原长江局军事部长，奉长江局之命来劝说毛主席再回去打长沙，经毛主席通宵恳谈后，转变了思想，完全拥护毛主席）就站出来说："山沟里有马克思主义。"①

为什么说共产国际与"左"倾机会主义者的"城市中心论"不是马列主义，而毛泽东的"农村包围城市"的理论是马列主义呢？

首先，毛泽东坚持和发展了马列主义关于通过暴力革命摧毁旧的国家机器，夺取全国政权的基本原理。这不仅表现在坚持武装斗争的基本方法和夺取全国政权的目标上，而且表现在农村革命根据地的建立和建设上。毛泽东开创的农村包围城市的道路，既不是流寇式的游击主义道路，也不是封建式的军事割据道路，而是通过建立和扩大农村革命根据地，来夺取全国政权的道路。建立农村革命根据地包括四个基本要素：一是中国共产党的正确领导；二是人民军队的武装斗争；三是群众性的土地革命；四是实行民主集中制的红色政权。这四个互相联系的基本要素，意味着在中国，通过暴力革命摧毁旧的国家机器，建立无产阶级领导的人民政权，是通过部分质变到根本质变的过程实现的，即毛泽东说的"饭是一口一口吃的"。每一个农村革命根据地建立，贯彻的都是马列主义关于通过暴力革命摧毁旧的国家机器的基本原理，都是"质变"；但对于夺取全国政权而言，又都是"部分质变"。因此，从"农村包围城市"到"最后夺取全国政权"，全过程都坚持了马列主义。

同时，更重要的是，毛泽东坚持了马列主义的辩证唯物主义和历史唯物主义的世界观和方法论。在提出和论证"农村包围城市，最后夺取

---

① 郭化若：《毛主席抗战初期光辉的哲学活动》。载《中国哲学》第1辑，三联书店，1977。

全国政权"理论的过程中，毛泽东有一个极为明显的特点：以实践为基础，分析国情，分析具体矛盾，分析现实的环境和条件。无论在《中国的红色政权为什么能够存在?》《井冈山的斗争》，还是在红四军前委 1929 年 4 月 5 日给中央的复信、《星星之火，可以燎原》中，都进行了这种具体的分析。应该说，毛泽东十分重视马列主义的基本理论和苏联的经验，现在能够找到的 1929 年至 1930 年他写的书信，仅有两封信：一封是 1929 年 11 月 28 日致中共中央的信，一封是 1929 年 11 月 28 日致李立三的信。这两封信的共同特点是：强调理论学习。在前一封信中，毛泽东说："惟党员理论常识太低，须赶急进行教育。除请中央将党内出版物（布报，《红旗》，《列宁主义概论》，《俄国革命运动史》等，我们一点都未得到）寄来外，另请购书一批"[1]。在后一封信中，他说："我知识饥荒到十分，请你时常寄书报给我"[2]。可见他对理论学习的重视。但同时，他绝不像教条主义者那样，生吞活剥马列主义，而是努力把马列主义基本原理同中国具体实际结合起来，解决中国具体问题。他在当时就已经指出：

> 必须洗刷唯心精神，防止一切机会主义盲动主义错误出现，才能完成争取群众战胜敌人的任务。必须努力作实际调查，才能洗刷唯心精神。[3]

因此，毛泽东在实践中找到的"农村包围城市，最后夺取全国政权"这条革命道路，是马克思列宁主义基本原理与中国具体实际相结合的伟大硕果，是引导中国革命走向胜利的光明大道，是中国共产党对无产阶级革命和无产阶级专政学说的杰出贡献。

这，就是山沟沟里的马列主义——有中国特色的革命道路！

---

[1][2]　《毛泽东书信选集》，第 22、24 页，中央文献出版社，2003。

[3]　毛泽东：《反对本本主义》（1930 年 5 月）。《毛泽东选集》第 1 卷，第 112 页，人民出版社，1991。

第五章　统一战线论

毛主席对我们共产党的许多干部谈：你们每天写日记不要写别的，就只写一句"团结百分之九十"就行了。我想，在毛主席领导下，争取大多数，为着共同事业奋斗，消灭反动统治，这一政策的运用，是我们最大的成就。

——周恩来

第一节　国情与统一战线

统一战线，武装斗争，党的建设，是中国共产党在中国革命中战胜敌人的三个法宝，三个主要的法宝。这是中国共产党的伟大成绩，也是中国革命的伟大成绩。[①]

毛泽东在《〈共产党人〉发刊词》（1939 年 10 月）中所作的这个概括，为我们研究毛泽东思想科学体系的内容，提供了重要的思路。

为什么统一战线、武装斗争、党的建设是中国革命的三个法宝呢？毛泽东说，是从"半殖民地的中国的特点"中概括出来的。从半殖民地半封建中国的革命历史看，从半殖民地半封建中国的政治、经济、文化特点及其所规定的革命的性质、对象、动力和斗争的主要形式看，中国资产阶级民主革命过程中有"两个基本特点"："（一）无产阶级同资产阶级建立或被迫分裂革命的民族统一战线，（二）主要的革命形式是武装斗争。"[②] 而这两个基本特点，又同党的失败与胜利、后退与前进、缩小与扩大、发展与巩固联系着，"所以，统一战线问题，武装斗争问题，党的建设问题，是我们党在中国革命中的三个基本问题。正确地理解了这三个问题及其相互关系，就等于正确地领导了全部中国革命"。[③]

倘若再进一步问一下：为什么在半殖民地半封建的中国，革命中会有这"两个基本特点"，中国共产党在革命中要处理好这"三个基本问题"呢？我们就可以回想起毛泽东在分析国情时，不仅强调要认清社会的性质，而且强调要搞清社会的阶级状况和阶级结构，尤其强调要进行敌我分析，搞清"谁是我们的敌人？谁是我们的朋友？"我们在前面已经说过，在中国，一般情况下，官僚买办资产阶级、封建地主阶级是革命

----

①②③　《毛泽东选集》第 2 卷，第 606、604、605—606 页，人民出版社，1991。

的对象；工业无产阶级是革命的领导力量；农民、城市小资产阶级是我们可靠的朋友，民族资产阶级由于其有两面性也可能成为我们的朋友。因此，以无产阶级及其政党为"我"方，无产阶级与官僚买办资产阶级、封建地主阶级的关系即为敌我关系，无产阶级与农民、城市小资产阶级以及民族资产阶级的关系即为朋友关系，由于"我"方与"友"方又可统称为"人民"，所以这种关系又可叫做人民内部关系。这样，我们就可以看到，在半殖民地半封建的中国，阶级矛盾实际上可分为两大类：一类为敌我矛盾，一类为人民内部矛盾。我们知道，这两个范畴是毛泽东在我国进入社会主义之际提出来的，但毛泽东能在社会主义时期提出两类不同性质的社会矛盾学说，除了社会主义的实践是其提出的客观基础外，民主革命时期的经验则是其重要的知识背景。因此，我们可以倒过来，用他在社会主义时期提出的"敌我矛盾"与"人民内部矛盾"这两个新范畴，来理解毛泽东区分敌我友的理论意义和实践意义。这样，我们就可以发现一个有趣的关系式：

民主革命时期的敌我矛盾——武装斗争；

民主革命时期的人民内部矛盾——统一战线；

正确区分与处理敌我矛盾和人民内部矛盾——党的建设。

可见，毛泽东提出的"三大法宝"是由国情，即半殖民地半封建中国存在两类不同性质的阶级矛盾这一特点决定的。

我们已经在"革命道路论"中阐述了毛泽东的武装斗争思想，党的建设问题将在下一章研究，这里讨论的主要是毛泽东的统一战线思想。

首先，如前所述，毛泽东强调统一战线是中国革命的"法宝"，是因为在半殖民地半封建的中国，阶级状况相当复杂，在"人民"这一范畴中包含着众多的阶级、阶层和社会集团，因此无产阶级不仅要解决敌我矛盾，还要正确认识和处理人民内部的矛盾。

其次，由于在人民内部各种矛盾中，实际上存在着劳动人民与劳动人民之间的矛盾（主要是工农矛盾）和劳动人民与剥削阶级之间的矛盾（主要是无产阶级与民族资产阶级的矛盾）这两大矛盾，因此我们的统一战线在一般情况下，有两个联盟组成，一是工农联盟，二是同民族资产阶级的联盟。① 以往，我们一讲统一战线，就认为是同资产阶级的统一战线。其实不然，它包含更为广泛的含义。第一次国共合作，就是工人阶级、农民阶级、城市小资产阶级和民族资产阶级这四个阶级的联盟。第二次国共合作，毛泽东说得更明白：

> 抗日民族统一战线是否只限于国共两个党的呢？不是的，它是全民族的统一战线，两个党仅是这个统一战线中的一部分。抗日民族统一战线是各党各派各界各军的统一战线，是工农兵学商一切爱国同胞的统一战线。②

解放战争时期的统一战线，也是工农兵学商各被压迫阶级、各人民团体、各民主党派、各少数民族、各地华侨和其他爱国分子组成的革命统一战线。因此，毛泽东所讲的统一战线，不仅仅是同民族资产阶级的统一战线，而且更重要的是劳动人民的联盟，是工农联盟。这也是由近代中国的国情所决定的，即：

再次，在近代中国特殊而又复杂的国情下，统一战线的建立与破裂、发展与缩小，还同武装斗争、党的建设有密切的关系。党的路线比较正确，武装斗争能日益发展，统一战线就能巩固和发展；同样，统一战线比较巩固，武装斗争、党的建设也能较好地发展。党在民主革命时期，指导统一战线工作时，从来不是离开武装斗争和党的建设，单独地、孤

---

　　① 　在特殊情况下，还要同大地主大资产阶级中的某一些派别结成统一战线。比如在抗日战争时期，要同英美派大地主大资产阶级搞统一战线。

　　② 　毛泽东：《国共合作成立后的迫切任务》（1937 年 9 月 29 日）。《毛泽东选集》第 2 卷，第 365—366 页，人民出版社，1991。

立地进行研究和部署。对此，周恩来的论述极为深刻，他说发展统一战线必须注意"敌人、队伍和司令官"的关系问题：

> 新民主主义的统一战线，就是无产阶级领导的人民大众的反帝反封建的统一战线。毛泽东同志说得很清楚，要建立一个巩固的新民主主义的统一战线，就是要认清楚敌人、队伍和司令官这三个问题。在革命发展过程中，由于敌我关系和斗争营垒时常发生变化，形势时常变动，所以统一战线的问题就很复杂。我们应当根据毛泽东同志所指出的这三个方面，来研究统一战线的经验教训。[①]

周恩来善于对毛泽东思想的各方面理论融会贯通地理解和阐述。这里，他就是从毛泽东对国情的分析，尤其是敌我友阶级关系的分析入手，来阐述毛泽东的统一战线理论的。并且注意到"敌人"与"人民"的营垒"时常发生变化"，因此各个时期统一战线的基础和对象都会因这种"敌我关系和斗争营垒"的变化而变化，"司令官"要在把握这种变化中掌握统一战线的领导权和主动权，既要有原则性又要有灵活性。因此，统一战线与武装斗争、党的建设不能割裂开来研究，这也是由中国的国情决定的。

第二节　政治基础论

既然统一战线的问题，是由中国的国情决定的，是从近代中国存在着两类不同性质的阶级矛盾中产生的，而敌我矛盾与人民内部矛盾都是同"敌人"与"人民"这两个历史性的政治范畴相联系的，因此，统一战线的建立和发展，必须有一个政治基础。毛泽东的高明之处，就在

---

① 周恩来：《论统一战线》（1945 年 4 月 30 日）。《周恩来选集》上卷，第 207 页，人民出版社，1980。

于善于在不同时期，从不同的历史条件出发，找到统一战线的政治基础。

政治基础，不是别的，就是能够团结一切革命力量的共同利益。而利益问题，是一种主客体之间的相互关系，十分复杂，既有主观的愿望和要求，又有客观的条件和需要。因此，各个阶级、各个社会集团都有自己的利益要求，这些要求又受到他们所处的社会环境和历史条件的制约。所以，要寻找共同的利益，就要像周恩来常讲的"求同存异"，即求大同存小异。但什么是"大同"？它不是一种绝对的东西，毛泽东的做法是：研究形势，研究社会矛盾，研究什么是对绝大多数阶级都有利害关系的问题。

在民主革命时期，三次统一战线的实践过程中，毛泽东都是从形势和任务的分析中，阐明各阶级面临的利害关系（即生死存亡问题），并以此为基础强调统一战线的必要性、组成对象和特点的。

中国革命中第一次搞统一战线，是在中共二大酝酿、中共三大决定的。采取的方式，是共产党员以个人身份加入国民党，即"党内合作"的方式，史称"第一次国共合作"。共产国际在推动第一次国共合作中发挥了积极的作用。毛泽东在这次统一战线建立过程中，采取了正确的立场和态度。他认为："中国现在的政治问题，不是别的问题，是简单一个国民革命问题；用国民的力打倒军阀并打倒和军阀狼狈为奸的外国帝国主义，这是中国国民历史的使命。这个革命是国民全体的任务，全国国民中商人、工人、农民、学生、教职员，都同样应该挺身出来担负一部分革命的工作。"① 也就是说，第一次国共合作的政治基础，是反对帝国主义、反对北洋军阀的国民革命。因此，凡是赞成、支持和参加国民革命的阶级、阶层和社会集团，都是这次统一战线的团结对象。

第二次国共合作的政治基础，是抗日。因此这个统一战线被史家称为"抗日民族统一战线"。凡是一切抗日的阶级、阶层和社会集团，包括

---

① 毛泽东：《北京政变与商人》（1923 年 7 月 11 日）。载《向导周报》，1923 年第 32 期。

英美派大地主大资产阶级，都是统一战线的成员。

与第一次国共合作不同的是，抗日民族统一战线是在毛泽东直接领导下建立起来的，从中更可以看到毛泽东的思路。首先，他是根据客观形势变化的情况，来确定统一战线的政治基础的。1935 年 12 月 27 日，在陕北瓦窑堡党的活动分子会议上，他指出："目前形势的基本特点，就是日本帝国主义要变中国为它的殖民地。""这种情形，就给中国一切阶级和一切政治派别提出了'怎么办'的问题。反抗呢？还是投降呢？或者游移于两者之间呢？""中国的工人和农民都是要求反抗的。""中国的小资产阶级也是要反抗的。""大土豪、大劣绅、大军阀、大官僚、大买办们的主意早就打定了。他们过去是、现在仍然是在说：革命（不论什么革命）总比帝国主义坏。……他们是帝国主义的走狗。""民族资产阶级有没有发生变化的可能性呢？我们认为是有这种可能性的。"经过这样的分析，他说：

> 把这个阶级关系问题总起来说，就是：在日本帝国主义打进中国本部来了这一个基本的变化上面，变化了中国各阶级之间的相互关系，扩大了民族革命营垒的势力，减弱了民族反革命营垒的势力。①

就是根据抗日战争及其带来的阶级关系变化的特点，中共中央先后提出了"抗日反蒋"、"逼蒋抗日"、"联蒋抗日"的政策，经过 1936 年 12 月 12 日西安事变，终于以抗日这一共识为基础结束了十年内战，逐步建立了抗日民族统一战线。其次，他也是根据党和人民的利益，即革命事业的需要来确定统一战线的政治基础的。当毛泽东在长征结束后提出建立抗日民族统一战线时，党和革命队伍内许多同志不理解。当时，工农红军刚经过同蒋介石国民党的浴血搏斗，敌对的情绪还十分严重，而且在

---

① 毛泽东：《论反对日本帝国主义的策略》（1935 年 12 月 27 日）。《毛泽东选集》第 1 卷，第 149 页，人民出版社，1991。

蒋介石国民党方面还在咄咄逼人地部署兵力，叫嚷要消灭共产党。但是，毛泽东以民族大义为重，强调：

> 中日民族矛盾的发展，在政治比重上，降低了国内阶级间的矛盾和政治集团间的矛盾的地位，使它们变为次要和服从的东西。①

他没有拘泥于传统的阶级斗争理论，而是把民族的生死存亡问题摆到了首位，表现了共产主义者高度的爱国主义情操。（在当时，要同蒋介石国民党"拼个你死我活"的"左"倾关门主义倾向与蒋介石长期顽固地奉行的"攘外必先安内"，倒大有"以阶级斗争为纲"的味道。）这不是说，毛泽东只讲民族大义，不讲革命原则，而是提出了一条更有利于党和人民利益的策略路线。因为，当中国共产党举起了"抗日"与"爱国主义"旗帜的时候，也就掌握了同蒋介石国民党斗争的主动权，迫使军事上占据优势的蒋介石国民党同共产党进行平等的谈判，联合抗日；而且中国共产党在"抗日"与"爱国主义"的旗帜下，能更好地推进反帝反封建的民主革命，党在抗日民族统一战线建立之初提出的"和平、民主、抗日"的口号，在同抗日民族统一战线中的反共逆流斗争中提出的"要抗战不要投降，要团结不要分裂，要进步不要倒退"的口号，都是融民族斗争与阶级斗争于一体的正确口号。实践也证明，正是在抗日民族统一战线发展的过程中，壮大了党的力量和革命的队伍。由此可见，毛泽东确定统一战线政治基础的根据有两条：一是客观形势变化的情况，二是党和人民的利益。前者是科学根据，后者是价值根据，两者必须有机统一。

抗日战争胜利后，国共两党在建国问题上的矛盾突出了。毛泽东说："从整个形势看来，抗日战争的阶段过去了，新的情况和任务是国内斗争。蒋介石说要'建国'，今后就是建什么国的斗争。"② 后来的形势发展

---

① 毛泽东：《中国共产党在抗日时期的任务》（1937 年 5 月 3 日）。《毛泽东选集》第 1 卷，第 254 页，人民出版社，1991。

② 毛泽东：《抗日战争胜利后的时局和我们的方针》（1945 年 8 月 13 日）。《毛泽东选集》第 4 卷，第 1130 页，人民出版社，1991。

证明了毛泽东在 1945 年 8 月这一预言。于是，碰到了一个问题：统一战
线还要不要？是扩大了还是缩小了？毛泽东的回答是：不仅要，而且在
同蒋介石国民党的斗争中民族统一战线才真正地扩大了。他说：

> 一九四七年十月，人民解放军发表宣言，其中说："联合工农兵
> 学商各被压迫阶级、各人民团体、各民主党派、各少数民族、各地
> 华侨和其他爱国分子，组成民族统一战线，打倒蒋介石独裁政府，
> 成立民主联合政府。"这就是人民解放军的、也是中国共产党的最基
> 本的政治纲领。从表面上看来，现在时期，比较抗日时期，我们的
> 革命的民族统一战线，似乎是缩小了。但是在实际上，只是在现在
> 时期，只是在蒋介石出卖民族利益给美国帝国主义，发动反人民的
> 全国规模的国内战争之后，只是在美国帝国主义和蒋介石反动统治
> 集团的罪恶已经在中国人民面前暴露无遗之后，我们的民族统一战
> 线才是真正地扩大了。在抗日时期，蒋介石和国民党在中国人民中
> 还没有完全丧失威信，他们还有许多的欺骗作用。现在不同了，他
> 们的一切欺骗都已被他们自己的行为所揭穿，他们已经没有什么群
> 众，他们已经完全孤立了。和国民党相反，中国共产党不但在解放
> 区得到最广大人民群众的信任；在国民党统治区，在国民党控制的
> 大城市，也得到了广大人民群众的拥护。①

为了巩固和发展这一统一战线，毛泽东和党中央制定了农村土地改革的
政策、工商业政策和正确对待民族资产阶级以及开明绅士的一系列政策。
这些政策体现的是同一个精神：新民主主义的人民民主革命，即以建立
人民民主专政为目标的人民革命。毛泽东就是以人民民主革命为政治基
础，来建立、巩固和发展解放战争时期统一战线的。因此这一统一战线，
一般就叫做"革命统一战线"。

---

① 毛泽东：《目前形势和我们的任务》（1947 年 12 月 25 日）。《毛泽东选集》第 4
卷，第 1256 页，人民出版社，1991。

在考察民主革命中三次统一战线的政治基础的过程中，我们注意到，中国共产党对建立和发展统一战线问题，在抗日战争时期已经超越经验阶段，形成了一整套完整的理论。值得注意的是，毛泽东在提出"三大法宝"理论时，十分有意思地说我们已经找到了统一战线的"规律"。他说：

> 三个阶段的历史，证明了下列的规律：（一）由于中国最大的压迫是民族压迫，在一定的时期中，一定的程度上，中国民族资产阶级是能够参加反帝国主义和反封建军阀的斗争的。因此，无产阶级在这种一定的时期内，应该同民族资产阶级建立统一战线，并尽可能地保持之。（二）又由于中国民族资产阶级在经济上、政治上的软弱性，在另一种历史环境下，它就会动摇变节。因此，中国革命统一战线的内容不能始终一致，而是要发生变化的。……（三）中国的带买办性的大资产阶级，是直接为帝国主义服务并为它们所豢养的阶级。因此，中国的带买办性的大资产阶级历来都是革命的对象。但是，由于中国的带买办性的大资产阶级的各个集团是以不同的帝国主义为背景的，在各个帝国主义间的矛盾尖锐化的时候，在革命的锋芒主要地是反对某一个帝国主义的时候，属于别的帝国主义系统的大资产阶级集团也可能在一定程度上和一定时期内参加反对某一个帝国主义的斗争。……（四）在买办性的大资产阶级参加统一战线并和无产阶级一道向共同敌人进行斗争的时候，它仍然是很反动的……（五）无产阶级的坚固的同盟者是农民。（六）城市小资产阶级也是可靠的同盟者。这些规律的正确性，不但在第一次大革命时期和土地革命时期证明了，而且在目前的抗日战争中也在证明着。[①]

认识这些规律，标志着我们已经善于在各个革命时期，找到建立统一战

---

① 毛泽东：《〈共产党人〉发刊词》（1939 年 10 月 4 日）。《毛泽东选集》第 2 卷，第 606—607 页，人民出版社，1991。

线的政治基础及其认识的方法，能够娴熟地团结一切可以团结的力量，孤立和打击各个时期的主要敌人，赢得革命的胜利。也就是说，我们已经在建立、巩固和发展统一战线问题上，逐渐地由必然王国进入到自由王国。

第三节　领导权论

在民主革命三次统一战线实践中，有一个值得思考的问题：第一次国共合作是以破裂而告终的，而第二次国共合作在革命的转折时期是以统一战线的发展而转换形态的，这是为什么？

在八七会议上，毛泽东对第一次国共合作的经验教训有一个总结：

> 国民党问题在吾党是很长久的问题，直到现在还未解决。首先是加入的问题，继又发生什么人加入，即产业工人不应加入的问题。实际上不仅产业工人，即农民都无决心令其加入。当时大家的根本观念都以为国民党是人家的，不知它是一架空房子等人去住。其后像新姑娘上轿一样勉强挪到此空房子去了，但始终无当此房子主人的决心。我认为这是一大错误。[①]

这里讲的"当主人"问题，即统一战线的领导权问题。毛泽东指出的这一问题，确实抓住了问题的要害。这就是统一战线成功与否的关键之所在。

中国共产党要掌握统一战线的领导权，是从实践中获得的认识。这一认识反映了中国社会和中国革命发展的客观规律，有其科学的理论根

---

① 毛泽东：《在中央紧急会议上的发言》（1927 年 8 月 7 日）。《毛泽东文集》第 1 卷，第 46 页，人民出版社，1993。

据。所谓"规律"，即在半殖民地半封建的中国，最先进的阶级是代表工业生产力的无产阶级；虽然中国革命刚处在资产阶级民主革命阶段，但是在中国的资产阶级中，买办资产阶级由于其依赖的背景是帝国主义和封建主义，因而不仅不是革命的动力，反而是革命的对象，民族资产阶级由于其有两面性，因而虽能参加革命，但不能成为革命的领导阶级。所谓"理论根据"，即统一战线的领导权问题是由民主革命的领导权问题决定的，因为统一战线是完成民主革命任务的一种方式，其领导权问题必然是同革命的领导权问题相一致的。

那么，什么是统一战线的领导权呢？

近几年在抗日战争史的研究中，有人因当时当权者是蒋介石国民党，就断言抗日战争是蒋介石国民党领导的。这种观点，从形式上看貌似有理，但形式毕竟是形式，而不是问题的实质。

应该注意到，毛泽东讲的民主革命的领导权、统一战线的领导权，主要指的是"共产党对于全国人民的政治领导"①。

统一战线中的政治领导权，首先指的是中国共产党要在革命的每一发展阶段，都提出能指导全局的"一致行动的具体目标"。例如，在抗日战争阶段行将到来之际，中国共产党就提出了"抗日民族统一战线"和"统一的民主共和国"这样的基本口号，提出了"停止内战""争取民主""实现抗战"的口号，作为全国人民一致行动的具体目标。蒋介石国民党提不出，共产党提出了；各阶层人民盼望的，共产党提出了；共产党不仅提出了，而且能受到全国各阶层人民拥护。这样，就获得了政治的领导权。毛泽东说："没有这种具体目标，是无所谓政治领导的。"②

其次，指的是中国共产党在统一战线中，是实现这些具体目标的模范。毛泽东十分强调，在统一战线中，共产党员的先锋作用和模范作用是十分重要的。因为只有既提出具体的行动纲领，又带头实行这些纲领，才能带领各阶层人民为此而奋斗。这种用"行动"来实现的凝聚作用和

---

①② 毛泽东：《中国共产党在抗日时期的任务》（1937 年 5 月 3 日）。《毛泽东选集》第 1 卷，第 263、262—263 页，人民出版社，1991。

带动作用，就是领导作用，而且是更为有效的领导作用。许多国民党统治区的政治家和知识分子，都是到延安去考察以后，看到中国共产党提出的抗日民族统一战线的政策是彻底的、诚恳的和真实的，并认为它是能够成功的，这时，他们也就能响应中国共产党的号召，一起来推动抗日民族统一战线的实现。

再次，这种政治领导权也是指在统一战线中出现一些严重的问题时，中国共产党敢于领头同种种危害统一战线的倾向和思潮展开斗争。抗日战争进入相持阶段后，蒋介石国民党一次又一次掀起反共高潮，这时中国共产党义无反顾地举起"抗战、团结、进步"的旗帜，有理有利有节地同蒋介石国民党展开斗争；抗日战争胜利后，在共商建国大计的过程中，蒋介石国民党为了实行独裁统治，不择手段地打击、迫害民主势力（包括民主党派），中国共产党理直气壮地揭露这些倒行逆施，维护人民的利益。这些斗争，不仅仅使中国共产党的政治主张昭告天下，深入人心，而且把民主政治发展的领导权牢牢地掌握在中国共产党手中了。

最后，统一战线中的政治领导问题，在中国共产党领导的根据地或解放区里，不仅是通过党的号召和模范行动来实现的，而且是通过党所领导的统一战线的政权和群众团体来实现的。在这里，党在统一战线中的领导作用，实际上已经超越了政治领导的意义，在一定程度上还包括组织领导和工作领导的意义，但其核心仍是政治领导。

党内的右倾机会主义在统一战线问题上的致命错误，就是不懂得要掌握统一战线中的领导权。在大革命时期，陈独秀是如此；在抗日战争初期，王明也是如此。王明提出的"一切经过统一战线""一切服从统一战线"，就是要放弃党对统一战线的领导权。因为，当时，在中国当权的是国民党，在国共第二次合作时又没有建立起统一战线的组织形式，因此"一切经过"就是要经过蒋介石政权，"一切服从"就是要服从蒋介石政权。所以，毛泽东在抗日民族统一战线建立之初，就提出党要在统一战线中保持独立自主，即采取"既统一，又独立"的方针。这种独立自主的原则，是保证党在统一战线中发挥政治领导作用的原则。因此在抗日战争中，党在形式上可以以"蒋委员长"为中央政府的领袖，但在思想上、政治上始终保持自己的独立性，并不断地对抗日民族统一战线发挥政治领导的作用。正因为这样，中国共产党在抗日战争中以及抗战胜利后同国民党的斗争中，始终能掌握政治的主动权，从而保证了统一战线的巩固和发展，保证了革命的胜利。

第四节 策略论

在中国革命的三大法宝中，领导统一战线在许多方面比领导武装斗争还要艰巨、复杂。毛泽东关于统一战线的著述中，不少内容是讲策略问题的，原因即在于此。可以说，没有正确的策略，就没有统一战线。

关于统一战线的策略问题，在抗日战争时期，毛泽东论述得最为充分，因此这里着重研究抗日民族统一战线中的策略论。

> 抗日战争胜利的基本条件，是抗日统一战线的扩大和巩固。而要达此目的，必须采取发展进步势力、争取中间势力、反对顽固势力的策略，这是不可分离的三个环节，而以斗争为达到团结一切抗日势力的手段。[①]

这里，毛泽东直接讲的是抗日民族统一战线中的策略问题，但其内容十分重要，有其普遍的指导意义。它阐明了统一战线的总原则和总策略。

第一，统一战线策略的总原则，是"又团结又斗争"。斗争是团结的手段，团结是斗争的目的。

第二，统一战线的总策略，是"发展进步势力、争取中间势力、反

---

① 毛泽东：《目前抗日统一战线中的策略问题》（1940年3月11日）。《毛泽东选集》第2卷，第745页，人民出版社，1991。

对顽固势力"。

在中国共产党民主革命的历史上，有两种错误的倾向曾对统一战线造成过严重的损失。一是右倾机会主义，最典型的陈独秀在国共合作中采取的右倾投降主义立场和王明在抗日战争初期提出的"一切经过统一战线""一切服从统一战线"。他们的特点，就是在统一战线中只讲团结不讲斗争，只讲统一性不讲独立性，其结果势必放弃无产阶级的领导权，直至葬送革命。二是"左"倾关门主义，土地革命战争时期的"左"倾冒险主义者采取的就是这种策略。他们的特点，就是只讲斗争不讲团结，不让别人革命。毛泽东对他们的特点，曾有过非常精彩的描述：

> 革命的力量是要纯粹又纯粹，革命的道路是要笔直又笔直。圣经上载了的才是对的。民族资产阶级是全部永世反革命了。对于富农，是一步也退让不得。对于黄色工会，只有同他拼命。如果同蔡廷锴握手的话，那必须在握手的瞬间骂他一句反革命。哪有猫儿不吃油，哪有军阀不是反革命？知识分子只有三天的革命性，招收他们是危险的。因此，结论：关门主义是唯一的法宝，统一战线是机会主义的策略。①

在同右倾机会主义和"左"倾关门主义的斗争中，毛泽东总结出了一个巩固和发展统一战线的重要原则，这就是著名的"又团结又斗争"的原则。与此同时，根据这个总原则，提出了"发展进步势力、争取中间势力、反对顽固势力"的总策略。

一　发展进步势力

进步势力，就是无产阶级、农民阶级和城市小资产阶级的力量。在

---

① 毛泽东：《论反对日本帝国主义的策略》（1935 年 12 月 27 日）。《毛泽东选集》第1 卷，第 154—155 页，人民出版社，1991。

统一战线中，他们既是团结的基石，又是斗争的主力。在抗日民族统一战线建立之初，毛泽东就说过："只要共产党和红军本身是存在的，发展的，那末，抗日民族统一战线必然也会是存在的，发展的。这就是共产党和红军在民族统一战线中的领导作用。"① 进步势力的存在和发展，是统一战线存在和发展的根本。

也就是说，在统一战线内部的两种同盟中，工农联盟，即劳动人民之间的联盟，是巩固和发展统一战线的基础。发展统一战线，首先要发展工农联盟，劳动人民之间的联盟。这是巩固和发展统一战线策略中的首要环节。

二 争取中间势力

中间势力，在民主革命中主要是指民族资产阶级，以及与其处于同等地位的社会力量。在抗日战争时期，毛泽东说，主要是指三部分人：一是中等资产阶级，即民族资产阶级；二是开明绅士，即带有资产阶级色彩的地主；三是地方实力派，包括有地盘的实力派和无地盘的杂牌军两种力量在内，其领导成分虽然多属大地主大资产阶级，但与顽固派也有矛盾。争取中间势力，是为了团结大多数，加强统一战线与对敌斗争的实力。

提出争取中间势力的问题，除了在客观上它同顽固派有矛盾，能争取外，中间势力的头面人物往往是一些社会贤达、工商名流，社会影响大，也是一个重要的原因。为建立抗日民族统一战线，1936 年秋，毛泽东亲自致信蔡元培、章乃器、陶行知、沈钧儒、邹韬奋、许德珩等，即于于这些名流有影响力和号召力。蒋介石国民党在 1941 年初发动皖南事变后，毛泽东一面指示揭露顽固派的反共、倒退、投降的阴谋，一面电示周恩来、叶剑英加强对黄炎培、江问渔、张一麐、褚辅成等江浙民族

---

① 毛泽东：《论反对日本帝国主义的策略》（1935 年 12 月 27 日）。《毛泽东选集》第 1 卷，第 157 页，人民出版社，1991。

资产阶级代表人物的联络争取工作。他在电文中说："苏北根据地的工作对全国有重大政治影响，而对民族资产阶级的正确政策，成为我们建立苏北模范抗日根据地的中心问题之一，如果我们能以正确政策争取民族资产阶级，在抗日民主方面与我们合作，在国共斗争方面保持中立，则不仅对孤立大资产阶级有极大帮助，且使我们的新民主主义政策得以开始在全国注目之地区具体实现，对于目前阶段整个革命进程是有帮助的。"为之，毛泽东强调要以各种方式争取江浙民族资产阶级的代表人物，"以便经过他们，扩大我们争取江浙民族资本家的范围，并帮助我们巩固苏北根据地"①。抗日战争胜利后，毛泽东亲赴重庆参加国共谈判，其间大量的社会活动也是会见属于中间力量的各方社会名流和民主党派的领袖，包括张澜、沈钧儒、黄炎培等。由于他们的社会影响大，又便于公开出面讲话，所以重庆谈判时共产党与民主党派联手行动，掌握了斗争的主动权。解放战争胜利在望之际，毛泽东筹划建国大计时，即函电邀集各民主党派领袖和无党派民主人士，共商国是。由于这些社会名流赴会，全国各族人民大团结的局面迅速形成，新政权的诞生也就有了坚实的民主和民意基础。

对中间势力之所以强调取"争取"方针，是因为他们有动摇的特点。毛泽东指出，民族资产阶级有两面性，其他中间势力也是在一定条件下成为统一战线一员的，因此，在整个中国革命过程中，这股势力的选择方向及其去留，往往成为我们同顽固势力作斗争必须考虑的一个因素。所以讲统一战线的策略，争取中间势力的策略是最重要的策略。对他们，既要真诚地讲团结、求团结，又要在他们动摇时进行适当的说服和批评，帮助他们留在统一战线营垒之内。

毛泽东认为，"争取中间势力"不是一种孤立的策略，必须同"发展进步势力""反对顽固势力"联系起来，即在壮大进步势力、打击顽固势力中团结、争取广大的中间派。他说：

---

① 《中共中央文件选集》第13册，第6—7页，中共中央党校出版社，1991。

争取中间势力是我们在抗日统一战线时期的极严重的任务，但是必须在一定条件下才可能完成这个任务。这些条件是：（1）我们有充足的力量；（2）尊重他们的利益；（3）我们对顽固派作坚决的斗争，并能一步一步地取得胜利。没有这些条件，中间势力就会动摇起来，或竟变为顽固派向我进攻的同盟军；因为顽固派也正在极力争取中间派，以便使我们陷于孤立。①

三　孤立反共顽固势力

顽固势力，主要是指抗日时期从大地主大资产阶级中分化出来的抗日派。他们一方面采取抗日的态度，另一方面又执行摧残进步势力的极端反动政策，实行的是反革命的两面政策。因此在抗日民族统一战线中，有一个如何善处这一特殊盟友的关系问题。毛泽东的策略思想是：用革命的两面政策来对付顽固派反革命的两面政策。也就是对其尚能抗日的方面是加以联合的政策，对其坚决反共的方面是加以孤立的政策。

这种革命的两面政策，是"又团结又斗争"原则最典型的表现形式。这里讲的"斗争"，除了思想上政治上的斗争，有时还要加上军事上的打击。但全部斗争，决不能导致统一战线的破裂，它仍是一种以斗争求团结的政策。在抗日民族统一战线建立和发展的全过程中，我们同蒋介石国民党的斗争，就贯彻了这一原则和政策。特别是在几起大的反共高潮中，中国共产党以军事配合政治，对顽固派的反共挑衅进行了坚决的回击，维护了统一战线。

这是一种极其复杂的斗争，需要高超的艺术和正确的策略，因此毛泽东提出了两大重要策略：

在和反共顽固派斗争时，是利用矛盾，争取多数，反对少数，

---

① 毛泽东：《目前抗日统一战线中的策略问题》（1940年3月31日）。《毛泽东选集》第2卷，第747—748页，人民出版社，1991。

各个击破；是有理，有利，有节。①

——策略一，是有限斗争的策略。"利用矛盾，争取多数，反对少数"，是选择有限的打击对象坚决打击之，以有限的斗争限制顽固派的反共反进步行为，以有限的斗争争取最大的团结，维护抗日民族统一战线。

——策略二，是自卫、胜利与休战相结合的策略。"有理"，是自卫的原则，即："人不犯我，我不犯人；人若犯我，我必犯人。"这就体现了我们的斗争不是要破坏团结，而是为了捍卫团结。"有利"，是胜利的原则，即"不斗则已，斗则必胜"。这是为了扼制分裂，保证团结的原则。万一斗而不胜，顽固派气焰就会倍增，统一战线就可能破裂。这也是为了以斗争求团结。"有节"，是休战的原则，即决不被胜利冲昏自己的头脑，打退顽固派进攻之后应主动休战，订立和平协定。这是通过暂时的斗争以求得长期的团结。

毛泽东提出的同顽固派斗争的这两大策略，显然都是综合联合与斗争两方面的政策和策略。正是这些基本的和重要的策略，保证了抗日民族统一战线的发展，维护了民族的大义，最后赢得了抗日战争的胜利——中国近百年反对帝国主义侵略的第一次胜利。

最后，必须附加说一句，毛泽东的统一战线策略思想具有非常丰富的内容，这里论述的仅是其中主要的一部分。比如，毛泽东对于汉奸亲日派中间的两面分子，也提出过"对其亲日的方面，是加以打击和孤立的政策，对其动摇的方面，是加以拉拢和争取的政策"②。这些策略思想都非常精彩。从中我们还可以领悟到，革命要取得胜利，除了要有正确的领导核心和正确的路线外，还要有正确的政策和策略。正是在这个意义上，我们可以说：

政策和策略是党的生命！

---

①② 毛泽东：《论政策》（1940 年 12 月 25 日）。《毛泽东选集》第 2 卷，第 763、764 页，人民出版社，1991。

第六章　党的建设论

我们党采取了毛泽东的建党路线，即使工人成分还不占大多数，也能够建成并已经建成一个工人阶级的马克思列宁主义政党。

——刘少奇

第一节　国情、党情与党建

　　为了正确处理好统一战线和武装斗争中的一系列复杂问题，完成新民主主义革命的任务，毛泽东十分重视党的建设，形成了马克思主义建党学说与中国具体实际相结合的，具有独创性内容的党的建设理论。

　　我们注意到，在毛泽东论述党的建设的一系列著名的代表作中，都论述到我们党所处的特殊的国情，以及由此而带来的特殊的党情，并根据这种国情和党情的分析，有的放矢地提出中国共产党自己的建党、治党理论。

　　比如在《关于纠正党内的错误思想》（1929 年 12 月）中，毛泽东一开篇就指出：

　　　　红军第四军的共产党内存在着各种非无产阶级的思想，这对于执行党的正确路线，妨碍极大。若不彻底纠正，则中国伟大革命斗争给予红军第四军的任务，是必然担负不起来的。四军党内种种不正确思想的来源，自然是由于党的组织基础的最大部分是由农民和其他小资产阶级出身的成分所构成的；但是党的领导机关对于这些不正确的思想缺乏一致的坚决的斗争，缺乏对党员作正确路线的教育，也是使这些不正确思想存在和发展的重要原因。①

　　又比如在《中国共产党在民族战争中的地位》（1938 年 10 月）中，毛泽东在论及党的民主建设问题时，也指出：

　　　　由于我们的国家是一个小生产的家长制占优势的国家，又在全

---

　　①　《毛泽东选集》第 1 卷，第 85 页，人民出版社，1991。

国范围内至今还没有民主生活,这种情况反映到我们党内,就产生了民主生活不足的现象。这种现象,妨碍着全党积极性的充分发挥。①

在延安整风的文献中,比如在《反对党八股》(1942年2月)中,毛泽东曾鲜明地指出:

> 主观主义、宗派主义和党八股,这三种东西,都是反马克思主义的,都不是无产阶级所需要的,而是剥削阶级所需要的。这些东西在我们党内,是小资产阶级思想的反映。中国是一个小资产阶级成分极其广大的国家,我们党是处在这个广大阶级的包围中,我们又有很大数量的党员是出身于这个阶级的,他们都不免或长或短地拖着一条小资产阶级的尾巴进党来。②

毛泽东深深地懂得,半殖民地半封建的中国及其内在矛盾,不仅是党制定正确的路线与政策、战略与策略的客观根据,而且是党自身建设和发展必须认真加以考虑的出发点。因为,在这种特殊的国情下,党的组织基础和思想状况,即党情,有许多自己的特点。

首先,中国共产党有许多优点:

同中国其他政党相比,它以中国最先进的阶级——无产阶级作为自己的阶级基础,集中了无产阶级的许多阶级特性,因而是中国最先进的政党。或者说,它具有先进性的优点。

同外国工人阶级政党相比,由于它是在一个半殖民地半封建的中国诞生的,面临的矛盾不仅有无产阶级与资产阶级的矛盾,而且更主要的和突出的,是中华民族与帝国主义的矛盾、人民大众与封建主义的矛盾,并且直接受到帝国主义、封建主义和官僚买办资本主义的多重打击、多方压迫,

---

① 《毛泽东选集》第2卷,第529页,人民出版社,1991。
② 《毛泽东选集》第3卷,第833页,人民出版社,1991。

是在一个十分艰巨的环境中领导革命的党，因而它比西欧的工人阶级政党更少社会民主主义思潮的基础，具有更多的革命彻底性的优点。

同其他国家共产主义政党相比，由于它在中国条件下搞革命，不仅要善于领导工人运动，而且要深入农村领导农民运动，直至领导农民武装斗争，在农村建立革命根据地，因而它更懂得工农联盟的重要性，并且在实践中形成了密切联系人民群众，走群众路线的光荣传统。或者说，它是一个具有广泛群众基础的党，即具有群众性的优点。

同其他国家共产党相比，中国共产党还有一个特点或优点，那就是由于在西欧产生的马克思主义很少具体论及中国社会和中国革命，而中国文化中又有一种"实学"的传统，因而党在实践中能较早地领悟到教条主义的危害，逐渐形成理论联系实际、实事求是的思想路线，独立自主地从中国实际出发领导革命。也就是说，它具有彻底唯物主义的科学性的优点。

当然，与此同时，特定的历史条件、社会环境和斗争形式，也带来了中国共产党的许多不足或问题。

由于中国近代工业落后，无产阶级数量少。全社会数量最多的是农民和城市小资产阶级。他们都处于小生产的经济地位，同时又是受剥削受压迫的劳动者，具有革命的要求。当党将工作重点由城市转到农村以后，不仅活动的社会环境要转移到农民中，而且党的发展和壮大也主要是吸收农民和小资产阶级中的优秀分子和斗争骨干。这些骨干的绝大多数都在斗争中接受了无产阶级的世界观和方法论，成为为无产阶级和人民利益英勇奋斗的先锋战士，但也不可避免会出现一种复杂的情况，即毛泽东说的：

> 有许多党员，在组织上入了党，思想上并没有完全入党，甚至完全没有入党。[1]

---

[1] 毛泽东：《在延安文艺座谈会上的讲话》（1942年5月）。《毛泽东选集》第3卷，第875页，人民出版社，1991。

第一，表现在主观主义和党八股（形式主义）的恶习上。中国共产党在民主革命中多次遭受挫折和曲折，都是由主观主义和党八股（形式主义）造成的。发生这些问题，固然与共产国际的错误指导有关，与共产国际中盛行的教条主义思潮有关，但在中国共产党内并不是所有的人都接受了这种错误的指导和教条主义的做法，这就说明犯错误的教训和原因还要从党自己身上进行总结。毛泽东认为，中国共产党内的主观主义有两种表现形式，一是教条主义，一是经验主义。究其原因，即在于中国共产党内有一些缺乏实践经验的小资产阶级分子和缺乏马克思主义理论素养的工农干部。这是一个重要的党情。

第二，表现在官僚主义的工作作风和领导方法上。半殖民地半封建的中国，历来就有封建专制主义和家长制的坏传统。这种传统在农村尤为突出和严重。而我们的红色政权恰恰又是在农村率先建立的。在根据地建立起红色政权，意味着中国共产党虽然在全国尚未执政，但在一批批农村革命根据地或解放区里已经执政。与其他国家共产党相比，这种情况既不同于西欧的在野党，又不同于当时苏联的执政党，是中国革命的一种特殊情况。在这样一个缺乏民主传统的农村，建立起新民主主义的政权，难免遇到官僚主义等问题，所以毛泽东特地指出：

> 我党一切领导同志必须随时拿马克思主义的科学的领导方法去同主观主义的和官僚主义的领导方法相对立，而以前者去克服后者。[①]

第三，表现在宗派主义或山头主义上。中国革命走农村包围城市的道路，即在反动统治薄弱的区域进行"工农武装割据"，建立红色政权和革命根据地。这样，各个根据地都有自己的一套组织系统和干部系统；除此之外，党还有白区地下斗争一个组织系统和干部系统。在星星之火

---

① 毛泽东：《关于领导方法的若干问题》（1943 年 6 月）。《毛泽东选集》第 3 卷，第902 页，人民出版社，1991。

逐步燎原的过程中，各个根据地、各支部队、各个部门、根据地与白区竞相发展，既适合客观条件的要求，又有利于革命的发展。但与此同时，也发生了山头主义的问题：

目前在我们党内严重地存在和几乎普遍地存在的乃是带着盲目性的山头主义倾向。例如由于斗争历史不同、工作地域不同（这一根据地和那一根据地的不同，敌占区、国民党统治区和革命根据地的不同）和工作部门不同（这一部分军队和那一部分军队的不同，这一种工作和那一种工作的不同）而产生的各部分同志间互相不了解、不尊重、不团结的现象，看来好似平常，实则严重地妨碍着党的统一和妨碍着党的战斗力的增强。山头主义的社会历史根源，是中国小资产阶级的特别广大和长期被敌人分割的农村根据地，而党内教育不足则是其主观原因。[①]

这就是毛泽东为什么要重视党的建设的原因，这也就是毛泽东党的建设理论具有自己特点的根据。也就是说，不懂得国情、党情，就不能有的放矢地进行党的建设；不懂得国情、党情，也无法理解、领会和贯彻毛泽东的党的建设理论。

第二节　党内斗争论

由于中国国情的特殊性，以及由此而带来的党情特点，决定了中国共产党在自身建设和发展过程中，存在着一系列复杂的斗争。

"文化大革命"期间，"路线斗争"覆盖一切，一部中国共产党史被

① 毛泽东：《学习和时局》（1944年4月12日）。《毛泽东选集》第3卷，第940页，人民出版社，1991。

曲解成党内路线斗争史，这显然是错误的；尤其是林彪、江青反革命集团借"路线斗争"整老干部，破坏各级党组织，更给党造成了灾难性的后果。但是，我们不能不看到，重视党内的思想斗争，确实是毛泽东党的建设理论的一个特点。而且我们也不能因党内斗争问题上的错误，而否认党内客观存在的矛盾和斗争。必须深入总结和研究毛泽东在处理党内斗争问题上的经验教训。

我们注意到，对毛泽东党的建设思想作出重大贡献的刘少奇，他这方面的主要代表作是三论：《论党》《论党内斗争》《论共产党员的修养》。之所以会出现这样的著作，是党的建设客观现实的客观要求。从这一角度讲，我们也要认真地研究毛泽东的党内斗争理论。

> 党内不同思想的对立和斗争是经常发生的，这是社会的阶级矛盾和新旧事物的矛盾在党内的反映。党内如果没有矛盾和解决矛盾的思想斗争，党的生命也就停止了。[①]

毛泽东关于党内矛盾的理论，是他的党内斗争理论的根据。关于党内矛盾问题，毛泽东的论述有两点很重要：

首先，党内矛盾不能简单地等同于社会上的阶级斗争。党内难免会混入个别特务或奸细，这属于肃反的问题，不属于"党内矛盾"或"党内斗争"的范畴，这是必须搞清楚的。所谓党内矛盾，毛泽东说是"社会的阶级矛盾和新旧事物的矛盾在党内的反映"。反映就是反映，不是直接的阶级斗争。陈独秀的右倾投降主义、王明的"左"倾冒险主义都是在民主革命中出现的错误主张，是对国共矛盾及其所代表的阶级斗争的两种极端的反应，但我们不能说陈独秀或王明是蒋介石国民党在党内的代表、代理人。"文化大革命"中把党内路线斗争、党内矛盾直接等同于阶级斗争的说法和做法都是错误的。路线斗争本来属于一种思想斗争，

---

① 毛泽东：《矛盾论》（1937年8月）。《毛泽东选集》第1卷，第306页，人民出版社，1991。

结果搞得比阶级斗争还要残酷，是完全违背毛泽东党内矛盾理论的。

其次，党内矛盾有两类：一类是阶级斗争在党内的反映。在民主革命时期，主要是指党的正确路线同"左"倾或右倾两种错误路线、错误倾向的矛盾。另一类是新旧事物的矛盾在党内的反映。这主要是指先进与落后等不同的思想认识上的矛盾。把党内路线斗争等同于阶级斗争是错误的，把党内的各种矛盾和斗争归结为路线斗争，不承认还有大量思想上的不同认识，或把思想上不同认识的矛盾说成是路线斗争，也是错误的。

这种党内矛盾的理论，是毛泽东在总结历次"左"倾机会主义错误做法的教训中逐步形成的。因此当他把这种哲学理论应用到党内斗争的具体指导上去的时候，就形成了具有科学性的党内斗争理论。其主要内容包括：

第一，党内的矛盾和斗争主要是无产阶级思想与小资产阶级思想之间矛盾和斗争的反映。

毛泽东多次强调，党内发生的错误路线、错误倾向，究其社会根源，都是小资产阶级思想在党内的反映。刘少奇说，党内的矛盾和斗争主要是无产阶级思想与非无产阶级思想的矛盾和斗争，也是这个意思。这里的"非无产阶级思想"，主要是指农民和城市小资产阶级的思想。

这种党内斗争的性质和特点，是由其复杂的因素造成的。首先，半殖民地半封建的中国，是小资产阶级极其广大的国家，但是由于中国经济的落后与不平衡、政治环境的黑暗和险恶，加上小资产阶级自身的分散性等特点，决定了小资产阶级（尤其是农民）没有组成一个强大的政党，其中要求政治变革和社会变革的小资产阶级革命民主分子就向无产阶级队伍寻求出路，因此中国共产党不仅从党外看处在小资产阶级的包围之中，而且从党内看也是小资产阶级出身的党员占了大多数。其次，中国革命所选择的农村包围城市的道路，既解放了广大农民和小手工业者、小知识分子等农村小资产阶级，又吸收了大批小资产阶级出身的分子进入党和革命队伍之内。再次，近代中国资本主义发展的历史不长，广大工人群众也是刚刚从农民中脱离出来的一个新兴阶级，因此即使是工人党员在思想上也有不少小资产阶级思想的影响。这些小资产阶级出身的，或受小资产阶级思想影响较深的共产党员，完全能够在斗争中抛弃其原有的立场，改变其原有的世界观和方法论，成为英勇的无产阶级先锋战士。但也不能否认其中不少人，他们的小资产阶级思想不但没有克服，而且会在大地主大资产阶级猖狂进攻的压力下，或在他们的引诱下，即在一定的条件下，暴露其劣根性，提出种种错误的主张，采取种种错误的行动。

因此，中国共产党与欧洲的许多共产党不一样，党内不存在工人贵族之类的党员，资产阶级的影响虽然有一些但不大，主要的矛盾和斗争是无产阶级思想对小资产阶级思想影响的斗争。我们倘若认真阅读毛泽东的《关于纠正党内的错误思想》（1929 年 12 月）、《反对自由主义》（1937 年 9 月）、《整顿党的作风》（1942 年 2 月）、《反对党八股》（1942年 2 月）、《在延安文艺座谈会上的讲话》（1942 年 5 月）等论述党的建设的著作，以及毛泽东主持制定的《关于若干历史问题的决议》（1945 年 4月）等党的重要文献，就会看到，毛泽东和党中央的锋芒所向，始终是小资产阶级即小生产者的思想影响。

第二，党内斗争必须坚持"两条战线作战"的原则。

毛泽东和党中央在总结党内斗争的经验教训时，注意到小资产阶级在思想方法、政治倾向和组织生活等方面，都有一些致命的弱点。

在思想方法方面，小资产阶级总的特征是主观主义。但是它的表现形式有两种：一种是片面强调书本知识而脱离实践、轻视经验的主观主义，即教条主义；一种则是片面强调实践经验而轻视理论的主观主义，即经验主义。

在政治倾向方面，由于小资产阶级独特的阶级地位，在革命中常常会表现出机会主义的倾向。但是，这种机会主义也有两种表现形式：一种是右倾机会主义，比如陈独秀的右倾机会主义，王明在抗日战争初期统一战线问题上的右倾等等；一种则是"左"倾机会主义，比如瞿秋白的"左"倾盲动主义、李立三的"左"倾冒险主义、王明的"左"倾冒险主义。

在组织生活方面，由于小资产阶级是代表小生产经济的一种社会力量，因此缺乏民主意识和组织纪律性，常常同党的民主集中制原则相冲撞。同样，这种特点也有两种表现形式：一种表现为官僚主义、家长制作风、惩办主义、命令主义等带有专制色彩的做法；一种则表现为无政府主义、极端民主主义、自由主义、闹独立性、山头主义等带有无组织无纪律色彩的做法。

我们不难看出，这些致命的弱点，一是相互联系的，政治倾向和组织生活方面的问题都是由思想方法上的主观主义引起的，是主观主义在政治和组织方面的具体表现；二有一个共同的特点，即在两个"极端"上跳跃——左右摇摆。因此在党内斗争中，常常出现反右出"左"，比如批判了陈独秀的右倾机会主义，就出现了瞿秋白、李立三的"左"倾错误；把"左"当作右来批判时更"左"，比如王明路线把李立三的"左"倾错误当作右倾来批判，结果就"左"上加"左"，几乎葬送了中国革命。在一个时期里，党内斗争呈现非常复杂的形势，其原因盖出于此。

毛泽东在实践中发现了这一问题对党和革命事业的危害性，在遵义会议后他论述军事问题、统一战线策略思想的著作中，尤其是在《实践论》(1937年7月)、《矛盾论》(1937年8月)等哲学著作中，不断提出"研究问题，忌带主观性、片面性和表面性"，要反对两种错误倾向。1935年12月在中共中央政治局瓦窑堡会议上，就明确提出了"两条战线斗争"的概念。1938年在中共扩大的六届六中全会上，他又一次强调：

> 十七年来，我们的党，一般地已经学会了使用马克思列宁主义的思想斗争的武器，从两方面反对党内的错误思想，一方面反对右倾机会主义，又一方面反对"左"倾机会主义。
>
> ·············
>
> 以上这些教训和成功，给了我们今后团结全党，巩固思想上、政治上和组织上的一致，胜利地进行抗日战争的必要的前提。我们的党已经从两条战线斗争中巩固和壮大起来了。[1]

---

[1]　毛泽东：《中国共产党在民族战争中的地位》(1938年10月12日—14日)。《毛泽东选集》第2卷，第530—532页，人民出版社，1991。

后来，在批判地研究中国哲学一些范畴时，毛泽东用马克思主义观点重新解释"中庸"时，说它"肯定质的安定性，为此质的安定性而作两条战线斗争，反对过与不及"①。他强调，通过同"过"与"不及"的斗争，有利于确定事物的质：

> "过犹不及"是两条战线斗争的方法，是重要思想方法之一。一切哲学，一切思想，一切日常生活，都要作两条战线斗争，去肯定事物与概念的相对安定的质。"一定的质含有一定的量"（不如说"一定的质被包含于一定的量之中"），是对的，但重要的是从事物的量上去找出并确定那一定的质，为之设立界限，使之区别于其他异质，作两条战线斗争的目的在此。②

第三，党内斗争必须实行"惩前毖后，治病救人"的方针。

怎么开展党内斗争？这也是一个十分重要的问题。错误路线在党内占统治地位的时候，尤其是王明"左"倾冒险主义统治时期，党内盛行一种"残酷斗争，无情打击"的错误做法。在中央苏区和鄂豫皖、湘鄂西等各革命根据地，一大批党的优秀干部和好党员受到批判，甚至被错杀。毛泽东本人也多次受到打击和排斥。但是，毛泽东主持中央工作的时候，对于那些曾经犯过"左"倾错误的同志，没有采取复仇主义的打击报复政策，而是站在马克思主义的原则立场上，提出了正确处理党内斗争的方针政策。

首先，他提出了说服教育为主的方法。1938年在中共扩大的六届六中全会上，他就提出："对于犯错误的干部，一般地应采取说服的方法，帮助他们改正错误。只有对犯了严重错误而又不接受指导的人们，才应当采取斗争的方法。在这里，耐心是必要的；轻易地给人们戴上'机会

---

① 毛泽东：《致陈伯达》（1939年2月1日）。《毛泽东书信选集》，第128页，中央文献出版社，2003。

② 毛泽东：《致张闻天》（1939年2月20日）。《毛泽东书信选集》，第131页，中央文献出版社，2003。

主义'的大帽子，轻易地采用'开展斗争'的方法，是不对的。"① 这种做法，同"左"倾机会主义是完全不同的，因而深得人心。

其次，他强调党内斗争的目的是"既要弄清思想又要团结同志"。在这之前，党内斗争奉行惩办主义的政策，不区分是非，光处罚人，不仅没有能总结经验教训，相反伤害了许多好同志。1941 年至 1944 年间，毛泽东带领党中央领导机关和党的高级干部学习党的历史文件，总结党的历史经验，特别是党在 1931 年初到 1934 年底这个时期的历史经验。在清算过去错误的路线时，毛泽东强调，总结经验教训不能太着重于个人的责任，而是要着重于分析犯错误的环境、内容、原因，从而帮助犯错误的同志吸取教训，加强全党的团结。1944 年 4 月 12 日，在《学习和时局》的讲演中，毛泽东代表党中央指出：

> 关于研究历史经验应取何种态度问题。中央认为应使干部对于党内历史问题在思想上完全弄清楚，同时对于历史上犯过错误的同志在作结论时应取宽大的方针，以便一方面，彻底了解我党历史经验，避免重犯错误；又一方面，能够团结一切同志，共同工作。我党历史上，曾经有过反对陈独秀错误路线和李立三错误路线的大斗争，这些斗争是完全应该的。但其方法有缺点：一方面，没有使干部在思想上彻底了解当时错误的原因、环境和改正此种错误的详细方法，以致后来又可能重犯同类性质的错误；另一方面，太着重了个人的责任，未能团结更多的人共同工作。这两个缺点，我们应引为鉴戒。②

综合这样的方法和目的，毛泽东提出的处理党内矛盾，开展党内斗争的方针，就是八个字：惩前毖后，治病救人。对此，毛泽东在《整顿党的作风》（1942 年 2 月 1 日）中做了明确的解释：

---

① 毛泽东：《中国共产党在民族战争中的地位》（1938 年 10 月 14 日）。《毛泽东选集》第 2 卷，第 527—528 页，人民出版社，1991。

② 《毛泽东选集》第 3 卷，第 937—938 页，人民出版社，1991。

对以前的错误一定要揭发，不讲情面，要以科学的态度来分析批判过去的坏东西，以便使后来的工作慎重些，做得好些。这就是"惩前毖后"的意思。但是我们揭发错误、批判缺点的目的，好像医生治病一样，完全是为了救人，而不是为了把人整死。①

毛泽东亲自实践了这一方针。在延安总结历史经验的过程中，他领导党仔细地分析了党内历次出现错误路线的环境、内容和原因，做了一个科学性极强的《关于若干历史问题的决议》（1945年4月），既教育了犯错误的同志，又统一了全党的思想。与此同时，在中共七大上，他亲自出面做党代表的思想工作，希望大家仍然选举犯有严重错误的王明为中央委员，表现了宽阔的伟大胸怀。许多老同志，一讲到这段经历，就感动不已：

> 毛主席在延安整风时，提出"思想批评从严，组织处理从宽"。严到什么程度呢？要把所犯的错误，揭露无余，使他大吃一惊，然后加以医治。宽到什么程度呢？宽到在"七大"和"八大"上劝说代表们把王明选为中央委员。事实证明，这对党的事业毫无损失。"七大"、"八大"是中国党的"黄金时期"。②

第四，审干、肃反必须做到"大部不抓，一个不杀"，"严禁逼供信"，"有错必纠"。

我们已经说过，肃反不属于党内矛盾、党内斗争的范畴。但是在实际工作中，肃反必定会肃到党内，尤其会同审干联系在一起。因为从客观上讲，党内难免会混入特务、奸细或叛徒、变节分子，干部队伍中的特务、奸细对革命的危害尤大。这样，问题就复杂化了。党内矛盾是革命队伍内部的矛盾，肃反虽然是敌我矛盾，但也是针对混入革命队伍内

---

① 《毛泽东选集》第3卷，第827—828页，人民出版社，1991。
② 《陆定一文集》，第713页，人民出版社，1992。

部的敌人的，因此政策一旦掌握不好，就会混淆敌我，导致肃反扩大化。在中央苏区时打"AB团"、抓"改组派"，就错杀过许多忠诚的共产党人。毛泽东也在这个问题上犯过错误，不过他较早地发现了问题，并制止了问题的发展。但是在各个革命根据地，由于王明"左"倾机会主义路线的宗派主义恶性膨胀，他们以自己的观点、好恶画线，采取令人发指的"逼供信"，剪除异己，杀害了一大批党的优秀干部和战将，比如被张国焘杀害的鄂豫皖根据地的领导曾中生和红军优秀将领许继慎、被夏曦杀害的湘鄂西根据地的领导和优秀将领段德昌等，给革命造成了严重的损失。许多被怀疑为"肃反对象"的党员、干部，甚至是在押送下参加红军长征的。这种严重混淆党内斗争与肃反界限的做法，引起了广大党员、干部严重的不满。

正是在这种背景下，毛泽东研究了这一复杂问题，把它作为正确开展党内斗争的一个问题提了出来。他首先强调，对人的问题"要慎重处理"，不能随便杀人。许多老同志都记得毛泽东说过：

> 杀头不能像割韭菜那样，韭菜割了还可以长起来，人头落地就长不拢了。如果我们杀错了人，杀了革命的同志，那就是犯罪的行为，大家要切记这一点，要慎重处理。①

因此，当红军长征到陕北，听到刘志丹、习仲勋、马文瑞等当地根据地领导人被保卫局抓了起来，毛泽东和党中央就决定派董必武、李维汉等重新审理此案，查明这是一起冤案。广大军民听到这一消息后，即奔走相告："刘志丹得救了！""陕北得救了！"可见正确政策得人心，有威力。

但是在延安整风后期，1943年4月3日，中央决定在整风的同时对全党干部进行一次组织审查时，由于对敌情估计过高，加上康生的极左指导，掀起了所谓"抢救失足者"运动，十余天中大搞"逼供信"，开展过火斗争，造成了一批冤假错案。幸亏毛泽东及时发现了这一问题，制

---

① 转引自《王首道回忆录》，第166页，解放军出版社，1988。

止了错误的蔓延。毛泽东还多次向大家脱帽鞠躬，做自我批评。他为了防止党内矛盾干扰肃反，保证党内审干、肃反健康进行，做出了一系列重要规定，其中最重要的就是"大部不抓，一个不杀"的方针。同时规定了要"严禁逼供信""有错必纠"等等。这些方针和规定是针对党内审干和肃反中的问题提出的，但它有利于正确地开展党内斗争，避免宗派主义者借肃反来进行党内斗争，破坏党的团结，因而也是毛泽东党内斗争理论的重要内容。

第三节　着重从思想上建设党

当我们在这里指出党内斗争理论是毛泽东党的建设理论的重要内容时，千万不要误解毛泽东就是只讲斗争不讲建设。事实上，毛泽东强调要正确进行党内斗争，就是为了加强党的布尔什维克建设。

共产党是具有鲜明阶级性的党。在欧美各国，共产党作为工人阶级的先锋队组织，绝大部分成员都出身于工人阶级。这种建党原则，我们可以称之为"成分建党"。但是在中国，不可能这样做，这不但是因为中国工人的数量比较少，而且工人生活、工作的中心城市都控制在国民党反动派手里，共产党长期来主要在农村活动，因此中国共产党在毛泽东领导下，在开辟农村包围城市这一独特革命道路的过程中，走出了一条"着重从思想上建设党"的新路。

1927年大革命失败后，毛泽东带领秋收起义的队伍上了井冈山，一批批农村根据地建立起来了，农民和小资产阶级出身的党员多了。随之碰到的问题是：党在农村按照什么样的思路来发展党的队伍，加强党的建设？

当时，在大城市的党中央强调，党在组织工作中要重点发展工人党员特别是重工业产业工人的党员。因为，在大革命失败后，党中央在八七会议上就认为，党的领导机关绝大多数是知识分子及小资产阶级代表，这是党犯右倾机会主义错误的重要原因。1927 年 11 月 14 日中央常委会通过的《最近组织问题的重要任务议决案》提出："中国共产党最重要的组织任务是——将工农分子的新干部替换非无产阶级的智识分子之干部。"[①] 1928 年 7 月召开的中共六大又进一步提出，要吸收广大的积极的产业工人分子入党。1930 年 3 月《中央通告第七十三号——发展产业工人党员加强党的无产阶级基础》中，还规定了各地发展工人党员的指标。这里反映了当时党在组织工作中的指导思想，是大量发展工人党员，认为这样才能坚持党的无产阶级性质。但是实际情况却同党中央的部署完全相反，1928 年工人党员占党员的比例是 10％，到 1929 年下降到 7％，到 1930 年又下降到 5.5％。

毛泽东则从实际出发，认为在农村革命根据地不可能大量发展工人党员，而要另辟蹊径。他在给中央写的报告《井冈山的斗争》（1928 年 11 月）中说，井冈山的党组织几乎完全是农民成分的党员。面对着这样情况，怎么办呢？他认为，关键是对他们实行无产阶级的思想领导。这里，提出了一个很重要的思想，就是着重从思想上建设党。

1929 年在形成古田会议决议时，毛泽东把这一思想转化为可操作的具体办法，制定了农村革命根据地发展党员的入党标准。他说：

> 以后新分子入党的条件：
> （1）政治观念没有错误的（包括阶级觉悟）；
> （2）忠实；
> （3）有牺牲精神，能积极工作；
> （4）没有发洋财的观念；
> （5）不吃鸦片、不赌博。
> 以上五个条件完备的人，才能够介绍他入党。[②]

---

① 《最近组织问题的重要任务议决案》。《建党以来重要文献选编》第 4 册，第 636—637 页，中央文献出版社，2011。

② 《中国共产党红军第四军第九次代表大会决议案》。《建党以来重要文献选编》第 6 册，第 737 页，中央文献出版社，2011。

　　可见，在这个问题上，毛泽东不仅有思想，而且有办法，在实践中形成了符合中国实际的马克思主义建党思想，在井冈山和中央苏区时期造就了一支坚强的无产阶级先锋队。

　　但是，当时在党内，对毛泽东这一建党思想的认识是不一致的。他们提出的口号是："共产党是穷人的党"，"只有真正无产阶级才能加入共产党"。

　　1933年1月10日，中共苏区中央局《关于巩固党的组织与领导的决议》提出"省委及红军政治部应严格检查各级指导机关干部的社会成分，政治积极性与坚定性"；"各级地方党部，红军中党务委员会，特别是边区及区党部，必须审查一次党员成分"。[①] 其结果，是把好多阶级出身不好的党的骨干清除掉了。

　　1933年5月29日，苏区中央局针锋相对地发了一个文件，即《关于纠正发展和巩固党的组织中错误倾向的决议》。这个文件一开头就批评了"欢迎穷苦工农入党""欢迎工人贫农中农入党"这两个口号，指出前一口号重复了"共产党是穷人的党"的错误，后一个口号是犯了把中农与工人和贫农并列的错误。还指出另一个"左"倾的口号"只有真正无产阶级才能加入共产党"的口号，无异把苏区党的门完全关起来。这个文件指出，"有不少的党部把党内从非无产阶级、半无产阶级出身的成分无差别的当作阶级异己分子和暗探一样看待。如最近一段时期中，有不少在革命斗争中坚决，在工作上积极为党的路线而斗争的干部和党员，因为社会成分是从地主富农家庭出身，被撤销了工作，开除了党籍，其中少数是知识分子。这种错误办法，不仅使一部分斗争坚决的积极的但是社会成分不好的党员，感觉没有出路而灰心，另一方面，正给了掩藏在党内的真正的阶级异己分子或暗探以武断宣传的武器。"[②]

　　一直到遵义会议确立毛泽东的实际领导地位以后，全党绝大多数同

---

　　① 《中共苏区中央局关于巩固党的组织与领导的决议》。《建党以来重要文献选编》第10册，第21—22页，中央文献出版社，2011。

　　② 《中共苏区中央局关于纠正发展和巩固党的组织中错误倾向的决议》。《建党以来重要文献选编》第10册，第243—245页，中央文献出版社，2011。

志才认识到毛泽东建党思想的正确性。在红军长征到陕北以后，在《瓦窑堡会议决议》中指出：

> 中国共产党是中国无产阶级的先锋队。他应该大量吸收先进的工人雇农入党，造成党内的工人骨干。同时中国共产党又是全民族的先锋队，因此一切愿意为着共产党的主张而奋斗的人，不问他们的阶级出身如何，都可以加入共产党。一切在民族革命与土地革命中的英勇战士，都应该吸收入党，担负党在各方面的工作。

同时强调：

> 能否为党所提出的主张而坚决奋斗，是党吸收新党员的主要标准。社会成分是应该注意到的，但不是主要的标准。应该使党变为一个共产主义的熔炉，把许多愿意为共产党主张而奋斗的新党员，锻炼成为有最高阶级觉悟的布尔什维克的战士。[①]

这个决议是张闻天起草的，但是体现了井冈山斗争以来毛泽东关于"着重从思想上建设党"的党的建设思想。

对于这一思想，有些人包括共产国际的一些领导人并不理解和赞同。1936 年 9 月 17 日通过的《中央关于抗日救亡运动的新形势与民主共和国的决议》。根据共产国际的意见，在强调"保障共产党政治上组织上完全独立性和内部的团结一致性"时，提出"在苏区内特别在非苏区内有系统的征收党员是非常必要的，但必须避免大批入党的办法，而只吸收经过考察的工人、农民和革命知识分子入党。在这个意义上，去年中央十二月决议中'一切愿意为着共产党的主张而奋斗的人，不问他的社会出身如何，都可以加入共产党'与'党不怕某些投机分子侵入'的意见是

---

① 《中共中央关于目前政治形势与党的任务的决议》。《建党以来重要文献选编》第 12 册，第 549 页，中央文献出版社，2011。

不正确的。"①

根据这个精神，党中央对这个问题的提法作了调整，但各阶层与各派别的先进分子可以入党的思想没有改变。1937 年 1 月 3 日，在《中共中央关于统一战线区域内党的工作的基本原则草案》中指出："共产党在现时更要保障党的纯洁与一致，要加紧进行有系统的征收党员的工作。但同时必须避免大批入党的办法，只吸收经过考查的工人农民及学生入党。其他各阶层与各派别的个别先进分子要求入党时则必须得到中央及各地区的中央局与中央分局的批准。"②

1938 年 3 月 11 日，王明在《三月政治局会议的总结》中，重提"应当努力吸收重要产业的先进工人和先进智识分子入党"③。毛泽东则在1938 年 10 月召开的中共扩大的六届六中全会上指出："不可因为怕奸细而把自己的党关起门来，大胆的发展党是我们确定了的方针。"他把扩大共产党与防止奸细混入这两方面统一起来，提出了"大胆发展而又不让一个坏分子侵入"这一发展党的总方针。④

但是，某些地方为追求新党员的数量，没有严格把关，一些阶级异己分子、投机分子、奸细乘机混入了党内，因此 1939 年 8 月 25 日中央政治局作出了《关于巩固党的决定》，进行党员成分的审查工作，"清刷混入党内的异己分子（地主、富农、商人），投机分子，以及敌探奸细"。同时强调"这种审查，不应当成为普遍的清党运动，而应当是个别的详细的慎重的审查与洗刷"。⑤

---

①　《中共中央关于抗日救亡运动的新形势与民主共和国的决议》。《建党以来重要文献选编》第 13 册，第 287 页，中央文献出版社，2011。

②　《中共中央关于统一战线区域内党的工作的基本原则草案》。《建党以来重要文献选编》第 14 册，第 6 页，中央文献出版社，2011。

③　王明：《三月政治局会议的总结》。《建党以来重要文献选编》第 15 册，第 181页，中央文献出版社，2011。

④　毛泽东：《论新阶段》。《建党以来重要文献选编》第 15 册，第 641 页，中央文献出版社，2011。

⑤　《中共中央关于巩固党的决定》。《建党以来重要文献选编》第 16 册，第 580 页，中央文献出版社，2011。

与此同时，中共中央根据抗日战争发展的需要，提出要进一步反对党的发展过程中存在的关门主义倾向。1941 年 4 月 23 日，中央军委在《关于军队中吸收和对待专门家政策的指示》中，根据革命形势发展的需要，提出"非党员的专门人才要求入党时，我们应乐于吸收他们入党，对他们作苛刻的限制是不适宜的"①。1941 年 11 月 22 日，中央还作出了《关于抗日根据地内国民党员加入共产党的决定》。②

综上所述，中国共产党在中国这样的半殖民地半封建的历史条件和社会环境下发展党的队伍，主要是看要求加入中国共产党的人本人的政治态度和政治倾向，而不是主要看他们的阶级成分或阶级出身；同时也不因为要大量发展党员而放松政治警觉和政治标准。

1945 年召开的中共七大，认真总结了这些经验，对各种社会成分和阶级出身人的入党条件作了明确的规定——

年满十八岁者，方得被接受为党员。凡新党员入党，均须依照下列规定，个别地履行入党手续，方能认为有效：

（甲）工人、苦力、雇农、贫农、城市贫民、革命士兵入党，须有正式党员两人介绍，经过党的支部大会的决定，经过区委或相当于区委之党委的批准，并须经过六个月的候补期，方能转为正式党员。

（乙）中农、职员、知识分子、自由职业者入党，须有正式党员两人介绍，其中须有一人为一年以上党龄之党员，经过党的支部大会决定，经过区委或相当于区委之党委的批准，并须经过一年的候补期，方能转为正式党员。

甲乙两项所规定之介绍人的资格及新党员的候补期，在革命新发展地区，得由党的中央、中央代表机关或省委、边区党委规定临时办法变通办理之。

---

① 《中央军委关于军队中吸收和对待专门家政策的指示》。《建党以来重要文献选编》第 18 册，第 224 页，中央文献出版社，2011。

② 《中共中央关于抗日根据地内国民党员加入共产党的决定》。《建党以来重要文献选编》第 18 册，第 705 页，中央文献出版社，2011。

（丙）除甲、乙两项所举各种成分以外之其他社会成分的人入党，须有正式党员两人介绍，其中须有一人为三年以上党龄之党员，经过党的支部大会的决定，经过县委、市委或相当于县委之党委的批准，并须经过两年的候补期，方能转为正式党员。

（丁）凡脱离其他政党加入本党者，如系其他政党之普通党员，须有正式党员两人介绍，其中须有一人为三年以上党龄之党员，经过党的支部大会的决定，经过县委、市委或相当于县委之党委的批准；如系其他政党之负责人员，须有正式党员两人介绍，其中须有一人为五年以上党龄之党员，经过党的支部大会的决定，经过省委或相当于省委之党委的批准（如系其他政党之重要负责人员，则须经中央批准）。以上均须经过二年的候补期，方能转为正式党员。①

所以，毛泽东的建党思想，我们可以称之为"着重从思想上建设党"。在这一马克思主义中国化的建党思想里面，既有思想原则，又有具体办法。归纳起来主要有如下几点：

第一，判断党的性质不是看党员的阶级构成和领导机关成员的阶级出身，而是看党的主张、理论和纲领是不是坚持马克思主义，是不是代表了工人阶级的最高利益。

第二，吸收党员要讲社会成分和阶级出身，但主要不是看他的社会成分，而是看是否拥护党的纲领并为之而奋斗。即那时及后来常讲的三句话，"要讲成分，不唯成分，重在政治表现"。在实际操作过程中，对于来自非劳动阶级、阶层的革命分子，在入党时经过严格考察以避免盲目地大批吸收入党，防止坏分子混入。

第三，党是共产主义熔炉，要教育党员不仅要在组织上入党，而且要在思想上入党。因为根据对党的纲领的态度来发展党员，党的纲领有最低纲领最高纲领之分，愿意为最低纲领而奋斗的，就可以加入共产党，

① 《中国共产党党章》。《建党以来重要文献选编》第22册，第536—537页，中央文献出版社，2011。

但并不意味着有无产阶级阶级觉悟了。因此，党还要教育他们正确认识和处理两个纲领的关系，为最高纲领而奋斗，使其具有最高阶级觉悟的先进分子。比如，在土地革命中，打土豪分田地的积极分子可以入党，只说明他拥护我们的最低纲领。但并不等于说，他是一个合格的共产党人，还要对他进行最高纲领是搞社会主义、共产主义的教育，只有懂得了这一些道理，才算是真正的无产阶级先进分子。正是因为党成为共产主义的熔炉，所以那么多的阶级、阶层的人加入到党内来，并没有改变党的性质，相反，党改造了他们，改变了他们的世界观和阶级立场。

这就是毛泽东在开辟中国革命独特道路过程中形成的党的建设的新路子。

国外学者很注意毛泽东的这个建党原则，他们形象地说：毛泽东善于把在国民党控制下大城市里的"物质的无产阶级"，变为"精神的无产阶级"，然后在农村根据地和由农民组成的红军中，用这种"精神的无产阶级"去改造农民和其他阶级出身的人，使他们成为无产阶级的先锋队。他们把毛泽东这一建党原则称为"唯意志论"，显然是错误的，但他们概括的这一过程，显然是有道理的。他们所说的"精神的无产阶级"，即我们讲的"无产阶级世界观和方法论""无产阶级精神""无产阶级觉悟"等等。从思想上建设党，确实是毛泽东的一大创造。

第四节　"伟大的工程"及其四大建设

毛泽东关于着重从思想上建设党的思想，是从中国实际出发的马克思主义建党思想，包含着极其丰富的内容。

在《〈共产党人〉发刊词》（1939年10月）中，毛泽东在论述这一刊物担负的历史使命时，指出：

　　　　它的任务就是：帮助建设一个全国范围的、广大群众性的、思想上政治上组织上完全巩固的布尔什维克化的中国共产党。为了中国革命的胜利，迫切地需要建设这样一个党，建设这样一个党的主观客观条件也已经大体具备，这样伟大的工程也正在进行之中。帮助进行这件伟大的工程，不是一般党报所能胜任的，必须有专门的党报，这就是《共产党人》出版的原因。①

重在建设，全面建设，就是这段话的主旨。而且，毛泽东把党的建设作为一件"伟大的工程"提了出来，这一思想是很深刻的。

还需要我们重视的，是在毛泽东设计的这个党的建设的"伟大的工程"中，包含着四大建设——思想建设、政治建设、组织建设、作风建设。

一 党的思想建设

应该讲，马克思、恩格斯和列宁在创建无产阶级政党的时候，都提出过党的思想建设问题。但由于中国特殊的国情和革命所选择的特殊的道路，毛泽东关于"着重从思想上建设党"的建党思想强调发展党员不以阶级成分为主要标准而以政治态度为主要标准，这就决定了在党的建设中只有把思想建设放在首位，才能把各种阶级出身的党员锻造成为坚定的布尔什维克战士。所以，毛泽东不仅强调思想建设，而且在思想建设问题上提出了许多切合实际而有效的思路和方法。

首先，毛泽东指出，思想教育是党的建设的中心环节。"思想建党"的关键，是无产阶级思想的领导。这种思想领导是通过思想教育（包括思想斗争）来实现的。毛泽东早在《井冈山的斗争》（1928 年 11 月）一文中就已经注意到："无产阶级思想领导的问题，是一个非常重要的问题。边界各县的党，几乎完全是农民成分的党，若不给以无产阶级的思想领导，其趋向是会要错误的。"② 在《关于纠正党内的错误思想》（1929

---

① 《毛泽东选集》第 2 卷，第 602—603 页，人民出版社，1991。

② 毛泽东：《井冈山的斗争》（1928 年 11 月 25 日）。《毛泽东选集》第 1 卷，第 77 页，人民出版社，1991。

年 12 月）中，又强调在农民与其他小资产阶级出身的成分所构成的党组织中，"缺乏对党员作正确路线的教育"是各种不正确思想存在和发展的重要原因。正是根据这种分析，毛泽东在井冈山斗争和中央苏区时期，提出了要加强党内思想教育的任务；红军长征到陕北后，又总结经验教训，提出要反对自由主义，开展积极的思想斗争。尤其是通过同"左"、右倾机会主义路线的斗争，毛泽东在（1938 年 10 月）中共扩大的六届六中全会上所作的政治报告和《改造我们的学习》（1941 年 5 月）中两次提出要研究理论、研究历史、研究现实，用马克思主义与中国实际相结合的"中国化的马克思主义"来加强党的思想建设。这些经验，毛泽东从理论上做了总结，指出：

> 掌握思想教育，是团结全党进行伟大政治斗争的中心环节。如果这个任务不解决，党的一切政治任务是不能完成的。①

其次，毛泽东强调，确立正确的思想路线是党的思想建设的关键。毛泽东在论述思想教育是党的建设的中心环节时，不是泛指一般的思想政治工作或时事政策教育，而是非常突出地强调了要发扬理论与实践相结合的问题。在中国革命复杂的发展过程中，各种错误、各种混乱的思想，都发生在对于中国革命道路的探索问题上。之所以会在这一问题上发生分歧和斗争，是因为书本上的马克思列宁主义与中国的具体实际相距甚大，是因为教条主义总是把革命引向失败和灾难。所以，毛泽东在提出"农村包围城市"这一新的革命道路的过程中，大胆地提出了"反对本本主义"这一著名的口号，并且提出要形成"共产党人从斗争中创造新局面的思想路线"②。那么，什么才是共产党人必须坚持的思想路线呢？在红军长征到达陕北后，毛泽东深入研究马克思主义哲学，并亲自

---

① 毛泽东：《论联合政府》（1945 年 4 月 24 日）。《毛泽东选集》第 3 卷，第 1094 页，人民出版社，1991。
② 毛泽东：《反对本本主义》（1930 年 5 月）。《毛泽东选集》第 1 卷，第 116 页，人民出版社，1991。

给党的干部讲课，指出：

> 通过实践而发现真理，又通过实践而证实真理和发展真理。从感性认识而能动地发展到理性认识，又从理性认识而能动地指导革命实践，改造主观世界和客观世界。实践、认识、再实践、再认识，这种形式，循环往复以至无穷，而实践和认识之每一循环的内容，都比较地进到了高一级的程度。这就是辩证唯物论的全部认识论，这就是辩证唯物论的知行统一观。①

这个认识论即辩证唯物主义的思想路线。毛泽东在《改造我们的学习》中，进一步用简明的语言把它概括为"实事求是"，其最根本的原则就是理论与实际相结合。这以后，党的思想建设就进入了更加自觉的阶段，其特点就是：坚持实事求是，反对主观主义。许多老一辈无产阶级革命家，包括邓小平、陈云回忆起延安时期党的建设，印象最深的就是全党在那个时候，确立了实事求是的思想路线。

最后，毛泽东用整风的形式推进了党的思想建设。由于中国共产党把思想建设摆在党的建设的首位，就必须用恰当的形式来实现和落实这一任务。在实践中，中国共产党除了按党章抓好党的组织生活和民主生活，进行日常的思想教育外，还创造性地采取集中整风的形式，进行马克思主义的自我教育。1942年开始的延安整风是这一探索的创造性尝试，它为全党坚持实事求是的思想路线，反对主观主义、宗派主义和党八股，加强党的团结，形成以毛泽东为核心的党中央领导集体，夺取全国革命的胜利，找到了党的思想建设的成功形式。

二 党的政治建设

毛泽东重视党的思想建设，是为了完成党的中心任务和党的纲领。

---

① 毛泽东：《实践论》（1937年7月）。《毛泽东选集》第1卷，第296—297页，人民出版社，1991。

而要达到这一目的，还要进行政治建设。在《关于纠正党内的错误思想》
（1929 年 12 月）中，毛泽东就提出了"提高党内的政治水平"这一重要
任务。

党的政治建设以思想建设为前提，同时又有自己的内容和特点。它
包括制定正确的纲领、路线及方针、政策，并在全党广泛地进行政治教
育，通过严格的政治纪律来实现党的奋斗目标。毛泽东在社会主义时期
说过政治是"灵魂"。在党的全部活动中，政治建设确实处于核心的
地位。

纵览毛泽东的政治建设实践，他最重视的是：抓路线。

首先，制定正确的政治路线。由于中国共产党一成立，就投入了轰
轰烈烈的革命实践之中，因此仅有一个依据社会发展一般规律制定的纲
领就不够了，还要有一个在各个阶段的实现纲领，即奔向党的纲领所规
定的目标的前进路线。路线问题在中国之所以十分突出，还因为中国的
国情比较特殊、复杂，仅仅根据马克思主义的社会主义纲领，而不使之
与中国具体实际相结合，不易找到正确的前进路线。所以，毛泽东强调
要以实事求是的思想路线和理论联系实际的原则为基础，来制定党的政
治路线。他认为，"党更加布尔什维克化，党就能、党也才能更正确地处
理党的政治路线，更正确地处理关于统一战线问题和武装斗争问题"[1]。
毛泽东研究中国国情，研究新民主主义理论，就是为了制定一条正确的
政治路线，作为全党行为的准则。这条路线，就是他多次概括的："无产
阶级领导的，人民大众的，反对帝国主义、封建主义和官僚资本主义的"
新民主主义革命总路线。

不仅如此，毛泽东还在各个阶段里，根据形势的变化和主要矛盾的
转化，不断提出即将到来的新阶段的新任务，制定新阶段的行动路线。
比如在中共七大，制定并提出了抗战最后阶段和胜利后党的路线，这就
是："放手发动群众，壮大人民力量，在我党的领导下，打败日本侵略

---

① 毛泽东：《〈共产党人〉发刊词》（1939 年 10 月 4 日）。《毛泽东选集》第 2 卷，第
605 页，人民出版社，1991。

者，解放全国人民，建立一个新民主主义的中国。"全党就是根据这种政治路线来进行各个阶段各个方面的工作。

其次，是通过路线的宣传教育来贯彻党的政治路线。政治路线制定后，怎么准确无误地贯彻好？毛泽东善于借助于中国共产党重视思想建设的优势，用思想政治教育的形式来贯彻党的政治路线。宣传的过程，不仅仅是一个路线的传播过程，而且是一个释疑的过程，因而是一个统一全党思想认识的过程。党的政治建设重视政治路线的宣传，通过宣传让全党自觉地贯彻党的政治路线，而不是强制性地执行党的政治路线，是毛泽东党的建设理论中的一个特点。只要比较一下《毛泽东选集》与《马克思恩格斯选集》，我们就可以发现，"路线"这一概念毛泽东用得比马克思、恩格斯多；我们再考察一下中国共产党人，乃至于中国人民的政治意识，更可以发现，"路线"概念已成为中国人的常识性概念。这就是路线宣传结出的果实。

而且，毛泽东总是强调，党的政治路线不仅要让党员知道，而且要让群众知道；这样，既可以让党领导群众为实现党的政治路线而奋斗，又可以让群众来监督、推动各级党组织来贯彻好党的路线。比如毛泽东在《愚公移山》(1945 年 6 月) 中说：

> 同志们到各地去，要宣传大会的路线，并经过全党同志向人民作广泛的解释。
>
> 我们宣传大会的路线，就是要使全党和全国人民建立起一个信心，即革命一定要胜利。首先要使先锋队觉悟，下定决心，不怕牺牲，排除万难，去争取胜利。但这还不够，还必须使全国广大人民群众觉悟，甘心情愿和我们一起奋斗，去争取胜利。①

再次，就是通过开展路线斗争来加强党的政治建设。在中国共产党的历史上，政治建设抓路线，路线教育抓斗争，也是中国革命特殊环境

---

① 《毛泽东选集》第 3 卷，第 1101—1102 页，人民出版社，1991。

下形成的一种做法。在"党内斗争论"中，我们已经研究过毛泽东这方面的重要思想。在当时的革命环境中，这样开展党内斗争不仅是需要的，而且是成功的、正确的。但同时我们也注意到，这种强烈的"路线斗争"观念，有其负面效应。在一个时期里，党内形成一种不好的观念，就是把党内的一切讨论，以及讨论中的一切不同意见，都看作是"路线斗争"。其结果，就是在社会主义时期出现了"路线斗争"泛化、扩大化的错误。所以，邓小平曾经提出：

> 党内斗争是什么性质就说是什么性质，犯了什么错误就说是什么错误，讲它的内容，原则上不再用路线斗争的提法。①

三　党的组织建设

为了保证党的政治路线的贯彻执行，毛泽东除了加强思想建设外，还十分重视党的组织建设。在秋收起义队伍上井冈山的路途中，毛泽东在领导著名的三湾改编时，就决定"支部建在连上"；在古田会议决议中，批评、纠正了极端民主化和非组织观点等错误思想，提出红四军党组织必须"从理论上铲除极端民主化的根苗"，"厉行集中指导下的民主生活"，实行"少数服从多数"的纪律②；在红军长征途中，同张国焘的分裂主义进行了坚决的斗争，等等。这一切组织建设的实践，是形成和完善毛泽东党的组织建设思想的重要基础。

在毛泽东关于党的组织建设问题的众多论述中，有两个思想是基本的：

第一，政治路线确定之后，干部就是决定的因素。

在井冈山斗争时期，毛泽东就已经注意到干部问题的重要性。当时

---

① 邓小平：《对起草〈关于建国以来党的若干历史问题的决议〉的意见》（1980年3月—1981年6月）。《邓小平文选》第2卷，第308页，人民出版社，1991。

② 毛泽东：《关于纠正党内的错误思想》（1929年12月）。《毛泽东选集》第1卷，第89、90页，人民出版社，1991。

根据地"支部和区委的负责人多属新党员，不能有好的党内教育。白色恐怖一到，投机分子反水，带领反动派捉拿同志，白区党的组织大半塌台"①。事实上，不仅基础的工作好坏取决于干部的素质，中央领导的正确与否也取决于党的主要负责人及其领导集体的素质。中国共产党在大革命时期和土地革命战争时期，几乎接连发生的"左"、右倾机会主义的问题，都是因党的领导人犯错误造成的。因此，1937 年 5 月，毛泽东在中国共产党全国代表会议上提出了干部队伍建设的任务：

> 指导伟大的革命，要有伟大的党，要有许多最好的干部。在一个四亿五千万人的中国里面，进行历史上空前的大革命，如果领导者是一个狭隘的小团体是不行的，党内仅有一些委琐不识大体、没有远见、没有能力的领袖和干部也是不行的。②

毛泽东深深地懂得，在一个具有人治传统的国家，干部的德、识、才、学、能是一种巨大的人格力量，能在群众中形成巨大的号召力和向心力，从而使党的路线、方针、政策能顺畅地贯彻下去，带领群众去英勇战斗。因此他在干部队伍建设中，特别重视德、识、才、学、能的素质要求：

> 我们党的组织要向全国发展，要自觉地造就成万数的干部，要有几百个最好的群众领袖。这些干部和领袖懂得马克思列宁主义，有政治远见，有工作能力，富于牺牲精神，能独立解决问题，在困难中不动摇，忠心耿耿地为民族、为阶级、为党而工作。党依靠着这些人而联系党员和群众，依靠着这些人对于群众的坚强领导而达到打倒敌人之目的。③

---

① 毛泽东：《井冈山的斗争》（1928 年 11 月 25 日）。《毛泽东选集》第 1 卷，第 75 页，人民出版社，1991。

②③ 毛泽东：《为争取千百万群众进入抗日民族统一战线而斗争》（1937 年 5 月 8 日）。《毛泽东选集》第 1 卷，第 277 页，人民出版社，1991。

毛泽东不仅对党的干部提出了明确的要求，还对党的各级组织及其领导如何抓好干部队伍建设，提出了明确的要求。比如在 1938 年 10 月中共扩大的六届六中全会的政治报告中，他专题论述了党的干部政策：

必须善于识别干部。不但要看干部的一时一事，而且要看干部的全部历史和全部工作，这是识别干部的主要方法。

必须善于使用干部。领导者的责任，归结起来，主要的是出主意、用干部两件事。用干部决不能采取"任人唯亲"的路线，而要采取"任人唯贤"的路线。例如，中央对于原红四方面军的干部即是如此。张国焘在红四方面军实行"任人唯亲"的干部路线，拉拢私党，组织小派别，从同党闹分裂发展到叛党。那么，如何看待红四方面军的干部呢？毛泽东坚持要"弄清思想，团结同志"，信任并使用红四方面军的干部。1942年 7 月 2 日，还专门发了一个《中共中央关于对待原四方面军干部态度问题之指示》，明确指出：

> 对原四方面军的干部的信任与工作分配，应当和其他干部一视同仁，不能因为他们过去执行过国焘路线而有所歧视，应当根据这些干部每个人的德（对党的忠实），才（工作能力），资（资望），分配他们以适当的工作，凡原有工作不适当者，应当设法改变之。尤其重要的，是帮助他们提高文化的、政治的、军事的水平。[①]

必须善于爱护干部。爱护的办法包括：（1）指导干部。这就是让他们放手工作，使他们敢于负责；同时，又适时地给以指示，使他们能在党的政治路线下发挥其创造性。（2）提高干部。这就是给以学习的机会，教育他们，使他们在理论上在工作能力上提高一步。在延安时期党的文献中，我们可以看到，关于安排干部学习的文件占了相当大的比重，既有《中央关于高级学习组的决定》《中央学习组关于各地高级学习组学习内容的通知》，又有《中央关于延安在职干部学习的决定》《中央军委、

---

① 《中共中央文件选集》第 13 册，第 406 页，中共中央党校出版社，1991。

军委总政关于军队干部教育的指示》《中共中央关于征调敌后大批干部来陕甘宁边区保留培养的决定》等等，配套成龙，很系统。(3)检查干部的工作，帮助他们总结经验，发扬成绩，纠正错误。(4)对于犯错误的干部，一般地都采取说服的方法，帮助他们改正错误；决不轻易地采用"开展斗争"的方法，轻易地给人戴上"机会主义"的大帽子。(5)照顾干部的困难。这些要求，对于加强党的组织建设，起了积极的作用。

第二，民主集中制是党的根本的组织原则。

民主集中制，是列宁根据马克思、恩格斯的建党思想提出来的，也是列宁把这一组织原则推广到了共产国际各个支部，即各国共产党的建设中，成为各国共产党相当长时期里都遵循的组织原则。中国共产党一开始，就是按照民主集中制的原则建立起来的，并在1927年6月通过的《中国共产党第三次修正章程议决案》中正式把它写入了党章，指出"党部的指导原则为民主集中制"。但是，由于党生活在一个缺乏民主传统的小生产家长制占优势的国家，党的领导又缺乏马克思主义与中国具体实际相结合的理论素养，因此自党成立后先后发生过陈独秀的家长制、王明的宗派主义和惩办主义、张国焘的分裂主义等一系列破坏民主集中制的严重错误。毛泽东在斗争中不仅坚持和弘扬了马列主义的民主集中制的基本原则，而且从中国实际出发发展了民主集中制。

首先，提出民主集中制就是"在民主基础上的集中，在集中指导下的民主"。

由于在中国共产党的历史上，强调集中领导时就出现家长制或个人专断，扩大党内民主时就出现极端民主化与宗派主义、自由主义，处理不好民主与集中的辩证关系，因此，毛泽东认真地研究了这一问题，尤其在红军长征到达陕北以后多次论述了这一问题。他指出：

> 要党有力量，依靠实行党的民主集中制去发动全党的积极性。
> 在反动和内战时期，集中制表现得多一些。在新时期，集中制应该

密切联系于民主制。①

这里，既讲了民主制与集中制的统一性，又讲了实行的条件性。在这段话之后，毛泽东紧接着的一句是"用民主制的实行，发挥全党的积极性"。也就是说，在中国条件下实行民主集中制，重点应放在民主制上。1938 年 10 月，他在中共扩大的六届六中全会的报告中对这一问题做了更为明确的论述：

> 党内缺乏民主生活，发挥积极性的目的就不能达到。……为此缘故，必须在党内施行有关民主生活的教育，使党员懂得什么是民主生活，什么是民主制和集中制的关系，并如何实行民主集中制。这样才能做到：一方面，确实扩大党内的民主生活；又一方面，不至于走到极端民主化，走到破坏纪律的自由放任主义。②

也就是说，在一个有组织的政党内，实行集中制是必要的，但在一个具有集权天然倾向的国度里，只有以民主制为基础的集中才是能调动全党积极性的集中。因此，民主制与集中制必须有机地统一起来。在中共七大，毛泽东在阐述民主集中制的内容时，辩证地指出民主集中制就是"在民主基础上的集中，在集中指导下的民主"。延安《解放日报》在庆祝七大胜利闭幕的社论《团结的大会，胜利的大会》中，明确地告诉全党：

> 高度的民主与高度的集中相结合，将是今后党内生活的特征。③

---

① 毛泽东：《为争取千百万群众进入抗日民族统一战线而斗争》（1937 年 5 月 8 日）。《毛泽东选集》第 1 卷，第 278 页，人民出版社，1991。

② 毛泽东：《中国共产党在民族战争中的地位》（1938 年 10 月 14 日）。《毛泽东选集》第 2 卷，第 529 页，人民出版社，1991。

③ 《解放日报》，1945 年 6 月 14 日。

其次，提出了"四个服从"的组织纪律。

民主制与集中制的统一，必须有纪律的保证。列宁在阐述民主集中制时，先后提出过"少数服从多数""部分服从整体"的纪律。毛泽东在处理党内矛盾时，注意到个人与组织、少数与多数、下级与上级、全党与中央是四种基本的组织关系，因而在中共扩大的六届六中全会上按民主集中制要求提出：

> 鉴于张国焘严重地破坏纪律的行为，必须重申党的纪律：（一）个人服从组织；（二）少数服从多数；（三）下级服从上级；（四）全党服从中央。谁破坏了这些纪律，谁就破坏了党的统一。①

这"四个服从"写进了《中共扩大的六中全会政治决议案》，成为以后全党长期遵守的组织纪律。

再次，制定了工作规则和组织制度。

为了保证民主集中制的落实，毛泽东努力将组织原则制度化或规范化。在中共扩大的六届六中全会上，毛泽东和党中央就制定并通过了《关于中央委员会工作规则与纪律的决定》《关于各级党部工作规则与纪律的决定》等几个组织建设方面的文件。这些文件的方向很明确，就是要使党的工作规范化、制度化。中共七大后，党中央在组织建设方面进一步加强了这种规范化、制度化的努力。尤其是毛泽东在 1948 年 1 月起草的《关于建立报告制度》、同年 9 月起草的《关于健全党委制》等中央文件，在把民主集中制原则制度化方面，作出了重要的贡献，保证了解放战争中党中央的统一领导与党内的民主建设，赢得了革命的胜利。

我们在研究民主革命时期中国共产党的组织建设文献的时候，看到了党一步一步走向成熟的曲折历程，注意到了毛泽东在这方面所作出的贡献。尽管在民主革命一个相当长的时期里，这方面工作不是他分管的，

---

① 毛泽东：《中国共产党在民族战争中的地位》（1938 年 10 月 14 日）。《毛泽东选集》第 2 卷，第 528 页，人民出版社，1991。

但党的组织建设的指导思想和大原则都是他提出的，而且都是根据中国实际提出的，因而是正确的。但同时，我们也注意到，当时党作出的某些决定，存在很大的隐患。

1943年3月16日和20日，中共中央在延安举行政治局会议。会议决定毛泽东为中央政治局主席和中央书记处主席，终于完成了遵义会议后的权力中心让渡。这是党的组织建设中的一件大事。会议在完善党中央领导核心的民主集中制问题时，明确规定：在两次中央全会之间，中央政治局担负领导整个党工作的责任，有权决定一切重大问题；凡属重大的思想、政治、军事、政策和组织问题，必须在政治局会议上讨论通过；中央书记处是根据政治局所决定的方针处理日常工作的办事机关，它在组织上服从政治局，但在政治局方针下有权处理和决定一切日常性质的问题。这些规定既有民主又有集中，使党中央领导核心的工作规范化、制度化了。但同时，会议在决定中央书记处由毛泽东、刘少奇、任弼时组成时，规定"书记处会议所讨论的问题，主席有最后决定之权"。这一规定在当时战争条件下，是必要的。但用制度的形式规定主席个人"有最后决定之权"，对党内的民主建设并不是有利的。在主席头脑清醒时尚有积极作用，一俟主席犯错误后果不堪设想。这是党在组织建设上的一个不可小视的问题。这也是中国共产党在十一届三中全会后，经过慎重考虑，决定用"总书记制"来取代"主席制"的重要原因。总书记不能像主席那样"有最后决定之权"。

四　党的作风建设

作风，是党性的外在表现。由于它是"外在"的，因而对于党的形象，对于党与群众的关系，格外重要；尤其在中国这样一个长期来具有伦理化传统的国家，人民群众评价一个政党，更注重从这个政党的干部和党员的人格来做评价。因此，毛泽东强调党不仅要制定正确的路线和政策，而且要在全党倡导好的作风，用人格的力量、形象的力量来教育群众、争取群众、团结群众，带领群众前进。

在党的作风建设问题上，毛泽东有大量的论述，其主要精神是：

　　首先，必须严肃整顿学风、党风与文风。1941 年 5 月 19 日，毛泽东在延安干部会上所作的报告《改造我们的学习》中提出要将中国共产党的学习方法和学习制度改造一下。为什么他要提出这个问题呢？因为我们党内长期来存在着严重的主观主义。毛泽东说，这种反科学的反马克思列宁主义的主观主义的方法，是共产党的大敌，是工人阶级的大敌，是人民的大敌，是民族的大敌，是党性不纯的一种表现。而且，事实上，由于主观主义的存在，党的作风，乃至于文风都很不正。所以，1942 年，他亲自领导了延安整风运动。这次整风运动，是党的思想建设的一次成功探索，也是党的作风建设的一次大会战。毛泽东在《整顿党的作风》（1942 年 2 月）中明确指出：

　　　　反对主观主义以整顿学风，反对宗派主义以整顿党风，反对党八股以整顿文风，这就是我们的任务。①

这次整风，使党的面貌焕然一新。它给我们的启迪是：对党内不正之风决不能姑息迁就，必须严肃整顿。只有这样，才能搞好党的作风建设。正如毛泽东所说："要做对于这些东西的肃清工作和打扫工作，是不容易的。做起来必须得当，就是说，要好好地说理。如果说理说得好，说得恰当，那是会有效力的。说理的首先一个方法，就是重重地给患病者一个刺激，向他们大喝一声，说：'你有病呀！'使患者为之一惊，出一身汗，然后好好地叫他们治疗。"②

　　其次，必须大力倡导三大优良作风。在中共七大，毛泽东总结历史经验的过程中，深刻而又精辟地指出：

　　　　以马克思列宁主义的理论思想武装起来的中国共产党，在中国人民中产生了新的工作作风，这主要的就是理论和实践相结合的作

---

　　① 《毛泽东选集》第 3 卷，第 812 页，人民出版社，1991。
　　② 毛泽东：《反对党八股》（1942 年 2 月 8 日）。《毛泽东选集》第 3 卷，第 833 页，人民出版社，1991。

风，和人民群众紧密地联系在一起的作风以及自我批评的作风。①

他在分析中指出，这三大作风是中国共产党人区别于其他任何政党的三个"显著的标志"。也就是说，他不是从一般的意义上来看这三大作风的，而是从无产阶级先锋队的党性这个最高的意义上来看这三大作风的。而且，值得我们重视的是，他认为党的作风建设，不仅要整顿党内不正之风，而且要倡导体现党性的优良作风，也就是说，要"重在建设"。只有弘扬党的优良作风，扬正抑邪，才能使党永葆革命的朝气。

再次，必须高度警惕自我腐败。在全国革命即将胜利的前夜，毛泽东提出了一个重要问题，即居功自傲、自我蜕变的问题。这个问题，他在延安时期已经开始强调，并在1944年印了郭沫若的《甲申三百年祭》，要求全党吸取李自成农民起义军因胜利而骄傲，自我腐化，最后走向失败的教训。在中共七届二中全会上，毛泽东再次告诫全党：

> 因为胜利，党内的骄傲情绪，以功臣自居的情绪，停顿起来不求进步的情绪，贪图享乐不愿再过艰苦生活的情绪，可能生长。因为胜利，人民感谢我们，资产阶级也会出来捧场。敌人的武力是不能征服我们的，这点已经得到证明了。资产阶级的捧场则可能征服我们队伍中的意志薄弱者。②

不仅如此，毛泽东还在七届二中全会上提议，禁止给党的领导人祝寿，禁止用党的领导人的名字作地名、街名和企业的名字等，以防党的领袖居功自傲；全会郑重地通过了这个决定。由此可见，毛泽东在抓党的作风建设时，十分注意防患于未然，十分注意防止党从内部腐烂，十分注

---

① 毛泽东：《论联合政府》（1945年4月24日）。《毛泽东选集》第3卷，第1093—1094页，人民出版社，1991。

② 毛泽东：《在中国共产党第七届中央委员会第二次全体会议上的报告》（1949年3月5日）。《毛泽东选集》第4卷，第1438页，人民出版社，1991。

意从领导人自身抓起。

应该讲，毛泽东抓党的作风建设的这些经验，同党的思想建设、政治建设、组织建设的经验一样，是中国共产党的重要财富，对于今天党的建设仍然有着直接的指导作用。

第七章 民主政治论

　　"新民主"统治的方式，从一方面看，是党的领导，另方面看，是民众的参加政治生活。为什么能够调和这两个相反的倾向呢？就因为共产党知道群众的力量，能争取群众，迎合群众的信赖而后加以控制，民众就不会有不自由的感觉，迎合群众的意见而后加以控制，民众反觉得自己是"民主"的了。

——赵超构

第一节　"新民主"社会

在中国革命的逻辑中，近代中国国情是其逻辑的起点，逻辑的演进即是新民主主义革命逐步深入的过程，而合乎逻辑的发展结果是什么呢？就是创建新民主主义的社会。

毛泽东的思路，就是如此。他在《〈共产党人〉发刊词》（1939 年 10 月）和与一些同志合作编写的课本《中国革命和中国共产党》（1939 年 12 月）中，从理论上系统地总结了新民主主义革命理论。那么，这场革命的目的是什么呢？《新民主主义论》（1940 年 1 月）担当起了回答这一问题的任务。毛泽东说，我们要建立一个新中国。这个新中国的第一步，就是建立由新民主主义政治、经济、文化构成的新民主主义社会。

这个社会目标，是毛泽东根据中国特殊的国情运用马克思主义的社会发展论，创造性地提出的社会形态。这个社会具有三个显著的特点：

第一，它是一个民主社会。

为民主而奋斗，通过民主解决近代中国救亡与发展两大基本问题，是中国共产党立志改造中国的一大目标。现在有些不了解中国革命史的人，或遗忘了中国革命史的人，在国际敌对势力舆论攻势的影响下，把"专制"套在中国共产党的头上，实在是一种无知。在延安时期，凡是从国民党控制区域进入延安等共产党领导的抗日根据地的，无论是记者还是外交官，无论是中国人还是外国人，都感受到一种强烈的新气象，这种新气象就是在实行专制统治的国民党控制区所看不到的：民主。

毛泽东反复论证过，新民主主义社会是一个独立的民主主义社会或民主国家。1938 年 7 月 2 日，他在同世界学联代表团柯乐满先生等代表谈话时，外宾提出的第四个问题是："抗战获得最后胜利之后，中共的主要任务将是什么？"毛泽东当即回答：

抗战胜利后，共产党的主要任务，一句话，是建立一个自由平等的民主国家。在这个国家内，有一个独立民主的政府，有一个代表人民的国会，有一个适合人民要求的宪法。在这个国家内的各个民族是平等的，在平等的原则下，建立联合的关系。在这个国家内，经济是向上发展的，农业、工业、商业都大大的发展，并由国家与人民合作去经营，订定八小时工作制，农民应该有土地，实行统一的累进税，对外国和平通商，订立互利的协定。在这个国家内，人民有言论、出版、集会、结社、信仰的完全自由，各种优秀人民的天才都发展，科学与一般文化都能提高，全国没有文盲。在这个国家内，军队不是与人民对立的而是与人民打成一片的。这样的国家，还不是社会主义的国家，这样的政府，也不是苏维埃政府，乃是实行彻底的民主制度与不破坏私有财产原则下的国家与政府。这就是中国的现代国家，中国很需要这样一个国家。有了这样一个国家，中国就离开了半殖民地与半封建的地位，变成自由平等的国家，离开了旧中国，变成了新中国。[1]

这是毛泽东对中国革命胜利后中国社会的一个设计，也即毛泽东社会理想的一个重要特点——先建立一个民主主义社会，然后再创造条件建立社会主义社会。毛泽东的代表著作《新民主主义论》《论联合政府》《在中国共产党第七届中央委员会第二次全体会议上的报告》《论人民民主专政》等阐述的都是这一社会理想。

毛泽东的这一社会理想，不是一种乌托邦的空想。中国社会要从一个半殖民地半封建的社会直接变为社会主义的社会，是完全不可能的事，中间必须横跨一个过渡性的社会发展的历史阶段。按照人类社会一般发展规律，社会主义的前身是资本主义。只有在资本主义阶段创造了巨大的社会化生产力和完备的资产阶级民主，社会主义这种适合社会化大生产的生产关系和更高级的社会主义民主才可能建立起来。但是，中国资

---

[1]　载延安《解放》周刊，第 45 期，1938 年 7 月 23 日。

产阶级做不到这一点，他们既斗不过帝国主义即外国资本主义，又斗不过帝国主义扶植与支持的中国封建主义。历史非常奇特地把这一本该由中国资产阶级完成的任务，交给了中国无产阶级和中国共产党。这样，中国共产党就必须处理好两个难题：一是设计一个非资产阶级专政下的类似于资本主义发展阶段的民主社会模型；二是在这一民主社会中创造条件，以利于向社会主义社会过渡。这是中国社会发展的客观规律对中国共产党提出的要求。毛泽东经过精心研究提出的"新民主主义社会论"，就是这样一个符合中国国情的，非资产阶级专政并有利于向社会主义过渡的，但又保留了大量资本主义发展阶段必须发展的内容的，由人民来主宰的民主社会模型。这个社会模型在马克思主义或西方其他社会理论中，都无论可据，但又是按照马克思主义的历史唯物主义原理，分析了中国的特殊国情后提出来的，因而是真正科学的社会模型理论。

比如，毛泽东十分强调民主社会要以社会化的工业生产力为基础。在致秦邦宪的信（1944 年 8 月 31 日）中，他说："新民主主义社会的基础是工厂（社会生产，公营的与私营的）与合作社（变工队在内），不是分散的个体经济。分散的个体经济——家庭农业与家庭手工业是封建社会的基础，不是民主社会（旧民主、新民主、社会主义，一概在内）的基础，这是马克思主义区别于民粹主义的地方。……现在的农村是暂时的根据地，不是也不能是整个中国民主社会的主要基础。"[①] 毛泽东写这封信的背景是，《解放日报》原准备发一篇社论，题为《把新民主主义社会的基础建立在家庭里》。毛泽东看了社论的草稿，觉得"不妥"，于是论述了民主社会，包括旧民主主义、新民主主义和社会主义社会，都是以社会化生产力为基础的。这显然是符合历史唯物论的，同时又对《新民主主义论》做了一个重要的补充。

第二，它是一个无产阶级领导的民主社会。

为创建一个民主主义的社会而奋斗，孙中山已经提出。

中国近代史上，孙中山是杰出的民主革命先行者，毛泽东对他评价

---

① 《毛泽东书信选集》，第 215 页，中央文献出版社，2003。

很高。尤其是他关于通过革命而不是通过改良来改造中国社会的思想，对旧民主主义和新民主主义两代革命者都有直接的影响；他的三民主义，尤其是新三民主义，经过毛泽东的批判继承，已经吸收到新民主主义理论之内；他设计的实业计划，尤其是通过经济的发展与跃进赶上发达国家的思想，关于在坚持国家主权的前提下大胆引进外资以促进生产力发展的思想，也对毛泽东和中国共产党有很大的启迪。我们在研究毛泽东思想的思想来源时，应该既看到马列主义是其基本的来源，也要看到中国传统文化中的合理因素是其重要的来源。而在中国传统文化中，不仅要看到古代文化传统中的精华，更要看到近代文化，尤其是孙中山思想中的革命的、民主的、进步的因素也是毛泽东思想形成过程中重要的思想来源。

孙中山的社会理想是要创建一个民主的社会。这个民主社会是一种什么类型的社会呢？他说："法美共和国皆旧式的，今日唯俄国为新式的；吾人今日当造成一最新式的共和国。"[①] 这一"最新式的共和国"有两个特点：一是要"和欧美的民权不同"，不要"步他们的后尘"；二是要把中国"改造成一个'全民政治'的民国"。[②] 这就是 1924 年国民党一大宣言中所宣布的"为一般平民所共有，非少数者所得而私"的民主社会。站在马克思主义的立场上来看，他注意到西方资产阶级的民主制度是"压迫平民之工具"，是正确的，因而中国的民主社会不能"步他们的后尘"；但他要创立一个"为一般平民所共有"的"全民政治"的民主社会，又显然是一种主观的空想。列宁评论说："孙中山的纲领的字里行间都充满了战斗的、真诚的民主主义。""这种战斗的民主主义思想首先是同社会主义空想、同使中国避免走资本主义道路即防止资本主义的愿望结合在一起的"，从而"产生他们的主观社会主义"。[③] 也就是说，孙中山的社会理想，是要在中国创建一个超越旧民主主义的，带有"主观社会主义"空想性质的社会制度。

---

① 孙中山：《总统新年在桂之演说》。载《民国日报》，1922 年 2 月 23 日。
② 《孙中山选集》，第 757 页，人民出版社，1981。
③ 《列宁选集》第 2 卷，第 291—293 页，人民出版社，1995。

孙中山的合理思想，毛泽东接受了；孙中山陷入空想的地方，毛泽东批判了。也就是说，毛泽东不仅看到了旧民主主义的道路在中国走不通，而且看到了中国的资产阶级由于其自身的弱点不可能建立民主主义的社会；不仅提出了要超越旧民主主义，而且提出了这种超越只能在中国最先进的阶级——无产阶级领导之下才能实现。因此，这种新型的民主社会，不是抽象的"全民政治"的民主社会，而是无产阶级领导的民主社会，即新民主主义社会。毛泽东深刻地指出：

> 而所谓民主主义，现在已不是旧范畴的民主主义，已不是旧民主主义，而是新范畴的民主主义，而是新民主主义。①

新民主主义与旧民主主义的区别，最重要的，就是有没有无产阶级的领导。正如毛泽东所说的，新民主主义革命"决不是也不能建立中国资产阶级专政的资本主义的社会，而是要建立以中国无产阶级为首领的中国各个革命阶级联合专政的新民主主义的社会"②。

1944 年夏，重庆《新民报》主笔赵超构随中外记者西北参观团到延安采访。在《延安一月》中，他写下了这样的印象：

> 说到"新民主"与我们所习见的旧民主的不同，重要之点在乎国体观念。我们的民主观念是以整个的国民为主体的，不分阶层与宗派。新民主主义摒弃了"国民"两字，而正式以阶级为主体，因此有"什么阶级和什么阶级的联合专政"等等的名词。
> ⋯⋯⋯⋯
> "新民主"统治的方式，从一方面看，是党的领导，另方面看，是民众的参加政治生活。③

---

① ② 毛泽东：《新民主主义论》（1940 年 1 月）。《毛泽东选集》第 2 卷，第 665、672 页，人民出版社，1991。

③ 赵超构：《延安一月》，第 247—248 页，上海书店，1992。

毛泽东也曾经从国体方面，论述了新民主主义与孙中山的民主主义之间的联系与区别，认为两者的区别在"工人阶级的领导"：

> 一九二四年，孙中山亲自领导的有共产党人参加的国民党第一次全国代表大会，通过了一个著名的宣言。这个宣言上说："近世各国所谓民权制度，往往为资产阶级所专有，适成为压迫平民之工具。若国民党之民权主义，则为一般平民所共有，非少数人所得而私也。"除了谁领导谁这一个问题以外，当作一般的政治纲领来说，这里所说的民权主义，是和我们所说的人民民主主义或新民主主义相符合的。只许为一般平民所共有、不许为资产阶级所私有的国家制度，如果加上工人阶级的领导，就是人民民主专政的国家制度了。[①]

第三，它是一个通过部分质变而达到根本质变的，即动态的民主社会。

以中国国情为根据提出的"新民主主义革命论"与"新民主主义社会论"，作为新民主主义理论的两个重要的、基本的构成部分，不是互相割裂的，而是互相联系的。我们已经知道，新民主主义社会是新民主主义革命合乎逻辑的结果，那么，由于新民主主义革命走的是一条农村包围城市、最后夺取全国政权的道路，因此每一个农村革命根据地及其所建立的红色政权，就是这一个"合乎逻辑的结果"的部分成果。

这就是说，中国共产党领导的农村革命根据地，是新民主主义社会的雏形。

对于农村革命根据地的社会性质问题，在土地革命战争时期尚无明确的论述。这一方面是因为这是一个新事物，党内对它的认识尚需时日，另一方面是因为当时以游击战为主的战略战术决定了根据地的范围是流动的。但同时，党已经确认根据地所建立的红色政权是工农苏维埃或工

---

① 毛泽东：《论人民民主专政》（1949年6月30日）。《毛泽东选集》第4卷，第1477—1478页，人民出版社，1991。

农共和国，即是由工人、农民和城市小资产阶级联盟的政府。也就是说，当时对政权的性质是明确的，但对这一政权领导与管辖区域的社会性质问题尚未进行研究。

抗日战争初期的情况也是如此。当时对于抗日根据地的社会性质问题，尚未着力去研究，但对于政权的性质问题有大量的论述。比如毛泽东指出，由于民族资产阶级等其他阶级力量也将加入统一战线，所以根据地政权的性质将由"工农共和国改变为人民共和国"。随着抗日根据地的扩大和巩固，特别是党在建立抗日民主政权时逐渐找到"三三制"的形式，发表了规范化的施政纲领后，毛泽东多次论述："在抗日时期，我们所建立的政权的性质，是民族统一战线的。这种政权，是一切赞成抗日又赞成民主的人们的政权，是几个革命阶级联合起来对于汉奸和反动派的民主专政。它是和地主资产阶级的反革命专政区别的，也和土地革命时期的工农民主专政有区别。"①

但是同国民党顽固派的斗争，要求我们研究并回答根据地的社会性质问题。在抗日战争艰苦的相持阶段，国民党反共顽固派一次又一次掀起反共浪潮，企图破坏抗日民族统一战线。其御用文人还公开叫嚷"共产主义不适合中国国情""陕甘宁边区是封建割据"等等。所以毛泽东首先强调要明确抗日根据地政权的性质，因为"我们和反共顽固派为政权问题在华北、华中和西北的斗争，带着推动全国建立统一战线政权的性质，为全国观感之所系"②。也就是说，在根据地建立的抗日民主政权，不是封建割据，而是一种历史的进步，必将有助于全国民主化的推动。于是，进一步也就明确了根据地的社会性质：

> 陕甘宁边区和华北华中各抗日根据地的社会性质已经是新民主主义的。判断一个地方的社会性质是不是新民主主义的，主要地是以那里的政权是否有人民大众的代表参加以及是否有共产党的领导

---

① ② 毛泽东：《抗日根据地的政权问题》（1940年3月6日）。《毛泽东选集》第2卷，第741页，人民出版社，1991。

为原则。因此，共产党领导的统一战线政权，便是新民主主义社会的主要标志。……现在各根据地的政治，是一切赞成抗日和民主的人民的统一战线的政治，其经济是基本上排除了半殖民地因素和半封建因素的经济，其文化是人民大众反帝反封建的文化。因此，无论就政治、经济或文化来看，只实行减租减息的各抗日根据地，和实行了彻底的土地革命的陕甘宁边区，同样是新民主主义的社会。①

这样，我们对毛泽东的新民主主义理论的认识就更深刻了。它是一个在新民主主义革命过程中，一块根据地一块根据地地改变中国社会的性质，最后在全中国建立新民主主义社会的理论。用哲学的语言来概括，就是"通过部分质变最后达到根本质变"。这不是我们随意推断出来的结论，毛泽东本人就是这样说的：

> 各根据地的模型推广到全国，那时全国就成了新民主主义的共和国。②

第二节　民主政权论

我们注意到，毛泽东在论述新民主主义社会时，采用了经济、政治、文化三要素组成的社会结构分析方法。而且，他十分正确地阐述了这个方法：

> 一定的文化（当作观念形态的文化）是一定社会的政治和经济的反映，又给予伟大影响和作用于一定社会的政治和经济；而经济

---

①② 毛泽东：《关于打退第二次反共高潮的总结》（1941 年 3 月 18 日）。《毛泽东选集》第 2 卷，第 785 页，人民出版社，1991。

是基础，政治则是经济的集中的表现。这是我们对于文化和政治、经济的关系及政治和经济的关系的基本观点。[1]

根据毛泽东的论述，社会结构由经济、政治、文化三要素构成；这三个要素相互之间都互相作用，并由此构成社会发展的内在动力；这三个要素及其相互作用的基础是经济要素。倘若以构图方式来标示，即是一个倒三角形：

但是，在毛泽东应用这种方法研究新民主主义社会时，其分析的程序不是从经济这一基础要素着手的，而是把政治要素作为第一要素，展开其全部逻辑的。

其原因何在？

这是因为，新民主主义社会是新民主主义革命的结果，革命的核心问题是政权问题，是政治问题，未来新社会的分析必然是也只能是从政治要素分析入手。事实上，近代中国的救亡与发展两大基本问题，救亡（即反帝反封建）是发展的前提，新民主主义的经济和文化都只能在解决新民主主义政治后才有条件发展。也就是说，历史从哪里开始，逻辑也只能从哪里开始。

历史与逻辑的统一，告诉我们：新民主主义社会首先是一个新型的民主社会，即以无产阶级领导的民主政权为标志的社会。

关于在民主革命中无产阶级要领导民主政权的思想，不是由理论设计出来的，而是在实践中和斗争中提出来的。在土地革命战争时期，中国共产党尚未有这种思想。当时在广州成立的国民政府，共产党和国民党是骨干，而且是无产阶级、民族资产阶级、城市小资产阶级和农民阶

---

[1] 毛泽东：《新民主主义论》（1940年1月）。《毛泽东选集》第2卷，第663—664页，人民出版社，1991。

级四个阶级联盟的政权，但领导权掌握在民族资产阶级和上层小资产阶级手里，而不在无产阶级手里。这个政权的性质，可以说是属于旧民主主义类型的"新三民主义政权"。在蒋介石发动四一二反革命政变后，大革命面临失败的危机。共产国际执委会曾于1927年5月发来重要指示，其要点之一，即把农民协会立刻变成乡村政权。但中共中央在陈独秀右倾机会主义统治下，认为共产国际《五月指示》难以实行。南昌起义时，党曾经建立过一个政权形式的革命委员会，但打的旗号是国民党左派政府。大革命的失败，以严酷的事实告诉了中国共产党人，无产阶级不取得对民主政权的领导权，无产阶级不建立自己领导的民主政权，就不能保障革命的成果归人民所有。于是，许多地方自1927年下半年起，先后开始打"苏维埃"的旗帜，为建立工农民主政权而奋斗。①

　　毛泽东带领秋收起义部队上井冈山后创建红色政权的实践，对于他以后形成新民主主义的政权理论产生了直接的、重大的影响。井冈山根据地建立后，1927年11月28日先在茶陵县成立了工农兵政府；1928年5月在宁冈县茨坪成立了湘赣边界工农兵苏维埃政府；1930年2月建立了江西工农兵苏维埃政府；1931年11月7日至20日在瑞金召开了第一次中华苏维埃共和国工农兵代表大会，通过了《中华苏维埃共和国宪法大纲》《劳动法》《土地法》及经济政策等重要决议，宣告了中华苏维埃共和国临时中央政府成立，选举毛泽东为苏维埃共和国中央执行委员会主席。这个建政的过程，是一个在实践中逐步摸索、逐步发展、逐步完善的过程。翻开毛泽东写的《井冈山的斗争》，他专门写了"政权问题"一章，劈头第一句话即是："县、区、乡各级民众政权是普遍地组织了，但是名不副实。许多地方无所谓工农兵代表会。乡、区两级乃至县一级，政府的执行委员会，都是用一种群众会选举的。一哄而集的群众会，不能讨论问题，不能使群众得到政治训练，又最便于知识分子或投机分子的操纵。……名副其实的工农兵代表会组织，不是没有，只是少

---

　　① 广东海陆丰地区，在1927年5月和9月、10月的起义中建立过县级苏维埃政权。1927年12月广州起义时建立过广州苏维埃政府。湖北黄安、麻城起义农民于1927年11月占领黄安县城后也建立了苏维埃政权。

极了。"① 但到 1931 年能召开中华苏维埃共和国工农兵代表大会，并制定出一套法律，是一个历史性的进步。

从 1927 年到 1949 年，在毛泽东领导下，中国共产党先后在根据地和解放区，建立过工农民主政权、抗日民主政权和人民民主政权三种无产阶级领导的民主政权，即新民主主义的政权。

在如此丰富的实践中，毛泽东逐步形成和发展了新民主主义政权理论——新民主主义政治的核心理论。

一 国体论

自鸦片战争以来，为了解决救亡与发展两大基本问题，近代中国的思想家们，围绕君权还是民权、立宪还是共和，展开了热闹的"国体"之争。诚如毛泽东所言，"这个国体问题，从前清末年起，闹了几十年还没有闹清楚"。那么，究竟什么是"国体"呢？毛泽东站在马克思主义的制高点上，俯视各派争论的观点，一下子就抓住了问题的症结：

> 其实，它只是指的一个问题，就是社会各阶级在国家中的地位。②

根据这种观点，在中国的历史条件和社会条件下，国家的构成力量不仅有无产阶级，还有农民阶级和城市小资产阶级，以及具有两面性特点的民族资产阶级，因此中国革命胜利后，只能采取一种特殊的国家体制——新民主主义的国体。对此，毛泽东做过多次精彩的理论分析。

第一次，在《新民主主义论》中，他指出近代世界多种国家体制中，按其阶级性质来划分，基本上不外乎三种：

---

① 毛泽东：《井冈山的斗争》（1928 年 11 月 25 日）。《毛泽东选集》第 1 卷，第 71—72 页，人民出版社，1991。

② 毛泽东：《新民主主义论》（1940 年 1 月）。《毛泽东选集》第 2 卷，第 676 页，人民出版社，1991。

　　资产阶级专政的共和国；

　　无产阶级专政的共和国；

　　几个革命阶级联合专政的共和国。

　　那么，中国取何种国体为适宜呢？他认为，第一种国体不适合中国国情。因为在半殖民地半封建的中国，民族资产阶级虽有其革命性的一面，又有其异常软弱性的一面，他们已在实践的考验中失去了革命领导阶级的资格，未来社会也不可能由他们来领导；加上中国无产阶级自五四运动起已经以独立的政治力量走上历史舞台，战斗力强，斗争经验丰富，并且已把中国革命列入世界无产阶级社会主义革命的一部分。所以，革命胜利后的中国绝不会是一个资产阶级专政的国家。他又认为，第二种国体也不适合现时中国的国情。因为在半殖民地半封建的中国，无产阶级虽然已经成为革命的领导阶级，但由于生产力落后，由农业化到工业化的任务尚未完成，无产阶级的力量还不够强大；加上中国民族资本主义还有继续发展的条件和能力，民族资产阶级还有革命性的一面，他们同大地主大资产阶级有区别，不但不是民主革命的敌人，而且是革命的动力。因此，革命胜利后的中国不能采取像苏联那样的无产阶级专政模式。他认为，只有第三种国体才适合中国国情，即未来的新中国必定是"几个革命阶级联合专政的共和国"。

　　人们也许注意到，毛泽东讲的第三种国体，没有出现"无产阶级领导"的表述，但这仅仅是表述而已。"几个革命阶级联合专政"说的它不是资产阶级或无产阶级一个阶级的专政，但在几个革命阶级中无产阶级是其中的领导力量，这是毫无疑义的。《新民主主义论》在分析了民族资产阶级因其两面性而不能领导人民"实施民主政治"后，指出：

　　　　所以，无论如何，中国无产阶级、农民、知识分子和其他小资产阶级，乃是决定国家命运的基本势力。这些阶级，或者已经觉悟，或者正在觉悟起来，他们必然要成为中华民主共和国的国家构成和政权构成的基本部分，而无产阶级则是领导的力量。现在所要建立的中华民主共和国，只能是在无产阶级领导下的一切反帝反封建的人们联合专政的民主共和国，这就是新民主主义的共和国，也就是真正革命的三大政策的新三民主义共和国。①

在《新民主主义论》发表不久，党中央就发出了《抗日根据地的政权问题》的指示，指出中国共产党在华北、华中等地建立的抗日民主政权，是统一战线性质的政权，即几个革命阶级联合起来对于汉奸和反动派的民主专政；并且规定在政权工作人员中，共产党员、非党的左派进步分子和中间派应各占三分之一，即实行"三三制"。这种规定就是为了保证共产党在政权中的领导地位，同时紧密团结广大的小资产阶级群众，并争取中等资产阶级和开明绅士，以孤立反共顽固派，避免"左"倾和右倾的错误。"三三制"的推行与完善，正是《新民主主义论》的"国体论"结出的硕果。

毛泽东第二次集中论述国体问题，是在1945年中共七大所做的《论联合政府》报告中。如果说《新民主主义论》对国体的分类是从世界角度区分的，用的是三分法，那么，《论联合政府》对国体的分析是从中国着眼的，用的是四分法。毛泽东指出：

第一，中国的国家制度不应该是一个由大地主大资产阶级专政的、封建的、法西斯的、反人民的国家制度，因为这种反人民的制度，已由国民党主要统治集团的十八年统治证明为完全破产了。

第二，中国也不可能、因此就不应该企图建立一个纯粹民族资产阶级的旧式民主专政的国家。

第三，在中国的现阶段，在中国人民的任务还是反对民族压迫和封建压迫，在中国社会经济的必要条件还不具备时，中国人民也不可能实现社会主义的国家制度。

因此，第四，中国共产党的主张是：在彻底地打败日本侵略者之后，建立一个以全国绝对大多数人民为基础而在工人阶级领导之下的统一战线的民主联盟的国家制度，即新民主主义的国家制度。

---

① 《毛泽东选集》第2卷，第674—675页，人民出版社，1991。

毛泽东这次论国体的选择问题，同《新民主主义论》相比，主要是指出了中国不能采用大地主大资产阶级专政的国家制度，强调这是一个反人民的即反民主的国家制度，同其他三种民主制度有原则的区别。强调这一问题，一是因为1941年1月皖南事变后，已经暴露出蒋介石国民党已在准备破坏统一战线。毛泽东等在1941年1月28日曾指示新四军"在皖南事变及一月十七日蒋介石宣布新四军叛变后，我们对蒋介石为代表的大地主大资产阶级应有政策上的变动，即由一打一拉政策改变完全孤立他的政策，在党内外尽量揭破他的反动阴谋，惟在蒋没有宣布全部破裂时（宣布八路及中共叛变），我们暂时不公开提反蒋口号"①。二是因为1943年3月蒋介石出版的《中国之命运》，把十年内战的责任推在共产党身上，污蔑共产党和八路军、新四军是"新式军阀"、"新式割据"，暗示两年内要解决共产党，指出未来中国的国体既不是东方的共产主义，也不是西方的自由主义；同年9月国民党五届十一中全会又一次污蔑共产党"破坏抗战，危害国家"，日益暴露出要在中国实行国民党法西斯独裁统治的图谋。因此在中共七大开幕词中，毛泽东尖锐地指出：

> 在中国人民面前摆着两条路，光明的路和黑暗的路。有两种中国之命运，光明的中国之命运和黑暗的中国之命运。②

随着抗日战争的胜利即将到来，在四种国家制度的选择上，第一种选择与第四种选择的对立和斗争日益加剧。所以1945年8月毛泽东在延安干部会议上的讲演中说：

> 从整个形势看来，抗日战争的阶段过去了，新的情况和任务是国内斗争。蒋介石说要"建国"，今后就是建什么国的斗争。是建立一个无产阶级领导的人民大众的新民主主义的国家呢，还是建立一

---

① 《中共中央文件选集》第13册，第24页，中共中央党校出版社，1991。

② 毛泽东：《两个中国之命运》（1945年4月23日）。《毛泽东选集》第3卷，第1025页，人民出版社，1991。

个大地主大资产阶级专政的半殖民地半封建的国家？这将是一场很复杂的斗争。①

但是，有一些民族资产阶级和上层小资产阶级的政治代表对这种斗争的必然性和严重性，依然认识不清，老是幻想在国共两党提出的对立的两种国体之外，寻找一条"第三道路"，走出一条"中间路线"——英美式议会制资产阶级民主共和国。因此，毛泽东在《将革命进行到底》（1948 年 12 月）中，第三次比较集中地论述国体问题时，仍用"三分法"，但内容与《新民主主义论》（1940 年 1 月）时不同了：

现在摆在中国人民、各民主党派、各人民团体面前的问题，是将革命进行到底呢，还是使革命半途而废呢？如果要使革命进行到底，那就是用革命的方法，坚决彻底干净全部地消灭一切反动势力，不动摇地坚持打倒帝国主义，打倒封建主义，打倒官僚资本主义，在全国范围内推翻国民党的反动统治，在全国范围内建立无产阶级领导的以工农联盟为主体的人民民主专政的共和国。……如果要使革命半途而废，那就是违背人民的意志，接受外国侵略者和中国反动派的意志，使国民党赢得养好创伤的机会，然后在一个早上猛扑过来，将革命扼死，使全国回到黑暗世界。现在的问题就是一个这样明白地这样尖锐地摆着的问题。两条路究竟选择哪一条呢？……中国各民主党派、各人民团体是否能够真诚地合作，而不致半途拆伙，就是要看它们在这个问题上是否采取一致的意见，是否能够为着推翻中国人民的共同敌人而采取一致的步骤。这里是要一致，要合作，而不是建立什么"反对派"，也不是走什么"中间路线"。②

---

① 毛泽东：《抗日战争胜利后的时局和我们的方针》（1945 年 8 月 13 日）。《毛泽东选集》第 4 卷，第 1130 页，人民出版社，1991。

② 毛泽东：《将革命进行到底》（1948 年 12 月 30 日）。《毛泽东选集》第 4 卷，第 1375 页，人民出版社，1991。

这就是说，有三种国家制度可供人的选择：

第一种，无产阶级领导的人民民主专政的共和国；

第二种，帝国主义与封建主义支持的官僚资产阶级反动政权；

第三种，西方式的资产阶级民主和资产阶级专政的共和国。

第一种选择，就是要将革命进行到底，争取光明的前途；

第二种选择，就是将革命扼死，使全国回到黑暗世界；

第三种选择，就是要使革命半途而废，其结果必定帮助大地主大资产阶级反扑过来，而不可能达到"中间路线"的目的。

《新民主主义论》《论联合政府》《将革命进行到底》对国体问题的分析，虽然有不同的视角、不同的重点，但有一点始终是一致的，即：中国在民主革命胜利后只能建立新民主主义的共和国。这一国体，起先表述为"各革命阶级的联合专政""统一战线的政权"，后来表述为"工人阶级领导之下的统一战线的民主联盟的国家制度"，最后规范化为"人民民主专政"。这样，近代中国的民主政治建设，就有了明确的奋斗目标。

但是，必须注意的是，新民主主义共和国是包含着社会主义因素的国家制度，是一个由新民主主义到社会主义的过渡形式。也就是说，它不像资产阶级专政的共和国与无产阶级专政的共和国那样单一、固定。这种政权的主体，不是一个阶级，而是几个革命阶级，其中也包括民族资产阶级；专政的对象是"反动派""敌人"，而不是资产阶级。这一些方面，它同无产阶级专政的共和国有明显的差别。但在政权的主体中，即各个革命阶级中，工人阶级是整个政权的领导阶级，工农联盟是对敌人实行有效专政的基础，这些方面，它又同无产阶级专政的共和国是一致的。毛泽东说过，无产阶级在政治上的领导权等等是社会主义因素。因此，这种国体是适合中国社会发展规律的国体，即：它既是民主革命合乎逻辑的结果，又是由新民主主义到社会主义转变的政治前提和政权保障。这是毛泽东民主政治理论中一块光彩夺目的瑰宝。

二　政体论

在毛泽东的民主政权理论中，除了国体论外，他的政体论也是一个基本的组成部分。

> 所谓"政体"问题，那是指的政权构成的形式问题，指的一定的社会阶级取何种形式去组织那反对敌人保护自己的政权机关。没有适当形式的政权机关，就不能代表国家。①

在《新民主主义论》中，毛泽东认为在新民主主义的社会里，合适的政体是实行民主集中制的人民代表大会制。这就是在普选制的基础上产生人民代表，然后由人民代表大会行使国家权力机构的职能，选举各级人民政府，制定国家法律，并且监督政府依法处理一切事务。所以这是一个既是民主的又是集中的政权构成形式。

在《论联合政府》以及中共中央关于建政的一系列重要指示中，毛泽东和党中央一以贯之地坚持了这一政体设计。

这种政体显然是民主制的一种理想形式。首先，它把一切权力交给了人民，最大限度地实行了民主；其次，它规定不分性别、民族、信仰、财产和教育等差别，凡是公民都有选举权和被选举权，最大限度地实现了平等；再次，它规定公民及其选举的人民代表都有充分表达自己意见、选举和监督政府的权利，最大限度地实现了自由；最后，它规定了由人民代表选举出来的政府能集中处理国事和政务，保障人民一切必要的民主活动，也最大限度地保证了民主基础上的集中和集中指导下的民主。这一政体设计，显然要优于西方两院制的议会制。

理想毕竟是理想。要实现这种理想的政体，必须具备一系列起码的

---

① 毛泽东：《新民主主义论》（1940 年 1 月）。《毛泽东选集》第 2 卷，第 677 页，人民出版社，1991。

和重要的条件：第一，要实现全国和平，以便进行全国普选；第二，人民要有高度的主人翁意识和民主训练，懂得怎么样依照民主程序行使民主权利；第三，全国要形成一种法治精神，懂得必须依法办事、违法必究；第四，要有一批具有议政参政能力的精英，等等。要具备这些条件，不仅取决于国家民主政治的发展，而且取决于经济的发展和教育的发展。也就是说，实现人民代表大会制的政体，是有条件的。倘若不具备这些起码的和重要的条件，这种理想的民主政体不仅难以建立，即使建立了也会形同虚设，甚至扭曲，变成一种集权体制，而不是民主集中制。

精于国情研究的毛泽东以及以他为核心的中国共产党领导集体，是懂得这一点的。一方面，中国非推进民主政治不能推翻专制统治，不能解决救亡与发展两大基本问题，给民族和人民以福祉。另一方面，由于长期的落后和封闭，中国缺少健康的民主训练和法治意识，即使在一些为人民民主而奋斗的先进分子中间也常常沾染家长制、官僚主义以及极端民主化、无政府主义等小生产和封建主义思想的影响。在井冈山斗争初创红色政权时，毛泽东就警告过：

> 名副其实的工农兵代表会组织，不是没有，只是少极了。所以如此，就是因为缺乏对于代表会这个新的政治制度的宣传和教育。封建时代独裁专断的恶习惯深中于群众乃至一般党员的头脑中，一时扫除不净，遇事贪图便利，不喜欢麻烦的民主制度。[①]

在延安时期，他不但多次指出由于我们的国家是一个小生产的家长制占优势的国家，全国范围内至今还没有民主生活，而且反复强调党内出现的违反民主集中制的官僚主义、宗法主义、惩办主义、命令主义、自由主义、极端民主化等等，对于党的民主建设和根据地的民主建设是一种不利因素。但毛泽东并未因此而动摇实施民主政治建设的意志与计划，

---

① 毛泽东：《井冈山的斗争》（1928 年 11 月 25 日）。《毛泽东选集》第 1 卷，第 72 页，人民出版社，1991。

他主张积极创造条件，促进民主政体的建设。在《新民主主义的宪政》中，他说："因为不进，就要促。因为进得慢，就要促。"专门召开了针对蒋介石国民党专制统治的"宪政促进会"。在和中央社、扫荡报、新民报三记者的谈话（1939年9月16日）中，毛泽东还说过：

> 有些人说：老百姓没有知识，不能实行民主政治。这是不对的。在抗战中间，老百姓进步甚快，加上有领导，有方针，一定可以实行民主政治。例如在华北，已经实行了民主政治。在那里，区长、乡长、保甲长，多是民选的。县长，有些也是民选的了，许多先进的人物和有为的青年，被选出来当县长了。这样的问题，应该提出让大家讨论。①

那么，在这样一种民主不足的国情条件下，如何促进民主政体的建立和建设，解决现实与理想的矛盾呢？从毛泽东和党中央领导民主政治建设的实践来看，主要做了三方面的努力：

一是积极实践，创立民主中国的模型。

抗日战争时期，党总结和发扬了土地革命战争时期建立工农兵代表会议的经验，在各抗日民主根据地积极建立统一战线的政权。其政体形式，主要是参议会，后又改名为人民代表会议。1941年陕甘宁边区的普选，参加选举的选民达到80%以上。为了发动群众投身于民主政治建设，事先公布了施政纲领，做了广泛的宣传；有的地方没有户籍册，就把公民资格用红纸写好公布，再发动群众对年满18岁的居民，进行公民资格的讨论；为了解决选民不识字的困难，就用投豆子、红秫秸等办法代替无记名投票，进行自由的直接选举；组成的政府成员，坚持按"三三制"的比例分配名额，决不让共产党员包办政权。中国共产党以高度负责的态度，领导和组织了各根据地的民主选举和民主建政工作，建立并逐步完善了民主集中制的政体。1941年11月6日，毛泽东在陕甘宁边区参议

---

① 《毛泽东选集》第2卷，第588—589页，人民出版社，1991。

会的演说中，特别告诫当选为参议员的共产党员，必须按《陕甘宁边区施政纲领》的规定，同党外人士民主合作，不得一意孤行，把持包办，使自己在参议会中受到民主锻炼，克服关门主义和宗派主义。到中共七大，毛泽东在大会上宣布：

> 在所有这些解放区内，实行了抗日民族统一战线的全部必要的政策，建立了或正在建立民选的共产党人和各抗日党派及无党无派的代表人物合作的政府，亦即地方性的联合政府。解放区内全体人民的力量都动员起来了。[①]

并且高度评价解放区的政治建设是"民主中国的模型"[②]。

中共七大以后，又通过了《中国共产党七届一中全会关于召开中国解放区人民代表会议及其筹备事项的决议》。《解放日报》曾为此发表社论指出：

> 解放区人民代表会议的意义，还不仅仅限于解放区本身和沦陷区的抗日工作，也为着争取全国范围内的民主改革和统一团结。[③]

这一切表明，中国共产党在民主政体的建设上，不是喊喊口号、舞舞旗帜而已，而是真正在实践在摸索，通过这种崭新的实践向全国人民做出一个示范的榜样。中国共产党及其领导下的人民也在这种实践中经受了民主的训练。因此它无论在同蒋介石国民党的斗争中，还是在中国民主建设的历史上，都值得高度评价。

当年，赵超构访问延安时，就专门写过那里的民主政体建设情况，包括乡村选举的具体形式、政权的结构、参议员与选民的比例，包括因农民不识字者居多带来的困难，等等，他对此从总体上进行了评论，认

---

①②　毛泽东：《论联合政府》（1945 年 4 月 24 日）。《毛泽东选集》第 3 卷，第 1044、1045 页，人民出版社，1991。

③　《迅速召开解放区人民代表会议》。《解放日报》1945 年 6 月 23 日社论。

为是比较民主的。他还说：

> 许多人怀疑共产党对于三三制的诚意，以为他们干这一套只是掩人耳目的把戏。这是错的，我可以说，共产党施行三三制，并非假的，因为依它的力量，它本来可以包办，而今确然有不少党外人士参加行政工作，例如"边区政府"中，副主席李鼎铭，是米脂富绅，建设厅长霍子乐，教育厅长柳湜，副厅长贺连诚，参议会副议长文安钦，都是有名的党外人物。①

二是努力摸索，寻找民主政体的初级形式。

既要积极促进，又要尊重实际，究竟怎样才能实施人民代表大会制的民主政体设想呢？

毛泽东和党中央寻找到了一种这一政体的初级形式，即"人民代表会议制"。

人民代表会议制与人民代表大会制，仅一字之差，可见其都是由人民选举或推选的代表来参政议政的，因此两者之间有一致性。但这一字之差又表示两者是有区别的，即人民代表会议制中代表的产生，不是在全国普选中产生的，而是由各界人民和各政党团体选举或推选产生的。比如，1945 年 6 月 19 日关于召开解放区人民代表会议的决议中，对代表产生方法问题，专门讲过：

> 代表的产生方法应实行复选或推选。复选法以县为初选单位，由县参议会选出一定数目的代表，然后集合于专员区，或行政区进行复选。推选法以专员区或行政区为推选单位，由该选举区党政军民学，各最高机关选出同等数目的代表，开联合选举会推选，在选举中，任何民主政党团体均应有权提出自己的候选名单，或几个团体的联合候选名单，实行竞选。不论初选、复选或推选，均应实行

---

① 赵超构：《延安一月》，第 230 页，上海书店，1992。

无记名投票。①

在抗日战争中形成的这种形式，对于全国解放过程中的民主建政工作，有重大的示范意义。因为，对于新解放区，更无条件组织公民进行普选，产生人民代表，召开人民代表大会，但又不能没有一个民主施政的机构，因此人民代表会议制这一初级形式的民主政体是最好的体制。不仅如此，毛泽东还在实践中总结出了更为初级的民主政体形式，即在人民代表会议制也没有条件实行的新解放区，先邀请各界代表人士组成的"各界代表会议制"，来保证民主政治的实施。

从有据可查的文献看，从1948年底以后，这项工作经历了三个阶段。在每一阶段，毛泽东对民主政体问题都提出了一些重要的思想。

第一阶段，1948年11月到1949年6月《论人民民主专政》发表以前，党中央提出要各地召开各界代表会议，但没有引起人们重视。1948年11月至1949年1月，继辽沈战役以后，人民解放军连续获得了淮海战役和平津战役的胜利，敌我力量对比发生了根本的变化。与此同时，新解放区面临着建立革命秩序、进行民主改革、恢复和发展生产、支援前线等繁重任务。怎样组织群众完成这些任务成了一个突出的新问题。有些城市曾召集各界人士开座谈会，征询大家对党的政策的意见，沟通上下联系；有的城市召开临时参议会，向社会贤达名士咨询治理城市的对策。这些形式虽然都取得了一些效果，但前者是临时性的，不是一种固定的民主制度；后者代表性窄，不能同广大人民群众建立直接的联系，都不能适应新形势、新情况的需要。有些城市想立即召开工厂的职工大会、城市贫民大会，加强同群众的直接联系，结果被国民党特务钻进来；当时在新解放的城市里也不具备召开普选的人民代表大会的条件。总结了上述种种实践的经验教训，中共中央在1948年11月30日发出的指示中提出"在城市解放后实行军管制的初期，应以各界代表会为党和政权机关联系群众的最好组织形式"。各界代表会议，由各工厂、各学校、各

---

① 《中共中央文件选集》第15册，第154页，中共中央党校出版社，1991。

机关、各卫戍部队和各民主党派、各人民团体的代表组成，是各城市临时人民政府的协议机关。代表由军管会和临时政府出面聘请，已经健全的人民团体（如工会、学生会等）也可以先由群众大会推选，然后加以聘请，无论是什么形式产生的，都必须具有代表性。各界代表会的职权由军管会和临时市人民政府赋予。军管会和政府的各项政策均可向各界代表会征询意见，并经过其讨论和建议再由军管会和政府作出决定，付诸实施。当时中央指示强调，各界代表会可看作是人民代表会议的雏形。它是人民群众参政议政的初期形式，是党在当时联系群众的最直接、最广泛的组织形式。由于当时尚无经验，有些地方的军政领导主要精力没有用在这方面，到 1949 年 7 月前，只有少数城市召开了各界代表会议。

第二阶段，1949 年 6 月《论人民民主专政》发表后到 9 月底人民政协召开前，中共中央力促各地迅速召开各界代表会议，毛泽东亲自抓了贯彻、推广和落实，加快了民主建政的进程。1949 年 7 月 31 日，党中央给中央局、分局的指示中，明确批评"除太原、石家庄、西安等少数城市以外，各地均未召集此项会议，这是不好的"。强调必须迅速召开各界代表会议，并规定要把开会情形报告中央。指示说："凡三万人口以上的城市，在解放两个月至迟三个月后，即应召开各界代表会议，以为党与政府密切地联系人民群众的重要方法之一。"为了落实这一指示，毛泽东亲自在 8 月 13 日到北平市参加各界代表会议，亲自修改审定新华社报道他在北平各界代表会议上发表讲演的新闻稿，用自己的行动促进各地召开各界代表会议。与此同时，他为中央起草了一系列重要文电，既督促各地召开各界代表会议，又及时总结经验，提出开好各界代表会议的具体意见，规划各界代表会议向各界人民代表会议、人民代表大会过渡的蓝图；特别强调必须反对形式主义，指出每次会议要有充分准备，要有中心内容，要切切实实讨论工作中存在的为人民所关心的问题，要展开批评和自我批评，要当作一件大事去办，否则将损害党的政治威信。在党中央和毛泽东的力催督促和具体指导下，各地都迅速地召开了各界代表会议或各界人民代表会议，加快了民主建政的进程。

第三阶段，1949 年 9 月到年底，形成人民代表会议制度。中国人民政治协商会议第一届全体会议通过的《中国人民政治协商会议共同纲领》规定：在普选的地方人民代表大会召开以前，由地方各界人民代表会议逐步地代行人民代表大会的职权。12月2日，中央人民政府分别颁布了省、市、县各界人民代表会议组织通则。这些文件从法律上确认了各界人民代表会议是人民群众参政议政的组织形式。由于人民代表会议已经是由各界人民选举或推选产生的，而不是像各界代表会议那样是政府邀请的，因此在条件具备之后它可以代行人民代表大会的职权，成为地方政权机构。毛泽东在这一期间特别注意推广基层县的各界人民代表会议。1949年10月中旬他获悉江苏省松江县（今上海市松江区）召开各界人民代表会议获得成功，极为欣慰，通令各地仿照办理。他在当月13日给华东局领导人的电文中指出：这是一件大事，如果全国1900个县都能开起全县人民代表会议来，并能开得好，那就会对于我党联系数万万人民群众的工作，对于使党内外广大干部获得教育，发挥极重要的作用。他要求负责同志亲自出席若干县的人民代表会议取得经验，加以推广。经过这样逐层深入的推广，各地根据各界人民代表会议组织通则的规定，建立了定期召开会议的制度；有的地方一俟条件成熟，就由各界人民代表会议代行人民代表大会的职权，选举人民政府，比如北京、天津、唐山等地的第二届各界人民代表会议就代行了人民代表大会的职权，选举了市人民政府。到1949年底，各地人民代表会议陆续成为普选产生的人民代表大会的前身，使人民在管理地方政权方面迈开了重要的一步，人民民主专政的地方政权的组织形式日趋完备。

回顾这三个阶段的历史进程，证明了两个重要的问题：

第一，中国共产党和毛泽东历来重视民主建设。据现在能够掌握的文献，毛泽东在1949年8月至12月间关于召开各界代表会议的文电，有19篇之多。其中心思想就是：进城以后必须尽快按照民主原则建立地方政权，保证让人民群众参政议政。有人曾经认为共产党执政之后，必定建立独裁的极权政府，毛泽东当时就明确回答：对于反动派，我们是要实行专政，或曰独裁；但对于人民，我们则要实行最大的民主。当毛泽东看到大多数地方不召开各界代表会议，只召开党内会议的做法的时候，他极为不满，认为不注意召开各界代表会议，仍然束缚于党内狭小圈子，是走弯路；认为只相信少数人的党内干部会议，不相信人民代表会议，是一种官僚主义作风。强调要把保证党的领导和民主精神统一起来，通过各界代表会议密切党群联系。中国共产党在社会主义民主的建设问题上犯过错误，但不是像有些人讲的那样，似乎中国共产党和毛泽东历来都不重视民主建设。

第二，民主的建设必须从实际出发，分步骤有阶段地进行。1948年11月中共中央在关于新解放城市中组织各界代表会议的指示中，就提出要找到与广大群众联系的最适当的组织形式和工作方法。党中央从实际出发，看到在当时条件下还不可能进行普选，召开人民代表大会，因此采用了各界代表会议的组织形式。各界代表会议是党和地方临时政府传达政策、报告工作、征询意见的协议机关，具有半政权性质的组织形式。各界人民代表会议则可以代行人民代表大会职权，选举地方人民政府的地方政权机关。到1949年9月，中央根据各界代表会议实际运作已同各界人民代表会议趋近，曾指示不应再在各界代表会议与各界人民代表会议之间划分区别。从中我们可以看到，从半政权性质的各界代表会议，到代行人大职权的各界人民代表会议，再到普选召开人民代表大会，是我国地方政权建设经历的三个互相衔接的阶段。各界代表会议是人民代表大会最初的前身。

三是召开人民政协，代行全国人民代表大会职权。

地方的民主政体建设问题，通过各界代表会议——各界人民代表会议的形式解决了，全国的民主政体如何解决呢？毛泽东的思路是，召开全国的"各界代表会议"，即全国人民政协，来代行全国人民代表大会职权。

早在1947年10月10日，中国人民解放军宣言中号召全国人民打倒蒋介石、建立新中国后，中国共产党就在考虑召开新政协，同全国各个革命阶级、革命政党和人民团体共商建国大计。1948年4月30日，中共中央发布著名的"五一口号"，首次公开建议召集没有反动分子参加的新政治协商会议，讨论成立民主联合政府。口号公布，群情振奋。5月5

日，各民主党派和其他民主人士纷纷通电，拥护召开新政协。毛泽东亲自执笔，邀请民主党派和爱国华侨领袖李济深、沈钧儒、司徒美堂、陈嘉庚、张澜等北上参加新政协筹备工作。在致宋庆龄的信（1949 年 6 月19 日）中，毛泽东以十分敬重的笔调写道：

> 庆龄先生：
>
> 　　重庆违教，忽近四年。仰望之诚，与日俱积。兹者全国革命胜利在即，建设大计，亟待商筹，特派邓颖超同志趋前致候，专诚欢迎先生北上。敬希命驾莅平，以便就近请教，至祈勿却为盼！①

1949 年 6 月 15 日在北平正式成立了新政协筹备会，并召开了第一次全体会议。9 月 17 日又召开了筹备会第二次全体会议。会议一致通过将新政治协商会议改称为中国人民政治协商会议，并且决定邀请代表名额为 626 人，包括全国各政党、各人民团体、各地区的代表和著名的民主人士。其中：党派代表 14 个单位，正式代表 142 名、候补代表 23 名；人民团体代表 16 个单位，正式代表 206 名、候补代表 29 名；军队代表 6 个单位，正式代表 60 名、候补代表 11 名；区域代表 9 个单位，正式代表102 名、候补代表 14 名。这是一个多么广泛、多么宏大的民主力量！它预示着新政权将是极大多数中国人民享受的民主形式。而且，在各党派代表名额中，中国共产党和中国国民党革命委员会、中国民主同盟都是正式代表 16 人、候补代表 2 人；其他党派中，民主建国会正式代表 12人、候补代表 2 人，中国农工民主党、中国人民救国会、三民主义同志联合会和无党派民主人士各为正式代表 10 人、候补代表 2 人，中国民主促进会和中国国民党民主促进会各为正式代表 8 人、候补代表 1 人，中国致公党正式代表 6 人、候补代表 1 人，九三学社和台湾民主自治同盟各为正式代表 5 人、候补代表 1 人；此外还有中国新民主主义青年团正式代表 10 人、候补代表 2 人。这样的结构、这样的代表人数安排，充分

① 《毛泽东书信选集》，第 298 页，中央文献出版社，2003。

显示了即将诞生的新政权的民主性。这同国民党统治时期一党独裁的假民主，形成了鲜明的对照。

1949 年 9 月 21 日至 30 日，新中国的开国盛会——中国人民政治协商会议第一届全体会议在北平召开。毛泽东同志在开幕词中向全世界庄严宣告：占人类四分之一的中国人从此站立起来了！

会议决定，在全国人民代表大会召开之前，由中国人民政协代行最高权力机关的职能。会议通过了《中国人民政治协商会议共同纲领》《中华人民共和国中央人民政府组织法》《中国人民政治协商会议组织法》等重要文件。会议确定新中国的国名为"中华人民共和国"；定都北平，将北平改为北京。会议选举毛泽东为中央人民政府主席，朱德、刘少奇、宋庆龄、李济深、张澜、高岗为副主席，周恩来等 56 人为委员，组成中央人民政府委员会。就是这样，中国共产党从实际出发，利用这一统一战线的组织形式来代行全国人民代表大会职权，创建了中国历史上第一个真正的人民民主政权。

第三节　党政关系论

在毛泽东的新民主主义政治理论中，既解决了国体问题，又解决了政体问题，应该讲，这是对马克思主义国家学说的重要贡献。因为，毛泽东提出的无产阶级领导的各革命阶级联合专政——人民民主专政的理论、人民代表大会制以及运用多种形式实现人民代表大会制的理论与实践，都有符合中国国情实际的独创性。

但是，这里有一个重要的问题，即无产阶级的领导权与人民民主政权的关系问题，尚需深入研究。

从理论上讲，两者之间不存在任何矛盾。因为无产阶级是人民中最先进的阶级，无产阶级政党没有自己的私利，能够代表无产阶级和广大人民群众的根本利益，人民民主专政本身就是在党长期的奋斗中建立起来的，因此无产阶级的领导权与人民民主政权在根本利益上是一致的。但从形式上讲，党是政权的领导者，政权的最高权力机关又是人民代表大会，两者如何统一呢？而且两者的统一要能够成立，在实际工作中还必须具备两个重要条件：一是参加政权的无产阶级政党代表必须是大公无私，全心全意为人民服务的，而不能为自己谋私利，或沾染官僚主义恶习；二是无产阶级政党及其参政的代表都要受到人民的有效监督。没有这两条，一旦掌握国家和地方政权及其国家机器，就有可能把"领导"变成"包办"，把党委凌驾于政府之上，甚至在权力这种从社会中产生又高踞于社会之上的特殊力量驱动下，以权谋私，败坏人民政府形象，走向自身腐败。所以，对于无产阶级及其先进部队来讲，夺取政权固然不易，掌握政权、巩固政权更加艰巨。

作为辩证法大师的毛泽东，酷爱矛盾学说，因而不回避人民民主专政的建立和建设过程中的党政矛盾、党群矛盾，而是努力研究解决这一矛盾的途径和方案。在延安时期，他就探讨过这一至今看来仍具有现实意义的重要问题。

第一，加强进入政权机关党员的教育。

思想领先，教育领先，是毛泽东的一贯做法。为了正确处理党政关系，毛泽东主张在党内要加强民主执政的教育。1941年11月6日在陕甘宁边区参议会上，他说："一部分共产党员，还不善于同党外人士实行民主合作，还保存一种狭隘的关门主义或宗派主义的作风。他们还不明白共产党员有义务同抗日的党外人士合作，无权利排斥这些党外人士的道理。……《陕甘宁边区施政纲领》上有一条，规定共产党员应当同党外人士实行民主合作，不得一意孤行，把持包办，就是针对着这一部分还不明白党的政策的同志而说的。"① 这里讲的，从字句上看，似乎是统一战线问题，但这不是一般的党与非党的合作关系问题，因为参议会是抗日民主根据地的政权机构，这里的民主合作问题即党政关系问题。毛泽东的这个讲话，在陕甘宁边区参议会中，产生了积极的影响，不仅教育

---

① 《毛泽东选集》第3卷，第809页，人民出版社，1991。

了其中的党员干部，而且教育了非党民主人士。李鼎铭先生在第二天就任副议长时，感动地说：

> 昨天毛先生讲的几句话，真叫我五体投地。他说我们的施政纲领与三三制，下面工作的人，还做得不够。他们仍旧拿一种闭门主义，不肯信任别人，把持包办，一意孤行。我想毛先生是共产党的最高领导人，他竟然把下边情形说得这样清楚，说得这样透彻，真是绝顶聪明。我希望诸位同志，大家化除成见，互相信任，互相亲爱，有些不对处，只责备自己，不要责备别人。把所有各党各派无党无派的都看成一家人，通力合作，干抗战建国的事，自然就人人相信，人人相爱了。①

第二，制定正确处理党政关系的纪律。

1942年9月1日，中共中央政治局通过了一个重要的决定——《中共中央关于统一抗日根据地党的领导及调整各组织间关系的决定》。其中特地强调："党委与政权系统的关系，必须明确规定。党委包办政权系统工作、党政不分的现象与政权系统中党员干部不遵守党委决定、违反党纪的行为，都必须纠正。"② 这个决定的思路是：党政必须分开，党委不能包办政权系统工作；实现党对政权的领导，"有赖于政权系统中党员干部之言论行动的一致及其对党的决定的绝对服从"③。

因此，中共中央对党政关系作了一系列重要的规定，对各级党委和政权机关中的党员干部规定了一系列明确的纪律：

（1）党对政权系统的领导，应该是原则的、政策的、大政方针的领导，而不是事事干涉，代替包办。

（2）下级党委无权改变或不执行上级参议会及政府的决定和法令，党的机关及党员应该成为执行参议会及政府法令的模范。

---

① 李鼎铭：《在陕甘宁边区第二届一次参议会上就任副议长时的就职演说》。载《解放日报》，1941年11月21日。

②③《中共中央文件选集》第13册，第431、432页，中共中央党校出版社，1991。

（3）党应当进行政治工作以提高参议会及政府的威信，党的干部和党员违反参议会及政府法令时，党的组织应给以严厉的处分。

（4）党对参议会及政府工作的领导，只能经过自己的党员和党团，党委及党的机关无权直接命令参议会及政府机关。

（5）党团必须服从同级党委；但党团的工作作风必须刷新，不是强制党外人士服从，而是经过自己的说服与政治工作。在党团万一没有说服参议会及政府的大多数因而党团意见未被参议会及政府通过时，必须少数服从多数，不得违反民主集中制的原则。但是，假如党团同志因为自己的意见与同级党委有分歧而不坚决执行党委的决定，这是党团同志违反党纪的行为，应当受到指斥与处分。

（6）党必须派遣得力的干部到参议会及政府中工作，一切忽视政权工作，把干部堆在党的机关中的现象，必须纠正。在实行"三三制"时，党员在政权系统中的数量减少，但在政权系统中工作的党员质量必须大大提高。

（7）在政权系统中工作的党员和干部，必须服从党委与党团的决议、决定和纪律，不得利用自己的地位自由行动。

（8）党委在调动政权系统中的党员时要慎重，还必须经过党员实行向政权机关辞职的手续。

当我们重温20世纪40年代中国共产党的这些规定和纪律的时候，不能不体会到当时中共中央和毛泽东的明智与远见。党政关系问题，在今天仍是一个值得仔细研究的重大课题。由于我们实行的不是两党制或多党制，别的国家在这方面的做法同我们既没有可比性，也难以利用，只能靠自己从中国实际出发，进行创造性的探索。在延安时期，我们实行的是党的一元化领导，但已设有党政分开的一系列规定和纪律，这是极富有创见的。

当然，这些重要的原则性的规定，在当时尚未法律化、制度化，也就没有严格的执法者、监督者，全凭党员干部的自觉自律，这是一个很大的不足。实际执行结果是：毛泽东是指出了问题之所在，下边仍没有多大改观。有一段时间，李鼎铭等参议员对此很不满，会上发言越来少，形成的政府文件也不去执行。当边区政府派秘书长去做工作时，他才说："我原本不愿出来做事的，是受了毛主席在参议会上的演说的感动才出来的，在党外人士有职有权的鼓励下出来的。任职后，政府开会要我主持时，只临时给我一个条子，什么都不跟我说，我怎么办？政府下达命令、指示，要我执行，有的内容事先我一点也不知道怎么办？现在同级把我当客人，下级把我当傀儡。党上有包办，政府不能决定政事。我这个副主席也不想当了。"后来，边区政府党组织采取措施，制定了一系列具体的制度，才使这种情况有较大的改观。李鼎铭等党外参议员对此非常满意，态度变了，工作也积极了。后来当国民党顽固派造谣说"副主席已被撤职"时，他还非常气愤地在报上辟谣，并对谣言的散布者进行了严厉的批驳。因此，尽管根据地在探索党政分开的实践中有一些不足，但用历史的观点、辩证的观点看问题，它仍然是马克思主义的政治学说与中国具体实际相结合的精彩成果，是毛泽东民主建政理论中有必要加以重视和研究的重要内容。

第八章　经济建设论

现在我们也许可以考虑这样的问题了，即：中国共产党是莫斯科的随从，还是西方称之为的民主主义者？答案似乎是：两者都不是。他们是中国人。

——［美］安娜·路易斯·斯特朗

第一节　发展的选择：新民主主义经济

　　日本帝国主义为什么敢于这样的欺负中国，就是因为中国没有强大的工业，它欺负我们的落后，因此消灭这种落后，是我们全民族的任务。老百姓拥护共产党，是因为我们代表了民族与人民的要求，但是，如果我们不能解决经济问题，如果我们不能建立新工业，如果我们不能发展生产力，老百姓就不一定拥护我们。①

　　毛泽东深深地懂得落后就要挨打的道理。发展是近代中国的基本问题，消灭落后是我们全民族的任务。因此，中国共产党要获得人民群众的拥护，不仅要解决救亡的问题，而且要解决发展的问题。

　　救亡的道路，是进行反帝反封建的革命。发展的出路，就是在民主政治的条件下搞好经济建设。毛泽东在 1933 年 8 月中央革命根据地南部十七县经济建设大会上所作的报告中就已经指出："只有在国内战争完结之后，才说得上也才应该说以经济建设为一切任务的中心。"② 这里讲的是经济建设的条件性，但这不是说革命时期可以完全不顾经济建设。毛泽东明确地说过："过去有些同志认为革命战争已经忙不了，哪里还有闲工夫去做经济建设工作，因此见到谁谈经济建设，就要骂为'右倾'。他们认为在革命战争环境中没有进行经济建设的可能，要等战争最后胜利了，有了和平的安静的环境，才能进行经济建设。同志们，这些意见是

---

① 毛泽东：《在中央办公厅招待会上的讲演》(1944 年 5 月 22 日)。载《解放日报》，1944 年 5 月 26 日。

② 毛泽东：《必须注意经济工作》(1933 年 8 月 12 日)。《毛泽东选集》第 1 卷，第 123 页，人民出版社，1991。

不对的。抱着这些意见的同志，他们不了解如果不进行经济建设，革命战争的物质条件就不能保障，人民在长期的战争中就会感觉疲惫。"① 因此，毛泽东从土地革命战争时期开始，到全民族抗日战争时期、全国解放战争时期，每一时期都发表一些重要的谈话和文章，告诫大家要重视经济建设问题。并且，在全国革命即将胜利的前夕，他不失时机地把经济建设提到了中心的位置：

> 从我们接管城市的第一天起，我们的眼睛就要向着这个城市的生产事业的恢复和发展。务须避免盲目地乱抓乱碰，把中心任务忘记了，以至于占领一个城市好几个月，生产建设的工作还没有上轨道，甚至许多工业陷于停顿状态，引起工人失业，工人生活降低，不满意共产党。这种状态是完全不能容许的。②

如果说革命有革命的规律，建设也有建设的规律。经济建设的中心是发展生产力，但生产力的发展不能离开与此相适应的生产关系，因此尊重生产力与生产关系相互作用的规律，是毛泽东在领导经济建设时十分重视的一个问题。事实上，由于毛泽东在生产力方面的知识比较欠缺，他抓经济建设时考虑的较多的只能是生产关系方面的问题。

首先，他指出中国生产力的落后是由买办的封建的生产关系的束缚造成的。

早在《中国社会各阶级的分析》（1925 年 12 月）一文中，毛泽东已经指出买办的封建的生产关系是"中国最落后的和最反动的生产关系，阻碍中国生产力的发展"③。经过一系列的农村调查和 30 年代中国社会性质的大讨论，他加深了对这一问题的认识，《中国革命和中国共产党》

---

① 毛泽东：《必须注意经济工作》（1933 年 8 月 12 日）。《毛泽东选集》第 1 卷，第 119—120 页，人民出版社，1991。

② 毛泽东：《在中国共产党第七届中央委员会第二次全体会议上的报告》（1949 年 3 月 5 日）。《毛泽东选集》第 4 卷，第 1428 页，人民出版社，1991。

③ 《毛泽东选集》第 1 卷，第 4 页，人民出版社，1991。

（1939 年 12 月）对中国社会各种主要生产关系的特点及其历史发展过程作了精辟的分析，指出帝国主义和封建主义是压迫和阻止中国社会向前发展的主要的东西。抗日战争胜利后，他依据变化了的新情况，进一步指出蒋介石反动政权的经济基础就是买办的封建的国家垄断资本主义：

> 蒋宋孔陈四大家族，在他们当权的二十年中，已经集中了价值达一百万万至二百万万美元的巨大财产，垄断了全国的经济命脉。这个垄断资本，和国家政权结合在一起，成为国家垄断资本主义。这个垄断资本主义，同外国帝国主义、本国地主阶级和旧式富农密切地结合着，成为买办的封建的国家垄断资本主义。这就是蒋介石反动政权的经济基础。这个国家垄断资本主义，不但压迫工人农民，而且压迫城市小资产阶级，损害中等资产阶级。这个国家垄断资本主义，在抗日战争期间和日本投降以后，达到了最高峰，它替新民主主义革命准备了充分的物质条件。这个资本，在中国的通俗名称，叫做官僚资本。这个资产阶级，叫做官僚资产阶级，即是中国的大资产阶级。新民主主义革命的任务，除了取消帝国主义在中国的特权以外，在国内，就是要消灭地主阶级和官僚资产阶级（大资产阶级）的剥削和压迫，改变买办的封建的生产关系，解放被束缚的生产力。[①]

同时，他指出，解放和发展生产力必须建立多种经济成分并存的新民主主义经济。

如果说对近代中国生产关系与生产力之间矛盾的分析，为新民主主义革命理论的形成奠定了科学的基础，那么，解决这一矛盾的方案的研究，则为新民主主义革命所要建立的新民主主义社会理论的形成，指明了正确的方向。在上述矛盾的分析中，我们可以注意到，被买办的封建

---

① 毛泽东：《目前形势和我们的任务》（1947 年 12 月 25 日）。《毛泽东选集》第 4 卷，第 1253—1254 页，人民出版社，1991。

的生产关系重重束缚的生产力，主要是三大类：一是决定国家经济命脉的现代交通和能源等先进的生产力及其生产要素；二是民族资产阶级掌握的大量的轻、纺工业等先进的生产力及其生产要素；三是广大的农业生产力。其中，第一、三类生产力直接为大资产阶级或大地主阶级所垄断，第二类生产力也受到大地主大资产阶级的压迫。因此，新民主主义革命在经济领域的任务，就是毛泽东和中共中央在解放战争时期颁布的三大经济政策或三大经济纲领：

（1）没收封建阶级的土地归农民所有；

（2）没收蒋介石、宋子文、孔祥熙、陈立夫为首的垄断资本归新民主主义的国家所有；

（3）保护民族工商业。

显而易见，在新民主主义革命中建立的新民主主义社会，其经济形态是由多种经济成分组成的综合形态。

对此，毛泽东做过长期的思考和研究，比较集中地论述这一问题的，曾有四次。

第一次，是《新民主主义论》（1940年1月）。毛泽东设专章论述了在未来的新民主主义社会中，"它在政治上必须是新民主主义的，在经济上也必须是新民主主义的"。所谓"新民主主义经济"，在其构成上有四种经济成分。一是国家所有经济。毛泽东说："大银行、大工业、大商业，归这个共和国的国家所有。'凡本国人及外国人之企业，或有独占的性质，或规模过大为私人之力所不能办者，如银行、铁道、航路之属，由国家经营管理之，使私有资本制度不能操纵国民之生计，此则节制资本之要旨也。'这也是国共合作的国民党的第一次全国代表大会宣言中的庄严的声明，这就是新民主主义共和国的经济构成的正确的方针。"二是私人资本经济。毛泽东指出，新民主主义共和国"不没收其他资本主义的私有财产，并不禁止'不能操纵国民生计'的资本主义生产的发展，这是因为中国经济还十分落后的缘故"。三是农民个体经济。毛泽东说："这个共和国将采取某种必要的方法，没收地主的土地，分配给无地和少地的农民，实行中山先生'耕者有其田'的口号，扫除农村中的封建关系，把土地变为农民的私产"。四是合作经济。考虑到个体农业小生产经济比较落后，已在根据地出现了各种类型的合作社等新的情况，毛泽东指出在新民主主义经济中将有一种"在'耕者有其田'的基础上所发展起来的各种合作经济"。在这四种经济成分中，国家所有经济是社会主义性质的经济，是整个国民经济的领导力量；合作经济也"具有社会主义的因素"①。因此这是一种由不同性质的经济成分综合构成的经济形态。

第二次，是《论联合政府》（1945 年 4 月）。毛泽东再次论述了新民主主义经济的构成问题。这次论述，他主要是从经营方式角度来分析经济成分的，指出："在现阶段上，中国的经济，必须是由国家经营、私人经营和合作社经营三者组成的。而这个国家经营的所谓国家，一定要不是'少数人所得而私'的国家，一定要是在无产阶级领导下而'为一般平民所共有'的新民主主义的国家。"比较上述的四种所有制经济与这里的三种经营方式，显然是把农民个人经济和私人资本主义经济归入"私人经营"方式的经济了。这样分类，一是因为这两种所有制经济都是保留私人财产的经济，二是因为他当时要回答国内外有些人怀疑中国共产党违背人权、扼杀个性的议论。其中，一个精彩的思想就是：

> 有些人怀疑中国共产党人不赞成发展个性，不赞成发展私人资本主义，不赞成保护私有财产，其实是不对的。民族压迫和封建压迫残酷地束缚着中国人民的个性发展，束缚着私人资本主义的发展和破坏着广大人民的财产。我们主张的新民主主义制度的任务，则正是解除这些束缚和停止这种破坏，保障广大人民能够自由发展其在共同生活中的个性，能够自由发展那些不是"操纵国民生计"而是有益于国民生计的私人资本主义经济，保障一切正当的私有财产。②

---

① 《毛泽东选集》第 2 卷，第 678 页，人民出版社，1991。
② 《毛泽东选集》第 3 卷，第 1058 页，人民出版社，1991。

　　第三次，是《目前形势和我们的任务》（1947 年 12 月）。毛泽东又一次论述了新民主主义经济的成分，他说："新中国的经济构成是：（1）国营经济，这是领导的成分；（2）由个体逐步地向着集体方向发展的农业经济；（3）独立小工商业者的经济和小的、中等的私人资本经济。这些，就是新民主主义的全部国民经济。"① 这次论述，不仅讲了国营经济、农业个体经济、农业合作社经济和私人资本主义经济，而且讲了"独立小工商业者的经济"，即城市手工业者和小商贩等，这也是一种个体经济。但是在论述时，毛泽东的分类标准不统一，不是完全以经济性质或经营方式来分类的，第一类是从所有制上讲的，第二、三类则是从农业与工商业来区分的，因此第二、三类里各包含了两种不同所有制性质的经济成分。

　　第四次，是《在中国共产党第七届中央委员会第二次全体会议上的报告》（1949 年 3 月）。在这里，毛泽东对新民主主义经济的分析，达到了前所未有的高度和深度。首先，他分析了中国的生产力结构的特点，指出：

> 中国的工业和农业在国民经济中的比重，就全国范围来说，在抗日战争以前，大约是现代性的工业占百分之十左右，农业和手工业占百分之九十左右。这是帝国主义制度和封建制度压迫中国的结果，这是旧中国半殖民地和半封建社会性质在经济上的表现，这也是在中国革命的时期内和在革命胜利以后一个相当长的时期内一切问题的基本出发点。②

这就是说，我们一方面既要看到中国已经有了一定数量的先进的工业生产力，这是中国无产阶级及其政党具有领导资格的物质基础，"谁要是忽视或轻视了这一点，就要犯右倾机会主义的错误"③；另一方面也要看到中国占绝对多数的生产力是落后的小生产，即："在今天，在今后一个相

---

① ② ③　《毛泽东选集》第 4 卷，第 1255—1256、1430、1430 页，人民出版社，1991。

当长的时期内，我们的农业和手工业，就其基本形态说来，还是和还将是分散的和个体的，即是说，同古代近似的。谁要是忽视或轻视了这一点，谁就要犯'左'倾机会主义的错误。"① 其次，毛泽东分析了新民主主义社会中生产关系的三种基本形态和两个发展趋势。第一种形态是没收了官僚买办资本和帝国主义资产后形成的国营经济。这部分经济是社会主义性质的经济，是整个国民经济的领导成分。第二种形态是私人资本主义经济。第三种形态是占国民经济总产值百分之九十的分散的个体的农业经济和手工业经济，即个体经济。同时，这三种基本的经济成分不是凝固不变的，它们存在着两个发展的趋势：一是私人资本主义经济既容许其存在和发展，又在许多方面会受到政策的限制，因此会从中发展出一批国家和私人合作的国家资本主义经济；二是个体经济会出现向合作经济发展的走向。在这个动态发展的社会里，势必存在一系列复杂的矛盾，弄得不好就会偏向"左"或右。最后，毛泽东在分析的基础上进行了综合：

> 　　国营经济是社会主义性质的，合作社经济是半社会主义性质的，加上私人资本主义，加上个体经济，加上国家和私人合作的国家资本主义经济，这些就是人民共和国的几种主要的经济成分，这些就构成新民主主义的经济形态。②

从中我们可以看到，新民主主义的经济具有两个重要的特点：一是多种经济成分并存的经济形态，而不是单一经济成分的经济形态；二是社会主义性质的国营经济虽然在国民经济中的比重很小，却是整个国民经济的领导成分。也就是说，并存的多种经济成分不是相互隔绝的、板块式结合的经济，而是在国营经济领导之下相互补充、动态发展的有机综合的经济。

毛泽东的思想就是：只有发展新民主主义经济，才能解决近代中国

---

① ②　《毛泽东选集》第4卷，第1430—1431、1433页，人民出版社，1991。

的发展问题；只有发展新民主主义经济，才使新民主主义社会有其自己
的经济基础；只有发展新民主主义经济，才有利于由新民主主义到社会
主义的转变。

第二节　资本主义命运的思考

在毛泽东的新民主主义经济理论中，关于资本主义经济的论述引人
注目。

中国的事情总非常怪。大地主大资产阶级的代表蒋介石在《中国之
命运》中，公开宣称"既不要东方的共产主义，也不要西方的自由主
义"。民族资产阶级和上层小资产阶级的代表的建国方案则是："在政治
方面比较上多采取英美式的自由主义与民主主义，同时在经济方面比较
上多采取苏联式的计划经济与社会主义。从消极方面来说，即采取民主
主义而不要资本主义，同时采取社会主义而不要无产阶级专政的革命，
我们要自由而不要放任；要合法而不要斗争。不要放任故不要资本家垄
断，不要斗争故不要阶级斗争。"① 正如毛泽东说的：

> 说也奇怪，有些中国资产阶级代言人不敢正面地提出发展资本
> 主义的主张，而要转弯抹角地来说这个问题。②

在新民主主义革命的过程中，尤其是抗日战争胜利后在"建国"问题发
生的纷争中，只有以毛泽东为代表的中国共产党人一而再、再而三地反
复宣布：在新民主主义社会中，不但不应害怕资本主义，还要在一定条
件下提倡它的发展，各式资产阶级不敢提出发展资本主义的主张，只有

---

① 张东荪：《一个中间性的政治路线》。《再生》第 118 期，1946 年 6 月 22 日。
② 毛泽东：《论联合政府》（1945 年 4 月 24 日）。《毛泽东选集》第 3 卷，第 1060
页，人民出版社，1991。

中国共产党把保护民族工商业，发展资本主义有利于国计民生的方面，作为自己的经济纲领提出来，这就是毛泽东说的"说也奇怪"的中国现象。

由于我们在实际工作中，只用七年时间就完成了由新民主主义到社会主义过渡的任务，只用七年时间就改造完了民族资本主义，并在60年代中期以后声势浩大地批判资本主义，"割资本主义的尾巴"，犯了一系列"左"的错误，以至于今天有些人认为毛泽东从来就是一个"乌托邦主义者""民粹主义者"。在国际、国内毛泽东研究学术界中都有人持这种观点。然而，以毛泽东晚年的错误为根据，断言他是一个"乌托邦主义者""民粹主义者"，是很不公正的。

毛泽东在领导中国革命的时候，由于他对国情问题比较重视，深知中国的生产力结构中小生产占有绝对优势、生产关系结构中在农村广大的领域是封建生产关系占主导地位，因此，虽然实践一再证明中国资产阶级领导不了革命、中国不可能在革命胜利后建立资产阶级专政的资本主义制度，他仍然坚持中国决不能从这样落后的社会中直接进入社会主义社会。他说得十分明白：

> 要想在殖民地半殖民地半封建的废墟上建立起社会主义社会来，那只是完全的空想。[①]

这是公开发表、众所周知的话。还有在中国没有公开发表过的，60年代末美国国务院公开的1945年3月毛泽东同美国外交官的谈话，他对此分析得更深刻，结论也更尖刻：

> 中国人民实际上是农村居民，农民。在中国的四亿五千万人中，他们至少占三亿六千万。知识分子、文职官员、商人、资本家仅仅

---

① 毛泽东：《论联合政府》（1945年4月24日）。《毛泽东选集》第3卷，第1060页，人民出版社，1991。

是上层的少数。农民就是中国。

像中国这样大而又落后的国家，不可能很快就改造好。在未来的长时间里，中国必然是农业占优势。

因此，中国农民的问题是中国未来的基本问题。除非在解决农业问题的基础上，中国工业化不可能取得成功，因为农民必须为工业化的产品提供实际的市场。

…………

中国农民的根本要求，是废除租佃制的封建条件和对地主、资本家信用贷款和购买其产品的依存状态。必须实行土地改革和民主。农民必须得到独立和保护自己利益的权力。

不管是农民还是全体中国人民，都没有为实现社会主义而作好准备。在未来的很长时间内，他们不会准备好的。必须经历漫长的、民主管理的私人企业时期。侈谈立即进入社会主义是"反革命的思想"，因为它不现实，而想实行它总会自招失败。[①]

为什么说这是一种"空想"，一种"反革命的思想"呢？第一，这种社会主义缺乏社会化大生产坚实的物质基础。毛泽东1944年8月31日致秦邦宪的信中，特地指出要不要这个基础，"这是马克思主义区别于民粹主义的地方"[②]。第二，这种社会主义不仅缺乏先进的生产力基础，而且必定会破坏近代中国数量极少、有待于大大发展的工商业及其所容纳的现代工业生产力，保护落后的小生产。毛泽东在1948年4月1日曾经指出："现在农村中流行的一种破坏工商业、在分配土地问题上主张绝对平均主义的思想，是一种农业社会主义的思想。"这种农业社会主义思想即民粹派所主张的建立在农村小生产基础上的所谓"社会主义"。毛泽东说："这种思想的性质是反动的，落后的，倒退的，我们必须批判这种

---

① 谢伟思：《备忘录：与毛泽东的谈话》。载美国国务院《美国外交关系，1945年，中国》。

② 《毛泽东书信选集》，第215页，中央文献出版社，2003。

思想。"① 第三，这种社会主义不仅保护落后的小生产，而且必定会维护封建主义，把社会主义异化为压制个性解放的专制主义。毛泽东在中共七大上反复强调，"没有几万万人民的个性的解放和个性的发展"，就不能建立起社会主义社会。这之前，在1944年8月31日致秦邦宪的信中论述马克思主义与民粹主义的区别时，特地附加了一条："被束缚的个性如不得解放，就没有民主主义，也没有社会主义。"② 总之，第四，这种社会主义是违背社会发展规律的，是一种空想的、反动的思想。

毛泽东说近代中国社会发展的规律，决定了中国革命胜利后不能走资本主义的道路，这同右倾的、机械论的观点划清了界限；毛泽东说近代中国社会发展的规律，又决定了中国革命胜利后不能立即建立社会主义制度，这又同"左"倾的、空想论的观点，以及俄国民粹派的观点，划清了界限。因此，说毛泽东是"乌托邦主义者""民粹主义者"，是违背客观的历史事实、以偏概全的错误观点。

正是在此路走不通、彼路不能走的情况下，毛泽东创造性地提出了在无产阶级领导的新民主主义国家制度下，保护民族工商业，发展资本主义有利于国计民生方面的新构想。当我们对毛泽东的这一精彩思想的思路进行研究时，不能不注意到，正是在马克思主义常识不够用的地方，马克思主义的智慧发出了耀眼的光芒。按照马克思主义的常识，取代封建社会的资本主义社会，资产阶级民主革命是资产阶级领导的革命，其结果是建立资本主义制度；无产阶级领导的革命是社会主义革命，其结果是建立社会主义制度。而在中国，革命是无产阶级领导的，性质是资产阶级民主主义的，革命胜利后的中国既不能因为革命是无产阶级领导的就立即建立社会主义制度，又不能因为革命的性质是资产阶级民主主义革命就建立资本主义制度。面对着这么一个"中国向何处去？"的难题，毛泽东运用马克思主义的智慧——唯物论和辩证法及其历史观的基本原理，从中国具体实际出发，进行了科学的分析和综合：

① 《目前形势和我们的任务》，第88—89页，解放社，1948年8月。
② 《毛泽东书信选集》，第216页，中央文献出版社，2003。

革命	结果
分析Ⅰ：无产阶级领导权　→	无产阶级领导的民主制度
分析Ⅱ：资产阶级性质　　→	保护和发展资本主义
综合：新民主主义革命	无产阶级领导下保护和发展资本主义

需要注意和说明的是，这个公式不是全面的，因为新民主主义革命的结果不仅为资本主义的发展开辟了道路，而且更为社会主义的发展创设了条件；新民主主义社会中保护和发展的资本主义仅仅是指其有益于国计民生的部分，对于不利于国计民生的部分还要进行限制。用这个公式，仅仅是为了说明一个方面的问题，即在马克思主义的智慧之光下，毛泽东是怎样灵活运用"常识"的，从而获得了一个马克思主义的常识中没有的，但又完全符合马克思主义常识的马克思主义结论。

为什么中国共产党要在无产阶级领导的国家制度下，保护和发展有益于国计民生的资本主义呢？毛泽东有过一系列重要的论述。第一，他指出："拿资本主义的某种发展去代替外国帝国主义和本国封建主义的压迫，不但是一个进步，而且是一个不可避免的过程。"[①] 这是从社会发展规律上来考虑的，因而是科学的。第二，有条件地发展资本主义"不但有利于资产阶级，同时也有利于无产阶级，或者说更有利于无产阶级"[②]。这是从无产阶级的功利主义上，即价值观上来考虑的。所谓"有利于无产阶级"，从短期看，不保护工商业，不发展资本主义有益于国计民生的方面，不仅人民的日常生活用品的供给会受到影响，工人会受到失业的威胁，而且社会秩序会发生给敌人以可乘之机的混乱，毛泽东在中共七届三中全会上讲过这个思想；从长远看，保护和发展有益于国计民生的资本主义，不仅能巩固和发展无产阶级和资产阶级的统一战线，巩固和发展人民民主专政，而且能发展社会化大生产，壮大无产阶级的阶级队伍，为向社会主义过渡创造较为坚实的条件。所以，在无产阶级

---

①②　毛泽东：《论联合政府》（1945 年 4 月 24 日）。《毛泽东选集》，第 3 卷，第 1060 页，人民出版社，1991。

领导下保护和发展有益于国计民生的资本主义，从根本上说，是无产阶级的观点。

当然，这里反复讲的"有益于国计民生"，蕴涵了同资本主义不利于国计民生的方面进行斗争的意思。这就是毛泽东在中共七届二中全会上讲的，对资本主义的利用中包含着"限制"的要求，因此必然有限制与反限制的斗争。早在 1948 年 10 月 26 日致刘少奇的信中，毛泽东就已经指出：

> 就我们的整个经济政策说来，是限制私人资本的，只是有益于国计民生的私人资本，才不在限制之列。而"有益于国计民生"，这就是一条极大的限制，即引导私人资本纳入"国计民生"的轨道之上。要达到这一点，必须经常和企图脱出这条轨道的私人资本作斗争。而这些私人资本虽然已经纳入这条轨道，他们总是想脱出去的，所以限制的斗争将是经常不断的。①

显然，这是一场极为复杂的斗争。因为，在限制与斗争中过于软弱，不法资本家会得寸进尺，日益猖獗，危害无产阶级和人民群众的利益；在限制与斗争中过急过火，就会影响资本主义有益于国计民生方面的发展，最终还是危害无产阶级和人民群众的利益。因此，在毛泽东的新民主主义社会理论中，虽然核心的问题是政权问题，但是最复杂的问题是经济问题，尤其是如何恰如其分地对待资本主义经济成分的问题，即资本主义的命运问题。

这个"命运"问题，不仅是在新民主主义社会中要不要保留、保护和发展资本主义的问题（我们已经论述了要保护和发展其有益于国计民生的方面），而且还有一个它存在和发展的时间问题。这是由新民主主义社会中对资本主义经济成分限制与反限制的斗争，即无产阶级与资产阶级的斗争状况，以及进行这种复杂斗争的指导思想和方针、政

---

① 《毛泽东书信选集》，第 281 页，中央文献出版社，2003。

策决定的。

资本主义的存在和发展问题，开始是同新民主主义社会的长短，即由新民主主义到社会主义过渡的时间表联系在一起的。新民主主义必然要过渡到社会主义，这是毛泽东和中共中央早就阐明的。但是何时过渡、过渡时间的长短等问题，过去只是笼统地说要有"一个长时期"（《论联合政府》）。1948 年 9 月，在中共中央政治局会议上，毛泽东说：到底何时开始社会主义的全线进攻，也许要 15 年。1949 年 7 月，他向中央团校毕业生讲话时说：20 年后，我们工业发展到一定程度，看其情形即转入社会主义。但在《中国人民政治协商会议共同纲领》中没有具体地提出这种过渡的时间表，而且连这种过渡的前途也没有写。周恩来当时对新民主主义的总纲问题有个说明："在讨论中，曾有一种意见，以为我们既然承认新民主主义是一个过渡性质的阶段，一定要向更高级的社会主义和共产主义阶段发展，因此总纲中就应该明确地把这个前途规定出来。筹备会讨论中，大家认为这个前途是肯定的，毫无疑问的，但应该经过解释、宣传特别是实践来证明给全国人民看。只有全国人民在自己的实践中认识到这是唯一的最好的前途，才会真正承认它，并愿意全心全意为它而奋斗。所以现在暂时不写出来，不是否定它，而是更加郑重地看待它。"[①] 政协会议期间，有党外人士问毛泽东：过渡到社会主义要多少时间？毛泽东说，大约要二三十年吧。这当然只是一种粗略的推测。一直到中共中央提出过渡时期总路线时，才提出完成过渡时期的任务"大约需要经过三个五年计划"。加上开国后恢复国民经济的三年，共计 18 年。当时大家的认识，就是由新民主主义到社会主义的过渡需要 18 年时间，这也是一个"利用、限制、改造"资本主义的时间表。

但是谁也没有预料到，过渡时期总路线正式提出和广泛宣传以后，在全国逐步出现了一个社会主义改造的势头，到 1955 年下半年成为一个"高潮"；结果，到 1956 年就基本完成了对生产资料私有制的社会主义改

---

① 周恩来：《人民政协共同纲领草案的特点》（1949 年 9 月 22 日）。《周恩来选集》上卷，第 368 页，人民出版社，1980。

造。资本主义在新中国存在的命运，前后只有 7 年时间。当时，绝大多
数人认为这是令人欢欣鼓舞的大好事。但不久问题和矛盾就出现了，包
括城乡人民日常生活用品的供应趋于紧张，人民的经济生活因中小商店、
夫妻老婆店都合营而造成了许多不便，在上海、天津等地方出现了一批
"地下工厂"，等等。党中央不少领导人都注意到，我们在限制和改造资
本主义经济的问题上搞得过多过急了，将给社会主义建设造成严重的困
难。比如邓小平在 1957 年 4 月 8 日说过：

> 去年一年我们做了很多事情，有些事情是搞多了搞急了。因为
> 搞多了搞急了，使得我们今天甚至明天还会有些被动。但是总的来
> 说，去年一年的成绩是最突出的。①

这之前，毛泽东在 1956 年 12 月也考虑过并提出了这一问题。他认为社
会主义改造基本完成后出现这些问题，有其必然性。他通过在社会主义
制度下，在一段时间内，继续利用和发展社会有需要的资本主义经济，
来解决过早完全消灭资本主义而带来的那些问题。这就是他在那年 12 月
7 日同民建和工商联负责人黄炎培、陈叔通等谈话时提出的："上海的地
下工厂同合营企业也是对立物。因为社会有需要，就发展起来。要使它
成为地上，合法化，可以雇工。""可以搞国营，也可以搞私营。可以消
灭了资本主义，又搞资本主义。"②

　　这里，资本主义经济在中国的命运问题，同以前已不一样，不再是
同新民主主义相联系的了，而且是同社会主义相联系的了。这是一个更
为复杂的问题，一个全新的思路。但由于当时我们对社会主义改造后期，
为什么会在引导农业走上社会主义道路问题上出现那些"要求过急，工
作过粗，改变过快，形式也过于简单划一"等后来所认识到的问题，为
什么会在对资本主义工商业完成社会主义改造后出现对一部分原工商业

---

　　① 邓小平：《今后的主要任务是搞建设》（1957 年 4 月 8 日）。《邓小平文选》第 1
卷，第 262 页，人民出版社，1994。
　　② 《毛泽东文集》第 7 卷，第 170 页，人民出版社，1999。

者使用和处理不很适当问题，没有进行深入的研究。因此这种有悖于"常识"的新思路，仅仅成为瞬息即逝的思想火花，没有形成一个相当于新民主主义社会理论那样的马克思主义理论。时间，历史，终于使中国共产党人在进入社会主义 22 年以后，重新面对现实，重新考虑这一问题。这是后话了，不是《毛泽东与近代中国》研究的范围。

第三节　从"耕者有其田"到"合作社"

中国是个落后的农业大国，正确对待资本主义的问题固然复杂和必要，但如何解决农村经济的问题，更为艰巨和重要。新民主主义经济理论，在很大程度上，就是中国农村经济理论。

在毛泽东关于农村经济的大量论述中，他认为土地制度、劳动形式与技术改造，是改变中国农村落后面貌的三个主要问题。在论述新民主主义经济的基本构成及其建设道路时，他实际上谈得较多的是前两个问题，归纳起来，其主题即：从"耕者有其田"到"合作社"。

一　土地制度

从政治经济学的一般理论上说，无产阶级解决农村土地问题的理想方案，是实行土地国有化。俄国十月革命后的第二天，苏维埃政权颁布的法令就宣布：一切土地归全民所有并交给一切耕种土地的劳动者使用。因此，1949 年初斯大林的特使米高扬等秘密访问中共中央所在地西柏坡时，米高扬说，把没收来的地主和富农的土地再分给农民太可惜了，照马列主义的观点，集中起来搞集体农庄才好。毛泽东向他耐心地解释了中国的国情，强调中国的农业经济是落后分散的自然经济，农民分到土地才会感到是真正翻身得到了解放，才会踊跃参军。

这场有趣味的讨论，使我们从对比中体会到，毛泽东在实践中提出的解决中国土地问题的新民主主义方案，又是一个马克思主义的创造。

这个创造，在土地革命战争时期、全民族抗日战争时期和全国解放战争时期，以及新中国建立后，每一个时期都有不同的内容。

第一，土地革命战争时期《土地法》的完善。

毛泽东带领工农红军上井冈山以后，他在调查中就注意到湘赣边界大约60％以上土地在少数地主手里，只有不到40％的土地在农民手里，农民们最关心的是关系到他们切身利益的土地问题。因此要建立巩固的革命根据地，不仅要靠武装割据，更重要的是要开展土地革命以争取广大农民的支持和帮助。从1928年5月到7月，在边界各县开展了分田斗争。在红军干部帮助下，在县、区、乡分别成立由贫苦农民组成的土地委员会，主持分田工作。1928年12月，在总结分田经验的基础上，颁布了中国共产党第一个土地改革方案——井冈山《土地法》。全文很简洁，共九条，其中主要是前四条：

一、没收一切土地归苏维埃政府所有，用下列三种方法分配之：

（一）分配农民个别耕种；（二）分配农民共同耕种；（三）由苏维埃政府组织模范农场耕种。

以上三种方法，以第一种为主体。遇特别情形，或苏维埃政府有力时，兼用二三两种。

二、一切土地，经苏维埃政府没收并分配后，禁止买卖。

三、分配土地之后，除老幼疾病没有耕种能力及服公众勤务者以外，其余的人均须强制劳动。

四、分配土地的数量标准：

（一）以人口为标准，男女老幼平均分配。（二）以劳动力为标准，能劳动者比不能劳动者多分土地一倍。

以上两个标准，以第一个为主体。有特殊情形的地方，得适用第二个标准。

毛泽东当时认为，这种"全部没收，彻底分配"的政策，"是能得到大多数人拥护的"。[1] 但我们稍微琢磨一下这个《土地法》，即可发现它基本上是俄国十月革命后的土地法令的中国版，即强调：（1）土地所有权属政府而不是属农民，农民只有使用权；（2）禁止土地买卖。不仅如此，还比苏联的土地法令更厉害地规定了没收一切土地而不是只没收地主的土地。因此在实行中，不仅遭到了大、中地主的反抗，而且受到小地主、富农等毛泽东所说的"中间阶级"的阻碍，还影响了中农的利益和积极性。这对创建巩固的革命根据地是不利的。但不管怎么说，中国共产党终于迈开了土地制度改革的第一步，并且调动了贫苦农民的积极性。

红军从井冈山向赣南进军后，土地革命也发展到了一个新的阶段。1929 年 4 月，毛泽东主持制定了第二个土地改革方案——兴国《土地法》。这个土地法的最大修改是其第一条：

> 没收一切公共土地及地主阶级的土地归兴国工农兵代表会议政府所有，分给无田地及少田地的农民耕种使用。

这样，打击面就限制在地主阶级了，扩大了团结面。但其他条文没有根本改变，尤其是农民对土地的所有权仍未明确。

同年 7 月，中共闽西第一次代表大会的决议中在规定"自耕农的田地不没收"时，还提出了"抽多补少"的原则，比较好地解决了土地分配中的矛盾。

1930 年 2 月，毛泽东又根据中央决定，指示各级政府发一布告，"说明过去分好了的田（实行抽多补少、抽肥补瘦了的），即算分定，得田的人，即由他管分得的田，这田由他私有，别人不得侵犯"，"租借买卖，由他自主；田中出产，除交土地税于政府外，均归农民所有"。这一指示很重要，它改变了井冈山《土地法》关于地权的规定。这样，中国共产

---

[1] 毛泽东：《井冈山的斗争》（1928 年 11 月 25 日）。《毛泽东选集》第 1 卷，第 69 页，人民出版社，1991。

党终于拿出了一个符合中国实际的土地制度改革方案。

当然，这以后中国共产党在土地问题上仍不是一帆风顺的。王明路线时期，推行"地主不分田，富农分坏田"的极左政策，激化了矛盾，造成了社会的混乱，直至把革命根据地葬送掉。

回顾毛泽东和中国共产党探索中国土地制度改革的历史，有哪些是属于成功的经验呢？

首先，抓住了土地问题显然是抓住了依靠农民的关键问题。这是从实际出发的结果。

其次，实行"耕者有其田"的政策，把土地所有权还给农民，显然既符合中国农民的要求，又具有中国传统的特点。

再次，在"没收土地"问题上所做的正确区分，不仅是一种策略的成功，仅仅打击了地主阶级，而且完全符合民主革命反封建的要求，具有科学性。

最后，发动群众开展分田斗争，把土地制度改革变成了锻炼群众、提高群众、组织群众的大课堂，并为农村红色政权建设培养了群众骨干和群众领袖。

第二，全民族抗日战争时期的减租减息。

抗日战争与土地革命的区别，即是民族矛盾上升为主要矛盾。这样，农民与地主阶级的阶级矛盾发生了复杂的变化。一部分卖国求荣的汉奸地主与农民的矛盾，兼有阶级矛盾与民族矛盾的双重性质；而一部分主张或参加抗日救亡的地主与农民的矛盾，则成为抗日民族统一战线内部的矛盾。因此，在土地革命时期形成的农村土地制度改革方案，就必须适应这种新的情况，进行适当的调整。

1939 年冬起，各抗日根据地从实际出发，相继把"耕者有其田"的政策改为减租减息的政策。这可以看作是对抗日统一战线内对地主阶级的让步，也可以看作是找到了建立农村抗日统一战线的使地主与农民双方都有利的基础。这一政策是在抗日战争开始时提出的，"减租"的办法是"二五减租"，即把原租额减少 25％；"减息"的办法是规定年利率，一般为一分（即 1/10），最高不得超过一分半；其他的杂租、劳役和各种形式的高利贷一律取缔。这一政策在各根据地实行以后，获得了广大群众的拥护，团结了各阶层的人民，支持了敌后的抗战。

但是，这一政策提出后，在许多根据地内还没有普遍地认真地贯彻执行。在有些根据地内，还只在一部分地方实行了减租减息。而在另一些地方只是把减租减息当作一种宣传口号，既未发布法令，更未动手实行；或虽已由政府发布了法令，形式上减了租息，实际上并未认真去做，发生了明减暗不减的现象。在这些地方，群众的积极性不能发挥，也就不能真正将群众组织起来以造成热烈抗日的基础，抗日根据地也无法巩固。还有一些地方，则发生了某些"左"的错误，更是影响了抗日民族统一战线的建立和巩固。

在详细研究各地经验以后，中共中央政治局会议通过了《中共中央关于抗日根据地土地政策的决定》（1942年1月28日），制定了统一的土地政策；并且在三个附件中对于"地租及佃权""债务""若干特殊土地的处理"等问题做了具体的规定，还规定各地如果要加以变通必须将变通之点报请中央批准。政治局的这个重要的决定，提出了执行党的土地政策的三条基本原则，指出它们是"我党抗日民族统一战线及其土地政策的出发点"。这三条基本原则是：

（一）承认农民（雇农包括在内）是抗日与生产的基本力量。故党的政策是扶助农民，减轻地主的封建剥削，实行减租减息，保证农民的人权、政权、地权、财权，借以改善农民的生活，提高农民抗日的与生产的积极性。

（二）承认地主的大多数是有抗日要求的，一部分开明绅士并是赞成民主改革的。故党的政策仅是扶助农民减轻封建剥削，而不是消灭封建剥削，更不是打击赞成民主改革的开明绅士。故于实行减租减息之后，又须实行交租交息，于保障农民的人权、政权、地权、财权之后，又须保障地主的人权、政权、地权、财权，借以联合地主阶级一致抗日。只是对于绝对坚决不愿改悔的汉奸分子，才采取消灭其封建剥削的政策。

（三）承认资本主义生产方式是中国现时比较进步的生产方式，而资产阶级、特别是小资产阶级与民族资产阶级，是中国现时比较进步的社会成分与政治力量。富农的生产方式是带有资本主义性质的，富农是农村中的资产阶级，是抗日与生产的一个不可缺少的力量。小资产阶级、民族资产阶级与富农，不但有抗日要求，而且有民主要求。故党的政策，不是削弱资本主义与资产阶级，不是削弱富农阶级与富农生产，而是在适当的改善工人生活条件之下，同时奖励资本主义生产与联合资产阶级，奖励富农生产与联合富农。但富农有其一部分封建性质的剥削，为中农贫农所不满，故在农村中实行减租减息时，对富农的租息也须照减。在对富农减租减息后，同时须实行交租交息，并保障富农的人权、政权、地权、财权。一部分用资本主义方式经营土地的地主（所谓经营地主），其待遇与富农同。①

人们不难发现，这是一个具有新思想的农村土地政策，其"新思想"主要体现在三个方面：

首先，它体现了共产党最大的宽容心和宽阔的革命胸怀。为了能争取最大限度地团结一切抗日力量，完成民族救亡的历史重任，中国共产党要求自己最可靠的同盟军——农民，对地主阶级让步——不仅由没收地主土地改为减租减息，而且要求农民能交租交息。

其次，它体现了有条件地削弱封建势力和最大限度地孤立国民党反共顽固派的思想。须知，1942年前后，中国共产党不仅在正面要同日本帝国主义和汉奸卖国贼作战，而且要防止国民党反共顽固派背后捅刀（像皖南事变那样），此时此刻，中共中央政治局通过这个文件是有深刻用意的。1942年2月4日发出的《中央关于如何执行土地政策决定的指示》说得十分明白：

---

① 《中共中央文件选集》第13册，第281—282页，中共中央党校出版社，1991。

一月二十八日中央政治局所通过的关于抗日根据地土地政策的决定及其三个附件，是综合五年来各地经验而得的结论。他的基本精神是先要能够把广大农民群众发动起来，如果群众不能起来，则一切无从说起。在群众真正发动起来后，又要让地主能够生存下去。所以在经济上只是削弱（但一定要削弱）封建势力，而不是消灭封建势力，对富农则是削弱其封建部分而奖励其资本主义部分。在经济上，目前我党的政策，以奖励资本主义生产为主，但同时保存地主的若干权利，可以说是一个七分资本三分封建的政策。在政治上，则实行三三制，使地主资产阶级觉得还有前途。所有这些，都是为着拆散地主资产阶级与敌人及顽固派的联合，争取地主资产阶级的大多数站在抗日民主政权方面，而不跑到敌人与顽固派方面去，跑去了的，也可以争取回来。①

再次，它体现了毛泽东倡导的"革命的人道主义"和人权观。在新民主主义革命中，尤其是在残酷的对敌斗争环境中，毛泽东既强调革命的彻底性，反对革命中的温情主义和抽象的人性论，又强调革命的人道主义和人权观。这种革命的人道主义和人权观，包括五层含义。一是在共产党和革命队伍内部要提倡同志式的友情。当一个老红军出身的八路军干部在恋爱不成杀害恋爱对象时，毛泽东沉痛地批评这种不讲同志友情的行为丧失了"人的立场"。二是在统一战线内部要尊重和保护不同阶级成员的"人权"，正确处理统一战线成员之间的矛盾。三是在对敌斗争中，对于放下武器的敌军士兵，要优待俘虏，去留自由，尊重他们个人的自由选择。四是对于死伤人员，一律实行"救死扶伤"的革命人道主义。五是对于战犯，坚持依法审判，重在教育，不搞人身摧残和刑讯逼供。强调这一点，是为了以正视听。对于那些抓住中国共产党的失误而攻击她从来就不讲人道主义、人权的人，很有必要给他补上一堂中国革命史的特别课程。中国共产党在抗日战争时期的土地政策中，既考虑了

---

① 《中共中央文件选集》第 13 册，第 295 页，中共中央党校出版社，1991。

农民的人权、政权、地权、财权，又考虑了地主的人权、政权、地权、财权和处于资产阶级相当地位的富农的人权、政权、地权、财权，这是一个真正普遍的革命的人道主义和人权观。

第三，全国解放战争时期的土地改革。

在解放战争开始的初期，中国共产党在农村实行的仍是减租减息的政策。1945年11月7日毛泽东为党中央起草的党内指示强调：减租和生产是保卫解放区的两件大事。随着国内的阶级矛盾日益激化，中共中央在1946年5月发布了著名的"五四指示"，决定把党的土地政策由减租减息重新转变到"耕者有其田"，实行土地制度改革。从这以后到1947年下半年，解放区三分之二的地方已基本上解决了土地问题。但还有三分之一的解放区没有进行土地改革，已进行改革的地方有的也不彻底。为了领导好这场斗争，在刘少奇主持下，中共中央于1947年7月至9月召开了全国土地会议，制定了《中国土地法大纲》。

《中国土地法大纲》总结了中国共产党解决土地制度问题的丰富经验，是一个彻底反封建的土地革命纲领。其主要精神是：

（1）废除封建主义土地所有制。大纲规定："废除封建性及半封建性剥削的土地制度，实行耕者有其田的土地制度。"

（2）实行民主主义土地所有制。大纲规定："乡村中一切地主的土地及公地，由乡村农会接收，连同乡村中其他一切土地，按乡村全部人口，不分男女老幼，统一平均分配，在土地数量上抽多补少，质量上抽肥补瘦，使全乡村人民均获得同等的土地，并归各人所有。"

（3）坚持群众斗争，反对恩赐观点。大纲规定，土地改革由农民大会及其选出的委员会来执行，还可以组织人民法庭来保证贯彻土改的政策法令，维护革命秩序。

这次全国土地会议及其所制定的《中国土地法大纲》，对于推动解放区的土地改革，发动农民进行反封建斗争，动员翻身农民参加人民解放军，投入彻底埋葬蒋家王朝的民主革命洪流，发挥了积极的作用。但是会议对于解放区土改不彻底的情况估计得过于严重，强调反右倾而没有注意防"左"倾；规定将一切土地平均分配又实际上侵犯了中农的利益；

且没有提出保护民族工商业的原则。这一切不足之处，致使后来在许多地区土改中出现了"左"的偏差。有的地方不仅对地主与富农、地主中的大中小与恶霸非恶霸均不加区别地开展斗争，甚至将地主"扫地出门"、乱打乱杀，而且侵犯中农和民族工商业者的利益，把中农错定为富农或地主，没收地主兼营的工商业，等等。这些"左"的偏差，违背了中国共产党新民主主义革命的总路线和总政策，违背了党的许多优良传统，产生了不好的影响。

中共中央发现这些偏差后，及时提出要加以制止。毛泽东在为中央起草的《关于目前党的政策中的几个重要问题》中，专门提出了纠正土改中"左"的偏差的政策和做法。他强调，土改中出现的"贫雇农打江山坐江山"的口号是错误的；必须避免对中农、中小工商业者采取冒险政策；必须对开明绅士分别情况，予以照顾；必须对新富农与老富农、地主中的大中小与恶霸非恶霸加以区别；对极少数真正罪大恶极者经法庭认真审判，并经一定政府机关批准后可以枪决并予以公布，但必须坚持少杀，严禁乱杀。中共中央还重新发布了党在土地革命战争时期的两个文件，即《怎样分析农村阶级》和《关于土地斗争中一些问题的决定》，使各地在处理有关问题时，可以有所遵循。到1948年春，土改中的"左"的偏差，基本上获得纠正。

与此同时，中共中央还规定了新解放区解决土地问题的政策和步骤。这就是，新区农村可以先实行减租减息，以及酌量调剂种子、口粮的社会政策；等到条件具备时，再实施土地法大纲，进行土地制度改革。在土改时，第一阶段，采取中立富农政策，专门打击地主；第二阶段，采取平分土地政策，对富农出租和多余的土地也加以平分。

新老解放区的土地改革，是解放战争的有机组成部分。因为它不仅调动了农民群众保卫解放区，参加解放军，投入解放战争的积极性，它还解放了农村的生产力，促进了生产力的发展，为支持解放战争，为创建新中国，准备了物质条件。

解放战争时期的土地改革，积累了许多重要的经验。

首先，它说明要彻底地反封建，就必须彻底地进行土地制度改革。

因为封建土地所有制是封建地主阶级和封建专制统治赖以存在和发展的基础，实行"耕者有其田"的土地改革挖掉了封建主义的老根。

其次，它说明要彻底地反封建，还必须同农民头脑中存在的原始的、落后的、反动的"农业社会主义"和极端平均主义思想进行斗争。土改中出现的"左"的偏差，固然与中国共产党的指导上存在的不足有关，但指导上的问题仅仅是提供一个条件（漏洞），问题的发生和蔓延，归根到底在于中国面广量大的小生产经济。农民中的口号"贫雇农打江山坐江山"，农村干部中提出的"群众要怎样办就怎样办"，以及侵犯中农和工商业者的利益的做法、乱打乱杀的行为，等等，究其思想根源，就是毛泽东在晋绥干部会议上指出的"农业社会主义"思想。纠正党的工作中的"左"的偏差，实质就是同农民中的"农业社会主义"思想和极端平均主义思想作斗争。没有这种斗争，就没有反封建的胜利。

再次，它说明了要调动人民群众的积极性，必须给人民群众以看得见的物质利益。土地改革，实际上是一场农村利益的再分配。土地给谁，利益就给谁，这里没有丝毫的虚伪和含糊。毛泽东说："善于把党的政策变为群众的行动，善于使我们的每一个运动，每一个斗争，不但领导干部懂得，而且广大的群众都能懂得，都能掌握，这是一项马克思列宁主义的领导艺术。"[①] 这一领导艺术的实质仅仅是宣传教育吗？不！空调的说教，显然不能调动群众的积极性。毛泽东在论述这一问题时，比许多虚伪的说教者讲得更透彻：

> 马克思列宁主义的基本原则，就是要使群众认识自己的利益，并且团结起来，为自己的利益而奋斗。[②]

"为自己的利益而奋斗"——这就是土改的经验，这就是中国共产党动员和组织人民革命的经验，这就是马克思主义的基本原则！

---

①② 毛泽东：《对晋绥日报编辑人员的谈话》（1948 年 4 月 2 日）。《毛泽东选集》第 4 卷，第 1319、1318 页，人民出版社，1991。

第四，新中国建立后的土地改革。

从土地革命战争时期开始，中国共产党就认识到，领导农民进行土地制度改革，不仅是新民主主义革命的基本任务，而且是建设新民主主义经济，建立新民主主义社会的基本要求。中国共产党取得全国政权为建立新民主主义经济奠定了最好的政治前提，因此在全国范围内进行一次彻底的土地改革，势必作为新民主主义革命和新民主主义建设的双重任务，提上议事日程。

在人民解放军所到之处，中国共产党就依据长期积累的丰富经验，领导人民清匪反霸，减租退押，建立农村基层政权和民兵组织，为进行土地改革做好了准备。1950 年 6 月，中央人民政府委员会通过和颁布了《中华人民共和国土地改革法》。自从井冈山《土地法》制定以来，这是中国共产党制定的最好的一部土地改革法。它既总结了历史上的经验和教训，又根据新的形势提出了新的要求，保证了建国后土地改革的健康进行、深入展开。

这次土改，有三个显著的特点：

首先，土改的目的是为了新民主主义建设。以往的土地制度改革，都是在党尚未夺取全国政权的条件下进行的，目的不是为了开辟农村革命根据地，建立统一战线，就是为了动员农民群众支持革命战争。这次土改的历史条件，是中国共产党已取得全国政权，面临的任务不是如何夺取革命战争的胜利，而是为了最后完成反对封建制度的任务，建立新民主主义社会，搞好新民主主义建设。因此，《中华人民共和国土地改革法》第一条总则就指出：

> 废除地主阶级封建剥削的土地所有制，实行农民的土地所有制，借以解放农村生产力，发展农业生产，为新中国的工业化开辟道路。

其次，对待富农的政策做了适应新情况的改变。在解放战争时期，对富农的政策是根据它相当于资本主义经济又具有封建剥削的特点，不采取对待地主阶级那样的没收政策而是征收他出租的和多余的土地。新中国建立后，土地改革的范围扩大，斗争也更复杂，为了有利于集中力量解决好封建地主阶级的问题，减少土改运动的阻力，并有利于稳定民族资产阶级，毛泽东和中共中央决定：对富农，由过去征收富农多余的土地财产改为保存富农经济。具体做法是，保护富农所有自耕和雇人耕种的土地及其他财产；富农出租的少量土地一般也保留不动；半地主或富农出租大量土地，超过其自耕和雇人耕种的土地数量者，征收其出租的土地。

除了对富农的政策有所改变外，还调整了其他一些政策，比如对地主，限制了没收其财产的范围；对小土地出租者，提高了保留其土地数量的标准。这些政策的调整，都是实事求是的，适合新中国建立后的新情况。

再次，工作指导上避免了"左"的或右的偏差。由于这次全国范围的土地改革运动，是农村的一场深刻的革命，毛泽东把它看作是解决近代中国社会主要矛盾的最后一战，因此强调整个运动要有领导、有计划、有秩序地进行。中国共产党为此训练了大批干部，组成土改工作队，深入农村领导各地的土改运动；党在全社会各界人士中进行了广泛的宣传教育，用政策去武装群众，并组织许多民主党派人士和知识分子去参加或参观改革以统一认识，毛泽东还亲自向民主党派知名人士解释土改的意义和政策，使运动能广泛地发动、健康地开展；党还及时地总结经验教训，纠正有的地方出现的，用行政命令的方法把土地"恩赐"给农民的"和平土改"，强调只有发动群众自觉地参加土改，才能锻炼群众，并真正巩固土改的成果。

因此，这次历史上规模最大、进行得最顺利的土地改革运动，到1953年春，除一部分少数民族地区外，全部胜利完成。全国有3亿多无地少地的农民（包括老解放区农民在内）无偿地获得了约7亿亩土地和大量的生产资料，免除了过去每年向地主交纳的约700亿斤粮食的地租，使他们不但在政治上，而且经济上，成了当家作主的主人。

"耕者有其田"——历代农民的愿望、孙中山提出的民主主义的纲领，由中国无产阶级及其先锋队——中国共产党完成了，而且完成得十分彻底、完美。这是对中国资产阶级的历史嘲弄，也是对毛泽东的新民主主义理论的历史肯定。正确的思想，在这里变成了美好的现实。这就是革命的辩证法！

二　劳动形式

毛泽东知道，解决土地制度问题仅仅为发展生产提供了物质条件，即生产资料占有这一基础性问题，而要利用好这些物质条件，还要进一步解决劳动形式问题。

抗日战争的相持阶段，是抗日根据地的困难时期。尤其在 1941 年和 1942 年，由于日本侵略军的野蛮进攻和国民党顽固派的包围封锁，根据地的财政发生了极大的困难。为了渡过难关，中共中央根据党外人士李鼎铭先生的建议，提出了"精兵简政"的政策；接着又提出了"发展经济，保障供给"的方针；并且领导了边区军民的大生产运动。1942 年冬召开的陕甘宁边区高级干部会议，是中国共产党研究和制定领导根据地经济建设方针的一个重要会议。毛泽东在会上所作的报告《经济问题与财政问题》（1942 年 12 月），给根据地的经济建设提出了一系列重要的思想。后来，他曾说过：

> 事实已经完全证明：高级干部会议的方针是正确的。高级干部会议方针的主要点，就是把群众组织起来，把一切老百姓的力量、一切部队机关学校的力量、一切男女老少的全劳动力半劳动力，只要是可能的，就要毫无例外地动员起来，组织起来，成为一支劳动大军。[①]

当时，毛泽东关心的问题，就是怎么搞好根据地的生产。他说："凡

---

①　毛泽东：《组织起来》（1943 年 11 月 29 日）。《毛泽东选集》第 3 卷，第 928 页，人民出版社，1991。

不注重研究生产的人，不算好的领导者。"① 他还批评了当时在根据地党政机关存在的一些错误思想，指出不注重发展经济，只片面地注意财政收支的观点；不用全力帮助群众发展生产，只知向群众要粮要款的观点；不注意全面发动群众生产运动，只注意片面地以少数经济机关组织少数人从事生产的观点；不提倡发展生产并在发展生产的条件下为改善物质生活而斗争，只是片面地提倡艰苦奋斗的观点，等等，都是错误的。因此，不仅要重视生产，而且要重视怎么样进行生产，也就是说要"注重研究生产"。

1943 年的大生产运动，为毛泽东和中共中央研究生产问题，提供了重要的条件。在外有大封锁、内无大工业的环境下，敌后各抗日根据地形成了一套办法，这就是通过实行"按家计划，劳动互助，奖励劳动英雄，举行生产竞赛，发展为群众服务的合作社"等形式，来发展根据地的生产。这里最重要的做法，就是"组织劳动力"。毛泽东在为中共中央写的党内指示（1943 年 10 月 1 日）中，明确地指出：

> 在目前条件下，发展生产的中心关节是组织劳动力。……共产党员必须学会组织劳动力的全部方针和方法。②

什么叫"组织劳动力"？

首先，这是群众自愿基础上的劳动互助。在抗日根据地发展大生产运动的过程中，出现了许多集体劳动的形式，有的是临时性的，有的是永久性的，有的农户之间互相帮助一起收种，有的地方农民集体吃饭住宿垦荒拓田，提高了劳动生产率，增加了生产。毛泽东说："这种集体互助的办法是群众自己发明出来的。从前我们在江西综合了群众的经验，这次我们在陕北又综合了这样的经验。经过去年高级干部会议的提倡，今年一年的实行，边区的劳动互助就大为条理化和更加发展了。今

---

①② 毛泽东：《开展根据地的减租、生产和拥政爱民运动》（1943 年 10 月 1 日）。《毛泽东选集》第 3 卷，第 911、912 页，人民出版社，1991。

年边区有许多变工队，实行集体的耕种、锄草、收割，收成比去年多了一倍。"①

　　其次，这是以个体经济为基础的集体劳动形式。当时，群众自愿基础上的劳动互助有多种组织形式，比如变工队、扎工队、互助社、运输队、合作社等。其组织方式，一是自愿，二是等价交换劳动。毛泽东把它们统称为合作社。但是，这种合作社，不是生产资料归集体所有的合作社，而是个体经济基础上互助劳动的集体劳动组织。毛泽东对此也说得很明白：

　　　　在农民群众方面，几千年来都是个体经济，一家一户就是一个生产单位，这种分散的个体生产，就是封建统治的经济基础，而使农民自己陷于永远的穷苦。克服这种状况的唯一办法，就是逐渐地集体化；而达到集体化的唯一道路，依据列宁所说，就是经过合作社。在边区，我们现在已经组织了许多的农民合作社，不过这些在目前还是一种初级形式的合作社，还要经过若干发展阶段，才会在将来发展为苏联式的被称为集体农庄的那种合作社。我们的经济是新民主主义的，我们的合作社目前还是建立在个体经济基础上（私有财产基础上）的集体劳动组织。②

　　这样，我们就可以明白了。毛泽东讲"组织劳动力"，而不是把劳动力与劳动对象、劳动资料作为"组织"的对象，是很贴切的。尽管他指出的道路及其形式是合作社，但这种合作社不是公有制意义上的合作社。因此，他要求各级干部"注重研究生产"，其重点就是要研究用什么样的方式或方法，把个体农民组织起来，促进农业生产力的发展。正如他1943年10月14日在中共中央西北局高级干部会议上说的：

---

　　①②　毛泽东：《组织起来》（1943年11月29日）。《毛泽东选集》第3卷，第931—932、931页，人民出版社，1991。

边区今年来了一个革命，全区三十五万个全劳动力，经常组织在集体劳动的变工队、扎工队中的有三万余人，即占全劳动总数的十分之一。……

边区束缚生产力发展的是过去的封建剥削关系，这种封建剥削关系，在有一半的地方经过土地革命已经完全破坏，另一半的地方经过减租减息之后也受到打击。这就是土地革命，是第一个革命。但是，如果不进行从个体劳动转到集体劳动的第二个生产关系即生产方式的改革，则生产力还不能进一步发展。将个体经济为基础的劳动互助组织即农民的农业生产合作社加以发展，生产就可以大大提高，增加一倍或一倍以上。这种方法将来可推行到全国，在中国的经济史上也要大书特书的。这样的改革，生产工具根本没有变化，但人与人之间的生产关系变化了。从土地改革到发展劳动互助组两次变化，这是生产制度上的革命①。

在这里，毛泽东提出了新民主主义经济建立过程中，农村要经过"两个革命"的重要思想：第一个革命是土地制度改革，其目标是实现"耕者有其田"；第二个革命是生产制度上的革命，其目标是建立集体互助劳动组织——"合作社"，促进生产力的发展。因此，我们把毛泽东新民主主义革命时期的农村经济思想，用了一个动态的命题来加以表述：从"耕者有其田"到"合作社"。

建立这种以个体经济为基础的合作社，毛泽东说也是"人与人的生产关系"的变革，这主要是从生产制度上说的，即是"从个体劳动转移到集体劳动的生产方式的改革"。由于它不触及所有制问题，所以这种改革，这种革命，和土地制度的改革不一样。土地制度的改革是一场尖锐而又激烈的阶级斗争，生产制度的改革不是阶级斗争性质的革命。

由于这种生产制度的改革，重点在劳动力的组织，因此它好比是马克思讲的"协作"这种劳动形式。马克思十分重视劳动形式问题，因为，

---

① 《建党以来重要文献选编》第 20 册，第 605—606 页，中央文献出版社，2011。

同样的生产关系，在不同的劳动形式下得到的经济效果或效益是完全不一样的；而且，劳动形式的进步必然表现为生产力的进步。比如在研究社会化生产力的形成的历史过程时，马克思从大量的资料中发现，在一些发达的资本主义国家，从个体的、自然经济的生产力转变为社会化的生产力，一般都经过三种劳动形式的发展，这就是"协作、分工和机器或科学的力量的应用等等"①。

联系到毛泽东的"组织劳动力"的思路，显然，这就是走"协作"之路的思路。当然，马克思论的协作是资本主义条件下的协作，毛泽东讲的是个体经济基础上的，但又是新民主主义条件下的协作，两者有一定的区别和相同之处。在马克思看来："许多人在同一生产过程中，或在互相联系的生产过程中，有计划地一起协同劳动，这种劳动形式叫做协作。"② 毛泽东讲的"组织劳动力"的"合作社"，也是"在集中领导下用互相帮助共同劳动的方法来解决各部门各单位各个人物质需要的群众的生产活动"③。从中可以看到毛泽东关注的两个重要的问题：一是尽可能找到一种适当的劳动形式，来提高劳动生产率，发展新民主主义经济；二是这种劳动形式能够逐渐地把中国个体的自然经济引导到社会化生产的轨道上去。因此，他对根据地这种"合作社"的集体组织形式评价很高，说：

> 这是人民群众得到解放的必由之路，由穷苦变富裕的必由之路，也是抗战胜利的必由之路。④

在新民主主义革命取得全国性胜利，并在全国完成土地改革任务之后，毛泽东即应用在抗日战争时期积累的这种经验，领导全国农民在自愿的基础上组织起来，走互助合作之路。最初的互助组，相当于抗日战

---

① 《马克思恩格斯全集》第 32 卷，第 288—289 页，人民出版社，1998。
② 《马克思恩格斯全集》第 21 卷，第 406 页，人民出版社，2003。
③④ 毛泽东：《组织起来》（1943 年 11 月 29 日）。《毛泽东选集》第 3 卷，第 931、932 页，人民出版社，1991。

争时期具有协作特点的"合作社",后来的初级社又通过农民的土地入股等办法,初步解决了生产资料集体所有制的问题,以后进一步发展到高级社,实现了农民的合作化。这样一个从"耕者有其田"到合作化的过程,即中国农村由封建主义到新民主主义,又由新民主主义到社会主义的翻天覆地的变化过程。这种变化,是一种历史的进步。然而十分可惜的是,我们对社会主义集体经济的认识在当时并不全面,在毛泽东的头脑中,在全党的认识中,其理想模型就是"苏联式的被称为集体农庄的那种合作社",因而在社会主义改造的后期偏离了起步时的从中国实际出发,发展社会化生产,解放和发展生产力的初衷,不断加速向苏联式的集体农庄前进,以致在"社会主义高潮"后期出现了重大的失误。

尽管如此,我们今天在研究毛泽东的合作社思想时,仍有极高的兴趣。尤其是上面所述"劳动形式"的思想,对于后人更有启迪,其意义之一,即:要发展生产力,既可以在所有制变革的条件下发展,也可以在不改变所有制的条件下发展。毛泽东当年并没有改变个体所有制,而是通过劳动形式的改变,找到了一条解放和发展生产力之路,这种思路对于今天的社会主义改革不是很有启发的吗?当然,这种劳动形式必须是有利于社会化大生产发展的,进步的,而且应该借鉴世界各国包括资本主义国家在内的成功经验,即具有时代性的。如果我们能像当年毛泽东研究根据地经济那样的态度和方法,实事求是地研究生产问题、经济问题,我们就能在胜利的坦途上不断前进,少走弯路。

第四节　经济建设构想

在毛泽东的新民主主义经济理论中,除了大量的关于生产关系结构的论述外,还有一些关于农业、工业、贸易和财政等经济问题的论述。这些论述的思想有的是一般的原理,有的是各个时期的具体设想,而一般原理正是在这些具体设想中熠熠生辉的。因此,很有必要研究他对于根据地经济的构想，他在抗日战争后期关于战后中国经济的构想与全国解放前夕关于新中国新民主主义社会的经济构想，以及这些经济建设构想的联系和变化原因。

一 根据地经济建设的构想

为了支持革命战争，巩固和发展农村革命根据地，毛泽东在土地革命战争时期写了《必须注意经济工作》《我们的经济政策》等文章，在抗日战争时期写了《抗日时期的经济问题和财政问题》《开展根据地的减租、生产和拥政爱民运动》《组织起来》《必须学会做经济工作》《游击区也能够进行生产》等著作，在解放战争时期写了《减租和生产是保卫解放区的两件大事》《一九四八年的土地改革工作和整党工作》等党内文件，阐述根据地和解放区的经济建设问题。人们都熟悉毛泽东的哲学思想，钦佩毛泽东的军事思想，其实，毛泽东关于根据地的经济建设构想也值得我们重视和研究。

关于根据地经济建设的构想，大体有以下五个方面的内容：

第一，"发展经济，保障供给"的总方针。

根据地经济，属于列宁所讲的"军事共产主义"的经济类型。虽然没有实行国有化和严格的监督，但是日常生活消费品实行的是供给制。这是战争这种特殊的环境造成的，是农村根据地落后的经济条件决定的。在这种情况下，就会造成一些误解或错误的认识，似乎根据地的经济工作就是财政工作，即从群众中征粮筹款，以解决军队和政府工作人员的生活费和事业费的供给问题。毛泽东在江西中央苏区时期就提出，根据地要搞自己的经济建设。在指导陕甘宁边区的工作，进一步研究根据地经济问题时，他十分尖锐地提出了要解决好经济与财政的关系问题。

有许多同志，片面地看重了财政，不懂得整个经济的重要性；他们的脑子终日只在单纯的财政收支问题上打圈子，打来打去，还是不能解决问题。这是一种陈旧的保守的观点在这些同志的头脑中作怪的缘故。他们不知道财政政策的好坏固然足以影响经济，但是决定财政的却是经济。未有经济无基础而可以解决财政困难的，未有经济不发展而可以使财政充裕的。①

正是根据这一马克思主义的原则，毛泽东在设计根据地经济的蓝图时，明确地提出：

> 发展经济，保障供给，是我们的经济工作和财政工作的总方针。②

站在今天的立场上，再提"发展经济，保障供给"显然已不合适，因为今天早已不再实行"供给制"这种特殊条件下的分配制度。但是毛泽东提出这一方针的思路和原则，则仍然有其真理性。财政虽然对经济有一定的反作用，但是归根到底是经济决定财政。不管我们的经济发展到什么阶段，财政的收入与支出及其方案都必须从经济发展的实际出发，都必须通过发展经济来扩充财政。这是万万不能忘记的。

第二，发展工农业生产、对外贸易和合作社是根据地经济建设的中心任务。

要发展经济，就有一个发展什么的问题。根据地经济建设尽管有许多有利的条件，比如政策较好、社会稳定、民心较顺等，但是根据地毕竟是在一些落后的地区或省际边区建立起来的，发展经济必须要尊重这种落后的现实。毛泽东曾指出："有些同志不顾此时此地的具体条件，空嚷发展，例如要求建设重工业，提出大盐业计划、大军工计划等，都是不切实际的，不能采用的。党的路线是正确的发展路线，一方面要反对陈旧的保守的观点，另一方面又要反对空洞的不切实际的大计划。这就是党在财政经济工作中的两条路线上的斗争。"③

---

① ② ③ 毛泽东：《抗日战争时期的经济问题和财政问题》（1942 年 12 月）。《毛泽东选集》第 3 卷，第 891、891、893 页，人民出版社，1991。

　　站在实事求是的科学立场上，根据地主要的产业是农业，还有少量的工业。因此，党必须把领导经济建设的重点放到发展农业和工业上去。除此之外，有计划地组织人民的对外贸易，即根据地与外界的商品流通，来解决食盐、布匹和药品等工业品的需求问题，也是根据地经济建设的重要任务。江西中央苏区在1933年春季就成立了对外贸易局等机关来负责贸易问题，起的作用很大。1941年8月6日毛泽东在致谢觉哉的信中，又一次指出："近日我对边区财经问题的研究颇感兴趣，虽仍不深刻，却觉其规律性或决定点似在简单的两点，即（一）发展经济；（二）平衡出入口。首先是发展农、盐、工、畜、商各业之主要的私人经济与部分的公营经济，然后是输出三千万元以上的物产于境外，交换三千万元必需品入境，以达出入口平衡或争取相当量的出超，只要此两点解决，一切问题都解决了。而此两点的关键，即粮盐二业的经营，如能增产二十万至三十万担粮与运三十万至四十万驮盐出境，即算基本地解决了两个问题。"① 由于根据地不仅要搞生产，还要搞流通，而占主体的经济成分又是个体经济，因此最好的经济组织形式，就是合作社。根据地的合作社，首先是消费合作社与粮食合作社，其次是生产合作社，此外还有信用合作社。因此，毛泽东在《我们的经济政策》（1934年1月23日）的报告中，就对整个根据地的经济建设重点，做了明确的部署：

　　　　我们的经济建设的中心是发展农业生产，发展工业生产，发展对外贸易和发展合作社。②

　　第三，"统一领导，分散经营"的方针。

　　根据地担负着如此艰巨而又复杂的经济建设任务，决定了它必须有一个统一的领导及其工作系统。因此毛泽东曾专门讲过："经济和财政工作机构中的不统一、闹独立性、各自为政等恶劣现象，必须克服，而建

———————————————

① 《毛泽东书信选集》，第159页，中央文献出版社，2003。
② 《毛泽东选集》第1卷，第130—131页，人民出版社，1991。

立统一的、指挥如意的、使政策和制度能够贯彻到底的工作系统。这种统一的系统建立后，工作效能就可以增加。"①

有人认为，当时这样强调经济与财政的统一领导是必要的，但新中国建立后仍然坚持这一条就会导致过度集权，缺乏活力。这种观点混淆了一个重要的前提：我们现在要改革的过度集权的、缺乏活力的经济体制，是在社会主义改造期间从苏联学来的计划经济体制，而根据地经济不是计划经济。事实上，毛泽东强调的"统一领导"，虽然是行政领导，但不包办农村和企业的生产经营。他一再强调，根据地有两个基本的特点：一是以个体经济为主，二是被敌人分割。也就是说，无论从经济条件还是社会环境来讲，都是分散的。因此他说："有一个问题必须再一次引起大家注意的，就是我们的思想要适合于目前我们所处的环境。我们目前所处的环境是农村，这一点好像并没有什么问题，谁不知道我们是处在农村中呢？其实不然。我们有很多同志，虽然天天处在农村中，甚至自以为了解农村，但是他们并没有了解农村，至少是了解得不深刻。"②根据农村根据地分散的实际情况，毛泽东强调在大生产运动中，经营必须由各生产单位或生产者自己来组织，放手让下面自力更生。因此他提出了一个重要的经济工作方针：

> 由于是农村，人力物力都是分散的，我们的生产和供给就采取"统一领导，分散经营"的方针。③

第四，"公私兼顾""军民兼顾"的原则。

为了实行"统一领导，分散经营"的方针，毛泽东提出了"公私兼顾"的原则。

公私兼顾，也就是在经济结构上既要发展公营经济，又要发展民营

---

① 毛泽东：《抗日战争时期的经济问题和财政问题》（1942 年 12 月）。《毛泽东选集》第 3 卷，第 895—896 页，人民出版社，1991。

②③ 毛泽东：《必须学会做经济工作》（1945 年 1 月 10 日）。《毛泽东选集》第 3 卷，第 1015、1016 页，人民出版社，1991。

经济。为了粉碎日本侵略军的扫荡和国民党的反共摩擦，渡过经济困难、民负加重的难关，中国共产党下决心自己动手，办了许多自给经济。这些自给经济有政府办的，也有军队办的，机关学校办的。毛泽东说："军队和机关学校所发展的这种自给经济是目前这种特殊条件下的特殊产物，它在其他历史条件下是不合理的和不可理解的，但在目前却是完全合理并且完全必要的。"① 这种特殊的自给经济，属于公营经济的类型，新中国建立后同从官僚买办资产阶级手里没收过来的那部分经济一起，成了社会主义性质的国营经济。发展这种公营经济，在当时的意义，不仅保障了军队与政府的生活费和事业费的供给，而且减轻了人民群众的负担。

但是从整个经济结构来讲，公营经济占的比重还是较小的，尤其是边区的粮食生产主要是依靠老百姓的，军队的粮食主要也取之于民。因此毛泽东提出了"公私兼顾"的原则，强调必须采取适当的步骤和方法，帮助人民私人经营的经济发展。

需要说明的是，对这种人民私人经营的经济，当时毛泽东的提法是"人民经济""民营经济"。也就是说，它不是资本主义性质的私人资本，而是新民主主义社会中社会的主体——人民群众自己经营的经济。提出这一点，是因为至今仍有不少人患有恐"私"症，不会区分资本主义的"私"与非资本主义的人民群众的"私"，这是恐"资"病中的一大重要症状。毛泽东在当时，不仅提出了"公私兼顾"的原则，而且指出不能兼顾民营经济就是"与民争利"。1941 年 8 月 6 日，他在检查陕甘宁边区的经济工作时，看到那年的 800 万元投资仅顾及公营事业，而没有顾及私人农业贷款和合作社贷款，即给边区政府党团书记、边区政府秘书长谢觉哉写信，指出这仅是不得已的过渡时期的办法，"今后必须停止公业投资，发动私业投资"②，否则"由此产生的害则是与民争利（垄断）及解决不了大问题"③。

公私兼顾，在当时也叫做"军民兼顾"。因为，在延安的大生产运动

---

① 毛泽东：《抗日战争时期的经济问题和财政问题》（1942 年 12 月）。《毛泽东选集》第 3 卷，第 892 页，人民出版社，1991。

②③ 《毛泽东书信选集》第 159、160 页，中央文献出版社，2003。

中，军队是主力。自给性的公营经济主要是军队的经济。据毛泽东1945年初提供的数据，在陕甘宁边区，部队和机关每年需细粮（小米）26万担（每担300斤），取之于民的占16万担，自己生产的占10万担。这是很了不起的成绩。这种军队公营经济的发展，在当时于军于民都获益，即保障了军队的供给，减轻了人民的负担。但这仅仅是边区，或比较巩固的根据地，可以做到的。前方要作战，游击区有拉锯战形势，尽管它们也可以自己生产一部分，但粮食、被服等必须由政府供给，其他生活费和事业费也要政府供给50%或15%，这就需要大力发展人民群众的民营经济。因此，毛泽东强调的"公私兼顾"，很大程度上是"军民兼顾"。

但是，"公私兼顾"还有另一含义，那就是无论在公营经济中，还是在民营经济中，在利益关系上既要考虑公的利益，又要考虑私的利益。

经济结构上的公营经济与民营经济之异，不能简单地等同于公家的利益与私人的利益之别。公营经济固然将较多地体现公家的利益，但它也必须考虑私人的利益，其一是民营经济的利益，即不能与民争利搞垄断，其二还要处理好公营经济内部集体与个人的利益关系，承认并实现个人的利益。根据毛泽东的这一要求，三五九旅在纺毛线、用柳榆树条编各种用具时规定：凡动用公家工具的手工劳动，收入的4/5归公，1/5归私；凡不动用公家用具的，则以2/3归公，1/3归私。这样，既解决了公用品的需要，又增加了战士的津贴。地方上也是这样。1943年10月14日，毛泽东在中共中央西北局高级干部会议上介绍过杨家岭运输队搞合作制的经验时曾说：将运输队改为合作社，采取二八入股、二八分红制，其结果是公家运输力提高，个人收入增加。

杨家岭运输队在改组前，有大车8辆，驮骡16头，照普通情况，每日最低限度应运输物品27万斤，但实际运输的只有19万斤。经费开支，则除照一般的供给标准外，每月还要贴6万元。今年在公私两利的原则下，把运输队改为运输合作社，公家的大车8辆驮骡16头（后增为20头）及全部用具作为80股，运输20名以身份股名义作为20股，共100股，每月按股数二八分红，一切人员、牲口、添置等费用开支，概由合作社自行解决；替公家运输物品依照里程远近按斤给运费；运输员的生活，由运输合作社适当改善。这办法，经过解释后，全体运输员一致赞成。执行结果，运输量由每个月 19 万斤，增为 38.9 万斤，增加了百分之百，超过了普通的运输力百分之三十。同时，大大提高了运输员对工作的责任心和积极性，节省了许多经费和工具。比方，过去装粉的口袋破了碗大的洞无人管，现在运输员随身带着针线，缝补口袋；过去贪污马料是公开的秘密，现在却没有这种贪污了；对牲口，过去是粗心大意的，现在也逐渐喂好了；运费开支，改组后比以前减少三分之一，过去除照供给标准外，每月还要贴 6 万元，现在不用半文津贴，还每月获利数万元。①

毛泽东介绍的这个运输队的这个经验，涉及经济体制、管理等许多问题，至今读来仍令人感到兴趣十足，其基本经验就是互助合作、公私两利。

同样，也要教育民营经济与人民群众为公家做出贡献，这也是公私兼顾的要求。一则，发展民营经济不是仅仅为了满足人民群众个人的利益，而且也是为了保障人民群众整体的利益，即政府与军队及其所承担的公益事业的利益；二则，人民群众必须承担必要的负担，为大家做出贡献。所以毛泽东说："人民给了我们粮食吃：一九四〇年的九万担，一九四一年的二十万担，一九四二年的十六万担，保证了军队和工作人员的食粮。……陕甘宁边区虽然是没有直接遭受战争破坏的后方环境，但是地广人稀，只有一百五十万人口，供给这样多的粮食，是不容易的。老百姓为我们运公盐和出公盐代金，一九四一年还买了五百万元公债，也是不小的负担。为了抗日和建国的需要，人民是应该负担的，人民很知道这种必要性。在公家极端困难时，要人民多负担一点，也是必要的，也得到人民的谅解。"② 由于公能兼顾私，私也就能兼顾公，这种相互作

---

① 毛泽东：《论合作社》（1943 年 10 月在中共中央西北局高级干部会议上的讲话）。
② 《毛泽东选集》第 3 卷，第 893 页，人民出版社，1991。

用是一种革命的利益关系，革命的辩证法。

第五，生产与节约并重的原则。

在提出"发展经济，保障供给"的总方针的同时，毛泽东提出了节约和反对贪污的问题。开源与节流双管齐下，是毛泽东经济思想的一个重要特点。

早在 1934 年 1 月，毛泽东就已经强调过："财政的支出，应该根据节省的方针。应该使一切政府工作人员明白，贪污和浪费是极大的犯罪。""节省每一个铜板为着战争和革命事业，为着我们的经济建设，是我们的会计制度的原则。我们对于国家收入的使用方法，应该和国民党的方法有严格的区别。"① 提出这一问题，不仅是因为农村革命根据地的条件极其艰苦，"每一个铜板"都来之不易，它凝结着战士的鲜血和生命、人民的血汗和热忱，而且是因为中国共产党是全心全意为人民服务的党，必须同任何剥削阶级的腐化恶习展开斗争。这里，既有经济的要求，也有政治的要求。

如果说，毛泽东 1934 年的论述主要是针对政府工作人员讲的，那么，随着以后根据地的扩大，公营经济的发展，以及革命逐步走向全国范围的胜利，在抗日战争期间他提出与强调的"节约"问题，就具有更大的针对性和意义。首先，他仍然是针对政府工作人员讲的，并且是把节约的问题作为陕甘宁边区"精兵简政"的五大目的（精简、统一、效能、节约和反对官僚主义）之一提出来的，强调"在一切党政军机关中讲究节省，反对浪费，禁止贪污"②。其次，他是针对公营经济的管理讲的。由于公营经济内部本身就有一个公与私的关系，就有一个公私关系的处理问题。沾染剥削阶级思想影响的人，在这种条件下，就会违纪违法，贪污腐化。如毛泽东介绍的杨家岭运输队在改组前，"贪污马料是公开的秘密"。所以，毛泽东把节约同反对浪费与贪污作为同一个问题的两

---

① 毛泽东：《我们的经济政策》（1934 年 1 月）。《毛泽东选集》第 1 卷，第 134 页，人民出版社，1991。

② 毛泽东：《开展根据地的减租、生产和拥政爱民运动》（1943 年 10 月 1 日）。《毛泽东选集》第 3 卷，第 911 页，人民出版社，1991。

面提出来，是要求加强公营经济的管理。再次，更是为了发展革命事业、迎接全国胜利而提出来的。他曾经十分明确地说过："任何地方必须十分爱惜人力物力，决不可只顾一时，滥用浪费。任何地方必须从开始工作的那一年起，就计算到将来的很多年，计算到长期坚持战争，计算到反攻，计算到赶走敌人之后的建设。一面决不滥用浪费，一面努力发展生产。"①

这些根据地经济建设的设想，毛泽东把它们称为"方针""原则"，十分看重。因为它们既符合马克思主义的经济学，又是从中国自己的实践中总结出来的，所以在解放战争时期，他仍然强调：

> 发展生产，保障供给，集中领导，分散经营，军民兼顾，公私兼顾，生产和节约并重等项原则，仍是解决财经问题的适当的方针。②

由此可见，根据地或解放区的经济模型，是以自力更生为基础，以发展农业生产为主，能够调动内部一切积极因素的供给型经济。它同一般的民主社会的经济结构之间的差异，是一种被迫封闭了的供给型经济；它同一般的军事共产主义经济之间的不同，在于它公私兼顾有活力。

二　抗日战争后期关于战后中国经济的构想

抗日战争在中国近代史上是一个帝国主义列强由入侵到失败的转折点。它是中国人民实现民族救亡使命的命运之战。因此，伴随着抗日战争胜利之日的逼近，战后建国方案之争也就加剧。就经济而言，毛泽东代表中国共产党发表了未来的新民主主义经济的大量谈话。其总的特点，

---

① 毛泽东：《必须学会做经济工作》（1945年1月10日）。《毛泽东选集》第3卷，第1019—1020页，人民出版社，1991。

② 毛泽东：《一九四六年解放区工作的方针》（1945年12月15日）。《毛泽东选集》第4卷，第1176页，人民出版社，1991。

我们已经论述，就是要建立社会主义经济处于领导地位、多种经济成分并存（包括要保护和发展有益于国计民生的资本主义经济）的新民主主义经济。其具体的构想，除了上述特点外，基本还有以下三个特点：

第一，工业化的奋斗目标。

在根据地经济建设中提出工业化的目标是不切实际的，但在战后建国的任务中不提出工业化的目标也是没有理由的。几代中国先进人士的强国梦，因为帝国主义的侵略和封建主义的反动而频频破灭。抗日战争的胜利，不仅为中国人民的心头重新点燃了希望之火，而且第一次为中华民族提供了极好的发展时机。

一个落后的农业国，发展的方向是什么？

毛泽东回答：

> 为着打败日本侵略者和建设新中国，必须发展工业。①

> 在新民主主义的政治条件获得之后，中国人民及其政府必须采取切实的步骤，在若干年内逐步地建立重工业和轻工业，使中国由农业国变为工业国。②

> 中国工人阶级的任务，不但是为着建立新民主主义的国家而斗争，而且是为着中国的工业化和农业近代化而斗争。③

毛泽东在《论联合政府》中提出的这一构想，实际上是他的一贯的思想。其出发点是：建立强大的重工业和轻工业，是中华民族抗击帝国主义侵略的物质条件；以大机器工业生产力为标志的社会化生产力是无产阶级领导的新民主主义社会的坚实基础；不仅如此，社会化的大生产还是由新民主主义向社会主义过渡，建设和发展社会主义的物质基础；伴随着工业化的发展，中国无产阶级政党的建设也必将发展，从而能保

---

①②③　《毛泽东选集》第 3 卷，第 1080、1081、1081 页，人民出版社，1991。

证其先进性和领导核心地位。显然，政治上的考虑在这里占有很突出的位置，但其落脚点都是要发展工业，使中国由农业国变为工业国，这是毛泽东对战后新中国经济构想的第一要点。

第二，利用外国投资与技术合作加快中国经济发展的策略思想。

毛泽东深知，中国要实现工业化的目标，必须解决这一目标同中国是一个落后的农业国这一现实之间的矛盾。这一矛盾不仅有观念上的矛盾，而且更重要的是物质条件上的矛盾，包括发展工业化的资金、设备从哪里来，技术如何获得等一系列问题。在青年时代就关心世界形势的毛泽东，认为最好的选择，是创造一个和平发展的国际环境，吸引外国的投资与技术合作。

实际上，在抗日战争爆发前夕，同美国记者斯诺的谈话中，在 1941 年 5 月通过的《陕甘宁边区施政纲领》中，毛泽东多次提出过"欢迎外国资本的投资"等意愿。在抗日战争后期，规划新中国经济建设的蓝图时，毛泽东对这一问题的论述不仅更多，而且更明确、更具体、更强烈。1944 年 8 月 18 日党中央在《关于外交工作指示》中，专门规定"在双方有利原则下，我们欢迎外国投资与技术合作"。并且鲜明地指出："我们应一方面加强民族自尊心自信心，而不是排外，另一方面要学习人家长处，并善于与人家合作，但决不是惧外媚外。"[①]

在毛泽东众多的论述中，通过改善中美关系，发展同美国的经济交往，是他对外开放思想中的一个重要支点。

在 20 世纪 60 年代末美国国务院解密的外交文件中，关于中美关系的文件，比如《美国外交关系，1944 年，中国》《美国外交关系，1945 年，中国》等，引起了国际学术界的密切关注。在这些文件中，几份副件是当年美国驻华使馆二等秘书兼史迪威司令部的政治顾问、"中国通"约翰·谢伟思的《备忘录：与毛泽东的谈话》。当年，它们是作为了解中共最高领导层决策思想的情报，报给美国政府的；50 年代，它们在"麦卡锡事件"中是谢伟思"通共"、"丢失中国"的罪证；70 年代，它们又

---

① 《中共中央文件选集》第 14 册，第 317 页，中共中央党校出版社，1992。

成为美国研究毛泽东的思想和如何打开中美关系的重要研究资料；现在，它们已被我们看作是《毛泽东选集》中所没有的，反映毛泽东新民主主义社会思想的重要文献和研究的参考资料。

1945 年 3 月 13 日毛泽东同谢伟思的谈话中，回答了他对于战后重建中国的设想：

> 中国战后最急需的是发展经济。她缺乏独自发展经济所必需的资本主义的基础。她自己的生活水平是如此之低，不能再进一步压低来提供所需的资本。
>
> 美国和中国经济上彼此互为补充，他们不会竞争。中国不具备大规模重工业所需要的东西。她不可能期待与有高度专业制造业的美国相竞争。美国的重工业和这些专业化的制造业需要有一个出口市场。它也需要为它的资本投资寻找出路。
>
> 中国必须建立起轻工业的供应市场，并提高它自己人民的生活水平。最终它将能够向其他远东国家供应这类货物。它有原料和农产品可以帮助偿付这种外贸和投资。
>
> 美国不仅是援助中国发展经济的最适当的国家，它也是能够充分参加中国发展经济的仅有的国家。
>
> 由于这一切理由，中国人民和美国之间不应该也不可能存在任何冲突、疏远和误解。[①]

不难看出，这部分谈话讲的内容是抗日战争胜利后，中国如何发展经济的问题，但是着眼点是战后的中美关系。毛泽东大胆的构想是：利用第二次世界大战中直接损失最小的美国的先进设备和投资，开放中国的市场，发展中国经济。因此提出了战后要加强中美合作的意向。

有些人不理解毛泽东的这些主张，怀疑一贯激烈反帝的毛泽东怎么会有这种开放的思想，认为这仅仅是一种宣传。是的，具有高尚的爱国

---

① 美国国务院：《美国外交关系，1945 年，中国》，第 273 页。

主义情操和明确的救亡责任感的毛泽东，是激烈地反对帝国主义及其强权政治与经济掠夺政策的。但毛泽东同样深知，帝国主义国家之所以被称为"列强"，就在于它们在社会发展的序列上比中国的封建主义和近代的半殖民地半封建制度先进，它们在生产力的发展上拥有人类文明最新的成果，因此在结束帝国主义对中国的奴役后，中国人民可以通过平等的自由贸易，学习外国的文明成果。1944 年 7 月 14 日，毛泽东在接受根舍·斯坦因采访时，对此说得很明白：

> 战争结束后，恰当地对待资本是一种互利的事情。这不但适用于中国资本，而且也适用于外国资本。私人资本必须得到广泛、自由发展的机会，我们需要发展工业。我们要用国家之间的自由贸易原则，去取代日本使中国殖民化的原则。①

反对帝国主义的殖民化，欢迎平等国家间的自由贸易，这就是毛泽东的原则。毛泽东决不是一个偏执的民族主义者！

　　又有人提出，毛泽东的这些对外开放的主张，为什么在新中国建立后没有付诸实践，怀疑毛泽东这一思想的可靠性和真实性。恩格斯认为历史的发展方向，是由各种合力决定的，绝不以人们的主观愿望为转移。战后的国际格局、美苏关系、美国的东亚政策等因素，都是"合力"中的一些重要力量，它们对中美关系，尤其是中国共产党与美国政府的关系，产生了不可估量的影响。在抗日战争临近胜利的前夕，毛泽东同美国外交官、记者的谈话，是中国共产党从民族利益出发提出的一个重要思想，并且对此抱有很大的期望。抗战胜利后，中共中央即在《关于解放区外交方针的指示》中明确地提出了，要"采取和美国以及英、法各国实行通商及经济合作的方针"，强调："在两利的原则下，我们政府及商业机关应和外国商人以至外国政府直接订立一些经济契约，吸收外资来开发山东的富源，建立工厂，发展交通，进行海外贸易与提高农业和

---

① 《1944 年 7 月 14 日根舍·斯坦因采访毛泽东笔记摘要》。原载《美亚文件》第 671 页。

手工业。"① 这是中共中央关于发展新民主主义经济的重要构想。根据中国共产党的规矩，凡是党内发了文件的，就是要付诸实际行动的。但是，自从第二次世界大战结束之际就在东西方之间，即在反法西斯国际统一战线内部，出现了"冷战"。以美国为首的西方帝国主义国家与以苏联为首的人民民主国家之间发生的对立与抗衡，使美国政府的对华政策发生了急剧的变化。美国当局尽管不满意蒋介石国民党的独裁统治，但他们同时也害怕中国共产党取得政治的主导权。因此经过一段"调停"之后，最后决定支持蒋介石国民党打内战，用美式装备的武力吃掉中国共产党，把中国完全纳入西方的势力范围，与西欧遥遥相对，夹击与遏制苏联。这样，中国共产党争取战后对外开放、发展经济的构想，由于美国政策的变化而无法实现了。

不少人批评毛泽东在《论人民民主专政》（1949 年 6 月）中提出的"一边倒"思想，说这是自我封闭的思想。殊不知，没有美国对华政策对蒋介石国民党政府的"一边倒"，就不会有毛泽东的"一边倒"。至于毛泽东的"一边倒"，也不能简单地理解为"倒向苏联"。毛泽东当时讲的是倒向社会主义，即要同社会主义和人民民主国家站在一起。当然，如果没有美国的"一边倒"，按照毛泽东的思路，除了要同社会主义国家和人民民主国家发展关系外，还将竭尽全力同西方资本主义国家发展外交关系和经济关系，并在国内大力发展新民主主义经济，而不是很快就开始社会主义改造。但是，国际关系不是一方能决定的，历史不能主观假设，任何一位政治家都要面对现实，毛泽东也不能例外。

第三，"劳资两利"的政策。

为了发展工业，把中国由农业国变为工业国，毛泽东一方面强调要发展资本主义有益于国计民生的一面，另一方面强调要利用外国的投资与技术合作，这就带来了一个问题：无产阶级领导的新民主主义国家，如何处理无产阶级与资产阶级的矛盾，即劳资关系。

中国共产党作为无产阶级的先锋队组织，必须为无产阶级和广大人

---

① 《中共中央文件选集》第 16 册，第 151—152 页，中共中央党校出版社，1992。

民群众谋利益，这是毫无疑义的。但是，这种"谋利益"，其方式是多样的，可以用直接的方式，如实行八小时工作制，保障工人合法权益等；也可以采用间接的方式，如通过避免私人资本或外国资本的倒闭以避免工人的失业等。因此，毛泽在规划战后全国经济建设的时候，提出了"劳资两利"的政策：

> 在新民主主义的国家制度下，将采取调节劳资间利害关系的政策。一方面，保护工人利益，根据情况的不同，实行八小时到十小时的工作制以及适当的失业救济和社会保险，保障工会的权利；另一方面，保证国家企业、私人企业和合作社企业在合理经营下的正当的赢利；使公私、劳资双方共同为发展工业生产而努力。①

上述"特点"，仅是特点而言。因为除了这三个特点外，毛泽东对战后新民主主义经济的构想还有很多的内容，如国营企业的民主改革和生产改革问题，农村的土地改革问题和合作化问题等。其中不少我们已在新民主主义经济的研究中阐述了。

我们可以发现，在抗日战争后期毛泽东提出的战后中国经济构想，其模型是一个在自力更生基础上，以实现工业化为目标的，无产阶级领导的经济多元化的开放型经济。它同根据地以农业为主的供给型经济结构的区别，是一个工业化的开放型经济；它同苏联式的社会主义经济结构的不同，在于多种经济成分并存，形成了多元发展的活力。

三 建国前夕关于新中国经济的构想

在解放战争中，美国政府支持的蒋介石政权迅速陷入土崩瓦解之中。

---

① 毛泽东：《论联合政府》（1945 年 4 月 24 日）。《毛泽东选集》第 3 卷，第 1082 页，人民出版社，1991。

在新中国即将诞生之际，毛泽东在《目前形势和我们的任务》（1947 年 12 月）、《在中国共产党第七届中央委员会第二次全体会议上的报告》（1949 年 3 月）、《论人民民主专政》（1949 年 6 月）等重要文献中，再一次阐述了新民主主义社会经济建设的任务、方针和政策等问题，提出了新中国的经济构想。

这一构想的基本特点，体现了毛泽东新民主主义社会理论的一贯思想，强调多种经济成分并存与国营经济的领导地位；同时，坚持了抗日战争后期关于战后经济要以工业化为奋斗目标，以及公私兼顾、劳资两利的政策，等等。但这不等于说它没有自己新的内容或新的特点。在新的形势和历史背景下提出的这一经济构想，最大的特点，是体现了新民主主义经济向社会主义经济过渡的过渡性。也就是说，突出了发展新民主主义经济中社会主义因素的倾向。其具体表现是：

第一，通过没收官僚买办资本和帝国主义在华资本，把新民主主义革命与社会主义革命直接衔接起来。

抗日战争后期提出的战后经济构想，是以"联合政府"的科学假设为前提的。解放战争改变了这一前提。由于蒋介石国民党政府撕毁政协协议和停战协定，悍然发动内战，中国共产党、各民主党派同蒋介石国民党一起组成联合政府的基础和条件已不复存在，没收四大家族的官僚买办资本为国家所有的任务提上了议事日程；由于美国政府在对华政策上做了错误的选择，中国共产党同以美国为首的西方资本主义国家加强经济交往的基础和条件也被破坏了，没收帝国主义在华资本为国家所有的任务提上了议事日程。这一举措的意义，毛泽东有过极为深刻的论述：

> 中国新民主主义革命的任务，长时期内是反帝反封建。在解放战争时期，我们又提出了反对官僚资本主义。反对官僚资本主义的斗争，包含着两重性：一方面，反官僚资本就是反买办资本，是民主革命的性质；另一方面，反官僚资本就是反对大资产阶级，又带

有社会主义革命的性质。①

所以，毛泽东认为，中国的民主革命与社会主义革命是直接衔接的：

> 我们经过解放战争，赢得了民主革命的胜利。一九四九年中华
> 人民共和国建立，标志着新民主主义革命阶段的基本结束和社会主
> 义革命阶段的开始。我们立即没收了占全国工业、运输业固定资产
> 百分之八十的官僚资本，转为全民所有。同时，用了三年的时间，
> 完成全国的土地改革。如果因此说全国解放以后，"革命在最初阶段
> 主要是资产阶级民主革命性质的，只是后来才逐渐地发展成为社会
> 主义革命"，这是不对的。②

第二，把发展国营工业的生产列为第一位的任务。

在根据地经济构想中，毛泽东明确公营经济不是主要的部分；在抗
日战争后期关于战后经济结构的论述中，提出了国营经济是社会主义的
因素，居于领导地位的问题，但同时强调"一定要让私人资本主义经济
在不能操纵国民生活的范围内获得发展的便利，才能有益于社会的向前
发展"。在建国前夕，毛泽东进一步强调了国营经济的领导地位，并把发
展国营工业列为第一位的任务：

> 在发展工业的方向上，有些糊涂的同志认为主要地不是帮助国
> 营企业的发展，而是帮助私营企业的发展；或者反过来，认为只要
> 注意国营企业就够了，私营企业是无足轻重的了。我们必须批判这
> 些糊涂思想。我们必须全心全意地依靠工人阶级……关于恢复和发
> 展生产的问题，必须确定：第一是国营工业的生产，第二是私营工

①② 毛泽东：《读苏联〈政治经济学教科书〉的谈话（节选）》（1959 年 12 月—1960
年 2 月）。《毛泽东文集》第 8 卷，第 113 页，人民出版社，1999。

业的生产，第三是手工业生产。①

第三，在节制资本中发展国家资本主义。

"节制资本"是孙中山民生主义的重要内容，而民生主义正是孙中山的社会主义。因此，毛泽东多次申明："在现阶段上，对于经济问题，我们完全同意孙先生的这些主张。"中国共产党强调不要盲目发展资本主义，而要"发展那些不是'操纵国民生计'而是有益于国民生计的私人资本主义经济"，就是"节制资本"的具体体现。② 在建国前夕构思新中国经济的总体框架时，毛泽东把"节制资本"的问题进一步具体化了，这就是要在活动范围、税收政策、市场价格、劳动条件等方面，限制资本主义的发展。他一方面强调不能限制得太大太死，另一方面强调必须限制，让资本主义经济在人民共和国的经济政策和经济计划的轨道内存在和发展。为此，他提出"限制和反限制，将是新民主主义国家内部阶级斗争的主要形式"③。

很明显，这就要通过阶级斗争的形式，把私人资本主义经济逐步置于国家经济政策和经济计划的管理之下，逐步纳入社会主义计划经济的轨道。这种特殊的资本主义经济，就是列宁所讲的"国家资本主义"。因此，在建国前夕新民主主义经济结构的论述中，与以前多次论述的不同之处，即毛泽东加入了"国家资本主义经济"这一新的经济成分。

这个构想后来在实践中不仅实现了，而且取得了成功的经验，包括形成了"四马分肥"的分配制度。1953 年 7 月 9 日，毛泽东曾在一个文件的批语中写道：

---

① 毛泽东：《在中国共产党第七届中央委员会第二次全体会议上的报告》（1949 年 3 月 5 日）。《毛泽东选集》第 4 卷，第 1427—1428 页，人民出版社，1991。

② 毛泽东：《论联合政府》（1945 年 4 月 24 日）。《毛泽东选集》第 3 卷，第 1057—1058 页，人民出版社，1991。

③ 毛泽东：《在中国共产党第七届中央委员会第二次全体会议上的报告》（1949 年 3 月 5 日）。《毛泽东选集》第 4 卷，第 1432 页，人民出版社，1991。

中国现在的资本主义经济，其绝大部分是在人民政府管理之下的，用各种形式和国营社会主义经济联系着的，并受工人监督的资本主义经济。这种资本主义经济已经不是普通的资本主义经济，而是一种特殊的资本主义经济，即新式的国家资本主义经济。它主要地不是为了资本家的利润而存在，而是为了供应人民和国家的需要而存在。不错，工人们还要为资本家生产一部分利润，但这只占全部利润中的一小部分，大约只占四分之一左右，其余的四分之三是为工人（福利费）、为国家（所得税）及为扩大生产设备（其中包含一小部分是为资本家生产利润的）而生产的。因此，这种新式国家资本主义经济是带着很大的社会主义性质的，是对工人和国家有利的。①

用"国家资本主义"的形式把发展资本主义经济与限制资本主义经济统一起来，和平地实现对资本主义经济的社会主义改造，中国社会主义改造的成功经验。而在建国前夕，毛泽东把"国家资本主义经济"作为新民主主义经济构成中的一个重要成分提出来，正是后来实现由新民主主义到社会主义和平过渡的重要前提。

第四，对外统制贸易。

在抗日战争后期关于战后经济的构想中，毛泽东在许多场合论述了吸引外国投资和技术合作的问题。但由于国际环境的变化，在建国前夕，毛泽东和中共中央一方面依然强调要加强对外联系，但另一方面在内容和方针上有三大变化：一是内容由贸易、投资、技术合作等全面开放变为"对外贸易"或"同外国人做生意"。毛泽东说："关于同外国人做生意，那是没有问题的，有生意就得做，并且现在已经开始做，几个资本主义国家的商人正在互相竞争。"② 二是在方针上提出先社会主义国家后

---

① 毛泽东：《关于国家资本主义经济》（1953 年 7 月）。《毛泽东文集》第 6 卷，第 282 页，人民出版社，1999。

② 毛泽东：《在中国共产党第七届中央委员会第二次全体会议上的报告》（1949 年 3 月 5 日）。《毛泽东选集》第 4 卷，第 1435 页，人民出版社，1991。

资本主义国家的次序。1949 年 2 月 16 日中央关于对外贸易方针的指示中，明确指出：

> 我们对外贸易的基本方针，应该是凡苏联及东欧各新民主国家所需要的货物，我们当尽量向苏联及新民主国家出口，凡是苏联及新民主国家能供给我们的货物，我们当尽量从苏联及新民主国家进口，只有苏联及新民主国家不需要及不能供给的货物，我们才向各资本主义国家出口或进口。[①]

这就是毛泽东在中共七届二中全会上讲的：

> 我们必须尽可能地首先同社会主义国家和人民民主国家做生意，同时也要同资本主义国家做生意。[②]

三是在做法上实行"统制"。中共中央在 1949 年 2 月 16 日关于对外贸易的决定中，明确规定："对外贸易应由国家经营和管制。"[③] 强调对外贸易的统制，是鉴于历史上由于对外贸易中丧失主权，尤其是丧失海关权而沦为半殖民地的教训；是鉴于 1946 年 11 月国民党政府与美国签订《中美商约》后，导致民族工商业破产、通货膨胀迅速发展的教训；也是为了把对外贸易纳入国家经济计划之内。这在以后看问题不少，但在当时条件下，应该是必要的。毛泽东说过：

> 对内的节制资本和对外的统制贸易，是这个国家在经济斗争中的两个基本政策。谁要是忽视或轻视了这一点，谁就将要犯绝大的

---

① 《中共中央文件选集》第 18 册，第 136 页，中共中央党校出版社，1992。

② 毛泽东：《在中国共产党第七届中央委员会第二次全体会议上的报告》（1949 年 3 月 5 日）。《毛泽东选集》第 4 卷，第 1435 页，人民出版社，1991。

③ 《中共中央文件选集》第 18 册，第 139 页，中共中央党校出版社，1992。

错误。①

　　因此，建国前夕毛泽东提出的新中国经济和抗日战争后期提出的战后经济，在本质上是一致的，都是新民主主义性质的经济。可以说，这是毛泽东关于新民主主义社会理论在经济问题上的具体展开。但是，另一方面，也必须注意到，由于历史条件尤其是国内外政治形势的变化，在具体的经济模型上，毛泽东在建国前夕提出的新中国经济又有自己的要求和特点，它是以自力更生为基础，以实现工业化为目标的，逐步把国民经济纳入到社会主义计划经济轨道的经济模型。

---

① 毛泽东：《在中国共产党第七届中央委员会第二次全体会议上的报告》（1949 年 3 月 5 日）。《毛泽东选集》第 4 卷，第 1433 页，人民出版社，1991。

第九章 文化建设论

　　　　它的革命反映了中国历史
上这种同样的矛盾心理。奇特
的是它既革中国旧价值标准的
命，又对它们加以肯定。毛主
义力图克服中国的旧事物，但
它又像传统的儒家一样把社会
看作是一种伦理的和教育的工
具，只是注入了这位湖南乡下
农民的儿子所规定的、与儒家
截然对立的学说。

——［美］亨利·基辛格

第一节 救亡与发展的呼唤：新文化

建立和建设一个新民主主义的社会，政治建设、经济建设固然重要，但更为深刻的，应该是文化建设。毛泽东的名著《新民主主义论》，原题即《新民主主义的政治与新民主主义的文化》，而且是为《中国文化》杂志创刊而作的，主题即是探讨建设新中国需要一个什么样的新文化。

读过《新民主主义论》的人都可以注意到，在毛泽东那里，马克思主义的历史唯物论与认识论是统一的。他指出："一定形态的政治和经济是首先决定那一定形态的文化的；然后，那一定形态的文化又才给予影响和作用于一定形态的政治和经济。"他进而强调社会结构内部文化与政治、经济之间的这种辩证关系，就是"能动的革命的反映论之基本的观点"。他要求人们："讨论中国文化问题，不能忘记这个基本观点。"① 也就是说，社会不是离开人的独立的存在，而是由能动的人及其相互关系构成的一种特殊的存在。人为了生存和发展必须生产，人在生产过程中形成的一定的物质利益关系是一定性质社会的经济基础；政治更是人的社会特有的现象，它为保护人在生产过程中形成的物质利益及其特定关系而存在和发展，因而是经济的集中体现，并对经济起反作用。人的这一切活动，不是像机器那样机械地进行的，因为人是具有思维能力的社会动物，人的经济和政治活动都是在一定的观念支配下进行的，而这种观念又是由一定的经济与政治及其相互关系所决定的。这种观念形态的东西，就是毛泽东所说的"文化"。因此，在毛泽东的这种同机械唯物论明显有区别的社会历史观中，人的认识不是在社会客体之外，机械地通过观察或反映社会存在而形成的，也不是从社会存在之外来影响社会发展的，而是在社会存在之内，作为社会的文化构成能动地反映和影响社

---

① 《毛泽东选集》第2卷，第664页，人民出版社，1991。

会的。这样，社会内部文化的形成和作用过程，即人能动地反映和影响社会内部经济和政治的过程。或者说，文化是通过塑造人的意识、思维方式和习惯，乃至于人的世界观和价值观来改造社会的，社会也是通过改造人来创造新的文化的。

当我们了解了"社会——人——文化"之间的这一复杂关系，就可以理解毛泽东的文化观，懂得毛泽东为何如此重视文化建设的作用。

首先，"救亡"，必须革新导致民族落后与沦亡的旧文化，改造落后的国民性。

考察五四新文化运动兴起的历史背景，就是因为1911年的辛亥革命推翻了封建王朝，结束了中国二千多年的封建专制的统治，但由于没有形成一种新的文化，没有改造中国人落后的国民性，因而袁世凯可以在尊孔复古的旗帜下掀起复辟帝制的逆流，因而中国没有能摆脱落后与沦亡的命运。鲁迅的《阿Q正传》之所以产生撼人的力量，就在于他深刻地揭示了这一真理。五四新文化运动之所以提出"打倒孔家店"的口号，就是为了突破旧文化的障碍，从国人的国民性着手，改造旧中国。毛泽东是五四新文化运动的亲历者，或者说，他们这一代人都是五四新文化运动熏陶出来的革命者。他们在这场气势磅礴的文化运动中选择了马克思主义，作为新文化的核心；同时，他们也在这场革故鼎新的文化运动中形成了以人的改造为重点的社会变革思想。也就是说，救亡不仅要进行反帝反封建的政治斗争，而且必须同时革新导致中国落后与沦亡的旧文化，必须改造人。

在抗日战争这场关系到中华民族灭亡与救亡的关键一战中，毛泽东同样不仅注意军事上的斗争与政治上的斗争，而且密切注意思想文化战线的斗争。1938年12月，在1923年"科学与玄学"争论中被称为"玄学鬼"的张君劢，经蒋介石授意，发表《致毛泽东先生一封公开信》，主张取消八路军、新四军及陕甘宁边区，同时提出"将马克思主义暂搁一边"的荒唐口号。1939年投靠国民党的共产党叛徒叶青，自30年代始写了大量的批判和攻击马克思主义的著述，在1939年冬至1940年春国民党顽固派掀起第一次反共高潮时，他公然鼓吹"三民主义可以满足中国现在和将来的一切要求。它的实现，中国便不需要社会主义了，从而组织一个党来为社会主义而奋斗的事也就不必要了"。毛泽东看得很清楚，这些舆论在政治上是反动的，思想上是陈腐的，因而是没有前途的。他说："一切内外黑暗势力的猖獗，造成了民族的灾难；但是这种猖獗，不但表示了这些黑暗势力的还有力量，而且表示了它们的最后挣扎，表示了人民大众逐渐接近了胜利。"① 当然，这种胜利不会自动到来，只有毫不动摇地同这种旧思想、旧文化进行坚决的斗争，才能击退反动思潮，教育人民大众，完成救亡任务。所以，毛泽东要针锋相对地写《新民主主义的政治与新民主主义的文化》，即《新民主主义论》，并且明确地指出：

> 为了克服这种危机，必须同一切反抗战、反团结、反进步的思想进行坚决的斗争，不击破这些反动思想，抗战的胜利是无望的。②

这就是说，抗日战争要获得胜利，不仅取决于战场上由劣势转为优势，还取决于抗战阵营内部对旧思想、旧文化的斗争。因为国民党御用文人鼓吹的各种"主义"，其实质就是投降、分裂、倒退，唯有用以抗战、团结、进步为核心的新思想、新文化武装人民，才能赢得抗战的胜利，完成民族救亡的历史重任。

其次，"发展"，必须建设中国复兴的新文化，塑造改造社会的新人。

毛泽东强调文化建设，不仅是为了改变旧中国，更重要的是为了建设新中国，是为了中国的发展和未来。他说得很明白：

> 我们共产党人，多年以来，不但为中国的政治革命和经济革命而奋斗，而且为中国的文化革命而奋斗，一切这些的目的，在于建设一个中华民族的新社会和新国家。在这个新社会和新国家中，不但有新政治、新经济，而且有新文化。这就是说，我们不但要把一个政治上受压迫、经济上受剥削的中国，变为一个政治上自由和经

---

①② 《毛泽东选集》第 2 卷，第 703—704、703 页，人民出版社，1991。

济上繁荣的中国，而且要把一个被旧文化统治因而愚昧落后的中国，变为一个被新文化统治因而文明先进的中国。一句话，我们要建立一个新中国。建立中华民族的新文化，这就是我们在文化领域中的目的。①

这种新文化，首先是新思想、新观念。毛泽东在党内倡导实事求是的思想和密切联系群众、全心全意为人民服务的观念，在党外宣传抗日、团结和进步的观念以及中国共产党的整个新民主主义的纲领，目的就是要传播一种全新的思想、全新的观念，以适应中国发展的需要。

这种新文化，其次指的是人民大众的文化事业。无论在土地革命战争时期，还是在抗日战争时期，农村根据地的物质条件是十分简陋的，但是，毛泽东并未因为条件困难而忽视文化事业的发展，而是尽力发展人民大众的教育事业和革命的文化团体。许多延安时期的文学家艺术家在他们的回忆录写下了这些新文化事业创建的动人情节。

比如谈到延安鲁迅艺术学院创建过程时，许多人回忆说：1938 年初春，为纪念"一·二八"上海抗战 6 周年，抗大、陕北公学等机关六七十个青年艺术家，公演四幕话剧《血祭上海》20 天，观众数万人，轰动一时。后来在一次座谈会上，有人建议创办艺术学院，大家鼓掌表示拥护。会上，毛泽东说他愿意用最大力量来帮助艺术学院的创立，并宣告筹备委员会正式成立。一个星期后，毛泽东、周恩来、林伯渠、徐特立、成仿吾、周扬、艾思奇等起草的创立缘起公布了，并把艺术学院定名为鲁迅艺术学院。5 月 12 日，毛泽东到鲁艺讲话，说："我们两支文艺队伍，上海亭子间的队伍和山上的队伍，汇合到一起来了。"

又比如谈到陕甘宁边区民众剧团的成立时，人们回忆道：1938 年 4 月，毛泽东到陕甘宁边区工人代表大会的晚会上观看秦腔《升官图》《二进京》等戏。看到满场老百姓把剧场挤得满满的，毛泽东对文协柯仲平说："要搞这种群众喜闻乐见的中国气派的形式。"会后，柯仲平就开始

---

① 《毛泽东选集》第 2 卷，第 663 页，人民出版社，1991。

筹建陕甘宁边区民众剧团。7 月初剧团成立时,毛泽东给了剧团 300 元,买了毛驴、汽灯等。贺龙从晋西北回来,给了 70 元法币。周恩来、博古从蒋管区回来时,每人给剧团 50 元法币。贺龙还特意把一些缴获的战利品如钢盔、军刀等,赠给剧团做道具。其他领导人,如张鼎丞、陈云都出力帮剧团解决困难。剧团演出时,舞台两边的对联,上联是:"中国气派,民族形式,工农大众,喜闻乐见";下联是:"明白世理,尽情尽理,有说有笑,红火热闹"。横匾"团结抗战"。

这些生动的事例,都证明延安时期中共中央和毛泽东为了创办为抗日战争服务的文化事业,亲自动手,倾注了最大的政治热情和物质关怀。因此,毛泽东要建设的新文化,不仅是观念形态的文化,而且是实实在在的事业形式的文化。

这种新文化,再次指的是革命新人的塑造。无论是观念形态文化,还是事业形式的文化,都是为了陶冶人的情操,美化人的心灵,提高人的觉悟,改造人的思想,增强人的能力。因此,毛泽东倡导建设适合新民主主义经济和政治的新文化时,总是要求文化工作者"去表现工农兵群众,去教育工农兵群众"。他说:

> 无产阶级中还有许多人保留着小资产阶级的思想,农民和城市小资产阶级都有落后的思想,这些就是他们在斗争中的负担。我们应该长期地耐心地教育他们,帮助他们摆脱背上的包袱,同自己的缺点错误作斗争,使他们能够大踏步地前进。他们在斗争中已经改造或正在改造自己,我们的文艺应该描写他们的这个改造过程。只要不是坚持错误的人,我们就不应该只看到片面就去错误地讥笑他们,甚至敌视他们。我们所写的东西,应该是使他们团结,使他们进步,使他们同心同德,向前奋斗,去掉落后的东西,发扬革命的东西,而决不是相反。[1]

---

[1] 毛泽东:《在延安文艺座谈会上的讲话》(1942 年 5 月)。《毛泽东选集》第 3 卷,第 849 页,人民出版社,1991。

在党内，增强广大党员和干部的党性，使之成为坚强的无产阶级先锋战士；在革命队伍内，帮助广大人民群众克服非无产阶级思想以及种种愚昧、迷信、落后的思想观念的影响，使之成为勇敢斗争的革命战士。这就是毛泽东希望通过新文化塑造的"新人"。这就是未来新社会的主体，新中国发展的希望。

所以，在新中国诞生的前夜，毛泽东满怀激情地宣布："世间一切事物中，人是第一个可宝贵的。在共产党领导下，只要有了人，什么人间奇迹也可以造出来。"[①] 这里所说的人，是"共产党领导下"的人，即用新文化重新塑造过的中国人民。这就是毛泽东说的：

> 自从中国人学会了马克思列宁主义以后，中国人在精神上就由被动转入主动。从这时起，近代世界历史上那种看不起中国人，看不起中国文化的时代应当完结了。伟大的胜利的中国人民解放战争和人民大革命，已经复兴了并正在复兴着伟大的中国人民的文化。[②]

在解决近代中国救亡与发展这两大基本问题中，"复兴了并正在复兴着伟大的中国人民的文化"是一种什么性质的文化呢？

第一，它不是资产阶级性质的文化。在五四运动以前，中国文化战线上的斗争，是资产阶级的新文化和封建阶级的旧文化的斗争，包括那时学校与科举之争、新学与旧学之争、西学与中学之争，都带着这种性质。那时的所谓学校、新学、西学，基本都是资产阶级代表们所需要的自然科学和资产阶级的社会政治学说（说基本上，是说那中间还夹杂了许多中国的封建余毒在内）。在当时，这种所谓新学的思想，有同中国封建思想作斗争的革命作用，是替旧时期的中国资产阶级民主革命服务的。可是，因为中国资产阶级的无力和世界已经进到帝国主义时代，这种资产阶级思想只能上阵打几个回合，就被外国帝国主义的奴化思想和中国

---

①② 毛泽东：《唯心历史观的破产》（1949 年 9 月 16 日）。《毛泽东选集》第 4 卷，第 1512、1516 页，人民出版社，1991。

封建主义的复古思想的反动同盟所打退了，被这个思想上的反动同盟军稍稍一进攻，所谓新学，就偃旗息鼓，宣告退却，失了灵魂，而只剩下它的躯壳了。毛泽东对资产阶级文化由盛而衰历史过程这一简要剖析，说明在新民主主义革命中资产阶级文化已失去了其先进性（资产阶级的唯物论思想除外），新民主主义社会的文化决不能建设这种已失去其先进性的文化。

第二，它也不是社会主义性质的文化。五四运动以后，中国产生了完全崭新的文化生力军，这就是中国共产党人所领导的共产主义的文化思想，即共产主义的宇宙观和社会革命论。由于中国政治生力军即中国无产阶级和中国共产党登上了中国的政治舞台，这个文化生力军就以新的装束和新的武器，联合一切可能的同盟军，摆开了自己的阵势，向着帝国主义文化和封建文化展开了英勇的进攻。这支生力军，在社会科学领域和文化艺术领域中，不论在哲学方面，在经济学方面，在政治学方面，在军事学方面，在历史学方面，在文学方面，在艺术方面（包括戏剧、电影、音乐、雕刻、绘画等），都有极大的发展。当作国民文化的方针来说，居于指导地位的已是这种共产主义的思想文化。但是，整个国民文化，在新民主主义革命和建设时期还不是社会主义的。因为，整个社会革命和社会建设的任务，无论从政治上讲还是从经济上讲，都不是搞社会主义，而是搞新民主主义，国民文化必须适应这个全局；对共产党党员及其骨干所进行的共产主义世界观和方法论的教育，还不能等同于全体国民的思想文化教育，在全社会宣传和普及共产主义的思想体系，是为了教育工人、农民和其他劳动群众为将来的崇高理想而奋斗，也还不是新民主主义革命和建设时期的行动纲领。因此，毛泽东说：

> 由于现时中国革命不能离开中国无产阶级的领导，因而现时的中国新文化也不能离开中国无产阶级文化思想的领导，即不能离开共产主义思想的领导。但是这种领导，在现阶段是领导人民大众去作反帝反封建的政治革命和文化革命，所以现在整个新的国民文化

的内容还是新民主主义的，不是社会主义的。①

因此，在救亡与发展的呼唤下形成的新文化，是以无产阶级社会主义文化思想为领导的人民大众的反帝反封建的新民主主义文化。这种新文化，就是毛泽东在《新民主主义论》中阐述的"民族的科学的大众的文化"。

必须注意到，毛泽东强调新文化是"民族的科学的大众的文化"，三个"的"不是一般的定语，而是经过深思熟虑对新文化所做出的三个质的规定。这三个质的规定性，他是从三个角度提出的，即是经过三重科学论证获得的：

其一，他是根据近代中国的主要矛盾及其所规定的新民主主义革命的任务提出来的。中华民族与帝国主义、人民大众与封建主义的矛盾，是近代中国社会的主要矛盾。这一主要矛盾规定了中国革命的任务是反对帝国主义、封建主义以及与它们相联系的官僚买办资本主义。新文化的三个质的规定性，就是根据中国革命这三大任务提出的："民族的"，就是同帝国主义文化对立的。毛泽东说："这种新民主主义的文化是民族的。它是反对帝国主义压迫，主张中华民族的尊严和独立的。"②"科学的"，是同封建主义文化对立的。毛泽东说得很明白："这种新民主主义的文化是科学的。它是反对一切封建思想和迷信思想，主张实事求是，主张客观真理，主张理论和实践一致的。"并且指出："在这点上，中国无产阶级的科学思想能够和中国还有进步性的资产阶级的唯物论者和自然科学家，建立反帝反封建反迷信的统一战线；但是决不能和任何反动的唯心论建立统一战线。"进一步还指出："共产党员可以和某些唯心论者甚至宗教徒建立在政治行动上的反帝反封建的统一战线，但是决不能赞同他们的唯心论或宗教教义。"③这里一层又一层地讲清了科学与反科学的封建迷信的关系。"大众的"，则是同官僚买办资本主义的专制统治

①②③　毛泽东：《新民主主义论》（1940年1月）。《毛泽东选集》第2卷，第705—706、706、707页，人民出版社，1991。

或文化专制主义对立的。毛泽东在论述时没有点"官僚买办资本主义"的名,这是因为当时以蒋介石为代表的官僚资产阶级还留在抗日民族统一战线之内,但是他说"这种新民主主义的文化是大众的,因而即是民主的"①,在当时提"民主"就是针对蒋介石国民党的专制统治和文化专制主义的。这就是毛泽东提出新民主主义文化是"民族的科学的大众的文化"的逻辑。

其二,他是根据中国共产党全部理论和实践的活的灵魂,即实事求是的思想路线提出来的。毛泽东在提出实事求是的思想路线时,首先针对的是唯共产国际是从的教条主义者,尤其是共产国际在中国共产党内的代表,因此他强调中国共产党要独立自主地领导革命,走自己的道路,并在理论上使马克思主义具有自己的民族形式。正是实事求是思想路线的这一要求,决定了中国共产党要创立的新文化是"民族的"文化。其次,实事求是的思想路线主张客观真理,尊重历史的辩证法的发展,因此决定了中国共产党要创立的新文化是"科学的"文化。再次,实事求是的思想路线强调人民群众是历史的创造者,理论联系实际就是要深入群众、联系群众、为人民服务,也就是要走群众路线。这就决定了中国共产党创立的新文化必须是"大众的"文化。这就是说,"民族的科学的大众的文化"这一概括,不仅是根据新民主主义革命的任务提出来的,而且是根据无产阶级的世界观、认识论和方法论提出来的,体现了无产阶级社会主义的思想文化在新民主主义文化中的指导地位。

其三,他是根据五四新文化运动以来文化运动的经验教训提出来的。五四新文化运动的最大贡献,是请进了两位"先生":"赛"先生和"德"先生,即引进了以"科学"和"民主"为标志的新文化。这对中国的封建主义文化是一个严厉的挑战和巨大的冲击,是一种历史的进步。马克思主义就是在这种进步中,进入中国并为中国先进的知识分子所接受的。但是,在五四新文化运动中,也出现了一种形式主义的错误,即全盘否

---

① 毛泽东:《新民主主义论》(1940年1月)。《毛泽东选集》第2卷,第708页,人民出版社,1991。

定中国文化传统的"洋八股"倾向，其最典型的代表就是"全盘西化"论。这种形式主义，后来也影响到了共产党，即同样全盘否定中国文化传统的党八股倾向，其最典型的代表是王明的教条主义。毛泽东在延安时期总结了五四新文化运动以来这些经验教训，提出了"马克思主义中国化"的口号，强调要批判地继承中国传统文化的精华，要深入研究中国社会的特点和中国革命的经验。这就是1938年毛泽东在中共扩大的六届六中全会上论述的：

> 马克思主义的中国化，使之在其每一表现中带着中国的特性，即是说，按照中国的特点去应用它，成为全党亟待了解并亟须解决的问题。洋八股必须废止，空洞抽象的调头必须少唱，教条主义必须休息，而代替之以新鲜活泼的、为中国老百姓所喜闻乐见的中国作风和中国气派。①

所以，在《新民主主义论》中，毛泽东说："形式主义地吸收外国的东西，在中国过去是吃过大亏的。"并在此基础上提出"中国文化应有自己的形式，这就是民族形式。"② 也就是新民主主义的文化不仅要有科学的、民主的（即大众的）内容，而且要有民族的形式。

第二节　革命文艺论

在新民主主义文化的建设过程中，革命文艺是毛泽东关注的重点之一。尤其是由1942年5月2日、16日、23日，毛泽东在中宣部召开的延

---

① 毛泽东：《论新阶段》（1938年10月）。《建党以来重要文献选编》第15册，第651页，中央文献出版社，2011。
② 毛泽东：《新民主主义论》（1940年1月）。《毛泽东选集》第2卷，第707页，人民出版社，1991。

安 100 多名文艺工作者座谈会上三次讲话汇集而成的《在延安文艺座谈会上的讲话》这部马克思主义文艺理论的经典著作，更是集中地展现了毛泽东民主革命时期的文艺思想。

对于毛泽东的文艺思想，国外有 30 多个国家进行过译介和评论；国内更是评家蜂起，研讨不断。其中，政治与学术，错误与正确，片面与全面，各种评论交织在一起，既开拓了人们研究的视野，又增加了后人研究的难度。但也正是这样，更激发了研究者的兴趣，新论迭出。在我们看来，民主革命时期的毛泽东文艺思想，就其主要内容及其精神实质而言，是由文艺的革命功能论、革命功利论和实践审美论构成的革命文艺理论。

一　文艺的革命功能论

文艺工作的定位问题，是文艺理论的基本问题。毛泽东不赞成"为艺术而艺术"的"艺术独立论"。列宁提出："写作事业应当成为整个无产阶级事业的一部分，成为由整个工人阶级的整个觉悟的先锋队所开动的一部巨大的社会民主主义机器的'齿轮和螺丝钉'。"[①] 毛泽东十分赞成列宁的观点，认为在给党的文艺工作定位时，应该确定"无产阶级的文学艺术是无产阶级整个革命事业的一部分"。他说：

> 党的文艺工作，在党的整个革命工作中的位置，是确定了的，摆好了的；是服从党在一定革命时期内所规定的革命任务的。[②]

这个"位置"就是：第一，文艺是中国革命的一条战线。毛泽东说过，中国革命有"文""武"两个战线，"武"的战线是军事战线，"文"

---

① 列宁：《党的组织和党的出版物》（1905 年 11 月）。《列宁选集》第 1 卷，第 663 页，人民出版社，1995。

② 毛泽东：《在延安文艺座谈会上的讲话》（1942 年 5 月）。《毛泽东选集》第 3 卷，第 866 页，人民出版社，1991。

的战线即文化战线，其中主要是文艺战线。第二，文艺是中国革命的一个方面军。毛泽东说过："没有文化的军队是愚蠢的军队，而愚蠢的军队是不能战胜敌人的。"[①] 因此，要战胜敌人，不仅要依靠拿枪的军队，而且要有一支文化的军队，这是团结自己、战胜敌人必不可少的一支军队。文艺队伍是这支文化军队中特别活跃的一支队伍。第三，文艺是中国革命的有力武器。1943年11月7日，《中央宣传部关于执行党的文艺政策的决定》中指出："在目前时期，由于根据地的战争环境与农村环境，文艺工作各部门中以戏剧工作与新闻通讯工作为最有发展的必要与可能，其他部门的工作虽不能放弃或忽视，但一般地应以这两项工作为中心。内容反映人民感情意志，形式易演易懂的话剧与歌剧（这是融戏剧、文学、音乐、跳舞甚至美术于一炉的艺术形式，包括各种新旧形式与地方形式），已经证明是今天动员与教育群众坚持抗战发展生产的有力武器，应该在各地方与部队中普遍发展。"[②]

革命的"战线""军队""武器"这个定位，决定了这种文艺的功能，是为完成中国革命及其各个时期的革命任务服务的。但是，这样讲还不能说明问题，因为军事战线武装部队也是为完成中国革命及其各个时期的革命任务服务的。文化军队、文艺部队是姓"文"的部队，有其与"武"的部队不同的特点。这就是毛泽东说的，它是用典型化的艺术形象"使人民群众惊醒起来，感奋起来，推动人民群众走向团结和斗争，实行改造自己的环境"[③]。第一，"武"的部队斗争的对象是敌人，"文"的部队工作的对象是人民；第二，"武"的部队斗争的形式是战争，"文"的部队斗争的形式是表演，即用艺术的形式表现人民的斗争；第三，"武"的部队斗争的目的是直接消灭敌人，"文"的部队工作的目的是用艺术的情感力量去感染人民，使之"惊醒""感奋"，从而团结起来，投入对敌

---

① 毛泽东：《文化工作中的统一战线》（1944年10月30日）。《毛泽东选集》第3卷，第1011页，人民出版社，1991。

② 《中共中央文件选集》第14册，第108—109页，中共中央党校出版社，1992。

③ 毛泽东：《在延安文艺座谈会上的讲话》（1942年5月）。《毛泽东选集》第3卷，第861页，人民出版社，1991。

斗争。所以，毛泽东强调，文艺工作的目的即革命文艺的功能就是：

> 要使文艺很好地成为整个革命机器的一个组成部分，作为团结人民、教育人民、打击敌人、消灭敌人的有力的武器，帮助人民同心同德地和敌人作斗争。①

二　文艺的革命功利论

毛泽东对文艺工作的要求，是他对文艺功能的指导思想，而这种文艺的革命功能论的内核，即是其文艺价值观。

毛泽东是彻底的唯物主义者，他同机械唯物主义不同的是，从不回避人的价值观在认识和改造世界中的作用。在延安文艺座谈会上，他对这个问题的论述要比《实践论》《矛盾论》等哲学著作透彻。他以非常鲜明的语言阐述了他的功利主义的价值观，他说：

> 我们的这种态度是不是功利主义的？唯物主义者并不一般地反对功利主义，但是反对封建阶级的、资产阶级的、小资产阶级的功利主义，反对那种口头上反对功利主义、实际上抱着最自私最短视的功利主义的伪善者。世界上没有什么超功利主义，在阶级社会里，不是这一阶级的功利主义，就是那一阶级的功利主义。我们是无产阶级的革命的功利主义者，我们是以占全人口百分之九十以上的最广大群众的目前利益和将来利益的统一为出发点的，所以我们是以最广和最远为目标的革命的功利主义者，而不是只看到局部和目前的狭隘的功利主义者。②

他的这段话立意明了，要讲功利，不讲伪善；要讲目前利益与长远利益

---

①②　毛泽东：《在延安文艺座谈会上的讲话》（1942 年 5 月）。《毛泽东选集》第 3卷，第 848、864 页，人民出版社，1991。

相统一的功利，不讲狭隘的功利；要讲无产阶级的功利，不讲封建阶级、资产阶级和其他非无产阶级的功利。这就是毛泽东主张的革命功利论。

毛泽东的革命文艺论的基本思想，始终贯穿着这一革命功利论：

第一，在立场与方法的关系问题上，是立场决定方法，方法体现立场。毛泽东说，文艺工作中发生的各种争论，问题的中心"基本上是一个为群众的问题和一个如何为群众的问题"①。所谓"为群众的问题"，就是文艺工作者的立场问题、文艺作品的政治倾向问题，也就是价值观问题；所谓"如何为群众的问题"，就是文艺工作的方式问题、文艺表现的方法问题，也就是方法论问题。立场与方法，价值观与方法论，这两者是什么关系呢？毛泽东认为立场问题、价值观问题，即"为什么人的问题，是一个根本的问题，原则的问题"。"这个根本问题不解决，其他许多问题也就不易解决。""为什么人服务的问题解决了，接着的问题就是如何去服务。"②也就是说，立场问题、价值观问题是方法问题、方法论问题的前提。毛泽东强调的"为群众的"立场与价值观，就是他主张的无产阶级的革命的功利主义。文艺工作的方式、方法，都必须体现这种革命的功利论。这就是毛泽东革命文艺论的基本要义。

第二，在普及与提高的关系问题上，是以革命功利主义的价值尺度为标准，在普及基础上的提高，在提高指导下的普及。在论述文艺"如何为群众服务"这一问题时，也就是在研究文艺工作的方式、方法时，毛泽东也没有就方法研究方法，而是以无产阶级的革命功利主义为标准来论述方法与方法论问题。他从革命文艺运动的实际出发，指出"如何为群众服务"的问题中，首先碰到的就是：努力于提高呢，还是努力于普及呢？而要解决这一问题，必须要有一个"正确的标准"。没有一个标准，就无法说明普及与提高的相互关系。这个"正确的标准"，就是"为群众服务"的价值尺度，即无产阶级的革命功利主义。他说：

---

① ②　毛泽东：《在延安文艺座谈会上的讲话》（1942 年 5 月）。《毛泽东选集》第 3 卷，第 853、857 页，人民出版社，1991。

我们的文艺，既然基本上是为工农兵，那末所谓普及，也就是向工农兵普及，所谓提高，也就是从工农兵提高。①

既然如此，两者是不应该矛盾的，普及与提高都是革命文艺工作者努力的方向，而不能厚此薄彼、倚重倚轻。问题是："现在工农兵面前的问题，是他们正在和敌人作残酷的流血斗争，而他们由于长时期的封建阶级和资产阶级的统治，不识字，无文化，所以他们迫切要求一个普遍的启蒙运动，迫切要求得到他们所急需的和容易接受的文化知识和文艺作品，去提高他们的斗争热情和胜利信心，加强他们的团结，便于他们同心同德地去和敌人作斗争。对于他们，第一步需要还不是'锦上添花'，而是'雪中送炭'。所以在目前条件下，普及工作的任务更为迫切。轻视和忽视普及工作的态度是错误的。"②但这样说，并不是说普及工作可以和提高工作截然分开，广大群众的文化水平是在不断提高的，因此人民要求普及，跟着也要求提高。毛泽东始终是站在为群众服务的立场上，根据革命功利主义的价值观，来阐述普及与提高的含义及其相互关系的。所以其结论是："我们的提高，是在普及基础上的提高；我们的普及，是在提高指导下的普及。"③

第三，在政治标准与艺术标准关系问题上，根据革命功利论原则，把政治标准放在第一位，艺术标准放在第二位。在许多文艺工作者看来，艺术作品的好坏仅仅是一个艺术评价问题。毛泽东认为，在阶级社会里，各个不同的阶级对艺术作品的好坏，常常会得出不同的结论。这是因为，文艺批评不仅有艺术标准，还有政治标准。所谓政治标准即各个阶级对文艺作品的价值尺度。各个阶级的阶级利益不同，就有不同的价值尺度，即不同的政治标准。差别无非是有人不肯承认这一点，或只做不说，我们则敢于承认这一点，并努力按照先进阶级和人民群众的利益来评论文艺作品。既然有两个标准，问题就复杂了：

---

①②③　毛泽东：《在延安文艺座谈会上的讲话》（1942 年 5 月）。《毛泽东选集》第 3 卷，第 859、861—862、862 页，人民出版社，1991。

又是政治标准，又是艺术标准，这两者的关系怎么样呢？政治并不等于艺术，一般的宇宙观也并不等于艺术创作和艺术批评的方法。我们不但否认抽象的绝对不变的政治标准，也否认抽象的绝对不变的艺术标准，各个阶级社会中的各个阶级都有不同的政治标准和不同的艺术标准。但是任何阶级社会中的任何阶级，总是以政治标准放在第一位，以艺术标准放在第二位的。①

毛泽东的这一观点，体现了他的"无产阶级的革命的功利主义"的价值观。就其自身的逻辑来讲，是顺理成章、一以贯之的。但强调各个阶级都是以政治标准为第一标准、艺术标准为第二标准的说法，有可能把复杂的文艺评论问题简单化，甚至用政治标准去取代艺术标准；尤其是他认为艺术标准在各个阶级那里也是不同的，更是过于绝对了，因为艺术标准问题要比政治标准问题复杂得多。其一，在艺术发展史上，并非各个阶级的艺术标准都是不同的，也有相同的标准。比如歌德、莎士比亚、塞万提斯等资产阶级作家的作品，马克思就有很高的评价。毛泽东本人对古代诗词的鉴赏，在许多方面也同古人有相同的评价。其二，艺术标准的不同，除了有其不同的阶级背景外，还须看到艺术流派的不同也会有不同的标准。这两个绝对化的问题，对于革命文艺的发展是不利的。新中国建立后，毛泽东曾提出过"共同美"的问题，而且提出了不同艺术流派的"百花齐放"方针，弥补了在文艺评论标准问题上的不足。但由于没有认真纠正革命文艺论中的这些不足，"不足"的强大惯性使毛泽东的"弥补"黯然失色，没起到实际的作用。这一教训必须认真记取！

第四，在艺术创作的动机与效果的关系问题上，强调以社会实践及其效果检验动机的动机与效果的统一论。由于毛泽东在文艺批评中把政治标准放在第一位，就碰到了一个如何判定政治上好坏的问题。原则是

---

① 毛泽东：《在延安文艺座谈会上的讲话》（1942年5月）。《毛泽东选集》第3卷，第869页，人民出版社，1991。

明确的，就是看其是不是为人民群众服务。但文艺作品中，怎么判定其动机与效果都是为人民群众的，是一个非常复杂的问题。毛泽东指出：

> 唯心论者是强调动机否认效果的，机械唯物论者是强调效果否认动机的，我们和这两者相反，我们是辩证唯物主义的动机和效果的统一论者。为大众的动机和被大众欢迎的效果，是分不开的，必须使二者统一起来。为个人的和狭隘集团的动机是不好的，有为大众的动机但无被大众欢迎、对大众有益的效果，也是不好的。①

应该讲，在理论上这样讲是能够成立的，而且没有片面性、是正确的。但实际操作起来并非易事，其难点是动机作为人的主观愿望是别人的感觉器官难以感受和了解的，当然，当人的主观愿望通过语言与文字表达出来后，人们也是能了解的。但这样又会碰到说的、写的是不是就是他想要做的这一无法判断的问题。对于那些口是心非的人，更不能轻信他们的口头宣言与文字声明。因此，毛泽东把革命功利主义的价值标准与辩证唯物主义的认识论标准——实践标准统一起来，强调：

> 社会实践及其效果是检验主观愿望或动机的标准。②

这里讲的"效果"，即实践的结果是否有利于人民群众，是否符合革命功利主义的价值尺度，而不是别的什么抽象标准。当然，要做到这一点，要求很高。但从毛泽东的革命文艺论来讲，他自始至终是坚持以革命的功利论为根据来考虑文艺工作的方向问题的。

三　文艺的实践审美论

毛泽东的革命文艺论，归根到底，其基础是实践审美论。也就是说，

---

①②　毛泽东：《在延安文艺座谈会上的讲话》（1942 年 5 月）。《毛泽东选集》第 3 卷，第 868 页，人民出版社，1991。

它的审美理论既不是从主观出发的唯心主义美学理论，也不是从脱离实践的纯客观出发的机械唯物主义美学理论，而是以实践为基础的能动的反映论的，即辩证唯物主义的美学理论。

首先，他强调文学艺术的源泉是人民生活。审美的本质是任何一个美学家都关心的问题。这一涉及美的本体的问题，不可避免地要穷根究底，从美的源泉谈起。文学艺术的审美问题，也要追究到文学艺术的源泉。在这个问题上各家各派有各种不同的观点。毛泽东的观点是：

> 一切种类的文学艺术的源泉究竟是从何而来的呢？作为观念形态的文艺作品，都是一定的社会生活在人类头脑中的反映的产物。革命的文艺，则是人民生活在革命作家头脑中的反映的产物。人民生活中本来存在着文学艺术原料的矿藏，这是自然形态的东西，是粗糙的东西，但也是最生动、最丰富、最基本的东西；在这点上说，它们使一切文学艺术相形见绌，它们是一切文学艺术的取之不尽、用之不竭的唯一的源泉。这是唯一的源泉，因为只能有这样的源泉，此外不能有第二个源泉。①

有人说，书本上的文艺作品，古代的和外国的文艺作品，也是文学艺术的源泉。毛泽东也不同意。他说，过去的文艺作品不是源而是流，是古人和外国人根据他们彼时彼地所得到的人民生活中的文学艺术原料创造出来的东西。虽然后人有必要继承、吸收和借鉴这些作品，但这不是文艺创作的源泉。

这种关于文学艺术源泉的观点，显然是一种唯物主义的反映论的观点，同那种认为审美是主体纯粹的主观活动的见解有原则的区别。但是，对毛泽东的这一观点也不能做简单化的理解或解释。因为，毛泽东这里强调的反映论，而以"社会生活"或"人民生活"为对象的反映论。社

---

① 毛泽东：《在延安文艺座谈会上的讲话》（1942年5月）。《毛泽东选集》第3卷，第860页，人民出版社，1991。

会生活是一种客观形态的东西，但社会生活在本质上又是实践的。没有实践，就无所谓社会生活；没有人民的实践，就无所谓人民生活。因此，文学艺术活动中的唯物主义反映论是以客观的社会实践为对象的反映论。在这里，人民的物质实践活动，即"人民生活"，是文学艺术唯一的源泉。同时，毛泽东这里强调的反映论也不是被动的、机械的反映论，而是主体能动的革命的反映论。所谓"取之不尽、用之不竭"，就是要去"取"，要去"用"。不深入人民群众的物质实践活动，就不会有反映人民生活的文学艺术。所以毛泽东说："中国的革命的文学家艺术家，有出息的文学家艺术家，必须到群众中去，必须长期地无条件地全心全意地到工农兵群众中去，到火热的斗争中去，到唯一的最广大最丰富的源泉中去，观察、体验、研究、分析一切人，一切阶级，一切群众，一切生动的生活形式和斗争形式，一切文学和艺术的原始材料，然后才有可能进入创作过程。"① 这样，就和机械唯物主义的反映论划清了界限，尽管人民生活这种自然形态的东西是客观存在的，但在文学艺术家尚未把它对象化之前，这种存在只是一种自在的"源泉"，只有在文学艺术家把它作为"观察、体验、研究、分析"的对象时，它才真正成为文学艺术的源泉。

其次，他强调文学艺术是在创作实践中由原始美向艺术美转化的过程。毛泽东深知审美过程的复杂性，他没有停留在对美的本质的一般论述上，没有停留在对文学艺术源泉的科学论述上，而是把文艺审美看作是一个动态的过程。根据毛泽东的论述，"人民生活"作为文学艺术创作的原始材料，本身就是一种美。这种自然形态的、粗糙的、原始的美，我们可以称作"原始美"。人民生活之所以能成为文学艺术创作的源泉，就在于它本身就是一种美，即原始美。毛泽东还认为，人民生活中除了有这种原始美之外，还有一种"萌芽状态的文艺"，如民歌、民间故事等，这种文艺从审美角度看，可以说是一种"萌芽状态的美"。这种审美

---

① 毛泽东：《在延安文艺座谈会上的讲话》（1942年5月）。《毛泽东选集》第3卷，第860—861页，人民出版社，1991。

是人民群众在自己的劳动和生活中自发进行的，它既朴实又丰富，是文艺工作者进行创作的最生动的材料。毛泽东曾经批评说，不爱劳动人民萌芽状态文艺的文艺工作者，"立足点还是在小资产阶级知识分子方面，或者换句文雅的话说，他们的灵魂深处还是一个小资产阶级知识分子的王国"①。由此可见，毛泽东认为，在人民群众中，至少存在两种美的形态："原始美"和"萌芽状态的美"。但毛泽东认为，仅仅停留在这一阶段还不够。他说：

> 人类的社会生活虽是文学艺术的唯一源泉，虽是较之后者有不可比拟的生动丰富的内容，但是人民还是不满足于前者而要求后者。这是为什么呢？因为虽然两者都是美，但是文艺作品中反映出来的生活却可以而且应该比普通的实际生活更高，更强烈，更有集中性，更典型，更理想，因此就更带普遍性。②

这就是说，艺术审美不是简单地对"原始美"和"萌芽状态的美"进行白描或照搬照抄，而要使之"典型化"。这个过程就是文学艺术的创作过程。根据毛泽东的观点，人们创作的文艺也有两种形态：一是"初级的文艺"，二是"高级的文艺"。从审美的角度来讲，就是"初级的艺术美"和"高级的艺术美"。他所说的"普及"，主要就是创作"初级的艺术美"，而"提高"，主要是创作"高级的艺术美"。

这样，我们就可以看到，毛泽东审美理论强调两种实践创造了四种形态的美。一种是人民群众的物质实践活动，它形成了人民生活的"原始美"，以及人民群众在物质实践活动中自己创造的"萌芽状态的美"；另一种是文艺工作者的艺术创作实践，它将把人民生活中的原始材料经过艺术加工，形成"初级的艺术美"和"高级的艺术美"。文艺工作者的创作实践，不仅不能离开人民群众的物质实践活动，而且必须深入到人

---

①② 毛泽东：《在延安文艺座谈会上的讲话》（1942年5月）。《毛泽东选集》第3卷，第857、861页，人民出版社，1991。

民群众的物质实践活动中去，才能较好地反映人民生活；但同时，经过文艺工作者创作实践的艺术美（包括初级的和高级的），要高于人民生活中的"原始美"和"萌芽状态的美"。两者之间不是一种量的变化，而是一种质的转化。因此，毛泽东认为文学艺术是在创作实践中由原始美向艺术美转化的过程。

再次，毛泽东强调文艺创作的实践是文艺工作者与人民生活相互作用的过程。在文艺创作这一特殊的实践中，主体是文艺工作者，客体是人民群众火热的生活。他说，文学家艺术家只有到这一最广大最丰富的源泉中去才能进入创作过程，"否则你的劳动就没有对象，你就只能做鲁迅在他的遗嘱里所谆谆嘱咐他的儿子万不可做的那种空头文学家，或空头艺术家"[①]。也就是说，他不赞成文学家艺术家闭门造车，而要在社会生活中创作。这种创作（他所说的"劳动"）表现为主体与客体之间，即文学家艺术家与社会生活之间强烈的相互作用。主体的作用，不仅表现在他主动地走入生活、走入群众之中去，而且表现在他用一定的知识、一定的表现方法去描写现实、展示现实。在谈到"源与流"的关系时，毛泽东说掌握了古人或外国人优秀文学艺术遗产的文学家艺术家所创作的作品，同没有掌握这些知识的文学家艺术家的作品，"有文野之分，粗细之分，高低之分，快慢之分"。这些讲的都是主体的能动性。而创作决不是文学家艺术家要怎么写就可以怎么写的，主体有其能动性，也有其受动性，即受到其所在环境的制约，受到社会生活提供的材料的制约，受到社会需求的制约。一方面社会生活影响文艺工作者，另一方面文艺工作者参与社会生活并影响社会生活，这就是毛泽东对创作实践的看法。

最后，毛泽东强调文艺作品应该做到政治和艺术的统一，内容和形式的统一，革命的政治内容和尽可能完美的艺术形式的统一。艺术创作的相互作用性，不仅要体现在创作实践的全过程，而且要体现在文艺作品上，这是他的又一重要观点。他懂得，缺乏艺术性的作品，无论政治

---

① 毛泽东：《在延安文艺座谈会上的讲话》（1942年5月）。《毛泽东选集》第3卷，第861页，人民出版社，1991。

上怎样进步，也是没有力量的；反之，政治上不好的东西，艺术性越强就越糟糕。所以他说：

> 我们既反对政治观点错误的艺术品，也反对只有正确的政治观点而没有艺术力量的所谓"标语口号式"的倾向。我们应该进行文艺问题上的两条战线斗争。[①]

其目标就是在作品上要体现政治内容与艺术形式的统一，以发挥文艺作品在革命实践中的战斗力量。

在这方面，毛泽东特别赞赏和钦佩鲁迅及其作品。他说："鲁迅是中国文化革命的主将，他不但是伟大的文学家，而且是伟大的思想家和伟大的革命家。鲁迅的骨头是最硬的，他没有丝毫的奴颜和媚骨，这是殖民地半殖民地人民最可宝贵的性格。鲁迅是在文化战线上，代表全民族的大多数，向着敌人冲锋陷阵的最正确、最勇敢、最坚决、最忠实、最热忱的空前的民族英雄。"[②] 毛泽东追求的革命文艺作品，就是像鲁迅那样，革命的政治内容与尽可能完美的艺术形式相统一的艺术珍品，具有革命战斗性的艺术作品。

在毛泽东建立于实践审美论基础上的革命文艺理论的指导下，延安的革命文艺取得了丰硕的成果。

首先，延安鲁迅艺术学院排演的别具一格的秧歌剧《兄妹开荒》，打响了第一炮。它在1943年春节上演时，获得了毛泽东、朱德、周恩来、任弼时、陈云等中央领导同志的交口称赞，给这年延安的春节增添了艺术的春色。后来，艾青还写了论文《秧歌剧的形式》，对这种艺术形式及其所体现的毛泽东文艺方向，作了理论的阐发。

接着，戏剧、诗歌、文学等各个文艺领域推陈出新，百花齐放，迎

---

① 毛泽东：《在延安文艺座谈会上的讲话》（1942年5月）。《毛泽东选集》第3卷，第870页，人民出版社，1991。

② 毛泽东：《新民主主义论》（1940年1月）。《毛泽东选集》第2卷，第698页，人民出版社，1991。

来了延安文艺的繁荣期。

在历史戏剧方面，1942 年 10 月成立了延安平剧研究院。1944 年元旦首次上演了杨绍萱、齐燕铭等集体创作，齐燕铭导演的平剧《逼上梁山》。毛泽东看了后还写信致贺说："看了你们的戏，你们做了很好的工作，我向你们致谢！历史是人民创造的，但在旧戏舞台上（在一切离开人民的旧文学旧艺术上）人民都成了渣滓，由老爷太太少爷小姐们统治着舞台，这种历史的颠倒，现在由你们再颠倒过来，恢复了历史的面目，从此旧剧开了新生面，所以值得庆贺。郭沫若在历史话剧方面做了很好的工作，你们则在旧剧方面做了此种工作。你们这个开端将是旧剧革命的划时期的开端，我想到这一点就十分高兴，希望你们多编多演，蔚成风气，推向全国去！"在毛泽东鼓励和指引下，延安平剧院又在 1945 年 2 月 22 日公演了《三打祝家庄》，效果也很好。

在歌剧方面，1945 年春节期间，延安鲁迅艺术学院赶排了大型歌剧《白毛女》。这个由鲁艺集体创作，贺敬之、丁毅执笔，马可、向隅等作曲，王大化、舒强、张水华导演的歌剧在 6 月 10 日向中共七大代表首演后，引起了轰动。仅延安就演了 30 多场。演出时的盛况，据报载："每至精彩处，掌声雷动，经久不息；每至悲痛处，台下总是一片唏嘘声，有人甚至从第一幕至第六幕，眼泪始终未干。散戏后，人们无不交相称赞。"继《白毛女》后，这一时期还创作了《王秀鸾》《刘胡兰》《赤叶河》等一批比较优秀的新歌剧。还有在改革秦腔后创造的新型民族歌剧《血泪仇》等在根据地上演后，反响也很大。

在诗歌方面，李季的长篇叙事诗《王贵与李香香》，以优美的故事和陕北"信天游"的形式吸引了读者。阮章竞的长诗《漳河水》是采用民歌形式写成的又一篇受欢迎的诗作。

在报告文学、散文方面，马烽的《张初元的故事》，周而复的《海上的遭遇》，黄既的《关向应同志在病中》等作品，也产生较好的影响。

在小说方面，赵树理的《小二黑结婚》《李有才板话》被誉为解放区的代表性佳作。还有康濯的《我的两家房东》、秦兆阳的《老头刘荡屯》等一大批中短篇小说，也很有新的格调和色彩。尤其是丁玲的《太阳照在桑乾河上》、周立波的《暴风骤雨》更是延安时期文艺的杰出代表，它们在 1951 年分别荣获斯大林文学奖二等奖和三等奖。

与此同时，各敌后抗日根据地的群众文艺也生气勃勃，不断发展。许多地方建立了乡村俱乐部，成立了业余剧团，开展生动活泼的文艺宣传活动。尤其是秧歌剧、新旧梆子、花鼓戏、皮黄、活报剧等群众喜闻乐见的艺术形式，大量地应用到党的方针政策的宣传中，给根据地文艺工作注入了一股清新的活力。

第三节　人民教育论

传播新思想、新观念，创办新文化事业，都是为了塑造革命新人，以完成历史赋予我们的重任，这是毛泽东新民主主义文化建设的基本思想。这一思想体现在文化艺术工作中，形成了为群众服务的革命文艺理论；体现在教育工作中，就是毛泽东强调的人民教育理论。而且，从塑造革命新人的角度着眼，人民教育论更能实现这一目标。

所谓"人民教育"，在土地革命战争时期，毛泽东在中华苏维埃共和国做报告时称作"苏维埃文化教育"，也即"工农教育"；在抗日战争时期，毛泽东在《新民主主义论》《论联合政府》等著述中称为"国民教育"。其基本特点是：

第一，以人民群众为教育的对象，尤其强调广大农民是教育普及的主要对象。在《湖南农民运动考察报告》（1927 年 3 月）中，毛泽东就一针见血地指出："中国历来只是地主有文化，农民没有文化。可是地主的文化是由农民造成的，因为造成地主文化的东西，不是别的，正是从农民身上掠取的血汗。中国有百分之九十未受文化教育的人民，这个里面，最大多数是农民。农村里地主势力一倒，农民的文化运动便开始了。"①

---

① 《毛泽东选集》第 1 卷，第 39 页，人民出版社，1991。

他进而指出不以农民为对象的"所谓'教育家'者流，空唤'普及教育'，唤来唤去还是一句废话"①。因此，在半殖民地半封建的中国，教育事业不仅要发展，而且要以人民群众为对象来发展，以农民为主要对象来发展。这就是"人民教育"的第一含义。

第二，以人民群众欢迎的内容与形式来办教育。早在大革命时期，毛泽东就注意到农民反对"洋学堂"而欢迎"私塾"这一奇特的现象。他用马克思主义观点考察了这一现象后才知道："乡村小学校的教材，完全说些城里的东西，不合农村的需要。小学教师对待农民的态度又非常之不好，不但不是农民的帮助者，反而变成了农民所讨厌的人。"②因此从土地革命时期发展苏维埃文化教育开始，毛泽东非常重视教育内容与形式的改革，使之适合于人民群众的需要。从扫除文盲开始，到帮助人民群众破除封建迷信，改变不卫生的习惯，直至学习新民主主义的政策和共产主义的思想，用民族的科学的大众的文化来教育群众。以人民群众欢迎的内容与形式来办教育，这就是"人民教育"的第二含义。

第三，教育的目的是把人民群众从愚昧落后的精神桎梏中解放出来，以革命的精神投入反帝反封建斗争，以主人翁的姿态创建新中国。毛泽东的教育思想具有鲜明的目的性，无论是普通教育、专业教育、干部教育，还是民众的业余教育，都是为了人民群众自己的解放，为了中国人民的革命事业。比如1934年1月，在中华苏维埃共和国中央执行委员会和人民委员会对第二次全国苏维埃代表大会的报告中，毛泽东就说过："为着革命战争的胜利，为着苏维埃政权的巩固与发展，为着动员民众一切力量，加入于伟大的革命斗争，为着创造革命的新时代，苏维埃必须实行文化教育的改革，解除反动统治阶级所加在工农群众精神上的桎梏，而创造新的工农的苏维埃文化。"③ 这就是"人民教育"的第三含义，也是最根本的含义。

毛泽东和中国共产党建立的人民教育，同国民党的反动的愚民教育

---

①② 《毛泽东选集》第1卷，第40页，人民出版社，1991。
③ 《苏维埃中国》，中国现代史资料编辑委员会翻印本，第282页。

是根本对立的，是近代中国教育事业发展的新天地，是新民主主义社会
文化建设的重要内容。毛泽东在苏维埃教育刚建立时，就对这两种根本
对立的教育做过对比：

> 国民党统治下一切文化教育机关，是操在地主资产阶级手里的。
> 他们的教育政策，是一方面实行反动的武断宣传，以消灭被压迫阶
> 级的革命思想，一方面施行愚民政策，将工农群众排除于教育之
> 外。反革命的国民党把教育经费拿了作为进攻革命的军费，学校大
> 部分停办，学生大部分失学。因此在国民党统治之下，造成了人民
> 的愚昧无知。全国文盲数目占全国人口百分之八十以上。对于革命
> 文化思想则采取极端残酷的白色恐怖。任何进步的文学家、社会科
> 学家，一切文化教育机关中的革命分子，都要受到国民党法西斯蒂
> 的摧残。使一切文化教育机关变成黑暗的地狱，这就是国民党的教
> 育政策。
>
> 谁要是跑到我们苏区来看一看，那就立刻看见是一个自由光明
> 的新天地。
>
> 这里一切文化教育机关，是操在工农劳苦群众的手里，工农及
> 其子女有享受教育的优先权。苏维埃政府用一切方法来提高工农的
> 文化水平。为了这个目的，给予群众政治上与物质条件上的一切可
> 能的帮助。因为现在的苏维埃区域，虽然是处在残酷的国内战争环
> 境，并且大都是过去文化很落后的地方，但是已经在加速度地进行
> 着革命文化建设了。①

各个时期的人民教育，除了有其上述共同的、一般的特点外，在各
个时期还有其不同的要求和内容，因此研究毛泽东的人民教育理论，有
必要进一步深入地研究其各个时期关于教育的论述和思想。

------

① 《苏维埃中国》，中国现代史资料编辑委员会翻印本，第282—283页。

一 苏维埃文化教育：毛泽东教育思想的初步形态

土地革命时期，一方面是反革命的"围剿"，又一方面是革命的深入发展。毛泽东说，这时有两种反革命的"围剿"：军事"围剿"和文化"围剿"。也有两种革命的深入：农村革命深入和文化革命深入。文化革命深入的表现之一，即在革命根据地里开天辟地创办了苏维埃文化教育即工农教育事业。

毛泽东关于苏维埃文化教育的基本思想体现在他提出的教育方针和教育任务上。

第一，教育方针。

毛泽东指出："苏维埃文化教育的总方针在什么地方呢？在于以共产主义的精神来教育广大的劳苦民众，在于使文化教育为革命战争与阶级斗争服务，在于使教育与劳动联系起来，在于使广大中国民众都成为享受文明幸福的人。"[1]

这个教育方针所提出的四个方面的任务，体现了毛泽东教育思想的三个基本要求：

一是教育为人民服务的思想。苏维埃教育不是官学，而是人民教育，其对象是广大的劳苦民众，其内容是无产阶级和人民群众自己的思想体系——共产主义，其目标是要使广大人民群众成为革命新人。也就是说，教育必须为人民服务。

二是教育为政治服务的思想。同毛泽东的革命文艺论一样，毛泽东认为教育的功能也必须为政治服务。尽管教育有其非政治的文化功能，如识字扫盲、普及科学知识等，但这些基本功能的作用就是开发民智，而民智一旦开发势必与封建迷信、愚民政策发生冲撞，因此在一个半殖民地半封建的中国要创办新教育、新文化，归根到底，要同政治发生联系。在一个注重德育的中国，这种联系更是必然的。中国共产党创办的

---

[1] 《苏维埃中国》，中国现代史资料编辑委员会翻印本，第285页。

苏维埃教育，目的更明确，就是要把劳苦民众从反动统治阶级的精神桎梏中解放出来，使之成为为民族独立和人民民主英勇奋斗的革命战士，因此，毛泽东十分强调"文化教育为革命战争与阶级斗争服务"的教育方针。

三是教育与生产劳动相结合的思想。旧教育的缺陷，在于理论脱离生产实践，因而造就了一大批为地主资产阶级服务的文人。毛泽东在成为马克思主义者的过程中，日益认识到这不仅是教育中的方式方法问题，而且是立场问题、思想感情问题。他多次谈到自己对这一问题的认识过程，说过：

> 我是个学生出身的人，在学校养成了一种学生习惯，在一大群肩不能挑手不能提的学生面前做一点劳动的事，比如自己挑行李吧，也觉得不像样子。那时，我觉得世界上干净的人只有知识分子，工人农民总是比较脏的。知识分子的衣服，别人的我可以穿，以为是干净的；工人农民的衣服，我就不愿意穿，以为是脏的。革命了，同工人农民和革命军的战士在一起了，我逐渐熟悉他们，他们也逐渐熟悉了我。这时，只是在这时，我才根本地改变了资产阶级学校所教给我的那种资产阶级的和小资产阶级的感情。①

正是这种立场和思想感情的变化，使他认识到旧教育的弊端，在中央苏区领导教育工作时能够提出"教育与劳动联系起来"的方针。而且，这一方针完全符合马克思、恩格斯在《共产党宣言》提出的"把教育同物质生产结合起来"② 的思想，是一个马克思主义的教育方针。

在苏维埃文化教育工作的指导中形成和提出的这些思想，在以后毛泽东都一以贯之地坚持了。尽管各个时期的教育方针是具体的，因而也是有差异的，然而贯彻在这些方针中的人民教育思想是其共性，在今天

---

① 毛泽东：《在延安文艺座谈会上的讲话》（1942 年 5 月）。《毛泽东选集》第 3 卷，第 851 页，人民出版社，1991。

② 《马克思恩格斯选集》第 1 卷，第 294 页，人民出版社，1995。

仍然有着它光辉的价值。

第二，教育任务。

毛泽东根据苏维埃文化教育的总方针，提出了苏维埃文化教育的任务。他说："苏维埃文化建设的中心任务是什么？是厉行全部的义务教育，是发展广泛的社会教育，是努力扫除文盲，是创造大批领导斗争的高级干部。"①

这四大任务，反映了根据地的客观实际和客观要求。因为根据地所在的农村经济文化比较落后，迫切需要加强面向人民群众的普遍的社会教育；而也正因为那里经济文化比较落后，农民没有钱上学，必须实行普遍的义务教育；并且，必须把扫除文盲作为普遍的义务教育和社会教育的任务提出来；同时，从斗争实际出发，必须加强干部教育，培养大批忠于人民忠于革命的斗争骨干。我们可以注意到，毛泽东所提出的任务，主要是普通教育和业余教育方面的工作任务，而没有涉及高中级的专业教育和高等教育，这就是一切从实际出发的科学思想在苏维埃教育工作指导上的体现。

但是，这里，无论从教育的内容来讲，还是从要求来讲，对于一个经济文化极端落后的中国来讲，都是一场革命。这是一场教育制度的革命，也是一场教学内容的革命，使教育从地主资产阶级的专利变为人民群众解放自己的武器，使教育由"官学"变成了"民学"。正如毛泽东所说的：

> 执行苏维埃的文化教育政策，开展苏维埃领土上的文化革命，用共产主义武装工农群众的头脑，提高群众的文化水平，实施义务教育制度，增加革命战争中动员民众的力量，同样是苏维埃的重要任务。②

根据毛泽东1934年1月在苏维埃代表大会上的报告，当时苏维埃文

①② 《苏维埃中国》，中国现代史资料编辑委员会翻印本，第285、301页。

化教育建设取得了很大的成绩。

第一，办学情况。"根据江西、福建、粤赣三省的统计，在二千九百三十二个乡中，有列宁小学三千零五十二所，学生八万九千七百一十人；有补习夜校六千四百六十二所，学生九万四千五百十七人；有识字组（此项只算到江西、粤赣两省，福建未计）三万二千三百八十八组，组员十五万五千三百七十一人；有俱乐部一千六百五十六个，工作员四万九千六百六十八人。这是中央苏区一部分的统计。"应该讲，这一组数据是非常有说服力的，苏维埃教育事业当时在中央苏区发展到了相当可观的程度。

第二，入学情况。"苏区中许多地方，学龄儿童的多数是进入了列宁小学校，例如兴国学龄儿童总数二万零九百六十九人（内男一二〇七六，女八八九三），进入列宁小学的一万二千八百零六人（内男生八八二五，女生三九八一），失学的八千一百六十三人（内男三二五一，女四九一二），入学与失学的比例为百分之六十与四十，而在国民党时代，入学儿童不到百分之十。苏区很多地方的儿童们，现在是用了大部分时间受教育，做游艺，只小部分时间参加家庭的劳动，这同国民党时代恰好相反了。儿童们同时又组织在红色儿童团之内，这种儿童团，同样是儿童们学习共产主义的学校。"

第三，成人业余教育与扫盲情况。毛泽东说："群众识字的人数是迅速增加。识字的办法有夜校、识字组与识字牌。夜校有一定的地点，识字能在群众的家里，识字牌在道路的旁边。领导识字运动的机关则为乡村的识字运动委员会。拿兴国来说，全县有一百三十个乡的识字运动总会，五百六十一个村的识字运动分会，三千三百八十七个分会下面的识字小组，二万二千五百二十九个加入识字小组的组员。这是扫除文盲的极大规模的群众运动，这种运动应该使之向着全苏区一切城市与乡村中间开展去。"毛泽东还说："妇女群众要求教育的热烈，实为从来所未见。兴国夜校学生一万五千七百四十人中，男子四千九百八十八人，占百分之三十一，女子一万零七百五十二人，占百分之六十九。兴国识字组成员二万二千五百十九人中，男子九千人，占百分之四十，女子一万三千五百一十九人，占百分之六十。在兴国等地妇女从文盲中得到了初步的解放，因此妇女的活动十分积极起来。妇女不但自己受教育，而且已在主持教育，许多妇女是在作小学与夜学的校长，作教育委员会与识字委员会的委员了。女工农妇代表会在苏区是一种普遍的组织，它注意于劳动妇女群众的整个利益，妇女教育当然是他们注意的一部分。"

第四，干部教育情况。毛泽东说："苏区还缺乏完备的专门教育的建设。但为了革命斗争领导干部的创造，我们已设立了红军大学，苏维埃大学，马克思共产主义大学，及教育部领导下的许多教育干部学校。中等教育与专门教育之应该跟着普通教育的发展而使之发展起来，无疑的应该成为教育计划中的一部分。"[①]

由此可见，根据地的物质条件虽然十分艰苦，但是中国共产党并未因此而放松精神文明的建设，而是尽最大可能创造了近代中国最先进的教育制度，并在此基础上形成了毛泽东教育思想的初步形态。

二 国民教育：毛泽东教育思想的完整形态

抗日战争时期，抗日民族统一战线的建立，为根据地经济、政治、文化建设提供了有利的条件，教育也由苏维埃文化教育发展到范围更为广泛的国民教育。新民主主义教育从理论到实践，其基本格局与内容就是在这一时期逐步完善的；解放战争时期根据地的教育，沿用的基本上也是抗日战争时期的国民教育；其基本经验还写进《中国人民政治协商会议共同纲领》，成为新中国建国后新民主主义社会国民教育的指导思想。所以，研究抗日战争时期的国民教育思想，对于了解毛泽东人民教育理论，具有特殊的意义。

毛泽东在抗日战争时期提出的国民教育思想，具有极为丰富的内容，其要点包括：

第一，民族救亡必须提高人民的民族文化和民族觉悟。

---

① 《毛泽东同志论教育工作》，第13—15页，人民教育出版社，1958。

毛泽东深知，近代中国逐渐沦为一个半殖民地半封建的社会，除了国力贫弱外，教育、文化落后也是一个重要的原因。在由城市转入农村，由南方农村转入北方农村的艰苦斗争中，他对中国文化教育事业的落后有了更为深刻的认识。因此在全国抗日战争开始后，他就强调只有实行全民族抗战，才能实现民族救亡的历史重任；而要实行全民族奋起抗战，除了要改革政治外，还要改革教育。为此，在中国共产党 1937 年 8 月颁布的《抗日十大救国纲领》中，第八条纲领即实行抗日的教育政策，强调要"改变教育的旧制度、旧课程，实行以抗日救国为目标的新制度、新课程"①。1938 年 10 月在中共扩大的六届六中全会上，毛泽东进一步论述了抗日战争时期的文化教育政策，这就是：（1）改订学制，废除不急需与不必要的课程，改变管理制度，以教授战争所必需之课程及发扬学生的学习积极性为原则；（2）创设并扩大增强各种干部学校，培养大批的抗日干部；（3）广泛发展民众教育，组织各种补习学校、识字运动、戏剧运动、歌咏运动、体育运动，创办敌前敌后各种地方通俗报纸，提高人民的民族文化和民族觉悟；（4）办理义务的小学教育，以民族精神教育新后代。他强调：

> 伟大的抗战必须有伟大的抗战教育运动与此相配合，二者间的不配合现象亟应免除。②

毛泽东这些论述，既是对国民党政府的呼吁，也是对抗日民主根据地自身文化建设的要求。特别是在陕甘宁边区成立后，毛泽东注意到这里由于经济落后，文化教育事业也极端落后，文盲率高达 99％，学校极少，全区巫神倒有 2000 人，充斥着文盲、迷信与不卫生，这种情况与陕甘宁边区担负着的抗战、团结、民主的重任是不相适应的。但 1942 年以

---

① 毛泽东：《为动员一切力量争取抗战胜利而斗争》（1937 年 8 月 25 日）。《毛泽东选集》第 2 卷，第 356 页，人民出版社，1991。

② 毛泽东：《论新阶段》（1938 年 10 月）。《建党以来重要文献选编》第 15 册，第 619 页，中央文献出版社，2011。

前因忙于领导战争和经济工作，边区的文化教育事业仅有微小的起步，有许多问题需要认真地解决和落实。1942 年 9 月，中共中央派李维汉到边区政府担任秘书长时，毛泽东特地找他约谈，叮嘱他："边区文化教育事业太落后，文盲多，巫神多，你到任后务必抓紧发展文化教育。"1944年 4 月上旬，毛泽东又召集中宣部、西北局宣传部和边区政府负责同志以及边区五个分区的地委书记进行座谈。他说：1943 年，我们把经济搞好了，但文化问题还未提到日程上来。我们有些宣传部门不知如何干法。有的同志只会搞军事、政治，不会搞经济、文化，这不行。过去政治军事第一是对的，要打垮阻碍经济发展的东西，才能搞经济文化。军事政治是推翻阻碍生产力发展的力量，目的在于发展经济文化。孔老夫子办学校，目的是宣传封建秩序。资本主义没有文化建设不成。我们建设抗日根据地，没有文化也不行。军队需要文化，才能战胜旧军队。战士没有文化，不可能提高战斗力。不发展文化，经济发展就会受到阻碍。因此，他指示宣传部门要和边区政府一起，专门研究和解决边区的文化教育问题。经过努力，1944 年在边区掀起了办冬学的高潮，即利用农村冬闲时间对群众进行广泛的文化教育。那年冬天共办了 3470 所冬学，入学农民达 5 万余人。中共中央机关、边区政府等单位选派了 1000 多人支援各地办冬学。经过三个月的冬学，有的农民学会了写信、读报、记账等，并在提高文化水平的基础上逐步提高了政治觉悟，振奋了民族精神。

第二，国民教育的性质是民族的科学的大众的新民主主义教育。

毛泽东在《新民主主义论》中已经阐明了新民主主义社会的国民教育，有社会主义的因素，但不是社会主义性质的教育，而是新民主主义性质的教育。在《论联合政府》中，他再次强调：

> 中国国民文化和国民教育的宗旨，应当是新民主主义的；就是说，中国应当建立自己的民族的、科学的、人民大众的新文化和新教育。①

---

① 《毛泽东选集》第 3 卷，第 1083 页，人民出版社，1991。

　　说它是民主主义的教育，在于这一时期国民教育是为新民主主义的经济、政治服务的，是为抗日战争服务的。首先，从教育的任务来看，是为了提高以农民为主体的人民群众的文化知识水平和民族觉悟，肃清帝国主义和封建主义文化的思想影响。毛泽东在《论政策》（1940年12月）一文中曾说过：“关于文化教育政策。应以提高和普及人民大众的抗日的知识技能和民族自尊心为中心。”① 在《论联合政府》（1945年4月）中，他在阐述国民教育的任务时，进一步指出：“一切奴化的、封建主义的和法西斯主义的文化和教育，应当采取适当的坚决的步骤，加以扫除。”② 这一切规定，都体现了国民教育的民主主义性质。其次，从教育事业的发展来看，是抗日民族统一战线的教育。在土地革命战争时期的苏维埃文化教育中，一切文化教育机关都操在工农群众手里。到抗日战争时期由于建立了民族统一战线，情况发生了很大的变化，所以毛泽东在《论政策》中专门阐述了教育工作中的一项重要政策：“应容许资产阶级自由主义的教育家、文化人、记者、学者、技术家来根据地和我们合作，办学、办报、做事。应吸收一切较有抗日积极性的知识分子进我们办的学校，加以短期训练，令其参加军队工作、政府工作和社会工作；应该放手地吸收、放手地任用和放手地提拔他们。”③ 1944年10月30日，毛泽东还亲自出席陕甘宁边区文教工作者会议，并做了《文化工作中的统一战线》的讲演。他说：

　　　　解放区的文化已经有了它的进步的方面，但是还有它的落后的方面。解放区已有人民的新文化，但是还有广大的封建遗迹。在一百五十万人口的陕甘宁边区内，还有一百多万文盲，两千个巫神，迷信思想还在影响广大的群众。这些都是群众脑子里的敌人。我们反对群众脑子里的敌人，常常比反对日本帝国主义还要困难些。我们必须告诉群众，自己起来同自己的文盲、迷信和不卫生的习惯作

① 《毛泽东选集》第2卷，第768页，人民出版社，1991。
② 《毛泽东选集》第3卷，第1083页，人民出版社，1991。
③ 《毛泽东选集》第2卷，第768页，人民出版社，1991。

斗争。为了进行这个斗争，不能不有广泛的统一战线。而在陕甘宁边区这样人口稀少、交通不便、原有文化水平很低的地方，加上在战争期间，这种统一战线就尤其要广泛。因此，在教育工作方面，不但要有集中的正规的小学、中学，而且要有分散的不正规的村学、读报组和识字组。不但要有新式学校，而且要利用旧的村塾加以改造。①

但同时这种民主主义的教育，不是旧民主主义式的教育，而是新民主主义式的教育，这主要是因为抗日民主根据地的国民教育是无产阶级领导的，是面向最广大的人民群众的教育，而不是资产阶级领导的少数人才能享受到的教育；而且，教学的内容中强调要学会用共产主义的理论和方法来作为观察问题、研究学问、处理工作、训练干部的武器。所以，这种国民教育是无产阶级领导的民族的科学的大众的教育，即新民主主义性质的国民教育。

第三，国民教育的方法是理论联系实践。

毛泽东在青年时代就搞过教育工作，因此对于旧式教育之弊端有切肤之痛的深刻了解。他在指导根据地的国民教育工作时，不仅重视方针政策性的研究，而且十分注意方法的改进。他所作的《改造我们的学习》《整顿党的作风》《反对党八股》《在延安文艺座谈会上的讲话》等重要报告，主要是讲党的建设的，同时也是讲教育内容和教育方法改造的。他根据马克思主义的世界观和方法论，一再要求人们要实行"理论联系实践"的方法，克服主观主义的教育方法。他批评说：

> 在学校的教育中，在在职干部的教育中，教哲学的不引导学生研究中国革命的逻辑，教经济学的不引导学生研究中国经济的特点，教政治学的不引导学生研究中国革命的策略，教军事学的不引导学生研究适合中国特点的战略和战术，诸如此类。其结果，谬种流传，

---

① 《毛泽东选集》第3卷，第1011—1012页，人民出版社，1991。

误人不浅。①

"理论联系实践"，是毛泽东在延安时期全力倡导的科学学风和科学方法，包含极其丰富的内容。首先，他要求教育为中国的民族解放和社会解放服务，反映人民群众轰轰烈烈的革命斗争，学习革命的理论和知识；为此，他要求教育工作者密切联系群众，向群众学习，为群众服务，正如毛泽东多次强调的："只有做群众的学生才能做群众的先生。"其次，他要求教育必须与生产劳动相结合，并且把它看作知识分子与工农群众相结合的基本途径，看作是辨别青年革命与不革命或反革命的标准。他认为实行教育与生产劳动相结合的延安青年，代表了中国青年运动的方向：

　　延安的青年们干了些什么呢？他们在学习革命的理论，研究抗日救国的道理和方法。他们在实行生产运动，开发了千亩万亩的荒地。开荒种地这件事，连孔夫子也没有做过。孔子办学校的时候，他的学生也不少，"贤人七十，弟子三千"，可谓盛矣。但是他的学生比起延安来就少得多，而且不喜欢什么生产运动。他的学生向他请教如何耕地，他就说："不知道，我不如农民。"又问如何种菜，他又说："不知道，我不如种菜的。"中国古代在圣人那里读书的青年们，不但没有学过革命的理论，而且不实行劳动。现在全国广大地方的学校，革命理论不多，生产运动也不讲。只有我们延安和各敌后抗日根据地的青年们根本不同，他们真是抗日救国的先锋，因为他们的政治方向是正确的，工作方法也是正确的。所以我说，延安的青年运动是全国青年运动的模范。②

---

① 毛泽东：《改造我们的学习》（1941年5月19日）。《毛泽东选集》第3卷，第798页，人民出版社，1991。

② 毛泽东：《青年运动的方向》（1939年5月4日）。《毛泽东选集》第2卷，第568页，人民出版社，1991。

从中可以看到，从中央苏区时期到抗日时期，毛泽东始终把教育与生产劳动相结合，同教育为政治服务一起，作为人民教育的基本要求和基本方法。再次，他还提出："解放区的文化工作者和教育工作者在推进他们的工作时，应当根据目前的农村特点，根据农村人民的需要和自愿的原则，采用适宜的内容和形式。"① 延安的教育工作者根据毛泽东的要求，在边区政府的领导下，采取各种形式办教育，受到了农民群众的欢迎。在教学内容上，也做了不少改革。比如边区中学的语文课内容，包括识字、读报、写便条、写仿；算术课内容，包括心算、珠算、记账。总之，从各方面贯彻了理论联系实践的教育方法。

第四，国民教育的重点是干部教育。

在延安时期，毛泽东特别重视干部教育问题。干部教育和国民教育，在今天是两个不同的教育体系。国民教育由教育部主管，干部教育由中组部规划并由党校、行政学院和其他干部学校实施。但是在延安时期，由于在干部教育中承担着文化教育甚至扫盲等任务，高等国民教育如陕北公学、鲁迅艺术学院又承担着培养党的干部的重任，干部教育和国民教育既有区别又紧密联系。在毛泽东的教育思想中，他的许多论述是把这两种教育联系起来论述的。

红军长征刚到陕北不久，毛泽东亲自到红军大学向红军干部讲《中国革命战争的战略问题》，到抗日军政大学讲《实践论》《矛盾论》等辩证法、唯物论课程。抗日战争开始后，除了已有的中央党校、陕北公学、抗日军政大学，还先后创办了中央研究院、军事学院、延安大学、鲁迅艺术学院和自然科学院等培养各类干部的教育、研究机构。根据1941年12月17日中共中央政治局通过的《关于延安干部学校的决定》，规定中央研究院为培养党的理论干部的高级研究机关；中央党校为培养地委以上及团级以上具有相当独立工作能力的党的实际工作干部及军队政治工作干部的高级和中级学校，军事学院为培养团级以上具有相当独立工作

① 毛泽东：《论联合政府》（1945年4月24日）。《毛泽东选集》第3卷，第1091页，人民出版社，1991。

能力的军事工作干部的高级和中级学校；延大、鲁艺、自然科学院为培养党与非党的各种高级和中级的专门的政治、文化、科学及技术人才的学校，建立了一个比较完整的各类人才和干部教育体系。而且，毛泽东还亲自抓教材的编写，1939 年他召集李维汉、杨松、吴亮平、陈伯达等撰写《中国革命和中国共产党》，9 月动笔，杨松、吴亮平、陈伯达分工写第一章《中国社会》，毛泽东亲自写第二章《中国革命》，李维汉负责写第三章《党的建设》，到 10 月底前两章交由毛泽东修改、统稿（第三章未完成），到 12 月交出版社，1940 年出版。这部干部教育的教材，是总结中国革命经验的重要著作，到 1949 年中华人民共和国成立共刊印、翻印、出版约 110 版次，对整个党的建设，尤其是干部教育和干部建设，起了不可估量的作用。

关于干部教育问题，毛泽东的基本思想是：

其一，干部教育是全部教育中第一位的工作。在中共中央政治局 1942 年 2 月 28 日通过的《关于在职干部教育的决定》中，明确地指出："在目前条件下，干部教育工作，在全部教育工作中的比重，应该是第一位的。而在职干部教育工作，在全部干部教育工作中的比重，又应该是第一位的。这是因为一切工作，包括国民教育工作在内，都须经过干部去做，'在政治方针决定之后，干部就是决定一切的因素'；如不把干部教育工作看得特别重要，把他放在全部教育工作中的第一等地位，就要犯本末倒置的错误了。"① 自从 1938 年在中共扩大的六届六中全会上，毛泽东发出"来一个全党的学习竞赛"号召后，中央对干部教育做了一系列具体安排，仅 1940 年到 1942 年下发的有关文件，就近 20 个。把干部教育放在全部教育首位的思想，是毛泽东教育思想研究中不可忽视的一个重要思想。

其二，干部教育的重点是学习理论、学习历史、学习现实革命运动的经验。在《中国共产党在民族战争中的地位》（1938 年 10 月）中，毛泽东首次提出了这三方面的学习任务。在《改造我们的学习》（1941 年 5

① 《中共中央文件选集》第 13 册，第 347 页，中共中央党校出版社，1991。

月）中，他再一次强调了这三方面的学习任务。当然，对于文化程度不高的干部，还有一个学习文化的任务；为了提高领导工作的能力，也有一个学习业务的任务。但重点是毛泽东提出的三大学习任务。延安干部教育始终坚持了毛泽东这一重要的思想。

第三，干部教育应以研究实际问题为中心，坚决反对主观主义。在《改造我们的学习》这篇著名的报告中，毛泽东明确指出学习要坚持"实事求是"即"有的放矢"的原则。他说："对于在职干部的教育和干部学校的教育，应确立以研究中国革命实际问题为中心，以马克思列宁主义基本原则为指导的方针，废除静止地孤立地研究马克思列宁主义的方法。"① 他提出的"改造"学习、"整顿"学风的问题，对于整个延安的干部教育起了巨大的震撼人心的指导作用。因为，这不是一般的技术性的方法之争，而是对党内历次机会主义，尤其是王明在土地革命时期的"左"倾冒险主义和抗日战争初期的右倾机会主义，从根子上的纠正；是对全党提高马克思主义的水平，掌握马克思主义活的灵魂的一次深刻的教育。1941 年 12 月 17 日中共中央政治局通过的《关于延安干部学校的决定》指出：

> 目前延安干部学校的基本缺点，在于理论与实际、所学与所用的脱节，存在着主观主义与教条主义的严重的毛病。这种毛病，主要表现在使学生学习一大堆马列主义的抽象原则，而不注意或几乎不注意领会其实质及如何应用于具体的中国环境。为了纠正这种毛病，必须强调学习马列主义的理论的目的是为了使学生能够正确的应用这种理论去解决中国革命的实际问题，而不是为了书本上各项原则的死记与背诵。第一，必须使学生区别马列主义的字句与马列主义的实质；第二，必须使学生领会这种实质（不是望文生义，而是心知其意）；第三，必须使学生学会善于应用这种实质于中国的具体环境；而抛开一切形式的空洞的学习。为了这个目的，除正确地

---

① 《毛泽东选集》第 3 卷，第 802 页，人民出版社，1991。

教授马列主义的理论之外，同时必须增加中国历史与中国情况及党的历史与党的政策的教育，使学生既学得理论，又学得实际，并把二者生动的联系起来。[①]

不仅如此，中共中央还具体地提出了凡是实际经验多而理论缺少者，应以学习马列主义理论为主，同时应增加中国历史，首先是中共党史和现实的知识；凡是缺少实际经验者，应以学习中国历史首先是中共党史和现实的知识为主，同时增加马列主义理论的知识；凡是文化水平很低者，应以学习文化，首先是学习国文、数学、自然常识为主，同时应增加政治常识和社会常识；凡是在学术上、技术上有较高造就的专门人才，应以了解时局动向和当前党的政策为主，同时应增加中国历史，首先是中共党史和现实的知识。延安时期的干部教育，由于采取的正确的方针和方法，为党造就了一大批治党、治军、治国的精英和人才，为中国革命的胜利奠定了重要的干部基础。

三　人民教育：毛泽东教育思想的发展形态

中华人民共和国成立前后，为了在革命胜利后，在全国范围内进行新民主主义建设，中国共产党和各民主党派以及无党派民主人士一起，制定了《中国人民政治协商会议共同纲领》以及各方面的政策，其中包括文化教育政策这一重要内容。与此同时，中国共产党对革命根据地的文化教育工作经验进行了总结，对毛泽东的人民教育理论进行了系统的研究，并根据新的条件进行了规范和发展。1949 年 12 月，徐特立在《新建设》上发表《科学化民族化大众化的文化教育》一文，对毛泽东提出的新民主主义教育的理论和政策作了系统的阐述。1951 年 6 月 29 日，钱俊瑞在《人民日报》发表的《学习和贯彻毛主席的教育思想》一文，《人民教育》杂志作为第 3 卷第 3 期代社论又一次发表，《新华月报》8 月号

[①] 《中共中央文件选集》第 13 册，第 257—258 页，中共中央党校出版社，1991。

在转载此文时还加"编者按"说："这篇论文对毛主席教育思想的特点、内容作了系统的介绍和阐述。"

建国初期，毛泽东教育思想伴随着革命的胜利已经成为我国教育事业的指导思想。它使得我国的人民教育朝着规范化、体系化、革命化的方向发展。

一是规范化。

《中国人民政治协商会议共同纲领》对于新中国文化教育的性质、任务和方法等作了明确的规定。第41条指出："中华人民共和国的文化教育为新民主主义的，即民族的、科学的、大众的文化教育。人民政府的文化教育工作，应以提高人民文化水平，培养国家建设人才，肃清封建的、买办的、法西斯主义的思想，发展为人民服务的思想为主要任务。"第46条指出："中华人民共和国的教育方法为理论与实际一致，人民政府应有计划有步骤地改革旧的教育制度、教育内容和教学法。"第47条还指出："有计划有步骤地实行普及教育，加强中等教育和高等教育，注重技术教育，加强劳动者的业余教育和在职干部教育，给青年知识分子和旧知识分子以革命的政治教育，以应革命工作和国家建设工作的广泛需要。"

我们可以注意到，这些规定是建立在根据地教育实践基础上的，是毛泽东从土地革命时期到抗日战争时期逐步完善的新民主主义教育思想的集中体现。当然，也有一些新的思想。在中共七届二中全会上，毛泽东曾经强调文化教育工作要"围绕着生产建设这一个中心工作并为这个中心工作服务"[①]。因此，在《共同纲领》第47条中和根据地时不一样，提出了"加强中等教育和高等教育，注重技术教育"这样的任务。

1949年12月5日，中共中央又下达指示，中央人民政府成立后，文化教育的行政工作由中共中央宣传部管理改为由中央政府文教部门管理。

这一切，都体现了建国后新民主主义教育正在朝规范化的方向发展。

---

① 毛泽东：《在中国共产党第七届中央委员会第二次全体会议上的报告》（1945年3月5日）。《毛泽东选集》第4卷，第1428页，人民出版社，1991。

包括提法也是如此，比如在抗日战争时期常常混用的"国民"与"人民"两词，也作了区分与规定。周恩来指出："'人民'是指工人阶级、农民阶级、小资产阶级、民族资产阶级，以及从反动阶级觉悟过来的某些爱国民主分子。而对官僚资产阶级在其财产被没收和地主阶级在其土地被分配以后，消极的是要严厉镇压他们中间的反动活动，积极的是更多地要强迫他们劳动，使他们改造成为新人。在改变之前，他们不属人民范围，但仍然是中国的一个国民，暂时不给他们享受人民的权利，却需要使他们遵守国民的义务。"① 因此在教育界，也把中国共产党领导的教育事业逐步地规范为"人民教育"。

二是体系化。

中国革命在全国胜利后，人民教育就有条件在规范化的过程中，逐步朝体系化的方向发展，为经济建设与社会改造服务。在根据地教育发展过程中，中国共产党从实际出发创办了各种形式的识字组与冬学。建国后，根据毛泽东关于"从百分之八十的人口中扫除文盲，是新中国的一项重要工作"的指示，从1951年起在全国进行了大规模的扫盲工作，并在这一工作中形成了群众业余教育的网络体系。与此同时，党在取得全国政权的过程中，根据毛泽东、朱德关于"保护一切公私学校、医院、文化教育机关、体育场所和其他一切公益事业。凡在这些机关供职的人员，均望照常供职，人民解放军一律保护，不受侵犯"的命令，接受了一批私立学校，并逐步予以整顿与改造，实行民主管理与经济公开（包括对经济有困难的一些有成绩的私立学校给以补助）。不仅如此，中国共产党还决定创办人民大学，举办工农速成中学，以弥补旧教育的不足。人民大学的任务，不仅培养青年知识分子，而且吸收工农青年和干部，目的是培养新中国的各类建设干部。这是新中国的完全新式的高等教育的起点。工农速成中学，是把多年参加革命斗争的青年和成年工农干部培养成知识分子，使之担负起建设的任务。经过这样的规划和努力，由

---

① 周恩来：《人民政协共同纲领草案的特点》（1949年9月22日）。《周恩来选集》上卷，第368—369页，人民出版社，1980。

业余教育、普通教育、中等和高等专业教育到高等综合教育的新中国人民教育的体系，就逐步建立起来了。这是毛泽东人民教育理论在实践中的实现和发展。

根据 1951 年 10 月 3 日《人民日报》刊印的"中华人民共和国学校系统图"，这个体系既符合中国特点，又比较符合教育由低级向高级发展的规律。

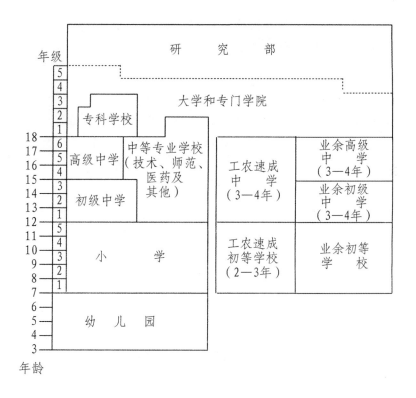

当然，在建体系的过程中，由于在许多方面借鉴了苏联的经验，有许多方面存在着不适合中国实际的缺陷，以及学科设置上分割过于机械、僵硬等不足，对中国后来教育事业的发展，也造成了不少严重的问题。但从总体而言，这是中国历史上文化教育少有的发展时期，是人民教育发展的重要标志。

三是革命化。

人民教育规范化、体系化的过程，始终是一个革命化、无产阶级化的过程。

由于教育是塑造人的事业，因此在摧毁旧制度、建立新社会的斗争中，不可避免地要在教育领域进行一场深刻的变革。建国后，中国共产党首先普及了毛泽东思想包括其中的教育思想，这是思想领域的革命。其次是对教育工作者的团结教育和改造，使之逐步转变立场，接受新思想、新文化，全心全意为人民服务。再次是对教育制度和教学内容的改革，党一边建立新的教育体系，改造旧学校，一边改革了课程设置，包括设立了政治思想课的教学内容。

这些改革或改造，始终贯穿着一个基本的指导思想，即肃清帝国主义、封建主义和官僚资本主义在教育领域的思想影响，建设一个为人民服务的，民族的科学的大众的新教育，为新民主主义建设和推进由新民主主义到社会主义的转变服务。这是一个崭新的事业，也是一场伟大的革命。它使毛泽东的教育思想，在建国后获得了重大的发展。

第四节　知识分子问题得失析

在新民主主义文化建设中，知识分子问题是一个极其重要而又复杂的问题。而且，这一问题处理的好坏，不仅仅关系到文化建设的成败，而且关系到整个新民主主义革命的成败和新民主主义社会的建设。

有人在研究毛泽东及其思想时，认为毛泽东一方面重视农民的作用，另一方面则排斥知识分子，这是典型的"民粹主义"。我们已经说过，毛泽东重视农民问题，是因为中国是一个落后的农业国家，农民不仅数量多，而且受压迫受剥削重，具有较强的革命性，因此能成为中国革命的动力；而且，这种动力是作为工人阶级"同盟军"的革命动力，并非是用农民阶级去取代工人阶级的领导地位。至于毛泽东排斥知识分子之说，纯粹是以偏概全的谬误，以毛泽东晚年在知识分子问题上的错误来否定毛泽东在知识分子问题上的正确思想。

当然，研究毛泽东在知识分子问题上的思想，是一项要花工夫的工作。因为，这里有两个问题常常会把我们的思考导入误区：一是毛泽东在知识分子问题上的论述，有一个复杂的变化过程，不能全面分析就不能正确领会；二是中国革命的实践，包括党内不少地方不少部门在知识分子问题上的做法，正确与错误交织在一起，不能科学分析就不能正确理解毛泽东的知识分子思想和党的知识分子政策。

首先，在知识分子的阶级属性问题上，在《中国社会各阶级的分析》（1925 年 12 月）中，毛泽东仅是笼统地把它归于"小资产阶级"一类，但没有进行具体的分析。在土地革命战争时期，他在农村调查中在关于文化教育状况调查时触及知识分子的一些状况，但没有把知识分子同工人、贫农、富农、商人一样列为专题进行调查。到抗日战争时期，他注意到知识分子在民族解放和革命斗争中发挥了积极的作用，进行了深入的研究。比如在 1939 年 5 月，他提出了知识分子有"革命的""不革命的""反革命的"之分，辨别的标准是看其愿意不愿意、并且实行不实行和广大的工农群众相结合；同年 12 月初又提出了殖民地半殖民地国家的知识分子和资本主义国家的知识分子的区别、为地主资产阶级服务的知识分子和为工农阶级服务的知识分子的区别这一重大的问题。这是一个非常重要思路和论断，即对知识分子的阶级属性要作具体分析，主要看其为哪一个阶级服务，而不能笼统地把他们称为"小资产阶级知识分子"，更不能简单地把他们称为"资产阶级知识分子"。因此，在《中国革命和中国共产党》（1939 年 12 月）中，毛泽东指出：

（1）"知识分子和青年学生并不是一个阶级或阶层"；

（2）"从他们的家庭出身看，从他们的生活条件看，从他们的政治立场看，现代中国知识分子和青年学生的多数是可以归入小资产阶级范畴的"；

（3）"一部分接近帝国主义和大资产阶级并为其服务而反对民众的知识分子"；

（4）"广大的比较贫苦的知识分子，能够和工农一道，参加和拥护革命"；

（5）"知识分子在其未和群众的革命斗争打成一片，在其未下决心为群众利益服务并与群众相结合的时候，往往带有主观主义和个人主义的倾向，他们的思想往往是空虚的，他们的行动往往是动摇的。……知识分子的这种缺点，只有在长期的群众斗争中才能克服"。①

其次，在对知识分子作用的评价问题上，毛泽东指出：

> 在长期的和残酷的民族解放战争中，在建立新中国的伟大斗争中，共产党必须善于吸收知识分子，才能组织伟大的抗战力量，组织千百万农民群众，发展革命的文化运动和发展革命的统一战线。没有知识分子的参加，革命的胜利是不可能的。②

这是毛泽东为中共中央起草的文件《大量吸收知识分子》（1939年12月）中的基本思想。

根据毛泽东和党中央的指示，中央军委也在《关于军队中吸收和对待专门家的政策指示》（1941年4月）中，强调："一个军队没有大量的专门家（军事家、工程师、技师、医生等等）参加，是不可能成为一个有力量的组织的。"③

毛泽东强调知识分子对于革命胜利的重要性，是因为当时党内不少人对此缺乏正确的认识，而且存在着恐惧知识分子甚至排斥知识分子的心理，比如学校不敢放手招收青年学生，党组织不愿意吸收知识分子入党。毛泽东认为这些认识或心理，都是完全错误的。因为，第一，知识分子的长处是有知识，这是接受革命理论、做好革命工作的重要基础。在延安时期，他说过："工人阶级应欢迎革命的知识分子帮助自己，决不

---

① 《毛泽东选集》第2卷，第641—642页，人民出版社，1991。

② 毛泽东：《大量吸收知识分子》（1939年12月1日）。《毛泽东选集》第2卷，第618页，人民出版社，1991。

③ 《中共中央文件选集》第13册，第84页，中共中央党校出版社，1991。

可拒绝他们的帮助。因为没有他们的帮助，自己就不能进步，革命也不能成功。"① "一个革命干部，必须能看能写，又有丰富的社会常识与自然常识，以为从事工作的基础与学习理论的基础；工作才有做好的希望，理论也才有学好的希望。"② 第二，知识分子是革命的"先锋"和"桥梁"。因为有知识，知识分子就能较早地接触马克思主义，较早地觉悟，成为革命的先锋队，无论是五四运动，还是中国共产党的创建，知识分子一旦接受了马克思主义，就成为革命的先锋队；因为有知识，知识分子还能传播马克思主义，组织工农群众，成为党联系工人农民的桥梁。所以毛泽东说："他们在现阶段的中国革命中常常起着先锋的和桥梁的作用。"③ 在党的发展史上，延安时期是广大爱国的和进步的知识分子成批成批地靠拢中国共产党、投奔中国共产党、参加中国共产党的辉煌时期。这就是中国共产党战胜蒋介石国民党的起点。

再次，在对知识分子缺点的认识和处理上，毛泽东强调主要是进行世界观的改造。在延安整风过程中，毛泽东的论述较多地着重于知识分子的缺点。这首先是因为，党在总结历史经验过程中，注意到党内历次机会主义的发生，都同小资产阶级众多的社会环境和知识分子脱离实际、脱离群众的思想方法有关。尤其像王明这样的知识分子，自恃有理论，不顾中国的国情，大搞教条主义，给党造成了严重的损失。因此，毛泽东提出整"三风"，第一风就是主观主义的"学风"，第二风才是宗派主义的"党风"，第三风又是党八股的"文风"。这些歪风的出现，都同小资产阶级出身的知识分子的缺点有关。毛泽东对此进行了非常尖锐的剖析和评论，比如他在《整顿党的作风》中说：

其次讲一讲所谓"知识分子"的问题。因为我们中国是一个半

---

① 毛泽东：《〈中国工人〉发刊词》（1940年2月7日）。《毛泽东选集》第2卷，第728页，人民出版社，1991。

② 《〈文化课本〉序》，延安版。

③ 毛泽东：《中国革命和中国共产党》（1939年12月）。《毛泽东选集》第2卷，第641页，人民出版社，1991。

殖民地半封建的国家，文化不发达，所以对于知识分子觉得特别宝贵。党中央在两年多以前作过一个关于知识分子问题的决定，要争取广大的知识分子，只要他们是革命的，愿意参加抗日的，一概采取欢迎态度。我们尊重知识分子是完全应该的，没有革命知识分子，革命就不会胜利。但是我们晓得，有许多知识分子，他们自以为很有知识，大摆其知识架子，而不知道这种架子是不好的，是有害的，是阻碍他们前进的。他们应该知道一个真理，就是许多所谓知识分子，其实是比较地最无知识的，工农分子的知识有时倒比他们多一点。于是有人说："哈！你弄颠倒了，乱说一顿。"（笑声）但是，同志，你别着急，我讲的多少有点道理。

什么是知识？自从有阶级的社会存在以来，世界上的知识只有两门，一门叫做生产斗争知识，一门叫做阶级斗争知识。自然科学、社会科学，就是这两门知识的结晶，哲学则是关于自然知识和社会知识的概括和总结。此外还有什么知识呢？没有了。我们现在看看一些学生，看看那些同社会实际活动完全脱离关系的学校里面出身的学生，他们的状况是怎么样呢？一个人从那样的小学一直读到那样的大学，毕业了，算有知识了。但是他有的只是书本上的知识，还没有参加任何实际活动，还没有把自己学得的知识应用到生活的任何部门里去。像这样的人是否可以算得一个完全的知识分子呢？我以为很难，因为他的知识还不完全。①

毛泽东这一段论述，从大背景而言，是针对王明教条主义的，具体锋芒所指则是知识分子的缺点，这是很耐人寻味的。除了这一点，延安整风时期他侧重于谈论知识分子的缺点，还因为当时大批城市知识青年来到他们向往的革命圣地延安，但由于大城市与陕北农村的落差，他们很快就感到种种不适应。在延安文艺界中还出现了一些暴露延安阴暗面的作品以及由此而引起的思想分歧。毛泽东在延安文艺座谈会上那篇著名的

---

① 《毛泽东选集》第3卷，第815—816页，人民出版社，1991。

讲话，就是由此引发的。所以毛泽东在会上反复强调要开展思想斗争，改造知识分子的世界观，而且也说得十分尖锐：

> 我们延安文艺界中存在着上述种种问题，这是说明一个什么事实呢？说明这样一个事实，就是文艺界中还严重地存在着作风不正的东西，同志们中间还有很多的唯心论、教条主义、空想、空谈、轻视实践、脱离群众等等的缺点，需要有一个切实的严肃的整风运动。
>
> 我们有许多同志还不大清楚无产阶级和小资产阶级的区别。……小资产阶级出身的人们总是经过种种方法，也经过文学艺术的方法，顽强地表现他们自己，宣传他们自己的主张，要求人们按照小资产阶级知识分子的面貌来改造党，改造世界。在这种情形下，我们的工作，就是要向他们大喝一声，说："同志"们，你们那一套是不行的，无产阶级是不能迁就你们的，依了你们，实际上就是依了大地主大资产阶级，就有亡党亡国的危险。[①]

因此，毛泽东强调要展开无产阶级思想对非无产阶级思想的积极的思想斗争，对文艺界等知识界，进行思想整顿与世界观改造；强调知识分子要深入实践，同工农群众相结合，在思想感情上和工农群众打成一片，在思想方法上坚持理论联系实践，实行"知识分子工农群众化"（与此同时也提出了"工农干部知识分子化"）。

最后，在对知识分子的政策问题上，1939 年 12 月初，毛泽东和中共中央的基本政策是"大量吸收"，同时也提出了"加以教育"的要求。1942 年总政治部在《关于部队中知识分子干部问题的指示》中，进一步把它具体化为三个方面，即"容""化""用"。所谓"容"者，就是争取知识分子加入我们军队，能够容纳他们，使他们成为我们的优秀干部。

---

① 《毛泽东选集》第 3 卷，第 875—876 页，人民出版社，1991。

所谓"化"者，就是转变知识分子的小资产阶级思想意识，使他们革命化，无产阶级化。所谓"用"者，就是正确的分配他们的工作，使他们有适当的发展前途。这个指示还具体地列举并分析了当时在"容""化""用"上存在的问题，强调："在这儿，老干部对待知识分子的态度是有决定意义的。老干部必须忠实执行党对知识分子的政策，严格肃清自己排斥新知识分子的态度，反对夸大知识分子的弱点，对知识分子采取耐心的和蔼的说服教育。"① 这个政策在解放战争过程中，仍然贯彻了。1948 年 1 月 18 日，毛泽东在为中共中央起草的《关于目前党的政策中的几个重要问题》中，特地提醒全党："对于学生、教员、教授、科学工作者、艺术工作者和一般知识分子，必须避免采取任何冒险政策。中国学生运动和革命斗争的经验证明，学生、教员、教授、科学工作者、艺术工作者和一般知识分子的绝大多数，是可以参加革命或者保持中立的，坚决的反革命分子只占极少数。因此，我党对于学生、教员、教授、科学工作者、艺术工作者和一般知识分子，必须采取慎重态度。必须分别情况，加以团结、教育和任用，只对其中极少数坚决的反革命分子，才经过群众路线予以适当的处置。"②

新中国建立初期，党对知识分子的政策，从总体上讲没有改变，但为了适应革命胜利后重建国家意识形态的需要，并为由新民主主义社会到社会主义社会的过渡作好思想上的准备，党在继续强调对知识分子团结和使用的同时，重点日益地放到教育和改造上去了。1950 年 6 月在中共七届三中全会上，毛泽东提出：

> 对知识分子，要办各种训练班，办军政大学、革命大学，要使用他们，同时对他们进行教育和改造。要让他们学社会发展史、历史唯物论等几门课程。就是那些唯心论者，我们也有办法使他们不

---

① 《中共中央文件选集》第 13 册，第 443 页，中共中央党校出版社，1991。
② 《毛泽东选集》第 4 卷，第 1269—1270 页，人民出版社，1991。

反对我们。他们讲上帝造人，我们讲从猿到人。有些知识分子老了，七十几岁了，只要他们拥护党和人民政府，就把他们养起来。①

中共中央在 1951 年 9 月出版《毛泽东选集》第 1 卷后，进一步要求知识分子加强学习，进行自我教育和学术革命。同年 11 月 30 日，中共中央又发出《关于在学校中进行思想改造和组织清理工作的指示》，要求在学校教职员和高中以上学生中普遍开展学习运动，号召他们运用批评和自我批评的方法，进行自我教育和自我改造。这就是建国初从教育界到文艺界和整个知识界开展的思想改造运动的发端。这场运动到 1952 年秋基本结束。它体现了新中国建立初期，在全国范围内建设新民主主义文化的一个特点：注重知识分子的思想改造。

毛泽东在知识分子问题上的这些思想，应该怎样来评价呢？

从总体上讲，他对于半殖民地半封建社会知识分子特点的分析，以及所采取的政策，是科学的、正确的。尤其在延安时期对知识分子阶级属性的分析、作用的评价，以及 1939 年制定的大量吸收知识分子的政策，都是十分正确的。正由于这些正确的见解和主张，保证了革命队伍的壮大与成熟，为夺取全国政权奠定了重要的基础。

但是，这些思想中也有某些值得研究的问题。

一是对知识分子缺点的分析。在半殖民地半封建社会，知识分子由于受压迫甚多甚深，具有较强的革命性，这是其优点，因而大多数知识分子都能积极参加到革命的行列中来，毛泽东的这一见解非常深刻，并在实践中证明是正确的。在这么一个小生产占绝对优势的国家，知识分子身上带有许多小生产者那样的弱点，也是难以避免的。毛泽东对知识分子中存在的许多缺点的分析，总体上也是正确的。但是在分析中，存在一个突出的问题：过于强调"知识分子最无知识"。毛泽东论及这一问题时，针对的主要是王明教条主义，为了批判教条主义的愚蠢而强调实

① 毛泽东：《不要四面出击》（1950 年 6 月 6 日）。《毛泽东文集》第 6 卷，第 74—75 页，人民出版社，1999。

践和直接经验的重要性是可以理解的。但是，"教条主义者"中间有知识分子，不等于知识分子就是"教条主义者"。毛泽东的批判，恰恰在这里步入了误区。但由于在革命时期毛泽东不断强调知识分子对于革命胜利的意义，因而这种误区没有导致严重的问题，然而它成为后来社会主义时期在知识分子问题上所犯的严重错误的隐患。

二是对知识分子教育与改造的做法。在革命过程中，注意知识分子的弱点，进行必要的政治教育和思想斗争，实践证明是正确的。许多知识分子在斗争中成长为坚强的无产阶级先进分子和党在各条战线的优秀专家，都同党的知识分子政策的正确性是分不开的。但是，无论在延安时期，还是在新中国建立初期，在贯彻党的知识分子政策时，都有过一些失误。比如，延安整风后期的"抢救失足者"，延安文艺界对王实味的政治批判，新中国建立初期对电影《清宫秘史》《武训传》的批判，对梁漱溟、俞平伯等知识分子的批判，等等。这里有一个很大的问题，是政策不具体，即政策界限不清楚，因此在实际工作中，常常把学术问题和不同的认识问题当作政治思想问题，把思想意识问题当作政治立场问题，把人民内部矛盾问题当作敌我矛盾问题。这种情况，在一些错误的指导者用逼供信等错误的做法下面，表现得尤为突出。

总之，在新民主主义文化建设过程中，毛泽东关于知识分子问题的基本思想是正确的，但也不能不看到存在某些不足，尤其在实践中还有一些问题尚未很好解决。因此，马克思主义者无论破坏旧世界，还是建设新社会，都要高度重视知识分子问题的研究，重视文明社会发展规律的研究。因为历史一次又一次地告诉我们：谁争取到了知识分子的多数，谁就争到了天下；谁伤害了知识分子的忧国忧民之心，谁就伤害了自己的事业；谁不能正确地引导知识分子，谁就不能长期地领导国家。

第十章　哲学论

> 他是一个有辩证法头脑的复杂人物，他和他的事业是不能用西方的范畴来加以描述的，否则就不但不能说清，反而会搞得更加含糊不清。他是他同时代人中最乐观的人，但是他愤世嫉俗，不信任无能之辈。对于外界的影响，他比他的同龄中国人都更加开放——他以惊人的敏捷从谷物中挑出秕子，而又本能地识别出真正有价值的东西。
>
> ——［美］尼姆·韦尔斯

第一节 "结合"的哲学

对于救亡与发展这两大基本问题，中国近代一批又一批志士仁人试图解决，都没有成功，唯独毛泽东找到了正确的道路。毛泽东与前人的区别，即在于他运用的是最新式最有效的思想武器——马克思主义。但是，运用马克思主义来认识和改造中国的，又何止毛泽东一人？陈独秀、瞿秋白、李立三、王明等党的领导人没有获得成功，而毛泽东获得了成功。这里的区别即在于毛泽东比他的同代领袖们更准确地掌握了马克思主义的精髓和活的灵魂。

现在要研究的就是：什么是马克思主义的精髓和活的灵魂？什么是毛泽东成功的"秘诀"？

1930年初，毛泽东提出的农村包围城市、最后夺取全国政权的思想，遭到了党内"左"倾冒险主义者的斥责和批判。为了回答这种错误的批判，同年5月，他写了《反对本本主义》一书，深刻地指出：

> 我们说马克思主义是对的，决不是因为马克思这个人是什么"先哲"，而是因为他的理论，在我们的实践中，在我们的斗争中，证明了是对的。我们的斗争需要马克思主义。我们欢迎这个理论，丝毫不存什么"先哲"一类的形式的甚至神秘的念头在里面。读过马克思主义"本本"的许多人，成了革命叛徒，那些不识字的工人常常能够很好地掌握马克思主义。马克思主义的"本本"是要学习的，但是必须同我国的实际情况相结合。我们需要"本本"，但是一定要纠正脱离实际情况的本本主义。①

---

① 《毛泽东选集》第1卷，第111—112页，人民出版社，1991。

当时，毛泽东的这一见解并未为全党所接受，教条主义在党内占了上风。经过 1934 年的大失败，红军指战员在长征中经过经验的对比，逐步认识到毛泽东的正确，在遵义会议上，中共中央政治局推选毛泽东担任中央的领导工作。1938 年 10 月，毛泽东在中共扩大的六届六中全会上，进一步发挥了《反对本本主义》中的思想，指出：

> 对于中国共产党说来，就是要学会把马克思列宁主义的理论应用于中国的具体的环境。成为伟大中华民族的一部分而和这个民族血肉相联的共产党员，离开中国特点来谈马克思主义，只是抽象的空洞的马克思主义。因此，使马克思主义在中国具体化，使之在其每一表现中带着必须有的中国的特性，即是说，按照中国的特点去应用它，成为全党亟待了解并亟须解决的问题。①

在《〈共产党人〉发刊词》（1939 年 10 月）中，毛泽东把中国革命这一基本经验概括为一个公式：将马克思列宁主义的理论和中国革命的实践相结合。

这样，我们就知道了，毛泽东与其他公式化、形式化的马克思主义者的区别，即在于他善于把马克思主义基本原理和中国革命的具体实际相结合。毛泽东思想的科学体系，就是在这种"结合"中形成的全部科学结论及其逻辑体系。所以，中共中央在确定毛泽东思想为全党的指导思想时，给这一科学的思想体系下了一个定义，即"马克思列宁主义的理论与中国革命的实践之统一的思想"。

在本书的引论中，我们已经论述过这一问题。全书写到这里，我们仍要复述这一问题，是为了在探讨了毛泽东思想的科学内容之后，进一步研究一个问题：一边是从国外引进的马克思主义，一边是中国的具体实际，毛泽东是如何把它们结合起来的？

---

① 毛泽东：《中国共产党在民族战争中的地位》（1938 年 10 月 14 日）。《毛泽东选集》第 2 卷，第 534 页，人民出版社，1991。

　　在中国革命过程中，出现了两种人：一种人认为来自外国的思想、学说不能解决中国的问题，这即是从五四运动后"社会主义论战"开始，到 30 年代社会史论战，直到抗日战争中几次反共高潮，以及解放战争初期思想理论斗争中，一再提出"马克思主义不合中国国情"的一派；另一种人认为中国的问题只能靠马克思主义来解决，解决的方法就是从马克思主义的著作中寻找解决中国问题的方针、政策和方法，这即是教条主义的一派。中国革命艰险重重，屡遭失败，就是不懂得如何使马克思主义与中国实际结合起来。

　　毛泽东的伟大，在于他不仅提出了一系列马克思主义与中国实际相结合的科学结论，而且形成了一整套能把马克思主义与中国实际结合起来的认识论和方法论——毛泽东哲学思想。

　　关于毛泽东哲学思想，国内学术界已有大量的研究，成果颇丰。这里仅论及新民主主义革命时期毛泽东在哲学方面的一些基本思想。

一　毛泽东哲学思想是在主体与客体相互作用的实践过程中实现主观与客观、认识与实践具体的历史的统一的认识论和方法论

　　以往的哲学家，不是探究世界的本原（如德谟克里特、柏拉图、亚里士多德），就是争论知识的来源（如培根、笛卡儿）。对此，毛泽东在青年时代就有浓厚的兴趣，多次说过要研究"大本大原"的问题。但在投身于民主革命的实践以后，他的哲学思考和哲学研究有一个明显的特点，这就是注重解决实践中的哲学问题。在世界观或本体论的问题上，他虽然也有所论列，但主要是直接引用马克思主义的唯物论结论；在认识论问题上，他的论述比较集中，但不是一般地论述认识问题，而是突出地论述了实践中的认识问题，即他所说的"知与行"的问题，以及与此相联系的实践中的方法论问题。应该讲，重视实践问题，是马克思主义哲学的特点。马克思曾经申明，旧哲学只是解释世界，而新哲学则要改变世界。毛泽东遵循的是马克思的方向，即没有把哲学仅仅停留在解

释世界的层面上，而是深入到改变世界这一更深的层面上。但在这样做的时候，他碰到了一个难题，即如何解决实践中的主观与客观、认识与实践的关系问题。这是毛泽东全部哲学工作的努力方向。在这个意义上，我们可以说毛泽东哲学思想是实践中的哲学思想。也就是说，毛泽东与以往那些哲学家的区别，即他探究的重点是如何实践的问题。

实践，是主体能动地改造客体的物质运动过程。它是一种物质运动过程，是一种客观的存在，这是毫无疑义的；但同时，它又有别于自然界的物质运动，是主体有目地改造客体的过程，是一种具有目的性的特殊的存在。因为，凡是实践都是人的实践，人在实践中处于主体的地位，实践所要改变的外部世界是作为实践的对象即客体而存在的。实践作为物质的人与外部物质世界之间的相互关系，是客观的物质运动过程；实践作为有意识有激情即有目的的人与外部物质世界之间的相互关系，又使这一物质运动过程打上特有的目的性。这里，有目的的人是实践的主体，与之对应的外部物质世界是实践的客体。因此，研究实践中的哲学问题，必须考虑到实践的这一特点，考虑到实践中主体与客体及其相互关系的复杂性。

我们可以注意到，实践中的基本范畴就是：主体与客体。打开《毛泽东选集》，我们读到的第一句话是："谁是我们的敌人？谁是我们的朋友？这个问题是革命的首要问题。"[1] 从政治学讲，此话含义为区分敌我友是革命的首要问题；从哲学上看，此话含义即为区分主体与客体是实践的首要问题。有人认为毛泽东哲学思想没有主体与客体这对范畴，其实并非如此。比如在《青年运动的方向》（1939 年 5 月）中，毛泽东写道："中国的革命，它反对的是什么东西？革命的对象是什么呢？大家知道，一个是帝国主义，一个是封建主义。现在的革命对象是什么？一个是日本帝国主义，再一个是汉奸。……革命是什么人去干的？革命的主体是什么呢？就是中国的老百姓。"[2] 这里说的"对象"，即"客体"。在《毛泽东哲学批注集》中，他多次论及主体与客体问题，他说："认识主

---

[1]　毛泽东：《中国社会各阶级的分析》（1925 年 12 月 1 日）。《毛泽东选集》第 1 卷，第 3 页，人民出版社，1991。

[2]　《毛泽东选集》第 2 卷，第 562 页，人民出版社，1991。

体是社会的阶级。""认识的主体与客体的变化，在革命期中表现得特别强烈。例如俄国无产阶级与中国农民。"① 这里讲的"认识的主体与客体"，即"实践的主体与客体"。在毛泽东著作中，"我们""我们党""我国无产阶级""我国人民"等概念，就是革命实践中"主体"这一范畴的通俗表达。研究毛泽东哲学思想，必须注意到，主体与客体这对范畴是其基本的范畴。

在主体与客体的关系中，由于人是有意识有激情的特殊物质实体，而人又处于实践的主体即主动的、主导的地位，这样，实践中势必碰到人的意识与物质的关系问题。意识与物质、思维与存在被称为哲学基本问题。这一基本问题，在实践中仍然存在，谁也无法超越或回避它。但是，由于其范围被规定在"实践"中，即主体与客体的相互关系中，因而其表现形态又有其一定的特殊性。毛泽东在《实践论》《矛盾论》等哲学著作中，使用得最多的哲学范畴是"主观与客观"，而不是以往那些哲学家惯常使用的"意识与物质""思维与存在"。其原因即在于在一般的宇宙观、世界观或本体论中所研究的"意识与物质""思维与存在"，在实践的哲学中不能简单地套用，必须把它们同实践的特点联系起来。这就是说，在实践的哲学中所研究的"意识""思维"只是实践主体的意识、思维，所以毛泽东把它们称之为"主观"；而进入实践范围的物质、存在，则被称为"客观"。比如在毛泽东常用的"主观符合客观"这一命题中，这个"主观"即主体（中国共产党、中国人民）的认识，而不包括其对立面帝国主义者、封建主义者或国民党反动派的认识。因此，"主观与客观"这一范畴，即与"意识与物质""思维与存在"这样的范畴相联系，又是与实践论中"主体与客体"相联系的范畴。这是必须说明，并必须引起我们重视的。

实践从其全部过程而言，是主体能动地改造客体的物质运动过程；从其中主观与客体的关系而言，又是"主观见之于客观的东西"②。在这

① 《毛泽东哲学批注集》，第22、18页，中央文献出版社，1988。
② 毛泽东：《论持久战》（1938年5月）。《毛泽东选集》第2卷，第477页，人民出版社，1991。

里，"主观"居于主动的、主导的地位，是以实践的目的出现的。因此，毛泽东非常重视革命理论、党的路线方针政策等实践中的意识，即"主观"的能动作用。

但是，中国革命的经验一次又一次地告诉我们，实践中主体的认识，即主观，既可以把革命由失败引导到胜利，也可以把革命由胜利引导到失败。主观的能动性，表现为积极的和消极的两种能动性。因此，光强调主观的能动性还不够，还必须研究如何保证主观能产生积极的能动性。毛泽东研究了这一问题，认为只有符合客观及其内部规律性的主观，才能对客观的改造产生积极的能动性。他在《中国革命战争的战略问题》（1936 年 12 月）中讨论这一问题时说：

> 为什么主观上会犯错误呢？就是因为战争或战斗的部署和指挥不适合当时当地的情况，主观的指导和客观的实在情况不相符合，不对头，或者叫做没有解决主观和客观之间的矛盾。人办一切事情都难免这种情形，有比较地会办和比较地不会办之分罢了。事情要求比较地会办，军事上就要求比较地多打胜仗，反面地说，要求比较地少打败仗。这里的关键，就在于把主观和客观二者之间好好地符合起来。①

这是因为，主观尽管具有能动性，能支配人去改造客观世界，但是主观毕竟是物质的人的意识，受到人自身及其存在的条件的制约，受到人在其中活动的实践及其对象的制约，因而主观的能动性不是绝对的，而是有条件的、受制约的、相对意义上的能动性。而且，客观世界都有其自身的发生、发展和衰亡的规律，要改造它使之发生革命的变化，必须根据它的发展规律来进行。主观的能动性从积极的意义上说，就是认识客观世界规律性的能动性，以及根据这种规律来改造客观世界的能动性。人一旦具备这样的积极的能动性，就在实践中进入了自由王国；反之，

---

① 《毛泽东选集》第 1 卷，第 179 页，人民出版社，1991。

只能在必然王国中莽撞或徘徊。当然，这种积极的能动性，这种自由，也是具体的历史的，即在这一实践领域中自由了，并不等于一劳永逸地自由了。所以，一方面，主观要能动地改造客观；另一方面，主观必须自觉地符合客观。只有这两者统一起来，才能进行正确的实践。实践的哲学，要研究和解决的基本问题就是主体与客体关系中主观与客观、认识与实践之间的统一问题。这就是毛泽东在《实践论》（1937 年 7 月）中所说的：

> 一切客观世界的辩证法的运动，都或先或后地能够反映到人的认识中来。社会实践中的发生、发展和消灭的过程是无穷的，人的认识的发生、发展和消灭的过程也是无穷的。……我们的结论是主观和客观、理论和实践、知和行的具体的历史的统一，反对一切离开具体历史的"左"的或右的错误思想。①

《实践论》讲的这一"结论"，就是《矛盾论》（1937 年 8 月）中所讲的"关于事物矛盾的问题的精髓"。因为，事物内部的矛盾的存在有其绝对的共性，但是这一共性、绝对性不是独自存在的，而是存在于一个个具体的历史的事物即具体矛盾之中，亦即矛盾的个性、相对性之中。因此，反映事物内部矛盾的共性、绝对性的普遍真理，如共产党人所信奉的马克思主义基本原理，它不仅是马克思从西欧资本主义这种特殊事物的发展规律中揭示出来的普遍真理，而且必须同世界各国具体的实际相结合，即把矛盾的普遍性（共性、绝对性）与矛盾的特殊性（个性、相对性）相结合，才能发挥其真正的威力。正是在这样的意义上，毛泽东在发挥列宁关于对立统一规律是唯物辩证论的本质和核心这一科学论断时，深刻地指出：

> 这一共性个性、绝对相对的道理，是关于事物矛盾的问题的精

---

① 《毛泽东选集》第 1 卷，第 295—296 页，人民出版社，1991。

髓，不懂得它，就等于抛弃了辩证法。①

一个"结论"，一个"精髓"，毛泽东在其哲学著作中写下这样的两个完全一致的哲学论断，不是偶然的。它清楚地表明了毛泽东哲学思想就是在实践中，实现主观与客观、认识与实践，即共性与个性、绝对与相对之间具体的历史的统一的认识论和方法论。

二　毛泽东哲学思想是以事实为根据的唯物论世界观和以人民为本位的价值观相统一的认识论和方法论

如前所述，实践既是物质的人与物质的外部世界之间的物质运动过程，又是有意识有激情的人与外部物质世界之间的有目的的物质运动过程。因此，人的认识即主观在反映客观世界时，不可避免地会进行两重反映：一是反映人以外的外部物质世界，二是反映人自身这一特殊的物质世界。我们在前面说"客观"是进入实践范围的"物质""存在"，这里主要指的是主体认识和改造的客体这一外部物质世界，同时也包括以主体形态存在的人这一特殊的物质世界，即主体作为物质的人也是一种客观存在。毛泽东非常欣赏孙子讲的"知彼知己，百战不殆"，这里的"彼"为"知"的客体，"己"为"知"的主体，而在战争实践中要保证"百战不殆"，还要把"己"这一主体也作为"知"的对象，即特殊的客体。这时，"彼"与"己"尽管是两种形态的物质世界，但都是主观所要认识和改造的"客观"，这是毫无疑义的，在这个意义上，毛泽东说过：

> 学习和认识的对象，包括敌我两方面，这两方面都应该看成研究的对象，只有我们的头脑（思想）才是研究的主体。②

---

① 毛泽东：《矛盾论》（1937 年 8 月）。《毛泽东选集》第 1 卷，第 320 页，人民出版社，1991。

② 毛泽东：《中国革命战争的战略问题》（1936 年 12 月）。《毛泽东选集》第 1 卷，第 182 页，人民出版社，1991。

　　了解了这一点，就可以发现，毛泽东在论述实践中的认识论和方法论时，有两个基本的出发点：

　　一是"一切从实际出发"。

　　土地革命战争时期，毛泽东就已经注意到党内在分析政治形势和指导工作时，存在着一种主观主义的思想方法和工作方法。为了纠正这种错误，他提出的主要对策是："使党员注意社会经济的调查和研究，由此来决定斗争的策略和工作的方法，使同志们知道离开了实际情况的调查，就要堕入空想和盲动的深坑。"[1] 1930 年 5 月他提出"没有调查，没有发言权"的著名口号时，指导思想就是：

　　　　共产党的正确而不动摇的斗争策略，决不是少数人坐在房子里能够产生的，它是要在群众的斗争过程中才能产生的，这就是说要在实际经验中才能产生。[2]

　　这一思想，毛泽东在抗日战争和解放战争时期，不仅坚持了，而且提高了、规范化了。在《论持久战》《中国革命和中国共产党》中，把客观实际称为认识问题、分析问题和解决问题的"根据"；在《改造我们的学习》《在延安文艺座谈会上的讲话》等著作中，进一步提出了"从实际出发"这一唯物主义认识论和方法论的基本命题。正如毛泽东 1948 年 4 月 1 日在晋绥干部会议上说的：

　　　　按照实际情况决定工作方针，这是一切共产党员所必须牢牢记住的最基本的工作方法。我们所犯的错误，研究其发生的原因，都是由于我们离开了当时当地的实际情况，主观地决定自己的工作方

---

　　① 毛泽东：《关于纠正党内的错误思想》（1929 年 12 月）。《毛泽东选集》第 1 卷，第 92 页，人民出版社，1991。

　　② 毛泽东：《反对本本主义》（1930 年 5 月）。《毛泽东选集》第 1 卷，第 115 页，人民出版社，1991。

针。这一点，应当引为全体同志的教训。①

二是"一切从人民的利益出发"。

毛泽东强调"一切从实际出发"，符合唯物主义的科学观。同时，毛泽东认为唯物主义者并不排斥功利主义，也有自己的利益要求，但共产党人作为彻底的唯物主义者坚持的不是个人主义的或利己主义的功利主义，而是无产阶级的以人民利益为本位的功利主义。因为，人民群众在实践中，不仅要反映作为客体的外部物质世界的规律，而且必须反映作为主体的人（即毛泽东强调的"无产阶级"和"人民群众"）的状况及其利益要求。这种利益要求在人的认识中，集中表现为人的价值观。毛泽东认为：

> 我们共产党人区别于其他任何政党的又一个显著的标志，就是和最广大的人民群众取得最密切的联系。全心全意地为人民服务，一刻也不脱离群众；一切从人民的利益出发，而不是从个人或小集团的利益出发；向人民负责和向党的领导机关负责的一致性；这些就是我们的出发点。②

所以，毛泽东说："马克思主义的哲学辩证唯物论有两个最显著的特点：一个是它的阶级性，公然申明辩证唯物论是为无产阶级服务的；再一个是它的实践性，强调理论对于实践的依赖关系，理论的基础是实践，又转过来为实践服务。"③ 为无产阶级服务，为实践服务，这是再也鲜明不过的无产阶级功利主义和无产阶级价值倾向了。毛泽东讲哲学，不仅讲规律，讲观点，讲方法，而且讲立场。"立场"，就是政治价值倾向。

---

① 《毛泽东选集》第 4 卷，第 1308 页，人民出版社，1991。
② 毛泽东：《论联合政府》（1945 年 4 月 24 日）。《毛泽东选集》第 3 卷，第 1094—1095 页，人民出版社，1991。
③ 毛泽东：《实践论》（1937 年 7 月）。《毛泽东选集》第 1 卷，第 284 页，人民出版社，1991。

我们仔细研究毛泽东的哲学论述，即可发现，他在实践中探索的、追求的"正确思想"，既是反映外部物质世界及其内部规律性的客观真理，又是反映人民群众根本利益及其在各个阶段现实要求的价值观，是这两者的统一。

当然，从根本上讲，这两者是能够统一的，因为人民群众是社会生产力的主体，其根本利益同生产力发展以及由此而引起的整个社会发展的规律，是一致的。但在现实生活中，两者又常常会发生不一致。这不仅是因为外部物质世界的本质和规律有一个逐渐暴露的过程，而且因为人民群众的利益有长远与眼前、全局与局部之分，人民群众的认识有先进与落后之别。因此，毛泽东认为，只强调认识从实际出发，而不重视从人民群众的利益出发，以为自己手里掌握着客观真理，不必顾及群众的要求，就会走向命令主义的错误；反之，只强调从群众的利益出发，而不顾及这种利益要求是否正确，是否符合中国实际，就会导致尾巴主义的错误。这两种片面性，都无助于实现主观与客观、认识与实践的具体的历史的统一。只有坚持唯物主义世界观和以人民为本位的价值观相统一，即既坚持"一切从实际出发"，又坚持"一切从人民群众的利益出发"，才能真正做到革命实践中主观与客观、认识与实践的具体的历史的统一。

三 毛泽东哲学思想是以实事求是为精髓的哲学思想

这样，我们对毛泽东哲学思想就有了一个比较全面的、深刻的认识了。

首先，它是以实事求是为精髓的"能动的革命的反映论"。在如何实现主观与客观、认识与实践的具体的历史的统一问题上，毛泽东用了两个成语：一是"有的放矢"；一是"实事求是"。"有的放矢"是从主观到客观。因为，"的"就是中国革命，"矢"就是马克思列宁主义。我们中国共产党人所以要找这根"矢"，就是为了要射中国革命和东方革命这个"的"的。而"实事求是"，则是从客观到主观。众所周知，"实事"就是客观存在着的一切事物，"是"就是客观事物的内部联系，即规律性，"求"就是我们去研究。我们要从国内外、省内外、县内外、区内外的实际情况出发，从其中引出其固有的而不是臆造的规律性，即找出周围事变的内部联系，作为我们行动的向导。值得注意的是，毛泽东强调，在理论与实践结合过程中，"有的放矢"与"实事求是"是统一的。这就是说，主观与客观是双向交互作用的，而不是单向作用的。这样，既有别于只讲从主观到客观的唯心论，又有别于只讲从客观到主观而不讲主观对客观反作用的机械唯物论。在《新民主主义论》中，毛泽东创造性地把这种主观与客观双向交互作用的认识论概括为"能动的革命的反映论"。从其落脚点是"反映论"而言，他是把"实事求是"作为根本点提出来的，而主观对客观的作用只是第二位的。所以，邓小平等老一辈无产阶级革命家都认为：

> 毛泽东同志在延安为中央党校题词，就是"实事求是"四个大字，这是毛泽东哲学思想的精髓。①

其次，它是以实事求是为精髓的认识论和方法论相统一的"结合"哲学。毛泽东在论述他的哲学思想时，有一种逻辑的魅力。在《实践论》中，他说：

> 通过实践而发现真理，又通过实践而证实真理和发展真理，从感性认识而能动地发展到理性认识，又从理性认识而能动地指导革命实践，改造主观世界和客观世界。实践、认识、再实践、再认识，这种形式，循环往复以至无穷，而实践和认识之每一循环的内容，都比较地进到了高一级的程度。这就是辩证唯物论的全部认识论，这就是辩证唯物论的知行统一观。②

---

① 邓小平：《教育战线的拨乱反正问题》（1977 年 9 月 19 日）。《邓小平文选》第 2 卷，第 67 页，人民出版社，1994。

② 《毛泽东选集》第 1 卷，第 296—297 页，人民出版社，1991。

在新中国建立后修改并公开出版《矛盾论》时，毛泽东加上了一段重要的论述：

> 就人类认识运动的秩序说来，总是由认识个别的和特殊的事物，逐步地扩大到认识一般的事物。人们总是首先认识了许多不同事物的特殊的本质，然后才有可能更进一步地进行概括工作，认识诸种事物的共同的本质。当着人们已经认识了这种共同的本质以后，就以这种共同的认识为指导，继续地向着尚未研究过的或者尚未深入地研究过的各种具体的事物进行研究，找出其特殊的本质，这样才可以补充、丰富和发展这种共同的本质的认识，而使这种共同的本质的认识不致变成枯槁的和僵死的东西。这是两个认识的过程：一个是由特殊到一般，一个是由一般到特殊。人类的认识总是这样循环往复地进行的，而每一次的循环（只要是严格地按照科学的方法）都可能使人类的认识提高一步，使人类的认识不断地深化。[①]

当毛泽东在1943年6月1日为中共中央起草《关于领导方法的若干问题》的决定时，又一次提出：

> 在我党的一切实际工作中，凡属正确的领导，必须是从群众中来，到群众中去。这就是说，将群众的意见（分散的无系统的意见）集中起来（经过研究，化为集中的系统的意见），又到群众中去作宣传解释，化为群众的意见，使群众坚持下去，见之于行动，并在群众行动中考验这些意见是否正确。然后再从群众中集中起来，再到群众中坚持下去。如此无限循环，一次比一次地更正确、更生动、更丰富。这就是马克思主义的认识论。[②]

---

① 《毛泽东选集》第1卷，第309—310页，人民出版社，1991。
② 《毛泽东选集》第3卷，第899页，人民出版社，1991。

这三段关于马克思主义认识论的论述，是同辩证法、唯物史观直接相统一的认识论，论述的角度虽然各不相同，但内容是同构、一致的。如果用公式来表示，它们分别为：

实践——认识——再实践——再认识——……

特殊——一般——特殊——一般——……

群众——领导——群众——领导——……

这三个公式的实质，就是毛泽东所讲的"实事求是"，即：

客观——主观——客观——主观——……

它们是"实事求是"的哲学思想在认识论和方法论（包括领导方法）中的展开式。

以"实事求是"为精髓，从各方面把主观与客观、认识与实践具体地、历史地统一起来，正是毛泽东实现马克思列宁主义基本原理与中国革命具体实际相结合的"秘诀"之所在。也正是在这个意义上，我们可以说毛泽东哲学思想就是实现"结合"的认识论和方法论，或"结合"的哲学。

第二节　哲学研究与党的思想路线

十分明显，毛泽东研究哲学，是为了解决中国革命所遇到的一系列复杂难题，首先是为了解决党的意识形态问题，尤其是领导革命的思想路线问题。这就是集革命家、政治家和哲学家于一身的毛泽东，与书斋中的哲学家所不同的地方。

一　毛泽东哲学研究的特点

《毛泽东哲学批注集》是研究毛泽东哲学思想的一部重要著作。从中我们可以发现，毛泽东学习哲学、研究哲学，有两个重要的特点：

第一，用学术研究推动意识形态重建。

在《毛泽东哲学批注集》中，毛泽东批注的大多是阐述马克思主义哲学的论著。他采取的态度，首先是研究它，而不是盲从它。在阅读过程中，对一些重要的观点和原理，他都圈点划线，写上自己的理解。令人注目的是在读斯大林名著《论辩证唯物主义和历史唯物主义》时，问号多达 10 个，同其他著作相比，毛泽东对这部著作并不十分重视；而且当 60 年代李达主编的《马克思主义哲学大纲》中，采用斯大林这部著作中的观点时，毛泽东批注："不必抄斯大林"。不少批注，尤其是他对《哲学选辑》的附录"研究提纲"的批注，对一些重要观点一一进行了商榷、质疑，或表达了自己的不同见解。从中我们可以看到，毛泽东是把马克思主义哲学作为一门知识、一个科学研究的对象来对待的，他认真学习这些马克思主义哲学的著作，但不迷信它们。这样做的目的是什么呢？他说："哲学的研究不是为着满足好奇心，而是为改造世界。"① 也就是为了完善作为社会意识形态的马克思主义哲学，来指导中国革命。

作为意识形态的哲学，总是反映一定的经济基础，并同一定的政治上层建筑相联系，这就决定了它同一定的政治实践密切相联系，并要满足一定的阶级或社会集团的需要。任何哲学，作为知识在任何一个社会都可以研究与发挥；作为意识形态则不同，当社会制度或政治实践发生重大转折时，它就会碰到一个"命运"问题。1937 年毛泽东在延安讲授哲学时，曾经说过："哲学的命运，看哲学满足社会阶级的需要之程度如何而定。"今天关于哲学"贫困"的议论、哲学的改革与现代化的论争，就在于当前我国经济体制、政治体制都发生了重大的变化，社会集团的利益正在进行重大的调整，作为意识形态的马克思主义哲学，它的原有阐释体系已同这种现实相撞击。这种情况同 30 年代初的情况有某种相似。大革命失败后，土地革命战争期间国共两党生死搏斗的硝烟尚未散尽，涉及民族存亡的抗日战争却即将来临，中国共产党人原来掌握的历

---

① 《毛泽东哲学批注集》，第 152 页，中央文献出版社，1988。

史唯物主义——阶级斗争哲学已不能满足人们的需要。出路何在？毛泽东的做法是：把马克思主义哲学作为一门知识重新进行科学的探究，以此来推动意识形态的重建。

第二，从活生生的社会实践中吸取养分，推进哲学研究。

更重要的是，《毛泽东哲学批注集》使我们更加清晰地看到了毛泽东进行学术研究的基本方法是：把实践标准贯彻于哲学自身的研究，以社会实践为基础对马克思主义哲学进行再认识，推进马克思主义哲学的发展，使之更好地指导中国革命的实践。

毛泽东的哲学批注同列宁的《哲学笔记》相比，有一个显著的差别。在列宁那里，摘录和批注的内容主要是理论原理；在毛泽东那里，批注的内容虽然不少是理论观点，但主要是中国革命的经验与教训。这类带有浓厚实践色彩的批注，有两个显著的特点：一是以实践证明某种观点的真谬。不少批注从形式上看，好像是应用哲学观点在总结中国革命的经验教训，比如读到"不从具体的现实出发，而从空虚的理论的命题出发，所以违背了唯物论的世界观之第一的而且根本的要求"时，毛泽东批注道："李立三主义和后来的军事冒险主义与军事保守主义都犯过此错误，不但不是辩证法，而且不是唯物论。"① 但从哲学研究的角度看，毛泽东实际上是用实践标准验证了上述理论观点的正确性。这是他研究、推进马克思主义哲学的一个特点。二是根据正确的哲学观点提出指导实践的政治策略。比如在读到哲学不但要说明世界，而且要改变世界等观点时，毛泽东批注道："目前斗争的正确口号是抗日民族统一战线，而首先的问题是国内和平即国共合作。"② 毛泽东在批注中，重视辩证法，尤其是重视矛盾的同一性，都是为了指导国共合作，形成抗日民族统一战线。在毛泽东那里，辩证法实际上是一种辩证的实践论，或实践的辩证法。毛泽东研究哲学的重点是由当时的时代特点赋予的。正是紧密地联系中国革命的实践来研究马克思主义哲学，才使毛泽东哲学思想形成了自己的理论特色（包括新的理论框架特色）。

---

①② 《毛泽东哲学批注集》，第9、7—8页，中央文献出版社，1988。

二 "思想路线"的提出和系统研究

毛泽东学习哲学的根本目的是要研究"中国革命的逻辑"。但要搞清这一"革命的逻辑",必须先确立科学的思想路线。他曾经批评教条主义者"言必称希腊",不研究中国国情与历史,"不引导学生研究中国革命的逻辑",完全违背了理论与实际相统一这一马克思主义的基本原则。因此,毛泽东研究哲学,首先为中国共产党研究制定了一条能开创新局面的思想路线,并在党内形成同这条思想路线相一致的思想作风和思想方法。

思想路线、思想作风和思想方法属于主体自身素质的东西。毛泽东学哲学十分注重党和干部主体自身素质的建设。1930 年 5 月在《反对本本主义》中提出的思想路线,以及在这之前古田会议决议中论述的党的思想建设的方方面面,就是一个开端;从 1937 年在延安讲授辩证法、唯物论到 1938 年起组织学哲学小组,更是系统地为端正党的思想路线而学习、普及马克思主义哲学;从 1941 年发表《改造我们的学习》,到领导延安整风,进一步用实事求是的思想路线统一全党的认识,并使之转化为全党的优良作风和科学的思想方法、工作方法。

毛泽东提出"思想路线"这一概念,是 1930 年 5 月发表的《反对本本主义》。他说:"那些具有一成不变的保守的形式的空洞乐观的头脑的同志们,以为现在的斗争策略已经是再好没有了,党的第六次全国代表大会的'本本'保障了永久的胜利,只要遵守既定办法就无往而不胜利。这些想法是完全错误的,完全不是共产党人从斗争中创造新局面的思想路线,完全是一种保守路线。"[①] 从那时起,他一直试图解决这一问题。到 1937 年,进行这一伟大工程的主客观条件具备了。

首先,在客观条件方面。在 1935 年 1 月的遵义会议上,中共中央已经结束了王明"左"倾冒险主义的统治,确立了毛泽东在党和红军中的

----

① 《毛泽东选集》第 1 卷,第 115—116 页,人民出版社,1991。

实际领导地位。但同时，当时红军尚处在敌军的围追堵截之中，不可能从理论上、思想上和哲学上对理论和实践相互关系问题上的正反经验，进行全面的系统的总结。直到1935年10月长征胜利结束，1936年12月西安事变和平解决，蒋介石被迫在原则上承认中共提出的国共合作抗日的策略路线，毛泽东才在这一期间获得了一个从事理论研究的环境和时间。同时，由于苏联对德波林及其哲学思想的批判，引起我国理论界对唯物辩证法即"新哲学"的重视，特别是李达翻译的《辩证法唯物论教程》和艾思奇写的《大众哲学》等在介绍和普及"新哲学"方面起了突出的作用，推进了我国对马列主义的认识论和辩证法的研究。

其次，在主观条件方面，毛泽东是一个注重理论联系实际的知识分子，有较高的马列主义理论素养。他在青年时代就比较擅长理论思维，在中国古代辩证法思想和西方资产阶级的进化论学说熏陶下，曾在《讲堂录》中写过"天下万事，万变不穷"，在《伦理学原理》的批语中又指出"人世一切事皆差别比较而现"等具有朴素辩证法思想的观点。接受马克思主义世界观尤其是唯物史观以后，他又进一步懂得了只有通过阶级斗争和无产阶级专政才能改造中国与世界等历史辩证法的道理。在艰难的土地革命战争时期，他在战利品中搜集书报资料，当他搜集到恩格斯的《反杜林论》和列宁的《两个策略》《共产主义运动中的"左派"幼稚病》等著作后，非常珍惜，同战友们一起联系当时革命斗争中发生的重大事件，钻研唯物辩证法。红军长征抵达陕北以后，他立刻利用当时相对稳定的环境，在1936年底即开始用心地研读各种哲学书籍，有的还联系实际作了批注。比如在《辩证法唯物论教程》中，他批道："五次反'围剿'失败，敌人的强大是原因，但……军事冒险是主要原因。机会主义，是革命失败的主要原因。……外的力量，需通过内的规律性（机会主义等）才能曲折间接的发生影响。"① 从这一批注中可以看出他联系实践读书的特点，这使他大大地提高了自己的马列主义哲学水平，使他有可能对中国革命的丰富经验进行深刻的哲学概括。

---

① 《毛泽东哲学批注集》，第106—107页，中央文献出版社，1988。

如果说把中国革命中理论联系实际的丰富经验上升到哲学理论是中国革命发展的需要、时代的需要的话，那么上述主客观条件的具备就使这种需要和可能性，能够转化为一种活生生的现实。《实践论》《矛盾论》就是在这样的情况下应运而产生的。当然，它产生的直接动因是毛泽东当时要为延安抗日军政大学上课，讲授唯物辩证法。然而，这件事本身就是在这种需要和当时具备的主客观条件当中出现的。

需要指出的是，《实践论》《矛盾论》是毛泽东在 1937 年 7 月至 8 月写的《辩证法唯物论讲授提纲》中的两节。这个讲授提纲共三章，全部章节目录为：

第一章 唯心论与唯物论

一、哲学中的两军对战

二、唯心论与唯物论的区别

三、唯心论发生与发展的根源

四、唯物论发生与发展的根源

第二章 辩证法唯物论

一、无产阶级革命的武器——辩证法唯物论

二、过去哲学遗产同辩证法唯物论的关系

三、在辩证法唯物论中宇宙观和方法论的一致

四、哲学对象问题

五、物质论

六、运动论

七、时空论

八、意识论

九、反映论

十、真理论

十一、实践论

第三章 唯物辩证法

一、两种发展观

二、形式论理的同一律与辩证法的矛盾律

三、矛盾的普遍性

四、矛盾的特殊性

五、主要的矛盾和主要的矛盾方面

六、矛盾诸方面的同一性和斗争性

七、对抗在矛盾中的地位

根据毛泽东在第三章导语中讲的，本来他还要讲授"质量互变法则""否定之否定法则"和"本质与现象""形式与内容""原因与结果""根据与条件""可能与现实""偶然与必然""必然与自由""链与环"等内容，后来因为抗日战争爆发，没有写下去、讲下去。收入《毛泽东选集》的《实践论》是第二章的第十一节，即《辩证唯物论》最后一节的内容；《矛盾论》是第三章《唯物辩证法》刚开始讲的内容，主题是讲辩证法三条规律的第一条——对立统一规律。在收入《毛泽东选集》公开发表时，《实践论》基本保持了原貌，《矛盾论》则由作者"作了部分的补充、删节和修改"。毛泽东如此看重《辩证法唯物论讲授提纲》中《实践论》《矛盾论》这两部分内容，显然是因为它们集中阐述了党的思想路线必须遵循的认识论与方法论原则。

三　《实践论》对党的思想路线的论述

在《实践论》中，毛泽东比较系统地阐述了他的认识论思想，为中国共产党确立实事求是的思想路线奠定了理论基础。

其一，《实践论》从理论上论述了主观和客观之间辩证关系，深刻地揭示了只有在正确解决知和行的关系的基础上，也即只有通过实践才能解决主观和客观之间的矛盾。

首先，在《实践论》的最后篇章中，毛泽东归结说，"社会的发展到了今天的时代，正确地认识世界和改造世界的责任，已经历史地落在无产阶级及其政党的肩上。……无产阶级和革命人民改造世界的斗争，包括实现下述的任务：改造客观世界，也改造自己的主观世界——改造自己的认识能力，改造主观世界同客观世界的关系。"① 这一论述告诉我们，无产阶级改造客观世界和主观世界是一个统一的过程，而要正确有效地改造客观世界（包括改造自然和改造社会），其关键在于改造主观世界，包括：（1）提高人们的认识能力。（2）改造主观世界和客观世界的关系，即正确解决主观和客观之间的矛盾，以达到主观和客观的一致。因此正确解决主观和客观之间的关系问题，是他的认识论思想中的一个核心问题。

其次，毛泽东认为认识的本质是主观对客观的反映，认识的真理性就在于达到主观符合于客观。由于客观事物是按照辩证规律发展的过程，因此，主观对客观的反映，也就是对客观事物辩证运动的反映；主观和客观的一致，也就是主观辩证法和客观辩证法的一致。如果离开了客观实际，也就断绝了认识的来源；如果把客观实际看成是静止的、不发展的东西，也就不能正确反映客观实际。因此坚持认识的本质是主观对客观的反映，是主观对客观事物的辩证运动的反映，是我们研究主观和客观之间的关系的基本前提，也是研究认识论的基本前提。

再次，毛泽东认为主观符合于客观、主观和客观的一致，不能离开其具体性的历史性的特点。他明确提出主观和客观的统一是具体的历史的统一。这是因为主观和客观的统一既是绝对的又是相对的。从客观世界的发展是一个"无穷"的过程来说，人的认识的发展也是一个"无穷"的过程，"一切客观世界的辩证法的运动，都或先或后地能够反映到人的认识中来"②。从这个意义上来讲，主观和客观的统一是绝对的。但是客观世界发展的这种"无穷"的过程又是通过每个具体的过程表现出来的，而且人的认识又受到主观上和客观上种种条件的限制，这也就是决定了主观符合于客观、主观和客观统一，又只能是在一定条件下的符合和统一。从这个意义上说，主观和客观的统一又是具体的、历史的，是有条件的、相对的。如果离开了这一点，人对客观世界的认识只能是抽象、

---

① ②　《毛泽东选集》第 1 卷。第 296、295 页，人民出版社，1991。

空洞的。而教条主义者和经验主义者正是违反了这一原则，对中国的实际情况不作具体的历史的分析，导致了思想上的僵化，窒息了理论上的创造性，因此不能不在中国革命过程中处处碰壁。毛泽东关于主观和客观的具体的历史的统一的理论，实际上阐明的是认识矛盾特殊性的问题。它告诉我们在认识客观事物的规律时，必须特别注意客观事物发展的特殊规律。这对《矛盾论》中关于矛盾特殊性的理论的提出和系统化有着密切的关系。

最后，毛泽东指出主观对客观反映、主观和客观的统一，是一个复杂的矛盾运动过程，而它们的统一只能在实践中得到解决。毛泽东说："客观过程的发展是充满着矛盾和斗争的发展，人的认识运动的发展也是充满着矛盾和斗争的发展。"[①] 哲学史上的直观反映论者，把复杂的认识过程仅仅看成是客观世界作用于人的感官所引起的反映，因此他们不能深入到客观事物的本质的认识，使主观和客观达到真正的一致，取得真理性的认识。毛泽东认为，克服这一不足的唯一出路，是把实践作为认识的基础。《实践论》通篇论述的要点，就是：实践是认识的来源，尤其是生产活动这一最基本的实践活动是人的认识发展的基本来源；因此实践又是认识由低级向高级发展的动力，使人们不仅能认识事物的片面与表面，而且能认识事物的全面与本质，揭示其内在的规律，把感性认识上升到理性认识；不仅如此，实践还是检验认识真理性的标准和认识的目的，当从实践中形成的认识回到实践中去，指导实践发展的时候，实践同时检验着这些认识是否符合客观实际及其内在规律，推动着认识的发展。也就是说，只有通过实践才能解决主观和客观之间的矛盾，只有在实践的基础上才能真正达到主观和客观的统一。因此毛泽东把解决认识过程中的实践和认识的辩证关系，看作是解决主观和客观之间矛盾的关键之所在。因为，认识发生的基础在于社会实践，离开社会实践也就没有认识。同时，人们只有通过能动地改造客观世界的社会实践，才能使主观和客观发生相互作用，使人们逐步深入到对客观事物本质的认识，

---

① 《毛泽东选集》第 1 卷，第 295 页，人民出版社，1991。

并检验主观是否符合于客观。这些论述，阐明了实践对认识的决定作用，认识对实践的依赖关系。同时也说明了实践在解决主观和客观的矛盾中的决定作用。

其二，《实践论》从规律上论述了认识发展的"两次飞跃"的理论。

首先，毛泽东指出，对一个具体的客观过程的认识来说，认识的发展过程表现为从感性认识的阶段推移到理性认识的阶段，并在取得理性认识之后，再回到实践中去检验其客观真理性和进一步发展理性认识的过程。这也就是毛泽东关于认识发展过程的"两个阶段"和"两次飞跃"的理论。

感性认识阶段和理性认识阶段是既相对立又相统一的矛盾关系。虽然感性认识是客观外界某些真实性的反映，"但它们仅是片面的和表面的东西，这种反映是不完全的，是没有反映事物本质的"[①]。因此在这一阶段，人们对客观事物还不能形成深刻的概念，作出合乎论理（即合乎逻辑）的结论。理性认识阶段是人们对于某个事物的整个认识过程中更为重要的阶段，因为它"到达了事物的全体的、本质的、内部联系的东西，到达了暴露周围世界的内在的矛盾，因而能在周围世界的总体上，在周围世界一切方面的内部联系上去把握周围世界的发展"[②]，也即达到了对客观事物的规律性的认识和把握。因此，感性认识和理性认识有质的差别，是互相对立的。与此同时，这两种认识又是互相依存、互相渗透，即相互联系的。二者的相互联系，主要表现在："理性认识依赖于感性认识，感性认识有待于发展到理性认识。"[③]而且，感性认识虽是认识的低级阶段，但实际的认识过程是，在人们形成感觉经验的过程中，也并非绝对排斥理性认识的成分。因为一方面在感性认识阶段，印象或感觉经验的形成也无可避免地需要使用概念等思维形式；另一方面，由于人类知识的延续性，即使在认识的感性阶段，人们也往往受到前人提供的间接经验或思想理论成果的影响，这些理性认识的成分也经常渗透在感性认识过程之中。人们的认识正是这样在感性认识和理性认识的对立统一

---

① ② ③ 《毛泽东选集》第 1 卷，第 291、286、291 页，人民出版社，1991。

中运动和发展的。

　　从感性认识阶段跃进到理性认识阶段后，认识运动还没有完结，理性认识还需要再回到实践中去。毛泽东指出："认识的能动作用，不但表现于从感性的认识到理性的认识之能动的飞跃，更重要的还须表现于从理性的认识到革命的实践这一个飞跃。"① 这一过程也就是检验理论和发展理论的过程，是整个认识过程的继续，是认识过程中意义更加重大的第二次飞跃。这一过程同样是一个充满矛盾的复杂的过程。从认识论上来说，理性认识是对具体的抽象，它说明的是事物的一般或共性，因而理性认识回到实践中去，就有一个从抽象到具体、从一般到个别的问题。这样，才能完成从认识世界到改造世界的转化。

　　其次，毛泽东指出，认识经过"两个阶段"和"两次飞跃"，并在实践中达到了预期的目的，这样对于某个具体过程的认识运动来说，可以说是完成了，"然而对于过程的推移而言，人们的认识运动是没有完成的"②。因为任何过程，无论是自然界的或社会的，由于内部的矛盾和斗争，都是向前推移和向前发展的，人们的认识运动也应当随之推移和发展。而人们的主观思想跟不上客观形势的发展是经常发生的，特别是当客观过程从某一阶段向另一阶段推移转变之时，在历史的转折关头时，更容易发生这种主观落后于客观的情况。这也说明了人们的认识过程是一个主观和客观、认识和实践之间的矛盾不断产生、不断解决的过程。

　　人的认识从实践开始，从感性认识发展到理性认识，然后应用理性认识去改造客观世界，并从中检验和发展理性认识，并当客观过程向前推移转变时，主观认识随着客观过程的推移而推移，这就是认识运动辩证发展过程的全貌，也是主观和客观之间矛盾的发展过程的全貌。

　　最后，毛泽东在全面论述了认识发展过程后，对认识运动全过程的一般规律作了总结性的概述。他指出："通过实践而发现真理，又通过实践而证实真理和发展真理。从感性认识而能动地发展到理性认识，又从理性认识而能动地指导革命实践，改造主观世界和客观世界。实践、认

---

①② 《毛泽东选集》第 1 卷，第 292、294 页，人民出版社，1991。

识、再实践、再认识，这种形式，循环往复以至无穷，而实践和认识之每一循环的内容，都比较地进到了高一级的程度。这就是辩证唯物论的全部认识论，这就是辩证唯物论的知行统一观。"① 毛泽东关于这一认识运动全过程的一般规律的概括，是毛泽东认识论思想中的精华，也是马克思主义认识论史上对认识发展总规律第一次作出的明确的概括，是对马克思主义认识论的一个重大贡献。

这一马克思主义认识论是中国共产党思想路线的哲学基础。这不仅是因为，毛泽东论述实践论的认识论时的目的是针对党内长期盛行的主观主义（主要是教条主义）思想路线的，而且这一认识论经过毛泽东研究和传播，在后来的延安整风中，对于全党确立实事求是的思想路线，克服教条主义与经验主义两种主观主义的影响，起了积极的作用。

四 《矛盾论》对党的思想路线的论述

在《矛盾论》中，毛泽东则比较系统地阐述了他的方法论思想，成为中国共产党确立实事求是的思想路线的又一理论基础。

其一，《矛盾论》论述了辩证矛盾即对立统一的道理。

我们讲"矛盾"，讲得很多，但是究竟什么叫"矛盾"，或者说，辩证矛盾的科学含义究竟是什么呢？自古至今，可以说是众说纷纭。比如在《韩非子·难一》中说："楚人有鬻楯与矛者，誉之曰：'吾楯之坚，物莫能陷也。'又誉其矛曰：'吾矛之利，于物无不陷也。'或曰：'以子之矛，陷子之楯，何如？'其人弗能应也。"这是我国典籍中"矛盾"一词的出源。这里说的"矛盾"实际上是互相抵触、互相反对的意思。我们日常生活中，包括党和政府发表的一些文件中，所讲的"矛盾"，常常都是这个意思。其实，康德说的"矛盾"也是这个意思，他在《纯粹理性批判》中论述到"纯粹理性法则之矛盾"时，"矛盾"一词是 Antinomie，我们常常直译为"二律背反"。在黑格尔那里，他既肯定了矛盾是

---

① 《毛泽东选集》第 1 卷，第 296—297 页，人民出版社，1991。

正相反对的两个方面构成，同时他又指出了这两个方面之间是有同一性的。他在《小逻辑》中说："肯定与否定都是设定起来的矛盾，自在地却是同一的。"① 在《美学》中又说过："说它们既对立而又统一，这就是矛盾。"② 马克思主义辩证法学说高度地评价了黑格尔的这一思想，马克思、恩格斯曾用"两极相通""对立的相互渗透"等说法来说明"矛盾"的含义。列宁在《谈谈辩证法问题》一文中对此作了研究后，获得了三个方面的成果：（1）他指出矛盾的含义为"统一物之分为两个互相排斥的对立面以及它们之间的互相关联"。（2）他把矛盾中对立面之间的相互排斥称为"对立面的斗争"，它在矛盾中是绝对的；把对立面之间的互相关联称为"对立面的统一"，它在矛盾中是有条件的、暂时的、易逝的。（3）他把矛盾定义为"对立面的同一"，更确切一点则是"对立面的统一"③。但当时列宁还有两个问题未解决：一是在矛盾的定义中，"同一"与"统一"这两个名词选用哪一个，尚未最后决定；二是尚未把矛盾的定义和矛盾同一性的表述加以精确的区分，有时都用了"对立面的统一"这一表述。毛泽东在他的著作中，"矛盾"一词虽然也有多种用法，包括上面指出过的"互相抵触""互相反对"这样的用法，但在《矛盾论》中加以科学的规范时，则明确地指出了辩证矛盾即对立统一。

毛泽东指出"对立统一"这四个字是"矛盾"的含义④，这是以他的实践经验为基础的。在革命斗争中，他注意到这样三种情况：一是在一个统一的事物中可以分为既对立又统一的两个方面。比如在中国的资产阶级营垒中，他早在20年代就已经发现这个阶级可以分解为民族资产阶级和买办资产阶级这样两个既对立又统一的部分。共产党这个无产阶级先锋队组织内也有这样那样的矛盾。这些现象都是不以人们的意志为转

---

① 黑格尔：《小逻辑》，第258页，商务印书馆，1980。

② 黑格尔：《美学》第1卷，第154页，商务印书馆，1979。

③ 《列宁选集》第2卷．第412页，人民出版社，1995。

④ 有必要指出，《矛盾论》1937年8月的原稿中，"对立统一"四个字用的是"矛盾统一"，当时的用语受时代条件的局限，是不确切的。但纵观全文，这时的"矛盾统一"即"对立统一"之意。

移的。二是在两个对立的事物之间，在一定条件下也可以形成既对立又统一的矛盾关系。比如中国的无产阶级与资产阶级之间、共产党与国民党之间，在日本侵略中国、民众要求抗日的条件下，对立的双方就可以联合起来。毛泽东在写《矛盾论》之前读《辩证法唯物论教程》时，批注说："目前斗争的正确口号是抗日民族统一战线，而首先的问题是国内和平即国共合作。""中国民族矛盾要用联合资产阶级的统一战线来解决。"三是在事物发展的历史过程中，先后出现的两个对立的现象或事物之间，在一定条件下也是既对立又统一的，是矛盾。比如从第一次国共合作到十年内战，又从十年内战到第二次国共合作，当时有些人对这种历史现象困惑莫解。毛泽东指出它们之间是互相对立的，又有着一条由此达彼的互相联结的桥梁，因此像和平与战争这类先后相继出现的现象中都在一定条件下构成矛盾关系。正是在这些经验的基础上，毛泽东经过科学概括，在《矛盾论》中讲清了不论什么矛盾，它们的共同点都是"对立统一"，正如它开卷第一句话所说的："事物的矛盾法则，即对立统一的法则，是唯物辩证法的最根本的法则。"[1]

毛泽东作出这一科学概括，除了他有丰富的实践经验外，还因为他对先人在这一方面研究的成果，特别是马列主义辩证法的论述，作了认真的研究。恩格斯曾经在《反杜林论》中说过："当我们把事物看做是静止而没有生命的，各自独立、相互并列或先后相继的时候，我们在事物中确实碰不到任何矛盾。……但是一当我们从事物的运动、变化、生命和彼此相互作用方面去考察事物时，情形就完全不同了。在这里我们立刻陷入了矛盾。"[2] 毛泽东非常重视这一关于"运动本身就是矛盾"的深刻见解。他不仅在《矛盾论》里引用了这个论述，而且在原稿的第二章中根据这个思想论述了辩证法所讲的"矛盾"，就是在事物和概念的运动、发展中出现的又同一又不同一，即对立统一的情况。他举例说：在形式逻辑中，中国等于中国，但在辩证法看来，中国是在变化着的，过

---

①　《毛泽东选集》第 1 卷，第 299 页，人民出版社，1991。

②　恩格斯：《反杜林论》。《马克思恩格斯选集》第 3 卷，第 461—462 页，人民出版社，1995。

去古老封建的中国同今后自由解放的中国是两个东西，中国也不永远等于中国。这里说明了封建的中国和自由解放的中国之间有同一性，但这种同一性是相对的、暂时的，由于事物是运动的，它们之间的对立和斗争则是绝对的。辩证矛盾就是这样一种既对立又统一的东西。毛泽东的这种论证方法，和黑格尔在《小逻辑》中从同一中揭示差异、从差异中分析对立和矛盾的方法，显然是非常相似的。所不同的是，黑格尔是在客观唯心主义基石上进行纯思辨的逻辑推演，毛泽东则是在辩证唯物主义基石上对客观矛盾进行逻辑分析。《矛盾论》关于辩证矛盾即对立统一的论述，形成了一个科学的矛盾观，它是构成整个矛盾学说的第一个基本理论。

其二，《矛盾论》提出了一个系统和过程相统一的具体矛盾理论，以及矛盾总体——矛盾各方——矛盾总体，即全体——部分——全体的全面分析方法。

毛泽东在《矛盾论》中主要论述的是"事物的矛盾"，而不是"矛盾一般"意义上的矛盾和幻想的矛盾。用他的话来说："我们所说的矛盾乃是现实的矛盾，具体的矛盾。"研究事物的具体矛盾，就是《矛盾论》的宗旨。严格地讲，"矛盾论"应为"论具体矛盾"或"关于具体矛盾的理论"。

具体矛盾既然就是事物的矛盾，我们就要研究《矛盾论》所说的"事物"究竟指的是什么。我们注意到，这里所说的"事物"，包含着广泛的内容。它首先是指物质的运动形式，认识事物的矛盾就是要认识物质的运动形式内部所包含的矛盾。他指出，这一个个物质运动形式即一个个"大系统"。从《矛盾论》的论述来看，我们不能把事物，即物质的运动形式看得十分简单或单一，它们是很复杂的，内部往往不止有一对矛盾，而是有许多矛盾共同在起作用，而且矛盾与矛盾之间也构成一对对矛盾。日本学者早在50年代就已经注意到毛泽东重视矛盾特殊性问题的研究有一个出发点，这就是在毛泽东看来，"一个大的事物，在其发展过程中，包含着许多的矛盾"。他们说，同以往只讲一个矛盾的理论相比，毛泽东提出的问题是新颖的。正因为这样，《矛盾论》详尽地论述了事物即物质运动形式在其发展过程中不仅有根本矛盾与非根本矛盾的区别，而且在这一长过程的每一发展阶段中还有主要矛盾与非主要矛盾的区别，在矛盾中还有主要的矛盾方面和非主要的矛盾方面的区别。换句话说，在事物即物质运动形式内部存在的"许多的矛盾"，不是杂乱无章地堆积在一起的，而是既有层次又有结构地互相联系、互相作用着的。这一思想，在"矛盾的特殊性""主要的矛盾和主要的矛盾方面"这两章中是十分明显的。它同现代系统论关于"系统"的论述非常相似。在系统论中，"系统"一般被看作是相互联系的多种要素的集合，这种集合体现为一定的整体。要素与要素之间具有一定的结构和层次，作为一个整体的客体，其属性不是由其个别要素的属性决定的，而是由要素间的结构所决定的。《矛盾论》关于"事物"的论述，也用了"大系统"这一概念，尽管毛泽东在这里没有把这一概念作为一个方法论的范畴来使用，但从他的整个思想来看，综上所述，《矛盾论》的论述同现代系统论的思想确有很多相似之处。

《矛盾论》不但把"事物"看作是一个含有"许多的矛盾"的"大系统"，而且把"事物"看作是一个"过程"。毛泽东说："不但要研究每一个大系统的物质运动形式的特殊的矛盾性及其所规定的本质，而且要研究每一个物质运动形式在其发展长途中的每一个过程的特殊的矛盾及其本质。一切运动形式的每一个实在的非臆造的发展过程内，都是不同质的。我们的研究工作必须着重这一点，而且必须从这一点开始。"① 从这一整段论述中，可以看到，毛泽东是把"系统"和"过程"作为事物的两个基本形态来看的，是把这两个事物的基本形态共同作为研究工作的出发点来看的。根据《矛盾论》的论述，贯串于过程始终的根本矛盾的变化以及与此相互作用的非根本矛盾的变化，使过程呈现出阶段性；在每一阶段中主要矛盾与非主要矛盾之间地位与作用的变化又引起各个发展阶段的更替。这就说明过程是随着事物内部矛盾结构的变化，尤其是随着矛盾层次的深入而形成的。反过来，事物内部的这些结构和层次，

---

① 《毛泽东选集》第 1 卷，第 310、312 页，人民出版社，1991。

也是在事物不断发展的过程中表现出来的。在《矛盾论》中，"系统"和"过程"是事物不可分割的两个方面。

从上可见，《矛盾论》所研究的"事物的矛盾"，实际上就是"系统"和"过程"相统一的"事物"的矛盾。正是有了这么一个出发点，所以毛泽东在《矛盾论》中指出，认识和解决矛盾应该遵循"矛盾总体——矛盾各方——矛盾总体"或"全体——部分——全体"的路线来进行。对此，《矛盾论》是这样说的："我们从事中国革命的人，不但要在各个矛盾的总体上，即矛盾的相互联结上，了解其特殊性，而且只有从矛盾的各个方面着手研究，才有可能了解其总体。"① 他批评不从事物总体出发看问题的观点是"只看见局部，不看见全体"的形而上学观点。过去我们在研究《矛盾论》时比较多地强调了毛泽东对"矛盾的特殊性"理论的贡献，这是必要的。但我们不能忘记毛泽东研究矛盾特殊性问题有一个前提，这就是他首先把事物看作是一个有许多矛盾构成的矛盾总体，最后的归宿也还是要回到对这一矛盾总体的认识上来。他强调要认识矛盾的特殊性是为了反对教条主义；他强调要认识矛盾的相互联结，要认识矛盾的总体，则是为了避免狭隘经验主义。我们应该注意到，毛泽东关于"全体——部分——全体"的全面分析方法，已经融化在中国共产党的日常言行中了，党经常强调的"要从全局出发"，"要识大体，顾大局"等等，就是这种方法的具体表现。这种方法，同今天我们常讲的系统方法，即从整体出发来认识事物的方法也是极其相似的。

其三，《矛盾论》揭示了具体矛盾问题中的精髓，深化了对立统一规律。

正因为《矛盾论》主要论述的是"事物的矛盾""具体的矛盾"，而不是"矛盾一般"意义上的"矛盾"，所以毛泽东指出这里有一个矛盾的普遍性与特殊性，即共性个性、绝对相对的相互关系问题。这只要同黑格尔相比较一下，就可以看清楚了。黑格尔研究的矛盾是"矛盾一般"，即"矛盾"这一范畴。因此在他看来，要搞清矛盾问题，关键在于搞清

---

① 《毛泽东选集》第1卷，第310、312页，人民出版社，1991。

"同一"是包含有差异的同一。他批判了把同一单纯认作抽象的同一，认作排斥一切差别的同一这种观点，指出同一应是包含着差别的"具体同一"，并说"这是使得一切坏的哲学有别于那唯一值得称为哲学的哲学的关键①"。黑格尔这一思想是非常精彩的，他阐明了对于"矛盾一般"意义上的矛盾来说，即对于各种具体矛盾中抽象出来的"矛盾"范畴来说，正确理解同一与差异（对立）、同一性与斗争性之间的关系，是它的精髓。但是一接触到具体矛盾问题，仅仅抓住这一点就不够了。比如王明这样的教条主义者，也不少讲矛盾，也不少讲同一中有差异和对立。在他那有名的著作《为中共更加布尔什维克化而斗争》中就批判李立三说："他把小资产阶级看成整个的阶层，他不知道小资产阶级这一阶层中包括有剥削他人劳动的'上层'和不剥削他人劳动或受人剥削的'下层'"；"他不了解资产阶级的大中阶层及一切资产阶级改良的派别……都各是反动营垒的一翼，而把他们看成是站在革命与反革命之间的所谓'第三派'或'中间营垒'"；"他把学生看成整个的范畴，认为学生是'城市贫民'，不看见学生中的阶级分化过程②"，等等。很清楚，王明这些话比李立三更"左"，但他恰恰是用同一中有差异和对立的对立统一观点来说明这些问题的。因此在具体矛盾中，光看到矛盾的普遍性即矛盾的共性和绝对性是不够的，还要看到矛盾的特殊性即矛盾的个性和相对性。客观上，任何一个具体的矛盾，不但有矛盾的共性，而且又有自己的特点和个性，它们是矛盾的普遍性和特殊性，即矛盾的共性和个性、绝对性和相对性的统一。我们不能设想某一具体矛盾只有普遍性而无特殊性，也不能设想某一具体矛盾只有特殊性而无普遍性。并且，只有把这两方面联结起来，才能真正证明这一个个具体矛盾。所以，在具体矛盾中，矛盾问题的精髓就应该是矛盾的普遍性与特殊性，即矛盾的共性与个性、绝对性与相对性的关系问题。毛泽东在《矛盾论》中说明了这一问题，他比黑格尔前进了一大步。

---

① 黑格尔：《小逻辑》，第249页，商务印书馆，1980。
② 《王明言论选辑》，第129页，人民出版社，1982。

这一思想还有着认识论的意义。列宁常常提醒我们，辩证法和认识论是一致的。他在论述事物的辩证法时，总是同时把客体的辩证运动规律问题和主体认识客体的辩证运动规律问题一起考虑进去。《矛盾论》遵循了列宁的这一思想，指出不仅客观的具体的矛盾本身有一个共性个性、绝对相对的问题，而且在人们的认识这些矛盾的时候也有一个共性个性、绝对相对的问题。并且，离开了这一问题，就无法解决世界的可知性问题、人类认识能力的无限性与人类个体认识能力有限性之间的矛盾问题等等认识论的重大问题。只有当我们懂得人类对物质及其运动形式的认识是在个性中揭示共性、相对中认识绝对的时候，才能回答这些认识论的重大问题。在这个意义上，也可以看到，矛盾的共性与个性、绝对与相对的关系问题，确实是矛盾问题的精髓。

《矛盾论》关于矛盾问题精髓的思想，在辩证法同唯物主义的世界观、认识论相统一的意义上深化了对立统一学说。毛泽东是在唯物主义的世界观基础上，即从具体事物出发研究辩证法当中提出具体矛盾问题及其精髓的，是按照唯物主义的认识规律提出具体矛盾中个性与共性、相对与绝对相统一的辩证法原理的。这种不是孤立地研究辩证法的科学态度和科学方法，以及由此而得到的矛盾问题精髓的结论，不仅是科学的、合乎事实的，而且把辩证法特别是矛盾学说深化了。这就是说，摆在我们面前的矛盾学说，不再是"同一与差异""统一与对立"这样一些一般原理构成的理论体系，而是包括"同一与差异""统一与对立""普遍性与特殊性""绝对性与相对性"以及由此而产生的"内因和外因""根据与条件""平衡与不平衡""根本矛盾与非根本矛盾""主要矛盾与非主要矛盾""主要的矛盾方面与非主要的矛盾方面""对抗与非对抗"等一系列互相联系的重要原理所构成的理论体系。不仅如此，它还使辩证法同形而上学根本对立的界限也深化了。过去我们常说：承认不承认矛盾是事物发展的动力，这是唯物辩证法和形而上学的根本分歧。现在我们则要说：不但要承认矛盾是事物发展的动力，而且要承认矛盾的普遍性存在于矛盾的特殊性之中，能把普遍性和特殊性互相联结起来的，才是真正同形而上学根本区别的唯物辩证法。这是由党同王明路线斗争的实践所证明的新原理。所以，我们说《矛盾论》关于矛盾问题精髓的结论，是毛泽东对于列宁提出的对立统一学说是"辩证法的核心"这一重要思想的深化，为马列主义辩证法理论作出了不可磨灭的新贡献。

其四，《矛盾论》还以矛盾精髓问题为主线，构筑了一个具体矛盾理论的科学体系。

首先，《矛盾论》指出矛盾的普遍性和特殊性相联结的具体矛盾理论，包括这样五个主要的原理：（1）矛盾普遍性的原理；（2）矛盾特殊性的原理（包括根本矛盾、主要矛盾和主要的矛盾方面的理论）；（3）矛盾的普遍性存在于矛盾的特殊性之中，矛盾的特殊性中包含着矛盾普遍性的原理；（4）矛盾内部对立面之间普遍的绝对的斗争性存在于特殊的相对的同一性之中，同一性中包含着斗争性的原理；（5）矛盾的斗争性中，普遍的绝对的斗争性存在于特殊的相对的对抗或非对抗等矛盾斗争的形式之中的原理。《矛盾论》详尽地论述了这些原理，极大地丰富了马列主义的矛盾学说，为正确地指导中国革命提供了科学的宇宙观和方法论。

同时，《矛盾论》把这一些具体矛盾理论主要原理的逻辑联系揭示了出来。《矛盾论》指出，人们认识矛盾或研究矛盾的秩序是：从矛盾的特殊性到矛盾的普遍性，又从矛盾的普遍性到矛盾的特殊性。而叙述的秩序则是"先来分析矛盾的普遍性的问题，然后再着重地分析矛盾的特殊性的问题，最后仍归到矛盾的普遍性的问题"。这两个公式反映了毛泽东的具体矛盾理论在实践和理论中展开时的逻辑结构。作为一个科学理论，具体矛盾理论的叙述秩序就是它的逻辑联系的表现。我们看到，它的主线就是矛盾的普遍性和特殊性的关系问题。在这一主线下，具体矛盾理论以三个互相包含的圆圈展开了它的全部逻辑。第一个圆圈，是关于矛盾存在中的普遍性和特殊性的理论。毛泽东首先指出矛盾存在于一切事物的发展过程中，存在于事物发展过程的始终；然后指出这些矛盾在大系统的物质运动形式、各个运动形式的发展过程、各个发展过程的矛盾各方、发展过程的各个发展阶段和各个发展阶段的矛盾各方，都有其特殊性，包括在发展过程中存在的根本矛盾和非根本矛盾、发展阶段中存在的主要矛盾和非主要矛盾、发展过程和阶段的矛盾各方中的主要方面和非主要方面这样一些矛盾的特殊性；最后他又指出正是这些矛盾的特殊性中包含了矛盾的普遍性，也就是说矛盾的普遍性正是存在于这些矛盾的特殊性中的普遍性。这个矛盾存在的普遍性——特殊性——普遍性的逻辑列成图表就是：

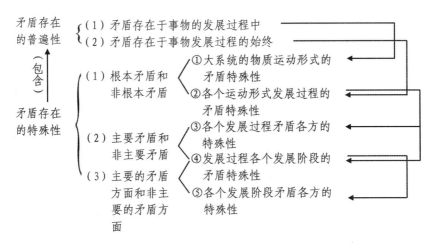

除了这个第一个圆圈，具体矛盾的理论体系中还有第二个圆圈。它是关于矛盾本质中的普遍性和特殊性的理论。在毛泽东看来，矛盾即对立统一，它有斗争性和同一性两个基本的属性。所谓矛盾的本质就是矛盾中内在的必然的联系，也就是对立和统一之间的必然联系、斗争性和同一性之间的必然联系。《矛盾论》在论述完具体事物中存在着的矛盾的普遍性和特殊性问题后，在"矛盾诸方面的同一性和斗争性"这一章中进一步深入下去，研究和阐述了矛盾的本质及其普遍性和特殊性问题。毛泽东先论证矛盾的同一性是有条件的、相对的；接着又指出了矛盾的斗争性是无条件的、绝对的；最后指出斗争性和同一性在矛盾中不但是互相联结的，而且它们两者的联结是相对的同一性中包含着绝对的斗争性这样一种包含型的联结。换句话说，矛盾内部同一性和斗争性之间的必然联系即同一性包含斗争性的联系，这就是矛盾的本质。用毛泽东后来的简明概括来说，矛盾的本质就是"一分为二"。在矛盾的本质中，毛泽东指出，相对的同一性是矛盾的特殊性，绝对的斗争性是矛盾的普遍性。在一对矛盾中，同一性的特点不同，可以使矛盾呈现出不同的状态。比如无产阶级和资产阶级之间的矛盾，它们之间的斗争性是绝对的、普遍的，但在土地革命战争时期和抗日战争时期互相联系的同一性各各不同，因而矛盾的状态就不一样。同上述矛盾存在的普遍性和特殊性的论述相比，这里关于矛盾本质中的普遍性和特殊性的论述显然已经从"存在"深入到"本质"，更深刻了。但它也是一个圆圈：

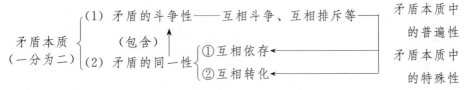

在具体矛盾的理论体系中还有第三个圆圈，这就是关于矛盾斗争内容形式上的普遍性和特殊性的理论。《矛盾论》指出，在矛盾双方互相排斥的斗争中，其内容即斗争性是绝对的、普遍的，但是它的形式是相对的，有其特殊性。对抗和非对抗就是矛盾斗争的两种特殊形式，它们可以在一定条件下对立和互相转化。所谓矛盾的斗争性，就是在对抗和非对抗这种特殊斗争形式中存在的斗争性。这也是普遍性和特殊性的关系，也是以绝对的普遍的斗争性存在于相对的特殊的斗争形式之中这样一种形式互相联结起来的相互关系，即：

从以上我们可以看到，《矛盾论》即毛泽东的具体矛盾理论的各条原理就是以这三个圆圈组织起来的理论体系；这三个圆圈也不是各不相关的三个圆圈，而是第一个圆圈套着第二个圆圈，第二个圆圈又套着第三个圆圈，这样一个互相联系着的严密的理论体系。并且，由于毛泽东研究的是具体矛盾，是人们在实践中接触到和有待于去解决的具体事物中的矛盾，整个矛盾不断地同人们的实践、同它周围的环境相互作用和变化着，因而这些圆圈也不是一成不变的和封闭着的圆圈，而是不断变动

着的和开放着的圆圈。所以，《矛盾论》为我们展示的是一个合乎事物辩证法的科学的理论体系。

《矛盾论》从矛盾的含义、事物的具体矛盾和具体矛盾问题的精髓等方面论述了马列主义的矛盾学说，并为我们提供了一个严密的科学的理论体系，这些方面都是毛泽东对矛盾学说和整个唯物辩证法理论所作出的崭新贡献，但这并不意味着这一学说不要再充实、丰富和发展了。

从《矛盾论》的原稿和后来公开发表的文稿来看，毛泽东在正式发表时就已经作了不少的增删和修改；在正式发表后，毛泽东看到文章中关于"无论什么矛盾，也无论在什么时候，矛盾着的诸方面，其发展是不平衡的"这一说法有不当之处，在《毛泽东选集》第1卷第2版时又删去了"也无论在什么时候"这八个字。可见毛泽东本人就认为《矛盾论》应该在实践中检验并丰富、发展的。

从今天的认识来看，《矛盾论》中有些论点还是可以进一步研究的。比如在关于内因和外因的论述中，强调内因是变化的根据，外因是变化的条件，这是正确的；批判形而上学的"外因论"，也是必要的。但是外因在一定条件下能不能成为事物发展变化的主要原因，对此未加论述。而现代系统论认为，在系统与环境的相互作用中，环境常常对系统是起决定作用的。事实上，毛泽东在他的政治、军事著作中都有过这方面的思想，但在《矛盾论》中却没有加以论述，这不能不是一个缺憾。还有，《矛盾论》关于"根本矛盾"与"主要矛盾"的论述是相当精彩的，有重大的实用价值和理论意义，但是通读全文，它对于这两个重要范畴的区别和联系还没有讲清，令人可惜。此外，在平衡与不平衡的问题上，在同一性和对立面之间转化的关系等问题上，在表述上都有一些可斟酌的地方。但我们认为，这在当时的历史条件、认识水平和困难的环境下是不可避免的。任何一部科学著作，都可能存在这样那样的问题，后人也不能过分地苛求于前人。所以，对于某些同志抓住《矛盾论》中的个别问题，夸大其词地否定《矛盾论》的科学性，我们是不同意的；对于某些同志对《矛盾论》中一些正确的原理也加以责难的做法，我们更不同意。我们研究《矛盾论》，分析《矛盾论》的贡献和某些不足之处，都应该采取实事求是的科学态度，并用这种态度来总结实践的新经验，推进毛泽东矛盾学说的发展。而且，我们必须注意到一个基本的事实，正是毛泽东研究和推广的矛盾论的方法论，同实践论的认识论一起，使我们党倡导的实事求是思想路线，有了哲学的根据。

五　《实践论》与《矛盾论》的关系及其同党的思想路线的关系

我们在《辩证法唯物论讲授提纲》的章节目录中，可以注意到，《矛盾论》是紧接着《实践论》讲授的。这两篇文章有着重要的、紧密的联系。

首先，它们从不同的角度揭示了认识的规律。在《实践论》中，毛泽东阐明了实践在解决主观与客观矛盾中的特殊作用，阐明了以实践为基础的认识发展过程的辩证法。不少研究者已经谈到，《矛盾论》的基本精神同《实践论》是一致的，《矛盾论》强调的矛盾的普遍性与特殊性相互关系的原理，特别是关于从特殊到一般、又从一般到特殊的认识秩序这一论述，就是《实践论》强调的认识依赖于实践的原理，"实践、认识、再实践、再认识"的认识过程总规律在方法论上的表现。这种认识是完全正确的。

但两者的关系不止是这一点，《矛盾论》还在方法论上把《实践论》所提出的认识发展的辩证运动规律深化和具体化了。《实践论》指出，人们在实践中获得的感性认识必须上升到理性认识，然后才能更好地回到实践中；指出理性认识和感性认识有性质的不同，理性认识是反映事物的本质、全体和内部联系的认识；又指出从感性认识到理性认识是认识的一个飞跃，只有经过人脑对感性材料进行"去粗取精、去伪存真、由此及彼、由表及里"的改造才能实现。这里就存在一个问题：既然事物的本质、全体和内部联系是直观无法反映的东西，只有经过人脑对感性认识的加工才能揭示出来，才能形成理性认识，那么人脑究竟怎样"加工"才能达到理性认识的要求呢？《矛盾论》回答了这一问题。《矛盾论》

开卷就引用列宁的话指出，辩证法是研究对象的本质自身中的矛盾。关于这一点，是康德早就发现的。他指出"理性"追求的是对象的本质，但人们一进入事物的本质领域，就陷入了矛盾，即"二律背反"。他为此感到困惑不解。黑格尔说，康德的困惑是因为他没有懂得矛盾的积极意义，本质就是"包含有差别的规定"①，"理性"就是要在对立的规定中认识到它们的统一，即要在对立统一中认识事物的本质。马克思主义辩证法批判地继承了这一思想，指出认识要反映事物的本质必须揭示事物内在的矛盾，否则，正如毛泽东说的，就不能说明事物何以有性质上的千差万别及其互相变化。毛泽东在《矛盾论》中详尽地说明了特殊的矛盾构成一事物区别于他事物的特殊的本质、取得支配地位的矛盾的主要方面规定事物的性质、在诸种事物中普遍存在的共同矛盾又规定这些事物的共同本质，因此人脑在对感性认识进行加工的时候，首先要揭示认识对象的矛盾特殊性，认识其特殊的本质；同时要注意这一矛盾在不断的发展过程中，矛盾双方力量的变化即主次地位的转化，认识事物在各个发展阶段中的性质；进而研究寓于矛盾特殊性中的矛盾的普遍性和共性，揭示诸种事物的共同本质。这样，我们就能形成反映事物的特殊本质、具体性质和共同本质的理性认识。而且，只有通过这样的矛盾的分析和综合，我们才能真正达到"去粗取精、去伪存真、由此及彼、由表及里"的要求。所以，毛泽东在延安讲哲学时，先讲《实践论》，后讲《矛盾论》，这一顺序编排不是随意的，而是有着内在的逻辑联系。《矛盾论》是《实践论》所揭示的认识发展的辩证运动规律的深化和具体化。

所以，毛泽东在论述党的思想路线时，不仅强调要从实际出发，深入实践，而且要善于应用对立统一规律，即"一分为二"的方法，从而既克服主观性，又克服片面性与表面性，正确地揭示中国社会和中国革命发展的规律，指导革命的胜利。正是在这样的意义上，我们说：毛泽东思想哺育了一代中国共产党人，《实践论》《矛盾论》培育了中国共产党人的思想路线。

---

① 黑格尔：《小逻辑》，第250页，商务印书馆，1980。

第三节　实践规律的探索

在"结合"的哲学中，科学理论是方向的指南，客观实际是根据和出发点，实践是基础和归宿，而其关键则是"求是"，即认识规律。根据毛泽东对"实事求是"的论述，"求是"即是认识世界的结果，又是改造世界的前提，即认识与实践相统一的枢纽，并贯穿于认识与实践的全过程。

一　"求是"的重点：实践规律

关于规律，毛泽东有大量的论述。考察他的全部论述，他关于规律的论述，大体有以下四类。

第一类，从一般与具体的关系上区分，政治、经济、文化、军事等各个领域的规律是具体科学的规律，哲学研究的则是其中的一般规律。在《整顿党的作风》中，他强调知识是从实践中来又回到实践中去的关于事物发展规律的认识。这种知识有两门：一门是生产斗争知识，一门是阶级斗争知识。自然科学、社会科学是这两门知识的结晶。哲学则是自然知识和社会知识的概括和总结。也就是说，自然科学、社会科学反映的是事物发展的具体规律，哲学反映的则是事物发展的一般规律。毛泽东认为，自然、社会和思维的一般规律，即辩证法揭示的对立统一、质量互变、否定之否定这三条规律，其中最根本的是对立统一规律。《矛盾论》等哲学著作对此做了深刻的论述。

第二类，从主观与客观的关系上区分，规律可以分为三类：一是自然界和社会内部的运动规律，即毛泽东所说的不依人的意志为转移的"客观规律"；二是人们已经认识了的自然界和社会的客观规律，即毛泽东研究的"军事规律"那样的"科学规律"，这种规律是上了书的"定律"、"条令"等①；三是不仅为主观所认识，而且成为主体改造客体的目的，进入实践过程的科学规律，这就是毛泽东在《中国革命战争的战略问题》等著作中创造性地提出的"指导规律"。很显然，这是一个规律的系列："指导规律"以"科学规律"为前提，"科学规律"以"客观规律"为基础，并以"客观规律"为自己的内容。

第三类，从共性与个性的关系上区分，规律又有"普遍规律"与"特殊规律"之分。毛泽东在《中国革命战争的战略问题》（1936 年 12 月）中讲得尤为明白："我们不但要研究一般战争的规律，还要研究特殊的革命战争的规律，还要研究更加特殊的中国革命战争的规律。"② 我们注意到，上述"科学规律"与"客观规律"的关系是反映与被反映的关系，因此"客观规律"是不以人的意志为转移的客观存在，而"科学规律"按毛泽东的说法是会发展的、变化的。而"指导规律"与"科学规律"的关系则不是反映与被反映的关系，而是应用与未被应用的关系，"科学规律"要被应用到实践中去就有一个与实际结合的问题，即共性与个性的统一问题。"普遍规律"与"特殊规律"的关系就是在"科学规律"转化为"指导规律"的过程中发生的。由于毛泽东重视实践，所以在创造性地提出"指导规律"的时候，同时研究了并提出了"普遍规律"与"特殊规律"的关系问题。《矛盾论》关于矛盾的普遍性与特殊性关系的研究，比较系统地解决了这一问题。

第四类，从认识世界与改造世界来区分，规律又有认识规律与实践规律（或行动规律）之别。在《中国革命战争的战略问题》中，毛泽东指出，为了研究战争的指导规律，重要的问题在善于学习；而学习的关键又在于要有正确的方法。"什么方法呢？即那就是熟识敌我双方各方面的情况，找出其行动的规律，并且应用这些规律于自己的行动。"③ 为此，我们必须在实践中研究两种规律：一是认识世界的规律，即认识规律；二是改造世界的规律，即毛泽东所说的"行动的规律"或实践规律。《实

---

① 在《中国革命战争的战略问题》中，毛泽东说，军事规律"是客观实际对于我们头脑的反映"，并把苏联军事科学的"条令"列为军事规律。

②③ 《毛泽东选集》第 1 卷，第 171、178 页，人民出版社，1991。

践论》研究的是认识规律，它揭示了认识世界的起点、步骤及其全过程。但毛泽东在《实践论》中同时说得很明白："马克思主义的哲学认为十分重要的问题，不在于懂得了客观世界的规律性，因而能够解释世界，而在于拿了这种对于客观规律性的认识去能动地改造世界。"① 我们已经知道，解释世界的最高成果就是在反映客观规律过程中找到的"科学规律"（即定律、定理、公理、真理）；改造世界的前提是把作为"科学规律"的真理与具体的实践条件相结合，找到"指导规律"（即战略与策略、路线与方针、政策）。但是，战略的实施，路线的贯彻，即有目的地改造世界的实践活动的展开，也有其自身的规律，这就是毛泽东哲学思想研究的重点之一：行动规律或实践规律。

毛泽东哲学思想之所以引人注目，就在于它承担着特殊的历史使命，并成功地完成了这一历史使命。这就是中国向何处去？这一课题转换成哲学命题，即如何改造现存世界的问题，也就是怎样实践的问题。它包含着两个方面的问题：一是实践的主体应该确立怎样的思想路线或认识路线，如何进行科学的认识；二是实践的主体应该怎样掌握实践的规律，如何进行科学的实践。这两个方面的问题是紧密相联系的。从改造世界的需求来说，确立正确的思想路线或认识路线是进行科学的实践的前提，如何进行科学认识的问题，归根结底，还是为揭示实践的规律、进行科学的实践服务的。正是在这个意义上，毛泽东批评教条主义者"不引导学生研究中国革命的逻辑"，是"极坏的典型"。所谓"中国革命的逻辑"，"逻辑"指的是客观辩证法或客观规律，"中国革命"是中国人民改造中国的伟大实践，因此它指的也就是实践的客观辩证法或实践的客观规律，即实践规律。

在了解了这一点以后，我们研读毛泽东哲学著作时就可以发现：像《反对本本主义》《实践论》《矛盾论》等属于一类，主要是研究中国共产党的思想路线或认识路线的；他的军事著作、政治著作属于另一类，如《中国革命战争的战略问题》《论持久战》《新民主主义论》等，尽管也涉

---

① 《毛泽东选集》第 1 卷，第 292 页，人民出版社，1991。

及思想路线问题，但主要是研究中国共产党的实践规律的。正如上面所分析的，研究思想路线是为了探索实践规律，第一类著作所提出和解决的问题都是为第二类著作服务的。第一类著作是毛泽东哲学思想的重要代表作，第二类著作在某种意义上可以说是更重要的毛泽东哲学思想的代表作。因为，第一，毛泽东是作为政治领袖，为了领导中国革命，挽救民族危亡，来学习和研究哲学的，他研究认识论问题，研究认识路线问题，并非纯粹是为了从学理上探究认识的本质、特点、过程和规律，而是为了为中国共产党确立一条"共产党人从斗争中创造新局面的思想路线"。"党的思想路线"与哲学上讲的"认识路线"在内容上尽管指的是同一个东西，但前者的价值倾向十分明确，是要为党的实践服务的。思想路线的研究必定要归宿到实践问题的研究，归宿到实践规律的研究；实践问题的研究、实践规律的研究，又必定包含认识问题的研究、认识规律（思想路线）的研究。正是这种"归宿"和"包含"的意义，决定了第二类著作在一定意义上是毛泽东哲学思想更重要的代表作。第二，在哲学史上，马克思第一次把实践引进了唯物主义，并使之成为新哲学的基础。这场哲学革命并没有到此终结，恩格斯、列宁等做了大量工作，不断地在推进这场革命。毛泽东的贡献，以往都强调一条：他系统地阐述了认识与实践的辩证关系，揭示了认识运动的总规律及其辩证过程，并且第一次作出了"能动的革命的反映论"这一科学的概括。这一评价并没有过头或夸张，但是它只强调毛泽东在认识论领域为实践问题研究所作出的贡献，而忽略了毛泽东在实践问题上作出的更大的贡献，这就是毛泽东在前人的基础上，对实践规律问题做了开创性的探索。我们把第二类著作看作是哲学著作，并且强调其重要性不在第一类著作之下，其意义即在于此。第三，很明显，第二类著作探索并解决的中国革命战争的规律、抗日战争的规律和中国革命的规律等问题，更是中国革命进程中迫切需要解决的问题。别人没有解决，而毛泽东解决了，其价值之可贵也就一目了然了。

为了研究毛泽东关于"实践规律"的哲学思想，我们就以《论持久战》为代表作，进行一番探讨。

如果说《资本论》是马克思留下的"逻辑学"著作，那么，毛泽东留给我们的《论持久战》的逻辑，也是毛泽东成熟的哲学思想的一个典范。这部著作包含着丰富的认识论、方法论以及形式逻辑等方面的哲学思想，也是毛泽东探索革命实践的规律性的佳作。为什么这样说呢？首先，我们注意到，"持久战"这一主题本身就是实践规律问题。对于抗日战争，存在着两种错误的论调，一是速胜论，二是亡国论，它们都是不懂实践的辩证法，违背实践规律的形而上学观点。毛泽东把抗日战争作为一个完整的实践过程来研究，揭示了其内在矛盾运动的特点及其展开流程，得到了一个既不同于亡国论，又不同于速胜论的观点——持久战必胜论。持久战就是抗日战争的实践规律。其次，《论持久战》是以抗日战争为具体研究对象的，是中国共产党领导抗日战争带有纲领性的重要文献，因此毛泽东在这部著作里着力于研究抗日战争这一波澜壮阔的实践活动的客观规律，而不是把主要精力放在事情的细枝末节之上。《论持久战》第一步做的工作，是研究"敌我双方各方面的情况"；第二步工作的重点即在"找出其行动的规律"；第三步工作则是"应用这些规律于自己的行动"。显然，"找出其行动的规律"是其中的枢纽。所以，我们说《论持久战》是研究实践规律的代表作。

那么，什么是"行动的规律"呢？即什么是改造世界的实践规律呢？这个问题，在毛泽东提出之前没人研究过，提出之后也因为长期误以为它就是自然界或社会内部的发展规律而没有进行深入的研究。这里，也只能进行初步的探索。

二 实践规律是主客体之间的对立统一规律

我们已经知道，毛泽东认为各种规律中，最根本的是对立统一规律。这就带来了一个问题：既然如此，那么对立统一规律是否也是实践这一特殊事物的最根本规律呢？如果是的话，它又有哪些特点呢？本来，《实践论》论的是实践问题，应该触及这一些问题，但由于它论述的重点是认识与实践、知与行的关系问题，因此只是部分地触及这一问题，而没有系统地展开。由于《论持久战》的历史使命是要研究抗日战争这一实践的规律，因此对这一问题就有了比较全面的展开。

在《论持久战》(1938 年 5 月)，毛泽东全部逻辑的起点，就是抗日战争最基本的矛盾：

> 中日战争不是任何别的战争，乃是半殖民地半封建的中国和帝国主义的日本之间在二十世纪三十年代进行的一个决死的战争。全部问题的根据就在这里。①

他接着对这个"根据"作了具体的分析和阐述，指出在对抗的中日矛盾的双方，日本具有强国、小国、退步、寡助四大特点，中国方面具有弱国、大国、进步、多助四大特点，这些特点正好互相反对又互相联系，成为"事实上存在的"，"战争的全部基本要素"，并且"贯彻于双方一切大小问题和一切作战阶段之中"。②毛泽东紧紧抓住这种主体与客体的矛盾以及矛盾双方各自特点及其相互之间复杂的矛盾关系，揭示了抗日军民在这场决死的战争中必须遵循的行动规律，即抗日战争的实践规律——持久战。用毛泽东自己的话来说："我们说抗日战争是持久战，是从全部敌我因素的相互关系产生的结论。"③我们从中可以看到，凡是实践，在实践者与实践对象之间，即在主体与客体之间，会构成改造与被改造，或改造与反抗改造的矛盾。因此，主体与客体的关系不是一般的对应关系，而是矛盾关系。当然，整个实践过程中不仅仅有主客体之间的矛盾，因为影响实践过程的还有环境与工具、武器等中介手段，它们也对主体与客体及其相互矛盾产生重大的影响，也会有许多复杂的矛盾，但是主体与客体是构成实践活动的最主要的两个侧面。主体要征服客体、改变客体，客体不但常常会"捉弄"主体或"惩罚"主体，而且客体总是通过自己的价值来制约、限制或对抗主体，两者之间具有相互排斥的斗争性；同时，主体与客体恰恰是在互相依存的情况下才成为主体与客体的，

①②③　《毛泽东选集》第 2 卷，第 447、450、460 页，人民出版社，1991。

主体在一定条件下也是一种特殊的客体，两者又具有相互联系的同一性。所以，矛盾也存在于主客体之间，存在于实践内部。这样，我们就可以理解了，毛泽东在考虑革命的战略问题时，为什么要把区分敌我作为革命的首要问题，为什么要重视对革命的动力与对象的研究，其目的就是为了正确地区分实践的主体与客体，揭示实践中主体与客体之间的对立统一规律。这个规律，就是主体能动地改造客体的实践规律或行动规律。

三 实践规律是主体与客体之间矛盾双方的革命转化规律

实践是主体能动地改造客体的物质活动，"改造"是其本质特点。改造，按照辩证法来说，就是实现事物的革命转化。毛泽东对此说得十分明白：

> 共产党人的任务就在于揭露反动派和形而上学的错误思想，宣传事物的本来的辩证法，促成事物的转化，达到革命的目的。[①]

以革命的转化为目的的辩证法，不是一般自然界内部的辩证法，而是由人参与其中的物质世界的辩证法，是主体与客体之间的辩证法，是实践的辩证法，即实践的规律。事实上，毛泽东在论述矛盾转化问题时，所举的例子讲的都是实践的辩证法，即实践规律，如：

"被统治的无产阶级经过革命转化为统治者，原来是统治者的资产阶级却转化为被统治者，转化到对方原来所占的地位。"

"拥有土地的地主阶级转化为失掉土地的阶级，而曾经是失掉土地的农民却转化为取得土地的小私有者。"

"在社会主义条件之下，农民的私有制又将转化为社会主义农业的公

---

① 毛泽东：《矛盾论》（1937 年 8 月）。《毛泽东选集》第 1 卷，第 330 页，人民出版社，1991。

有制。"①

　　了解这一点很重要。实践过程中的矛盾转化，同其他事物发展过程中矛盾转化一样，都是有条件性，其过程与特点都受到具体条件的制约。但实践过程中的矛盾转化，同其他事物发展过程中的矛盾转化又有区别，它是主体与客体之间的矛盾转化。主体具有强烈的实践目的性，同时又受到自身的结构、状况等各方面因素的制约，因而在这种矛盾转化中既有明确的方向，又有许多变量，呈现复杂的情况。在《论持久战》中，毛泽东明确地说："我们承认战争现象是较之任何别的社会现象更难捉摸，更少确实性，即更带所谓'盖然性'。但战争不是神物，仍是世间的一种必然运动。"② 这就是说，实践规律是一种"盖然性"中的必然运动。这种必然运动，就是主体与客体在一定条件下互相转化的辩证运动。《论持久战》根据这种方法论来研究抗日战争的实践规律，深刻地指出："中日战争既然是持久战，最后胜利又将是属于中国的，那末，就可以合理地设想，这种持久战，将具体地表现于三个阶段之中。第一个阶段，是敌之战略进攻、我之战略防御的时期。第二个阶段，是敌之战略保守、我之准备反攻的时期。第三个阶段，是我之战略反攻、敌之战略退却的时期。"③整个抗日战争的实践，验证了毛泽东的这个预见是"合理"的，即合乎规律的。这个规律是什么呢？就是抗日战争的主体由劣势转化为优势的规律，即主客体之间矛盾转化的规律。

四　实践规律是主体根据客观实际发挥自觉能动性的规律

　　实践，行动，按毛泽东的说法，是主观见之于客观的东西，是人类特殊的能动性。"这种能动性，我们名之曰'自觉的能动性'，是人之所以区别于物的特点。"④而实践规律、行动规律就是根据客观实际，正确

---

　　① 毛泽东：《矛盾论》（1937 年 8 月）。《毛泽东选集》第 1 卷，第 328—329 页，人民出版社，1991。

　　②③④ 《毛泽东选集》第 2 卷，第 490、462、477 页，人民出版社，1991。

地进行实践或行动的规律，即正确地发挥人的自觉能动性的规律。

　　这里提出，不仅客观世界有其不以人的意志为转移的规律性，而且人的自觉能动性在发挥时也要遵循其规律，这是一个极其重要的思想。打仗，是自觉能动性表现得最为强烈的实践，毛泽东领导革命战争时能"用兵如神"，即在于他在指挥打仗时总是按照行动规律办事，即按照自觉能动性的规律办事。

　　一般哲学教科书在论述自觉能动性时，都强调它必须在客观条件许可的范围内活动，这是正确的，但是决不能简单地强调这一点。毛泽东一再指出："指导战争的人们不能超越客观条件许可的限度期求战争的胜利，然而可以而且必须在客观条件的限度之内，能动地争取战争的胜利。""战争的胜负，固然决定于双方军事、政治、经济、地理、战争性质、国际援助诸条件，然而不仅仅决定于这些；仅有这些，还只是有了胜负的可能性，它本身没有分胜负。要分胜负，还须加上主观的努力，这就是指导战争和实行战争，这就是战争中的自觉的能动性。"①

　　毛泽东的《论持久战》，整个体系及其逻辑是由三个互相衔接的部分组成的：第一部分是提出问题，即指出抗日战争是持久战；第二部分是论述"为什么是持久战"；第三部分是研究"怎样做"和"不怎样做"的问题，即如何坚持持久战的问题。我们可以注意到，第三部分研究，正是从人的自觉能动性谈起的。这一部分一共讲了"能动性在战争中"、"战争和政治"、"抗日的政治动员"、"战争的目的"、"防御中的进攻，持久中的速决，内线中的外线"、"主动性，灵活性，计划性"、"运动战，游击战，阵地战"、"消耗战，歼灭战"、"乘敌之隙的可能性"、"抗日战争中的决战问题"、"兵民是胜利之本"等11个问题。其内容研究的，就是"怎么做"的规律，即正确地发挥自觉能动性的规律。这里告诉了我们两点：第一毛泽东研究问题，不仅仅研究"是什么"或"不是什么"，而且还要研究"怎样做"与"不怎

---

① 《毛泽东选集》第2卷，第478页，人民出版社，1991。

样做"，研究行动的规律或实践的规律；第二，行动规律或实践规律即发挥自觉能动性的规律。

在《论持久战》中，毛泽东论述"怎样做"即怎样正确地发挥自觉能动性时，强调了以下六个重要问题：

（1）必须在客观条件所许可的范围内，即主体活动的"舞台"内，发挥人的自觉能动性。

（2）首先认清实践的目的和任务。毛泽东在"战争和政治"和"抗日的政治动员"两节中，论述了抗日战争的政治目的及其宣传问题；在"战争的目的"一节中又从战争的本质论述了抗日战争的军事目的，从而从政治与军事两个方面规定了抗日战争的任务。这是自觉能动性所含之"自觉"的含义。

（3）其次认清实践在内容上的特点及其操作原则。在"防御中的进攻，持久中的速决，内线中的外线"和"主动性，灵活性，计划性"两节中，毛泽东集中论述了这一问题。

（4）再次研究实践在形式上的特点。"运动战，游击战，阵地战"这一节，研究的即是战争的形式问题。

（5）再其次研究实践的效果及其实现手段问题。在"消耗战，歼灭战"这一节中，讲的就是战争的效果问题。

（6）最后研究的是实践中的时机把握问题。"乘敌之隙的可能性"和"抗日战争中的决战问题"这两节讲的就是如何抓住时机，赢得实践胜利的问题。

这六个方面，第一点讲的是正确发挥自觉能动性的条件问题，这是全部问题的基础；第二点讲的是"自觉能动性"中的目的要素，即实践的目的和任务；第三点至第六点讲的是"自觉能动性"中的方法要素，即实现目的的途径，包括实践的内容、形式、效果以及时机的把握等等。因此，要正确地发挥人们在实践中的自觉能动性，必须在客观条件许可的范围内，实现目的与方法的辩证统一。这就是毛泽东探索的实践规律或行动规律的内容。

第四节 中国的社会变革和毛泽东的
方法论思想

　　在实现马克思主义基本原理与中国革命具体实际相结合的过程中，毛泽东哲学思想不仅显示了鲜明的认识论功能，而且十分突出地显示了科学的方法论功能。

　　相当长的时期里，人们在学习和宣传毛泽东哲学思想时，总是强调它的世界观功能，把它看作改造思想、转变立场的"锐利武器"，甚至把它作为整人的"棍子"，败坏了毛泽东哲学思想的声誉。事实上，毛泽东哲学思想虽然同一般哲学一样是世界观和方法论的统一体，但是无论从它的形成史来看，还是从它的理论内容来看，其主要功能不仅表现在世界观，而且体现在方法论。它是中国共产党和中国人民改造中国社会的科学的方法论思想。

　　在毛泽东哲学思想逐步形成和发展的过程中，一开始就带有鲜明的方法论特征。在毛泽东看来，中国人民找到了马列主义，就是找到了"观察国家命运的工具"[①]，就是"初步地得到认识问题的方法论"[②]。把马列主义理论转化为一种方法或工具，来研究和解决中国的社会改造问题，是毛泽东哲学思想萌芽的起点。循着这个方向发展，在毛泽东哲学思想初步形成时，《反对本本主义》鲜明地提出了要反对"本本主义的社会科学研究法"，提倡马列主义"本本""必须同我国实际情况相结合"[③]的方法。在毛泽东哲学思想系统化和成熟的延安时期，毛泽东更明

---

　　① 毛泽东：《论人民民主专政》（1949 年 6 月 30 日）。《毛泽东选集》第 4 卷，第 1471 页，人民出版社，1991。

　　② 毛泽东：《关于农村调查》（1941 年 9 月 13 日）。《毛泽东文集》第 2 卷，第 379 页，人民出版社，1993。

　　③ 毛泽东：《反对本本主义》（1930 年 5 月）。《毛泽东选集》第 1 卷，第 111—112 页，人民出版社，1991。

确地指出，他研究哲学的目的是"作工具的研究"，"以研究思想方法论为主"。① 延安的理论工作者早就敏锐地注意到了毛泽东哲学思想的这种方法论特征，比如张如心在 1941 年 4 月论述毛泽东对中国革命的贡献时，曾特地指出"毛泽东同志所以能够达到这种成功，除了其他的原因外，最重要的是因为他能够真正唯物地具体地理解我国的情况，真正掌握创造性马克思主义的灵魂——唯物辩证法。"②

毛泽东哲学思想的理论内容，同样具有明显的方法论特征。我们知道，实事求是思想是毛泽东哲学思想的精髓。毛泽东对"实事求是"的科学阐释，并非现在有些教科书说的那样简单。在他看来，"求是"的主体不是头脑处于"白板"状态的主体，而是掌握着马列主义科学理论的主体；"求是"的过程也不只是主体反映客体的过程，它同时是主体能动地逼近客体，运用马列主义科学理论去探索客体内在规律的过程。当它强调主体要在同客体的相互作用过程中，用科学理论去把握客体及其内在规律时，这种把握的过程、步骤及其规则，就是方法。在这个意义上，我们说"实事求是"思想具有同辩证唯物主义的世界观、认识论一体化的方法论内容。

毛泽东重视"工具的研究"即方法论的研究，一方面同哲学自身发展的规律有关，因为一部哲学史可以说是从侧重本体论研究到侧重认识论研究，又从侧重认识论研究到侧重方法论研究的历史，当代世界哲学注重方法论的研究就是这种规律的表现；另一方面，更重要的是，这是由中国革命内在的需要所决定的，因为中国革命的指导理论是马列主义，而马列主义的"本本"上又没有半殖民地半封建的中国如何进行革命的现实方案，解决这一矛盾的唯一出路就是进行理论到方法的转化，亦即把马列主义的世界观转化为科学的方法论。正如毛泽东所强调的，把"世界观转过来去看世界，去研究世界上的问题，去指导革命，去做工作，去从事生产，去指挥作战，去议论人家长短，这就是方法论，此外

①　《毛泽东书信选集》，第 123、171 页，中央文献出版社，2003。
②　张如心：《在毛泽东同志的旗帜下前进》。载延安《解放》周刊第 127 期。

并没有什么单独的方法论"①。毛泽东的方法论思想，就是这样一种由马列主义的世界观转化而来的，变革中国社会的方法论。

今天我们面临的问题，和毛泽东那时碰到的问题具有极大的相似性，一方面我们要学习马列主义关于社会主义建设的科学理论和国外经济建设的经验与理论，另一方面这些理论中又没有关于中国现代化建设和改革的现成答案，研究毛泽东把理论和实际结合起来的方法论思想，无疑可以帮助我们在复杂的现代化建设和改革中获得巨大的成功。那种轻视或忽视毛泽东哲学思想的研究，简单地断言毛泽东的方法论思想已经"过时"的说法，不但对毛泽东方法论思想的了解极其肤浅和贫乏，而且对中国革命的历史和现实也缺乏深刻的认识，对于我们的事业是极其不利的。

一　实事求是的方法运演环节

国内学者都已经注意到，毛泽东变革中国社会的方法论就是实事求是的方法论，这无疑是正确的。但众多的诠释性著述，很少有人区分作为认识论的实事求是原则与作为方法论的实事求是原则，因此其阐述缺少方法味。通观世界文明中的方法论研究，不论是归纳法和演绎法的研究，还是系统科学方法论的研究，都具有可操作、可运演的方法味，而不是泛泛空论这一原则或那一原则。当然，毛泽东方法论属于辩证逻辑的范畴，而辩证逻辑的研究多年来进展不快，一些重要的原则缺少运演的规则或推理的公式，这也影响了毛泽东方法论的研究。但这不是说毛泽东方法论研究只能停留在这一步上，不能再深入了。不能设想，在一个半殖民地半封建的中国赢得革命胜利的方法论，《论持久战》《新民主主义论》《论联合政府》等光辉著作中的方法论，创立了新民主主义理论的方法论，是仅有一些原则而不能操作与运演的方法论。

为了推进毛泽东的方法论研究，有必要选择一个范本，进行具体的

---

① 毛泽东：《辩证法唯物论讲授提纲》第三章，1937。

方案研究。

《论持久战》应该是研究毛泽东方法论的最好范本。因为这部著作虽然是在抗日战争刚开始十个月的时间写的，却预见了整个抗日战争的全过程及其各个阶段的特点，制定了相应的战略战术，并且这一切几乎丝毫不差地为八年抗战的实践所证实。人们不得不钦佩毛泽东严密而又准确的逻辑思维能力。因此《论持久战》中的"活逻辑"，就是毛泽东的方法论及其运演程式。

通观《论持久战》，毛泽东的方法论是以实事求是为核心的，即理论与实践相联系、逻辑与历史相统一、矛盾分析与综合相结合的方法论。

正如毛泽东一贯强调的，对立统一规律不仅是事物运动的最根本的规律，而且也是逻辑思维的最根本的规律。作为逻辑思维规律意义上的对立统一规律，即毛泽东常说的矛盾分析与综合的法则。我们注意到，这种矛盾分析方法认为，事物不是一个简单的存在物，而是由对立统一的诸因素构成的矛盾体或矛盾群，因而主张在认识事物时，要从统一体中分解出相互联系又相互排斥的对立方面或对立要素，并揭示其所处地位和相互转化的趋势。因此这种矛盾分析方法不能等同于逻辑学上一般所说的分析，它是一种同综合方法有机统一的分析方法，即综合中有分析、分析中有综合的辩证方法。这种辩证的分析与综合方法，就是《论持久战》揭示实践规律的基本方法。

众所周知，毛泽东在论述矛盾分析方法时，特别强调要把矛盾的普遍性与特殊性统一起来，即主张"具体问题要具体分析"这一马克思主义的活的方法。在《论持久战》中，毛泽东不是一般地进行分析与综合，而是抓住中日矛盾即抗日战争的主客体矛盾的具体特点，进行具体的分析与综合。他不但对矛盾双方的量（如大国与小国、弱国与强国）与质（如进步与退步、得道与失道）进行了比较，而且对矛盾双方的物质因素（如武器、装备等）与精神因素（如指挥能力、士气等）等等，都做了矛盾的比较与分析，还对矛盾双方在对立斗争中质与量的消长及其方向等动态情况，做了具体的深入的剖析和概括。通过这种矛盾的普遍性与特殊性相统一的分析与综合，他令人信服地告诉我们：抗日战争中的主体与客体的矛盾即中日矛盾，将在对立的斗争中呈现三个阶段：客体居于主要矛盾的方面、主体居于非主要的矛盾方面的阶段；主客体双方由于内部质与量复杂的上下变动状况而出现相对平衡的阶段；主体居于主要的矛盾方面、客体居于非主要的矛盾方面的阶段。显然，这三阶段是矛盾对立面主次地位在一定条件下相互转化的三阶段。可贵的是，毛泽东不是像哲学教科书那样，对某种已知的转化现象做哲学解释，而是以哲学为工具分析现实的矛盾，"合理地设想"其转化过程，得到科学的结论。抗日战争的实践验证了这一"设想"的正确性，也同时验证了这种普遍性与特殊性相统一的分析与综合方法的正确性。

这种以实事求是为核心的矛盾分析与综合相结合的方法，在其逻辑运演中有三个基本的环节。这就是毛泽东在《实践论》中讲的：（1）在实践中收集感性材料；（2）对感性材料进行科学的分析；（3）通过综合形成理性认识并付诸实践。

这也就是毛泽东在《反对党八股》中论述的：（1）发现问题；（2）分析问题；（3）解决问题。这就是说，"实事求是"作为逻辑思维的方法论，就是以"问题"为出发点的，由既互相区别、又互相渗透的问题发现法、问题分析法和问题解决法（亦即矛盾发现法、矛盾分析法和矛盾解决法）为序列的完整的方法体系。他提倡的实地考察法、调查法、反省法以及实践过程中常用的所谓"洞察"法（直觉），都属于发现问题的具体方法；他在政治、军事著作中大量应用的比较法、联想法、性质分析法、数量分析法、矛盾结构分析法、主要矛盾剖析法、经验总结法、历史分析法、证明法、去伪法等等，都是分析问题的具体方法；至于他在处理中国革命复杂问题时采用的假设法、结合方法、平衡方法、"两条战线作战"方法、规划法等等，则主要是解决问题的方法。正是这么一个具有丰富内容的方法论思想，为中国社会的变革奠定了哲学基础。

《论持久战》的逻辑运演程序，就是由这样三个分析与综合的运演环节来展开的：

第一环节为"提出问题"。从"问题的提出"到"亡国论是不对的，速胜论也是不对的"，共讲了五个问题二十九段话。抗日战争会亡国，还是会速胜，这是一个涉及民族危亡的大问题。毛泽东抓住国人关心的这一大问题，引出持久战的问题；然后进一步提出了"问题的根据"即抗日战争中的主客体矛盾问题。这样层层深入提出问题的过程，即发现矛盾的过程。发现矛盾正是创造性活动的重要环节，这是以后分析矛盾与解决矛盾的基石和起点。

第二环节为"分析问题"。从"为什么是持久战？"到"为永久和平而战"，共讲了四个问题二十九段话。毛泽东通过对中日矛盾及其双方全部基本要素综合性的分析，合理地设想了抗日战争必经的战略防御——战略相持——战略反攻三个阶段，指出这是"中日战争的必然趋势"。这一环节是揭示实践规律的关键环节。

第三环节为"解决问题"。从"能动性在战争中"到"兵民是胜利之本"，共讲了十一个问题六十段话。这一环节主要是以上一环节规律性的分析为向导，提出解决问题或解决矛盾的方案。因此上一环节着重探讨"为什么是持久战"的问题，这一环节则要研究"怎样做"的问题。在这一环节里，主体因素不再是像上一环节里那样是一种分析对象，而是一种参与力量，因此毛泽东从人的自觉能动性讲起，直讲到"兵民是胜利之本"，即人是实践成功之本。我们有许多人不善于分析与综合，就是没有掌握分析与综合的这三个运演环节。

我们注意到，黑格尔在概括思辨方法的环节时，也说有三个环节：(a) 开始；(b) 进展；(c) 目的。"开始"即理念的自我规定，是分析与综合的出发点；"进展"就是将理念的内容发挥成判断；"目的"是统一体，实现理念。毛泽东的分析与综合的逻辑运演环节不是像黑格尔那样建立在唯心主义基础之上的，而是建立在唯物主义基础之上的，但是其辩证运动程序是一致的。提出问题即逻辑分析与综合的"开始"，分析问题即分析与综合的"进展"并形成判断，解决问题即分析与综合的"目的"。

毛泽东在《论持久战》中揭示实践规律时，还大量地应用了比较方法、归纳与演绎相统一的方法、历史与逻辑相结合的方法、假设方法等各种方法。它们在辩证的分析与综合方法统率下组合成一套科学的方法，为制定抗日战争的正确战略，发挥了重大的作用。

二 实事求是的方法论原则

由于中国社会的特殊复杂性，在毛泽东把马列主义理论转化为方法的时候，形成了一系列具有灵活性、创造性和实践性的方法论原则，它们是中国共产党领导人民改造中国社会时遵循的基本的方法论原则。

第一，具体客观性原则。

毛泽东强调，在进行中国社会变革的时候，必须遵循"从实际出发"这一基本原则。如同毛泽东所说的"矛盾"不是矛盾一般，而是具体矛盾一样，毛泽东所说的"实际"也具有具体性的特点，是具体的事物。毛泽东认为，主体在把握客体时，不管运用什么方法，都必须从客体的具体情况出发。发现问题、分析问题、解决问题的全过程，贯串的就是这一具体客观性的原则。

需要进一步讨论的是，这里说的"实际"，是和"矛盾"、"问题"在同等意义上使用的范畴。从"矛盾"或"问题"来说，在毛泽东那里常常有相互联系、逐级递进的三大类。第一类是物质世界或客观世界内在的矛盾。毛泽东的方法论思想最基本的任务，就是要研究中国社会发展的规律，并按这种规律性的认识来变革中国社会。第二类是由第一类矛盾引起的主观世界和客观世界之间的矛盾。毛泽东方法论思想一个重要的任务，就是要研究中国共产党的路线和政策是否符合中国社会的发展规律，纠正理论和实际相脱节的主观主义。第三类是由前两类矛盾引起的主观世界内部的矛盾，包括正确思想与错误思想、先进思想与落后思想的矛盾，这也是毛泽东的方法论思想所要研究的对象和任务之一。这些"矛盾"或"问题"，我们平常都称为"客观存在的矛盾"或"具体问题"；作为社会现象我们又称它们为"实际"。对于毛泽东方法论思想所遵循的具体客观性，必须从客观的、现实的对象性这一广泛的意义上来理解。

同时，毛泽东强调的"实际"始终是同实践相联系的实际。"问题"这一范畴，指的就是在实践过程中暴露出来的客观世界内部、主客观之间和主观世界内部的实际矛盾。在毛泽东的方法论思想中，实践不仅是发现问题最可靠的基础，也是分析问题和解决问题时不可缺少的基础。而且，更重要的是，它还是判别方法自身的真实性和可靠性的权威。正是在这个意义上，我们说毛泽东的方法论思想具有实践性和适合实践变动性的灵活性的特点。

第二，整体综合性原则。

社会的变革是一个特别复杂的系统工程。毛泽东认为，在领导社会变革的时候，只有把握了整体或全局，才能形成一个正确的战略。因此，他总是强调要全面地看问题，在实践中全面地把握事物内部的横向联系和纵向联系，并在具体方法中贯彻了这一整体综合性的原则。

从纵向来看，毛泽东的方法论思想在把握客体的时候，总是从客观事物的个性出发，揭示其共性，然后又根据共性的指引展示它多样性统一的具体个性。从发现问题，经分析问题到解决问题，经历的就是这样一个循序上升的分析与综合相结合的路线。在《矛盾论》中，毛泽东已对此作了极其充分的阐述。

需要说明的是，这种纵向的分析与综合，是同横向的分析与综合联系在一起的。毛泽东特别强调要顾全大局、通观全局。他认为"全局是由它的一切局部构成的"，"局部性的东西是隶属于全局性的东西的"，[1]因此必须研究各个局部之间的横向联系，使之综合为一个整体的即全局性的东西。过去我们往往忽视毛泽东的这些重要思想，研究很少。事实上，毛泽东在研究中国社会和中国革命的规律时，明确地宣布过："苏东坡用'八面受敌'法研究历史，用'八面受敌'法研究宋朝，也是对的。今天我们研究中国社会，也要用个'四面受敌'法，把它分成政治的、经济的、文化的、军事的四个部分来研究，得出中国革命的结论。"[2] 可是，我们过去对毛泽东方法论思想中关于全局与局部、整体与部分关系

---

① 毛泽东：《中国革命战争的战略问题》（1936 年 12 月）。《毛泽东选集》第 1 卷，第 175 页，人民出版社，1991。

② 毛泽东：《关于农村调查》（1941 年 9 月 13 日）。《毛泽东文集》第 2 卷，第 381 页，人民出版社，1993。

问题的论述，不但研究很少，而且在有些书中还把它们误解为是共性与个性、普遍性与特殊性的关系问题。其实，全局与局部、整体与部分讲的是事物内部横向联系的问题，共性与个性、普遍性与特殊性讲的事物内部纵向联系的问题。毛泽东的方法论思想并非是有些人所误解的是只讲纵向联系、不讲横向联系的方法论，而是纵横联系相结合的，即贯彻着整体综合性原则的方法论，因而在变革中国社会时能具有明显的创造性。

第三，历史过程性原则。

毛泽东曾经说过："事物（经济、政治、思想、文化、军事、党务等等）总是作为过程而向前发展的。"① 这一思想表现在改造中国社会的方法论中，就是"历史——现实——未来"相统一的原则，即历史过程性原则。

首先，毛泽东认为，任何现实都是历史的现实，即特定历史发展的结果。所谓看一个党的过去，就可以了解它的现在，说的就是这个思想。在变革中国社会的时候，他还一再强调，学习马列主义，学习外国的先进经验，必须同研究中国的历史结合起来，既要反对盲目排外，又要反对脱离中国历史发展规律的空洞议论。他说过："我们这个大民族数千年的历史，有它的发展法则，有它的民族特点，有它的许多珍贵品。对于这个，我们还是小学生。今天的中国是历史的中国之一发展，我们是马克思主义的历史主义者，我们不应该割断历史。从孔夫子到孙中山，我们应该给以总结，我们要承继这一份珍贵的遗产。承继遗产，转过来就变为方法，对于指导当前的伟大运动，是有着重要的帮助的。"② 可惜的是，这段话中关于中国有自己的发展规律以及要把历史遗产转变为方法的话，在出版《毛泽东选集》时已经删去，我们从这段原文中可以窥见：历史和现实相统一正是毛泽东的方法论思想的一个重要原则。

---

① 毛泽东：《加强相互学习，克服固步自封、骄傲自满》（1963年12月13日）。《毛泽东文集》第8卷，第348页，人民出版社，1999。

② 毛泽东：《论新阶段》。《建党以来重要文献选编》第15册，第651页，中央文献出版社，2011。

其次，毛泽东认为，研究现实要着眼于未来，即要从现实出发规划未来的理想蓝图，又用理想的蓝图来规划现实的奋斗目标。我们注意到，重视历史的回溯和研究，可以产生两种截然相反的结果：一种是力图用历史来拖住时代的发展，这是历史上"国粹派"的思想方法。在毛泽东的晚年错误中也可见到这种痕迹。另一种则是不断地在历史的反省中推动时代的前进。按照后一种做法，现实只是历史和未来之间的一个环节，现实必须同未来相互规范。而通过历史和未来两头来规范现实，就能够更好地把握现实的发展。翻开《中国革命和中国共产党》这本毛泽东组织编写的教材，可以见到，正由于这样把历史、现实、未来有机地联系在一起，才对中国革命的性质、任务、对象、动力以及发展的前途做出了特别深刻的剖析。也就是说，问题的分析和解决决不能就事论事，而应该全面地研究问题的历史、现实和未来，研究过程中各个阶段之间的联系。这一原则，就是毛泽东方法论思想中的历史过程性原则。

值得注意的是，在毛泽东看来，从现实到未来可以有多种可能性，而不是单轨直线发展的；同时，革命者可以通过主观的努力，积极创设条件，争取好的理想的可能性；即使在社会变革的道路上出现曲折时，也要努力为光明的前途而奋斗。可见，毛泽东方法论思想中的历史过程性原则，也具有明显的创造性。

第四，革命转化性原则。

"促成事物的转化，达到革命的目的"，这是毛泽东为方法论规定的任务和目标，也是贯串毛泽东的方法论思想的基本原则。这是因为，毛泽东把哲学作为"工具"，是为了更好地改造中国；毛泽东不是书斋里的哲学家，而是实践中的哲学家，毛泽东的方法论思想也由此而打上了深深的"革命转化"的印记。如果说亚里士多德的《工具论》、培根的《新工具》，重点研究的是把握科学知识的方法论，那么毛泽东"作工具的研究"，重点要把握的是中国社会的变革问题。西方学者很看重毛泽东的方法论思想，同时又认为这一"方法论是'非系统'的和'无结构，的，它与西方哲学中通常的做法不同，并未在任何系统的论著中阐述过"，其原因就在于他们所看到的只是："毛泽东懂得，为了了解和改变中国在二十世纪上半叶的复杂的现实，理论和实践都很重要，而实践尤其重要。"①事实上，我们从党和毛泽东的实践中概括出来的问题发现法、问题分析法、问题解决法，其中的主线就是在实践中促成事物向革命的方向转化，也即毛泽东说的"新陈代谢"。

这四项基本的方法论原则既是合乎马列主义原理的，又是中国化的，带有中国革命和中国传统方法论特点的。需要指出的是，它们在各个具体方法中是多重综合、同时发生作用的，而不是单个孤立地发生作用的。因此在运用毛泽东的方法论思想改造中国的时候，只有全面地把握这些原则，才能形成方法论的整体优势。

今天，我们处在这样一个境地：一方面，由于过去"左"的指导思想的干扰，毛泽东的方法论思想，特别是其中的精华，尚未深入研究；另一方面，由于"全面改革"的形势，人们正在快速地"换装"，探索适合建设社会主义市场经济需要的新方法论。从上述分析和探讨中可以发现，用创造性的精神来开拓毛泽东的方法论思想，一定可以把这两个方面的问题有机地结合起来。

我们已经看到，毛泽东的方法论思想并非属于"古典"的方法论范围，它已经具有当代哲学的某些特征，对于我们今天的改革和建设仍有指导意义。因为我国的改革和建设是在一个复杂的国情和国际环境下进行的，运用任何理论和方法都必须同我国的客观实际相结合，从我们面临的具体问题出发，也就是说要坚持具体客观性的原则。同时，我们必须对客观实际有一个整体的综合分析和历史的过程分析。比如毛泽东认为社会是由相互作用的经济、政治、文化三要素构成的，社会的变革必定是从经济到政治和文化的整体变革；而且每一个要素的变革都不能离开历史的基础和条件。《新民主主义论》就是这样分析中国的社会变革问题的。这种整体综合分析和历史过程分析相结合的方法，对于我们今天

---

① ［美］弗朗西斯·苏：《毛泽东的辩证法理论》，第 35、149 页，中共中央党校出版社，1985。

的改革不是仍有指导价值的吗？至于革命转化性原则，在不断变革的社会主义社会里将是永远适用的。当然，毛泽东的方法论思想中，有些具体的方法将在新的时空条件下失去时效，但它的基本原则仍具有存在和发展的生命力，这也是毋庸置疑的。

同时，我们也看到，毛泽东的方法论思想尚有待于进一步发展。第一，毛泽东的方法论思想，优点在于有很大的灵活性，能适应实践的快速变化；但缺点也在于此，它缺乏一整套明确的规则，不少方法还停留在经验阶段，尚未形成理论，容易产生很大的随意性。学习西方的方法论传统，建立一些相对固定的规则，并同现代的科学手段结合起来，是推进毛泽东方法论思想的重要任务。第二，毛泽东的方法论思想是很有创造性思维特点的方法论，但由于验证方法欠完善，很容易滑向主观主义。第三，毛泽东的方法论思想强调实践和革命转化的作用，具有自己的特点和优点，但由于它在价值评价上似有偏颇之处，因而对于个性的自由发展和人民的富裕幸福缺乏应有的重视。只要我们进一步学习马列主义的方法论，吸取系统科学方法论和科学哲学、价值哲学中的合理理想，开掘毛泽东的方法论思想，它就一定能在今天的改革开放和现代化建设中产生巨大的物质力量！

第五节　毛泽东哲学与斯大林哲学的关系

毛泽东哲学思想具有丰富的内容，这里无法一一论列，但有一个问题必须回答，即：毛泽东哲学思想与斯大林哲学思想是什么关系？因为在毛泽东哲学思想研究中，有些学者认为斯大林哲学思想对毛泽东哲学思想的形成，有直接的、重大的消极影响，甚至认为毛泽东晚年的"斗争哲学"就来源于苏联30年代斯大林哲学思想的影响。1988年《毛泽东哲学批注集》出版后，为我们研究与回答这一问题，提供了不可多得的第一手资料。

一 苏联 30 年代哲学不等于斯大林哲学

这是我们首先要研究的基础性问题。

从《毛泽东哲学批注集》中，我们可以看到，在《实践论》《矛盾论》写作之前，毛泽东认真地学习过西洛可夫、爱森堡和米丁等著述的苏联 30 年代哲学著作，并受其直接的、重大的影响。尽管毛泽东哲学有其自己的特点和贡献，但这种影响是客观存在的。是不是能由此而得出毛泽东哲学受到斯大林哲学的影响呢？甚至认为毛泽东哲学是斯大林哲学的"中国版"呢？

我们认为，苏联 1938 年以前的哲学著作，包括西洛可夫、爱森堡等"少壮派"的哲学著作，不能简单地等同于斯大林哲学。两者之间，既有联系，又有区别。

它们的联系，主要表现在政治上。西洛可夫、爱森堡和米丁等"少壮派"的哲学著作，是在苏联 30 年代批判德波林哲学的斗争中产生的；斯大林哲学则是这场斗争的总结。1929 年底，斯大林在《论苏联土地政策的几个问题》的演说中，认为"我们的实际工作成就和理论思想的发展有些脱节"。在讨论苏联哲学理论是否同实践相脱节问题时，以米丁为代表的"少壮派"对哲学界领导人德波林等提出了批评。在 1930 年，批评与反批评虽然言词已日趋尖锐，但主要还是围绕着哲学研究的方法问题展开的。转折点发生在 1930 年底。那年 12 月 9 日，斯大林对红色教授学院支部委员会成员发表谈话，认为仅仅把德波林派叫做"形式主义倾向"，这是一种学院式、教授式的说法，他称德波林派是"孟什维克式的唯心主义"。这以后，一场哲学论战迅速演变为政治讨伐。联共（布）中央在 1931 年 1 月 25 日还作了决议，用政治直接干预了哲学研究。这种状况，后来愈演愈烈。到 1936 年，有的文章甚至把德波林派的某些成员戴上了"反革命分子和叛徒""托洛茨基在哲学战线的代言人""死硬的季诺维也夫分子""反革命的恐怖分子"等敌我性质的政治帽子。1938 年斯大林的哲学名著《论辩证唯物主义和历史唯物主义》，就是在这样的背景下发表的。这以后，苏联哲学界就转向突出斯大林哲学的新阶段。这一段历史告诉我们，以米丁为代表的苏联 30 年代哲学与斯大林哲学有着密切的联系，其纽带是批判德波林的斗争，其特点就是用政治批判取代哲学论争。只要翻开西洛可夫、爱森堡等著的《辩证法唯物论教程》与米丁等著的《辩证唯物论与历史唯物论》，到处都散发着浓厚的政治大批判的火药味。

它们的区别，主要表现在理论上。

首先，1938 年以前，苏联哲学界尽管对德波林派的批判是一致的，但各人的哲学观点并非完全一致；1938 年以后，突出斯大林哲学，哲学理论完全定于一尊，毫无生气，两者有着根本的不同。

其次，更重要的是，苏联 30 年代哲学与斯大林哲学在理论框架上，也有重大的不同。

辩证法唯物论教程

绪论　　哲学之党派性

第一章　唯物论与观念论

第二章　当作认识论看的辩证法

第三章　辩证法的根本法则——由质到量的
　　　　转变及其反面的法则

第四章　本质与现象、形式与内容

第五章　可能性与现实性、偶然性与必然性

第六章　唯物辩证法与形式论理学

论辩证唯物主义和历史唯物主义

导言　方法是辩证的，理论是唯物主义的

（一）马克思主义辩证方法的四个基本特征

（二）马克思主义哲学唯物主义的三个基本特征

（三）历史唯物主义

这两个理论框架的差别是明显的，斯大林哲学不仅过于简单，而且存在着两大割裂——方法与理论相割裂、自然观与历史观相割裂。尽管斯大林哲学打的是保卫和发展列宁哲学的旗帜，但是列宁关于对立统一规律是辩证法的核心等基本观点，毫无体现。相比之下，苏联30年代哲学各种重要的著述，要比斯大林哲学丰富、坚实，更接近列宁哲学的原貌。

再次，主要的哲学观点也不相同，比如米丁等所著的《辩证唯物论与历史唯物论》用突出的篇幅论证了实践问题，可是在斯大林的《论辩证唯物主义和历史唯物主义》中，对这一马克思主义哲学的基本观点并不重视，仅仅在论述世界及其规律的可知性时一笔带过。像这类重要观点的差别，还有多处。它反映了对马克思主义哲学的不同理解。

了解了这些联系与区别，有助于我们深入研究毛泽东哲学思想的历史发展。以往有些同志简单地断言毛泽东哲学思想是在斯大林哲学思想直接影响下形成的，就在于他们没有研究苏联30年代哲学与斯大林哲学之间的关系，特别是两者的区别。

二 毛泽东哲学与斯大林哲学的异同

那么，毛泽东哲学与斯大林哲学之间，究竟有没有区别？如果有区别，又表现在哪些方面？这是我们必须回答的实质性问题。

从哲学范畴或哲学术语看，毛泽东哲学要比斯大林哲学丰富，更有独创性。当然，在一些总体性的范畴上，由于毛泽东与斯大林都是马克思列宁主义者，所持的观点相同，使用的范畴也相同。但是，毛泽东有自己的创造。特别在他的《矛盾论》中，大量地使用的"矛盾的普遍性"和"矛盾的特殊性"、"主要矛盾"和"非主要矛盾"、"主要的矛盾方面"和"非主要的矛盾方面"等范畴，是斯大林哲学中所没有的。通过对《毛泽东哲学批注集》的研究，我们注意到，这些范畴中，有的是毛泽东从苏联30年代哲学著作那里借鉴过来的，比如"矛盾的特殊性"、"主要矛盾"和"矛盾的主要方面"等范畴，都可以在西洛可夫、爱森堡等所著的《辩证法唯物论教程》中见到，只不过毛泽东对它们都做了更为深刻、系统的重释、改造工作。但也要注意，有些范畴纯属毛泽东独创，比如"矛盾的普遍性"、"非主要矛盾"和"非主要的矛盾方面"等范畴，就是毛泽东从中国革命的实践经验中逐步概括、抽象出来的。正是在这种借鉴与创新相结合的过程中，才形成了具有自己理论特色的毛泽东哲学思想。

问题并不在于此。毛泽东与斯大林建构哲学理论体系的目的不同，这是首要的区别。斯大林当时所做的工作，是保卫列宁主义，包括列宁的哲学遗产。这一工作可以追溯到 30 年代，在写作、发表《论列宁主义基础》《论列宁主义的几个问题》等重要著作前后这段时期，斯大林的出发点是要确认列宁主义在马克思主义体系中的地位，这是应该充分肯定的。但是在做这项工作的时候，他没有能正确地对待其他同志的不同意见，逐步夸大了列宁主义的普遍意义。比如在那些重要著作中，他曾经批判过季诺维也夫的一个观点，即认为"列宁主义是帝国主义战争时代和在一个农民占多数的国家里直接开始的世界革命时代的马克思主义"。季诺维也夫也是列宁的战友，他对列宁主义的看法毫无否定或贬低之意，但是斯大林认为他是错误的，"这就是把列宁主义从国际无产阶级的学说变成俄国特殊情况的产物"[1]。斯大林认为，"列宁主义是帝国主义和无产阶级革命时代的马克思主义"，绝不允许任何人把列宁主义说成是俄国这样一个农民占多数的国家里产生的思想体系。从现代人的眼光来看，斯大林在思想方法上明显地具有夸大一般性、否定特殊性，割裂一般与特殊的形而上学特征。表现在哲学上也是如此。整部《论辩证唯物主义和历史唯物主义》，用的全是列宁的名义，并且尽其可能努力构筑一个具有绝对的普遍意义的哲学理论体系。他丝毫也不涉及特殊性问题，目的即在于此。其实，这样做的结果，不但没有能够保卫列宁主义，而且丢弃了列宁主义真正的精华，伤害了列宁主义。毛泽东的情况，和斯大林正好相反。他要做的工作，是要运用马列主义的基本原理，解决中国革命

---

① 《斯大林选集》上卷，第396页，人民出版社，1979。

的复杂问题。在土地革命战争时期，他就明确提出：要反对本本主义。毛泽东的思路，是要探索一般性如何同特殊性相结合，解决矛盾的特殊性问题。这里，既包括中国与外国（如俄国）不同的特殊性，中国革命与外国革命不同的特殊性，也包括中国革命中各个发展阶段的特殊性，在当时，特别是抗日战争阶段、土地革命战争阶段不同的特殊性。因此，他在红军长征到达陕北后，立即搜集各种马克思主义的哲学著作，探索这一涉及中国革命命运和前途的重大问题。当时，他也读了恩格斯、列宁的一些哲学原著，但最引起他注意的竟是西洛可夫等人的著作，就在于这些著作对特殊性问题有较多的阐述。斯大林要建立一种具有绝对的普遍意义的马列主义哲学体系，毛泽东要建立一个能解决中国革命特殊性问题的马列主义哲学体系，这就是两者的最基本的区别。

由此决定了毛泽东哲学与斯大林哲学主要理论观点上的区别：

第一，毛泽东以主体与客体的关系，以及由此而产生的主观与客观、认识与实践的关系，作为哲学认识论的中心范畴；斯大林则以物质与意识的关系作为哲学认识论的中心范畴。在《实践论》《矛盾论》中，毛泽东哲学认识论的中心范畴是主观与客观、认识与实践。过去我们常用斯大林哲学来解释毛泽东哲学，认为主观即意识，客观即物质。但这样的解释存在着两个问题：一是从原理上讲，由于物质决定意识，因而客观决定主观，但从范畴学上讲，主观的"主"是相对于客观的"客"而成为"主"的，主观即"主语的"，客观即"宾语的"，主观相对于客观应占主导地位，这岂不是自相矛盾了吗？二是从原理上讲，物质与意识（或客观与主观）是最基本的关系，但又说它们必须随着认识与实践关系的解决而解决，那么谁更为基本呢？有一个方案是把认识与实践、主观与客观平列为两对基本关系，这又同确认物质与意识的关系是哲学基本问题的经典说法发生了矛盾。《毛泽东哲学批注集》为我们解决这些疑难问题提供了可供深入探讨的资料。我们注意到，毛泽东在学习、概括苏联 30 年代哲学著作时，一开始就是以主体与客体为中心范畴，来研究马克思主义哲学的。他认为，主体是具体的人，是社会的阶级；客体是人以外的外部世界。但它们不是一成不变的，认识的主体与客体的变化，在革命期中表现得特别强烈。他进一步认为，主体与客体的辩证统一，只有在实践中，即主体的能动活动中才能实现，因为实践能够"改变外界，同时又改变自己"。与这一基本观点相联系，他否定了费尔巴哈关于主客体统一是不变状态的统一的观点，黑格尔关于主客体统一是客体消解于主体的统一的观点，普列汉诺夫关于主客体统一是直观基础上统一的观点，德波林关于主客体统一是机械统一的观点，等等。《毛泽东哲学批注集》中的这些思想尽管主要是从西洛可夫等人的著作中概括出来的，但极其重要。第一，从中使我们看到了毛泽东常用的"主观与客观""认识与实践"这两对范畴，都是从"主体与客体"这对范畴派生出来的。毛泽东哲学认识论真正的中心范畴是主体与客体。第二，这样就同斯大林以物质与意识为中心范畴的哲学认识论在根本上有了区别。

第二，中心范畴的区别，集中表现在能动反映论与被动反映论的不同上。由于毛泽东把主体与客体作为哲学认识论的中心范畴，主体是思维着的能动的人，客体既是主体认识的对象，同时又为主体的认识提供客观的内容，主客体之间必定是一种双向的交互作用；毛泽东又根据苏联 30 年代哲学对马克思主义实践观的转述，认为主体与客体的关系是以实践为基础达到统一的，主体与客体首先是实践的主体与客体，然后才是认识的主体与客体，认识过程必定要依赖于主体的实践过程。因此，这种认识论是以实践为基础的能动的反映论，而不是直观式的被动的反映论。把《毛泽东哲学批注集》与《实践论》联系起来看，其基本观点就是："反映论不是被动的摄取对象，而是一个能动的过程。在生产和阶级斗争中，认识是能动的因素，起着改造世界的作用。"[①] 正是在这一点上，毛泽东哲学与斯大林哲学有着重大的区别。由于斯大林哲学认识论的中心范畴是物质与意识，没有人（主体）与人的活动（实践），因此在他那里，认识论仅仅讲意识是物质的反映，世界及其规律是可以认识的，认识经过经验和实践检验可以成为具有客观真理意义的知识，既没有突出实践是认识的基础，也没有突出认识是一个能动的反映过程，难以同

---

① 《毛泽东哲学批注集》，第 15—16 页，中央文献出版社，1988。

直观的、被动的反映论划清界限。

第三，能动性的强调，又决定了毛泽东哲学对矛盾同一性问题，尤其是对立面之间在一定条件下相互转化问题的重视。在《毛泽东哲学批注集》中，毛泽东指出"认识的主体与客体的变化，在革命期中现得特别强烈"[①]；在批判机械论的观点中又强调实践中存在着主体与客体的相互渗透。为什么会出现这种状况呢？在研究辩证法问题时，他指出这是因为事物内部都存在着矛盾，存在着矛盾的同一性。他说："对立的两方面相互结合，并转变到新的对立，即所谓相互渗透。"[②]又说："辩证法中心任务，在研究对立的相互渗透即对立的同一性。"[③]并用了大量的篇幅，在文字批注中阐述了这一道理。在《矛盾论》中，他把"对立面相互转化"作为同一性的第二种意义提出来，哲学界对此一直争论不休。读了《毛泽东哲学批注集》，我们体会到，毛泽东提出这一问题，并如此强调这一问题是有根据的：他是从实践中概括出这一问题的；更重要的是，这是同他的能动的反映论相一致的，是主体与客体能动性得以存在的内部原因。在这一问题上，斯大林同毛泽东很不一样。他在论述辩证法时，矛盾观很不突出，仅仅在第四个特征中论及这一被列宁称为"辩证法的核心"的问题；在论述矛盾问题时，他又把矛盾等同于"对立面的斗争"；他在辩证法的第一个特征中虽然也说过事物间的相互联系，但只说它们是"互相依赖着，互相制约着"，转化问题仅仅在论及量变到质变的问题时提到，而且不是事物内在矛盾中的"对立面的相互转化"。所以在斯大林哲学影响下，苏联哲学家在50年代读到《矛盾论》时，对毛泽东关于同一性中包含对立面之间相互转化这一动态的内在联系观点很不理解。

毛泽东哲学与斯大林哲学之间在理论观点上的区别还有许多，这里不一一论列。我们认为，上述三点是最突出的区别。但这不是说毛泽东哲学与斯大林哲学毫无共同之处。

两者的共同之处，有积极的与消极的两个方面。从积极的方面看，

---

①②③ 《毛泽东哲学批注集》，第18、76、79页，中央文献出版社，1988。

两者都是马列主义哲学体系范围之内的哲学理论，基本范畴是一致的；并且，都主张理论要与实践相结合，哲学要为现实服务。从消极方面看，两者都过于突出哲学的政治性，都参与了对德波林、布哈林等不同理论见解进行的理论批判和政治讨伐。尽管在这方面，毛泽东与斯大林也有区别，但从毛泽东一生来看，后来他把哲学政治化发展到给哲学理论戴上政治帽子加以批判，其中不能说没有斯大林哲学的影响。这一点，也束缚了毛泽东的哲学探索。

我们注意到，在 1938 年斯大林的《论辩证唯物主义和历史唯物主义》发表前，毛泽东的哲学思维相当活跃，富有创造性。到 1938 年以后，虽然他对斯大林的哲学著作不很满意，在延安初读这篇著作时就打上了十个"？"，后来又明确表示"不必抄斯大林"，但因为有斯大林著作在，他就不好动，思想受到了很大的束缚，以至于新中国建立后他也容忍了斯大林哲学体系进入中国讲坛。

不过，从总体上讲，毛泽东哲学与斯大林哲学是不同的。国外学者看重毛泽东哲学，主要原因就在于此。

参考文献

1. 《毛泽东选集》第1—4卷，人民出版社。

2. 《毛泽东早期文稿》，湖南出版社。

3. 《毛泽东书信选集》，中央文献出版社。

4. 《毛泽东农村调查文集》，人民出版社。

5. 《毛泽东哲学批注集》，中央文献出版社。

6. 《"一大"前后》，人民出版社。

7. 《中共中央文件选集》第1—18册，中共中央党校出版社。

8. 《建党以来重要文献选编》第1—26册，中央文献出版社。

9. ［美］伊·卡恩：《毛泽东的胜利与美国外交官的悲剧》，群众出版社。

10. ［美］费正清：《美国与中国》，商务印书馆。

11. 《中国昨天与今天（1840—1987国情手册)》，解放军出版社。

12. 胡绳：《从鸦片战争到五四运动》，上海人民出版社。

13. 《孙中山全集》第1—11卷，中华书局。

14. 《毛泽东自述》，人民出版社。

15. 陈建中、金邦秋：《智慧的曙光——毛泽东早期、建党和大革命时期著作研究》，陕西人民出版社。

16. 《刘少奇选集》上卷，人民出版社。

17. 《邓小平文选》，人民出版社。

18. 《周恩来选集》上卷，人民出版社。

19. 胡绳主编：《中国共产党的七十年》，人民出版社。

后　记

　　搁下笔，紧揪着的心放松了——《毛泽东与近代中国》终于完稿了。

　　出现这种心情，一是因为跟出版社约定的交稿时间，由于我工作再次调动——由上海去北京，由研究机构调中央机关，而一拖再拖，"义务感情"上不好受。完稿就把这种心理重负解脱了。当然，还要感谢出版社的宽容。

　　同时，更是感到可以向读者有个交代了。《毛泽东与当代中国》1991年6月由福建人民出版社出版后，没有像有的书那样广泛宣传，但读者购买之踊跃令人感动，因而一次又一次加印，据说这在严肃的学术著作发行中还是较为少见的。我不敢说那本书写得多好，我只是把自己研究的心得简略地告诉了读者，但中外读者来信却鼓励甚多，评价甚高，希冀读到新著。当有的传媒在同我的访谈录中，披露我的《毛泽东与近代中国》《毛泽东与当代中国》《毛泽东与毛泽东后的当代中国》的"毛泽东研究三部曲"计划后，读者更是来函表示希望早日读到另外两部著作。而我又不愿意随随便便地写书，随随便便地出书，总想谈点自己的研究心得，因此"内外交困"，压力甚大。现在，总算可以向读者汇报和交代了，心头的重负也就可以放松了。

　　我只是说"放松"，而不能说"放下"，是因为《毛泽东与近代中国》在某种程度上比《毛泽东与当代中国》难写，本书还有待于读者做出鉴定。也许有人会奇怪，怎么是《毛泽东与近代中国》更难写呢？是的，《毛泽东与当代中国》是写社会主义时期毛泽东的理论和实践的，有很大的难度，但也有有利之处：一是读者关心这段历史，希望对这一时期的毛泽东有一个客观的、公正的反映；二是因"文化大革命"的严重错误，不少人对毛泽东的某一侧面比较了解，而对其另一侧面则不大了解，当你把这样"两个"毛泽东放到一起的时候，就会令人耳目一新。《毛泽东与近代中国》写的是新民主主义革命时期的毛泽东，这一段历史几乎人人都了解，不少人甚至很熟悉；毛泽东的辉煌业绩决定了人们头脑中很少会有"两个"不同的毛泽东这样的评价和念头。如果一般地写，势必重复前人、别人写过的东西，这又有什么意思呢？要写出新意来，难道有那么多的新意吗？我迟迟不敢贸然动笔，甚至要先写《毛泽东与当代中国》，后写《毛泽东与近代中国》，其原因即在于大家已有公论的问题更难写。

在写作《毛泽东与当代中国》的时候，当时是以自己给研究生讲课的讲稿为基础，采取以专题为中心，以事实为根据，以历史为线索，来进行研究的方法，阐述毛泽东的社会主义理论和实践。不意在读者中反映很好，许多书评都肯定了这样的写法比较科学，并有利于深化研究论题。因此写《毛泽东与近代中国》仍取这种方法，力求写出比已有的著作更深一点的分析，以避免简单的、低层次的、无谓的重复劳动。但动笔写以后，发现两本书毕竟不一样，完全照搬《毛泽东与当代中国》的写法也不行。因此写了几章后，我搁笔了，深入地思考了这两本书应该有些什么不同。我感到，在社会主义时期，毛泽东是一位艰辛的探索者，他试图走出一条符合中国实际的社会主义建设道路来，但由于其指导思想在晚年严重失误而没有完成这一探索，因而这一历史伟人在这一历史时期，有成功也有失误，有经验也有教训，因此我们的工夫必须用在分析上；在新民主主义革命时期，毛泽东不仅是一位艰辛的探索者，而且是"新民主主义理论"的奠基人和完成者，因此我们不仅要在分析上用功夫，使之有一定的深度与新意，而且要考虑这一理论的内部逻辑联系即体系问题。估计到这本书出版之际，恰逢毛泽东诞辰100周年，如果能在"新民主主义理论"的体系问题上提出一个较好的看法，不也是很好的纪念吗？经过这种思考，我对写好这部著作的方向更明确了，信心也增强了。

根据我长期对毛泽东思想研究的心得，毛泽东领导的革命之所以能取得成功，最根本的一条经验，是毛泽东形成了一条实事求是的思想路线，并使之成为全党的思想路线。依据这条思想路线，毛泽东紧紧地抓住了两条基本线索：一在客体方面，近代中国是一个半殖民地半封建的中国，救亡与发展是中华民族面临的两大基本问题。所有的爱国者、革命者要成功，就要面对这一现实；不论选择什么"主义"，只有能解决这两大历史课题的"主义"才是最好的"主义"。这是一种历史的要求，亦即社会发展客观规律的要求。二在主体方面，中国人民勤劳、勇敢，但不掌握行动的规律仍将一事无成，因此必须研究中国革命的逻辑，并按这种逻辑解决近代中国一系列复杂的问题。所以，《毛泽东与近代中国》的全部内容，都是由这两条基本线索穿起来的。这是我在构建毛泽东"新民主主义理论"的体系问题时的一个考虑。

与此同时，我认为，"实事求是"无论从认识论、方法论，还是从价值论来讲，都有三个互相联系的构成部分：一是"实事"论。从其本质而言，它即"具体矛盾"论，从实际出发，即要发现矛盾，提出问题；从其价值趋向看，它即"人民利益"论，即要从人民的利益出发。这是认识世界和改造世界的出发点或根据。二是"求是"论。从其实质而言，就是要分析矛盾，揭示规律；从其价值观讲，就是要正确认识与分析各种利益关系。这是认识世界的关键、改造世界的前提。三是"有的放矢"论。从其要求而言，就是要解决矛盾，改造世界；从其价值目的而言，即要为人民服务，给人民群众以看得见的物质利益，使其成为社会和国家的主人。根据这么一个认识论、方法论和价值观，从中国实际出发所揭示的"新民主主义理论"，相应地也有三个互相联系的组成部分，这就是我在"引论"第三节所指出的："近代中国国情论"、"新民主主义革命论"、"新民主主义社会论"。读者们可以发现，全书第二章讲的就是"近代中国国情论"，第三章至第六章讲的是"新民主主义革命论"，第七章至第九章讲的是"新民主主义社会论"。也就是说，从第二章至第九章，我用八章的篇幅论述了马克思主义与中国实际相结合所产生的第一次历史性飞跃的成果——新民主主义理论。余下两章，第一章讲解决中国问题，必须选择马克思主义，这是新民主主义理论产生的前提；第十章归宗，讲新民主主义理论产生的哲学基础，也就是马克思主义基本原理与中国具体实际相结合的哲学——以实事求是为精髓的毛泽东哲学思想。这就是全书的体系，亦即我所认识到的毛泽东"新民主主义理论"的体系及其内部逻辑联系。

这样，我们就可以看到，在新民主主义时期，毛泽东不仅领导党和人民艰苦奋斗，为解决近代中国的基本问题立下了前所未有的丰功伟绩，而且更重要的是为我们后人留下了宝贵的精神财富，这就是——

新民主主义理论；

以实事求是为精髓的毛泽东哲学思想。

总结毛泽东领导中国革命的经验，深山寻宝，研究和弘扬毛泽东民主革命时期的思想精华，这就是本书的目的。这是一项崇高而又艰巨的任务。浩瀚的文献，精辟的论断，接触它们，研究它们，令人精神倍增，但要化为一部理论研究的专著，如何概括，如何分析，又使人伤透脑筋。现在，总算交稿了，任凭读者评说吧！

在全书研究和写作过程中，我的导师周抗同志作了重要的指导，又一次抱病握笔作序，令人感动万分。福建人民出版社王有千同志付出了辛勤的劳动，在此，我向他表示深深的谢意。当然，还要感谢为我承担了沉重家务的妻子杜馥荪。

在书中，我利用了我同蒋照义合著的《中国革命与〈矛盾论〉》（福建人民出版社出版），我同蒋照义、胡振平、吴军、钱宏鸣等合作完成的《毛泽东思想研究大系·总论卷》（上海人民出版社出版）的某些内容，尽管这是自己的著作，但也必须郑重地向读者作一说明。

作者深知，书中还有一些令人遗憾的遗漏，比如毛泽东的军事思想是他在新民主主义革命时期的一个重要贡献，原计划写一章或在第四章中写一节，终因作者不敢在自己不熟悉的研究领域任意评说，因而未写。为了科学，只能如此，但愿读者谅解。除了遗漏外，书中偏颇之处也在所难免，我真诚地期待专家学者、各方读者与朋友的指正。谢谢！

作　者

1993 年 9 月于北京"山海之间"

再版后记

校改好"毛泽东研究三部曲"最后两章，看手机上的日历，是11月26日。也就是说，再过一个月，就是毛泽东诞辰120周年。此时此刻，我的心情，很难用一句话来表达。

一

毛泽东研究，在中国本来是一门显学。我专注于这门学问研究的时候，是大家纷纷转到新学科研究的时候，已经不是显学了。我曾经写过一篇很"怪"的文章，题目是《维纳的〈控制论〉和我的毛泽东研究》，发表在2011年4月的《中国党政干部论坛》上。文中写了这样一件事：

> 1984年，我在上海社会科学院哲学研究所从事马克思主义哲学研究已经有4个年头了。这4年里，我不仅读了马克思、恩格斯和列宁的哲学著作，还啃完了黑格尔的《逻辑学》和康德的《纯粹理性批判》等名著。党的十二届三中全会的改革精神传达下来后，哲学所掀起了改革热潮。许多长期从事马克思主义哲学研究的同事，开始转向研究信息论、系统论、控制论。我也动了心，找来了维纳的名著《控制论》，认真地"啃起了书皮"。但是，很快，我就发现这不是我的研究方向。
>
> 当时，我是上海理论界都非常敬重的老所长周抗同志的助手。一天，我去他家汇报工作的时候，对他谈了我的思想和苦恼。
>
> 我说，现在信息论、系统论、控制论这"三论"很时髦，已经

被大家看作是哲学研究的前沿，像我这样的年轻人都开始转向这一研究方向。但是，我认真地读了《控制论》，也了解了信息论、系统论以及更为前沿的耗散结构论、混沌论等新理论，我感到有一个大问题。

周抗同志是从延安抗大走出来的哲学家，以求实、正直而又体谅、关心年轻人著称。他说，在我这里，你有什么话都可以说出来。你发现了什么问题？

我说，维纳是个数学家，他的《控制论》尽管不难读，但是没有高等数学基础的人，是无法真正理解他的方法论的。我尽管是从以数理化教学出名的重点中学松江二中毕业的，函数、微积分都学过，但只是一些基础性的知识，我在上海师范大学读的是政治历史系，全是文科知识。我如果转向研究"三论"，必须先补高等数学这一课，而这是基本不可能的；否则，充其量也只能是在哲学文章中加上一些"信息""反馈""系统""熵"等新名词，或者把马克思主义哲学的一些基本原理用"整体大于部分之和"等新话来点缀点缀。我感到，这样做实在谈不上是什么"研究"，也不可能出好的有自己独到见解的成果。

周抗同志说，你的话我理解。说实在的，这不怪你们。一些大家，在知识结构上大多是文理相通的。研究哲学的本来更应该文理都懂，但是我们现在的教育体系是文理分割的，学哲学的只会那么一点哲学知识，这些知识对于教教书够用了，对于搞研究是不够用的。你发现的问题，很重要；你能够毫无顾忌地说出来，也很好。

其实，我之所以对周抗同志讲，而不敢对别人讲，就是因为有顾忌。但是，在他那诚恳的态度和话语鼓励下，我说出了自己的想法。我说，《控制论》我至少读了三遍，边读边思考我今后的研究方向。我现在有一个想法，希望能够得到领导的支持。我注意到，维纳的《控制论》是在科技实践特别是"自动机"技术研究的基础上概括出来的，我们最丰富的实践是什么？是我们党领导的革命实践。我们中国哲学发展的方向应该从这样的实践中去研究、提炼和概括。

所以我想把马克思主义哲学研究与我们的党史研究结合起来，以我们党领导的革命实践为基础去研究我们的哲学。

周抗同志不等我说完，就说："就研究毛泽东哲学思想吧！我同你一样，不反对别人去研究新东西，但自己研究的应该是自己能够研究的东西。我就希望有年轻人能跟我一起研究毛泽东哲学思想，我们一老一少一起来研究吧。"

我知道，周抗同志对毛泽东哲学思想的研究有很深的造诣和自己的独到见解，但他们老一辈人研究毛泽东哲学思想最器重的是毛主席的《实践论》《矛盾论》。我说，我研究毛泽东哲学思想的思路，不想仅仅局限在毛主席的那些哲学著作上，而是想研究我们党的全部历史经验，包括毛主席领导的政治、军事、经济、文化等方面的经验，通过这样的研究看一看贯穿在党的实践经验中的哲学思想是什么。想不到，周抗同志耐心地听完了我的想法后，兴奋地说："我完全赞成你的思路。"

没过多长时间，所党委在充分听取大家意见的基础上，把哲学所的改革方案敲定下来了。其中让我特别高兴的是，专门成立了一个毛泽东哲学思想研究室。后来，又任命我为研究室主任。这样，我就从马克思主义哲学一般原理的研究集中到"中国革命与毛泽东哲学思想"这一专业方向的研究上来。这是我的研究工作和人生道路上的一个重要转折点。后来，我给研究生先后讲的"毛泽东与近代中国""毛泽东与当代中国"等课程，就是在这样的研究基础上形成讲稿的。这些讲稿后来加上"毛泽东与毛泽东后的当代中国"，形成"毛泽东研究三部曲"在福建人民出版社出版后，受到读者的广泛好评，一版再版又多次印刷，并在1998年获第11届中国图书奖。

历史就是这样，说变就变。我专注于毛泽东研究的时候，这门学问不是显学，但我出版毛泽东研究著作的时候，却是"毛泽东热"的时候。

二

"毛泽东研究三部曲"是由《毛泽东与近代中国》《毛泽东与当代中国》《毛泽东与毛泽东后的当代中国》三本书组成的，但这三本书不是在同一时间出版的。

第一本出版的是《毛泽东与当代中国》，时间是1991年，1997年再版，两版共印了4次；第二本出版的是《毛泽东与近代中国》，时间是1994年，1997年再版；第三本出版的是《毛泽东与毛泽东后的当代中国》，时间是1997年。如果从1991年算起，到今年已经有22个年头了；如果从三本书合成一套出版算起即从1997年算起，到今年也有16个年头了。

为什么要讲这个问题呢？因为为这次再版，我把这三本书从头到底读了一遍，感到十分欣慰的是，经过那么长时间，这套书的基本观点站住了，依然没有过时。福建人民出版社的李天兵先生作为编辑，读了之后，和我有同样的感觉。我们在电话里谈到这个同感，都很高兴。

我们都知道，时间对于学术研究中形成的观点来说，是一个很重要的考验。这部著作的许多重要观点，应该讲基本上站住了。比如关于近代以来中国要解决的基本问题，当年许多人认为是"救亡和启蒙"，我在研究中认为中国要解决的问题，一是"救亡"，二是"发展"。为了救亡就要进行反帝反封建的革命，革命胜利后就要集中力量解决中国的发展问题。至于"启蒙"，也很重要，但不是同"救亡和发展"并列的，是围绕"救亡和发展"展开的思想解放运动。中共十五大报告对这个问题作了深刻而又科学的阐述，指出："鸦片战争后，中国成为半殖民地半封建国家。中华民族面对着两大历史任务：一个是求得民族独立和人民解放；一个是实现国家繁荣富强和人民共同富裕。前一个任务为后一个任务扫清障碍，创造必要的前提。"读到党代会报告这个论断，我非常高兴，因为我关于近代中国要解决的基本问题是救亡和发展这两个问题，和中央的精神是一致的，基本上站住了。

三

在这次再版"毛泽东研究三部曲"的时候，我和出版社的同志商定，原则上要忠实于历史，除了文字上的订正外，对原书不做大的修改，必要的修改要通过注释做说明。

有些必要的增补，在注释中解决不了的，就在这里做一个说明。

一是，在全书前面加了一个"总序"。原来这三本书各有一个序言，都是我的导师周抗抱病握笔、反复推敲写成的，反映了他老人家的思考和思想，再版时全部保留了。这次增加一篇总序，主要是考虑把"马克思主义中国化"这条贯穿这三本书的主线明确的点出来，同时集中讲一下毛泽东提出这个问题的由来及其要义。

二是，在《毛泽东与近代中国》第六章讲党的建设思想时，在原来所写的思想建设基础上，增写了毛泽东关于"着重从思想上建设党"的重要思想，并把原来的"党的'四大建设'"小标题改为"'伟大的工程'及其四大建设"。这些思想和提法，原来就有，但不突出，比如毛泽东把党的建设称为"伟大的工程"，原书中应用过，但没有在标题上点明。江泽民提出新时期党的建设是"新的伟大工程"，就是对毛泽东这一论断的运用和发展，所以这次特地把"伟大的工程"这一论断做在标题上了。至于毛泽东关于"着重从思想上建设党"的重要思想，原书中也一般地提到过，在研究"三个代表"重要思想的时候，我深深地体会到毛泽东这一建党思想的重要性，在原来研究的基础上深化和细化了这一问题的研究，所以，在这次修订时感到有必要把毛泽东这一思想突出出来，把这几年的研究成果充实进去。这是需要说明的。

三是，在《毛泽东与近代中国》第四章讲毛泽东关于"农村包围城市，最后夺取全国政权"这一独特的革命道路时，原来的重点是讲毛泽东开辟农村根据地，走"农村包围城市"道路，这次增加了毛泽东在"最后夺取全国政权"问题上的贡献。也就是说，毛泽东开辟的"农村包围城市、最后夺取全国政权"这一独特的革命道路，由"农村包围城市"

和"最后夺取全国政权"两个方面的思想组成的。只有把这两个方面的思想讲全了，才能真正说明这条道路对中国革命胜利无比巨大的历史性贡献。因为，这几年我在研究协商民主的时候，注意到毛泽东关于"夺取全国政权"的思想，包括了"武装推翻旧政权"和"民主建立新政权"这两个方面的重要思想，在"民主建立新政权"的思想中又包括了通过协商民主建立新中国的特点。应该讲，毛泽东的这些思想对于我们今天探索民主政治建设是很有意义的，所以在修订时增加了这方面的内容。这也是需要说明的。

四是，在《毛泽东与当代中国》第七章阐述毛泽东的"民族统一论与民族独立论"时，加了一个附录《民族英雄毛泽东》。这是我在庆祝中华人民共和国成立 60 周年时写的一篇论文，集中论述了毛泽东一生为中华民族伟大复兴所作出的杰出的不可磨灭的贡献。

从这些增补中，我们可以体会到，毛泽东研究不能简单地看作是历史的研究，它同时也是现实的研究。也就是说，毛泽东思想对我们今天的实践确实具有极其重要的指导作用。我们希望这套书的再版，能够给朋友们提供更多的新启示，更好地为今天建设中国特色社会主义作出我们的贡献。

作　者

2013 年 11 月 26 日于北京昆玉河畔